張戎的外祖父薛之珩將軍，1922年至1924年在北京擔任北京京師警察總監。

1939年，張戎的母親（左）與姥姥及其繼父夏瑞堂醫生攝於錦州。中央站立者為夏醫生的次子德貴，夏家中只有他認為應該讓父親結婚。長子反對，拔槍死諫，詎料中槍身亡。站在右邊的是德貴的兒子。

夏瑞堂醫生。

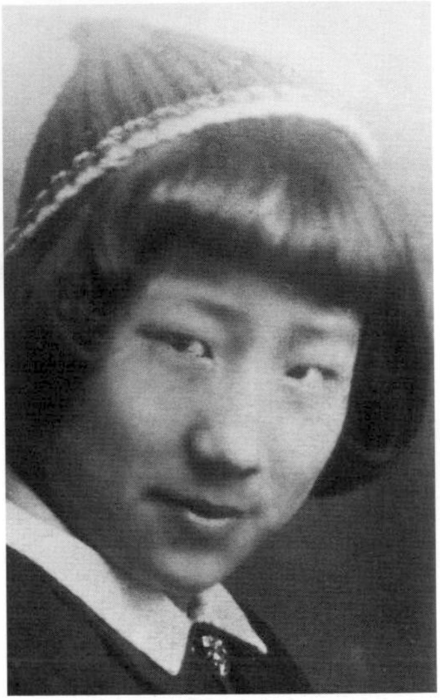

張戎的母親夏德鴻學生時期的照片，於1944年攝於錦州，時年十三歲。

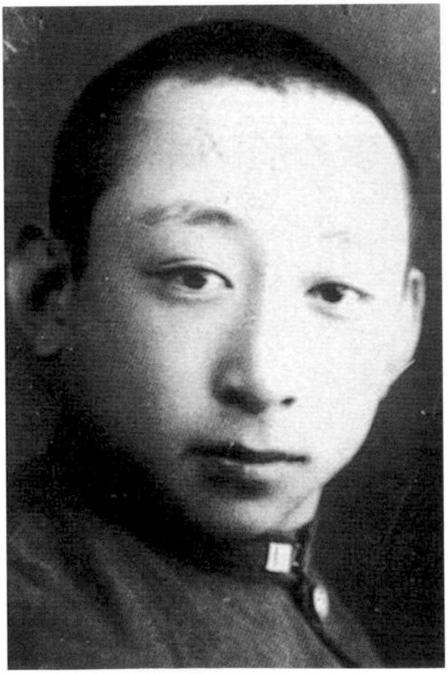

張戎的母親青梅竹馬的男朋友胡表哥。照片背面寫著：

風塵是我的伴侶
海角是我的故家
——流亡人

1947年，胡表哥的父親把他從監獄中贖出來。他託朋友把這張照片交給張戎的母親，讓她知道自己尚在人間。當時錦州被圍城，朋友在共產黨占領錦州後才見到張戎的母親，那時她正與張戎的父親談戀愛，朋友就沒有把照片交給她。直到1985年再次見面，朋友才給她這張照片，而她至此才得知胡表哥是死於文革的。

內戰時的「解放鞋」，鞋底寫上「打老蔣，保家鄉」。

1948年10月，中共軍隊進攻錦州。

1949年9月，張戎的父母從東北到四川，路經南京時合影。拍此照之後數天，張戎的母親第一胎流產。

1949年底，張戎的父親攝於從東北到四川的途中。這是他特別傳神的一張照片。

1953年6月，張戎的母親離開宜賓，親友為她送別。後排右起：張戎的八孃、張戎的母親；前排右起：張戎的祖母、張戎、姥姥、小鴻、京明、俊英孃孃。

1953年秋，家人遷到成都後合影。後排是張戎的父母，前排左邊是姥姥抱著小鴻，右邊是奶媽抱著張戎。

姥姥抱著張戎（兩歲，頭髮紮著絲帶）和京明，母親抱著小黑，小鴻站在旁邊。1954年底，成都。

1958年，張戎的母親在成都一次會議上講話。

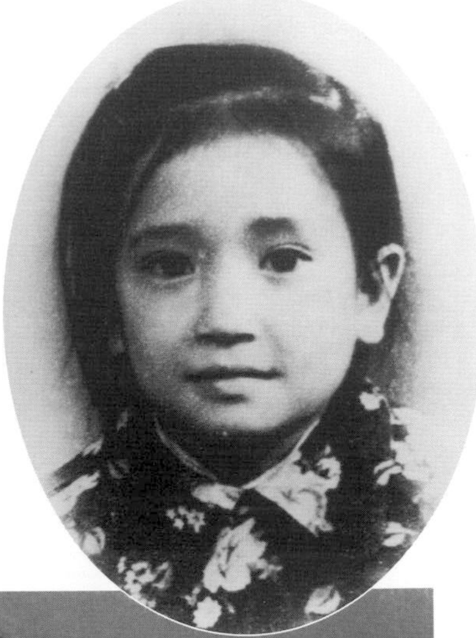

六歲時的張戎。

1958年初，張戎的母親和兒女合影。左起：小鴻、京明、小黑、張戎。當時匆匆拍下這張照片，好讓張戎的父親帶回宜賓，給他病重的母親看。

四姊弟攝於1958年的成都花展：
小鴻（左）、小黑（後）、張戎（中）、京明（右）。

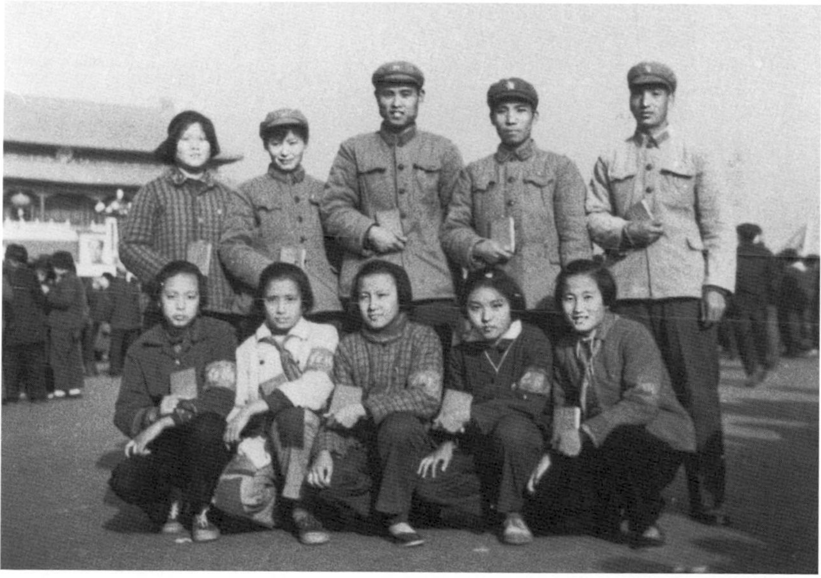

紅衛兵「進京朝聖」。1966年11月，張戎（前排左二）和朋友戴著紅衛兵臂章在天安門廣場上，與訓練他們的四名空軍軍官合影。照片中所有人手持小紅書，擺出當時標準的姿勢。

張戎的父親在文革前拍的最後一張照片。1966年春，成都。

1971年，張戎的父親在米易的幹校與京明合影。

1971年，張戎的母親在西昌牛郎壩幹校，後方是她參與種植的玉米田。

1976年，姥姥的弟弟玉林與妻子兒女下放農村十年後在宅前合影。當時他們打算和姥姥聯繫，寄來照片報平安，卻不知姥姥已在七年前去世了。

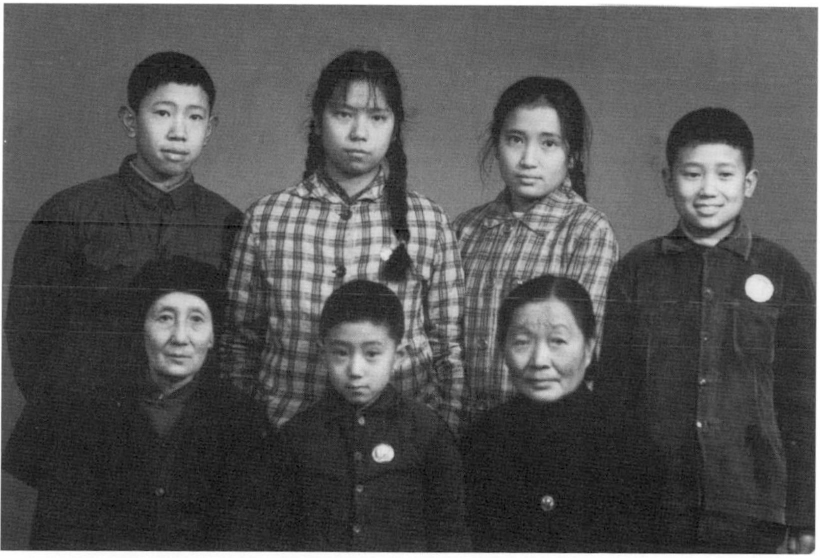

1969年1月下鄉前夕，成都。後排左起：京明、小鴻、張戎、小黑；前排左起：姥姥、小方、俊英孃孃。這是姥姥和孃孃最後的照片。

手工機具廠的電工班同事送張戎（前排中央）上大學。1973年9月27日，成都。

四川大學學生接受軍訓。後排右二為張戎。

1975年10月，張戎（右）與男同學在湛江和菲律賓海員練習英語。在1978年出國之前，張戎交談過的外國人只有這些海員。

1975年1月，張戎（前排左三）和同學在四川大學校門前。

在父親的遺體火化之前，張戎和京明攙扶著母親，另一邊站著小鴻。1975年4月，成都。

1975年4月21日，父親的追悼會，成都。張戎和家人站在右邊，一名官員在宣讀悼辭。悼辭非常重要，因為它是黨對張戎父親的評價，將決定孩子們的前程。張戎的父親曾批評毛澤東，而毛當時仍在世。原來的悼辭上滿是暗示性的指責，經張戎的母親力爭，改成大致無害的評語。張戎父親的治喪小組由他以前的同事組成，包括曾經整過他的人。追悼會參加者約五百人，一切細節，甚至花圈的尺寸，都有規定。

1978年9月，張戎出國前夕，北京。

1990年夏，張戎在義大利。
（Jon Halliday攝）

1988年，張戎的母親到英國探望女兒，在她的生日會上與張戎合影。（Jon Halliday 攝於倫敦）

1988年，張戎和丈夫Jon Halliday在倫敦家中與母親合影。（David Halliday攝）

1992年5月，張戎獲英國NCR圖書獎，倫敦。

鴻

三代中國女人的故事

Wild Swans

Three Daughters of China

張戎——著　張樸——譯

家系圖

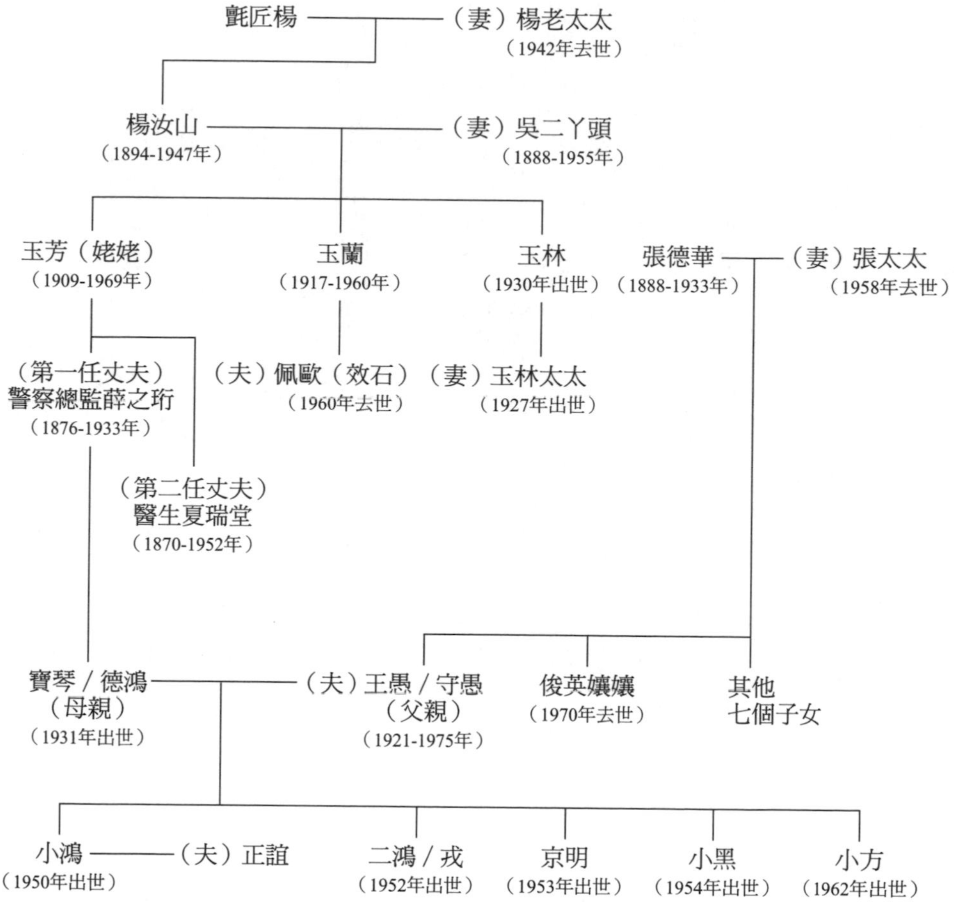

氈匠楊
（妻）楊老太太
（1942年去世）
楊汝山
（1894-1947年）
（妻）吳二丫頭
（1888-1955年）
玉芳（姥姥）
（1909-1969年）
玉蘭
（1917-1960年）
玉林
（1930年出世）
張德華
（1888-1933年）
（妻）張太太
（1958年去世）
（第一任丈夫）
警察總監薛之珩
（1876-1933年）
（夫）佩歐（效石）
（1960年去世）
（妻）玉林太太
（1927年出世）
（第二任丈夫）
醫生夏瑞堂
（1870-1952年）
寶琴／德鴻
（母親）
（1931年出世）
（夫）王愚／守愚
（父親）
（1921-1975年）
俊英孃孃
（1970年去世）
其他
七個子女
小鴻
（1950年出世）
（夫）正誼
二鴻／戎
（1952年出世）
京明
（1953年出世）
小黑
（1954年出世）
小方
（1962年出世）

目次

自序
敲開記憶的大門，迎來世界的回響

《鴻：三代中國女人的故事》於一九九一年首次出版。這本書改變了我的一生：它使我成為「作家」。

當作家是我童年的夢，這個夢只是模糊的憧憬，待在潛意識裡，沒有用語言表達。在我成長的毛澤東時代，中國大陸的作家大都遭到政治迫害，書和筆是危險的東西。文革初期，全國到處燃起燒書的火焰，人們家中的書籍大半化為灰燼。身為中共官員的我父親，在文革中備受折磨，逼著燒掉心愛的藏書。這是他精神崩潰的開端。我在一九六八年十六歲生日那天寫在紙上的第一首詩，就是在造反派闖進家裡抄家時，撕碎了衝下馬桶的。

可是一支無形的筆，仍然不停地在腦子裡劃來劃去。在下鄉進廠的日子裡，它伴隨我在稻田裡撒糞，在電桿上接線，默默地刻著長文和短詩。

一九七八年九月，二十六歲的我來到英國。毛澤東去世兩年了，中國開始變化。中共自掌權以來，第一次用全國統一考試的辦法選拔留學生。我有幸通過統考，成為四川省九千萬人中大概第一個到英國留學的人。

有這樣不可思議的運氣，可以自由地寫作了——但就在這時，我失去了寫作的興趣。對我來說，寫作不可避免地要回顧往事，要在內心重返中國。而我只想忘掉中國，忘掉那些傷心的日子。我來到的地方好似外星，滿目都是嶄新奇異的東西。我什麼都想看一看，什麼都想試一試，只想活在新世界裡。

*

倫敦第一眼吸引我的，是從機場入城後沿街窗台上的盆花與住宅前的花園。記得我到後的第一封家信，幾乎都在描述它們。那時中國人的家中沒有花草。毛澤東在一九六四年發話說：「擺設盆花是舊社會留下來的東西，這是封建士大夫階級、資產階級公子哥兒提籠架鳥的人玩的。」「花窖要取消，大部分花工要減掉。」房屋裡的花消失了，學校草坪上的草也被拔去。拔草時我心裡非常難過，但掙扎著掩飾自己的感情，還不斷責備自己的「小資產階級情調」。當時中國的孩子都得不停地做這類「思想鬥爭」。雖然在我離開中國時，種花養草已不再是罪過，但苗圃花市還沒有「捲土重來」，一般人的住宅依然灰暗無色，公園也滿目瘡痍。

到倫敦後，我們住在大使館指定的住處，第一次獲准外出時，我和幾個同行者去了著名的海德公園。在一排排栗樹的華蓋下，在一望無涯的柔軟草坪上，我走啊走，怎麼也走不夠，胸中充滿狂喜。我直想張開雙臂，撲在草地上，緊緊摟住這塊綠土地。

那時留學生在海外受到嚴格管束，每個星期六有例行的「政治學習」。這類在中國早就讓我煩透了的活動，在倫敦更教我忍受不下去。我斗膽向政治輔導員建議，何不把會搬到倫敦植物園去開？年輕的輔導員想來也嚮往大好景色和清新空氣，他居然冒著被批評的風險同意了。於是，我們這組人身著的清一色「毛制服」，便與五彩繽紛的花朵相映成趣。

「政治學習」僅是無數捆綁我們的繩索之一。其他的管囚犯似的紀律包括不許一人出門，起碼得「二人同行」。事無鉅細必須請示匯報，違反紀律會被馬上送回國去，後果不言自明。這些繩索每時每刻都折磨著我。初到英國時，我總在盤算怎樣「破壞紀律」。

在大陸留學生中，我也許是第一個涉足酒吧的人。那年頭，「酒吧」二字意味著裸女狂舞，燈紅酒綠，是使館明令禁止的去處，也讓我好奇心大發。一天，我偷偷跑出去，直奔街對面一間酒吧。推門進去，什麼令人目瞪口呆的景象也沒看到，只有幾個老人安靜地坐在那裡。當時心裡頗有點失望。

我也可能是大陸留學生中第一個獨自出門的。我所在的學院有位職員邀我去格林威治天文台。「二人同行」的紀律規定，個人受到邀請時必須「帶朋友」。我便問他：可不可以帶個朋友一塊兒去？職員誤解了我的意思，正色答道：「我不會做不規矩的事情。」我很不好意思，但又無法向他說明這是我們的紀律。我們得到的指示是，這條紀律不準公開，只能自己找藉口。我討厭編造藉口，更想一個人自由自在地出去。我於是去請求使館管教育的官員，說：你看，這位英國朋友認為我懷疑他動機不純，我要是不去，會影響中、英友好，影響偉大的社會主義祖國的聲譽。如此等等一番漂亮話，官員最後鬆了口，只叫我不要張揚。

我猜這位官員也不喜歡製造這些紀律的專制制度。一天晚間，住地樓裡只有我和他時，他對我講了點個人的身世。二十年前，他與深愛的女朋友正要結婚，「反右派運動」來了，女友被打成右派。結婚會毀掉他的前程，女友堅持要分手，極度痛苦的他再三考慮後同意了。後來，無論在外交界如何一帆風順，他忘不了她，原諒不了自己。在講這段往事時，他幾乎是聲淚俱下。

這位與我相交甚淺的使館官員，敢說心裡話，並不奇怪。那時的人們背負著毛澤東統治留下的創痛，一發現有個「心有靈犀」的人，會像開閘的洪水一樣傾瀉。中國在變，人們的恐懼少了——也使這位官員敢於開先例放我一人出門。

格林威治之行今天想起仍記憶猶新。這是一次再普通不過的旅遊：從一個景點到另一個，在子午線上照相，一隻腳踏在東半球，一隻腳踏在西半球。但從頭到尾我的神經繃得緊緊的，緊得頭暈。我的眼角不斷四下掃射，看有沒有華人，一旦發現便迅速從他們衣著上判斷是否來自大陸，如果判斷是，我就趕緊把臉別過去，躲開他們。當時大陸來英國的人寥寥無幾，可我偏偏覺得這個人也是，那個人也像，心不時提到嗓子眼兒，一邊勉強對主人表現出若無其事的樣子。我怕有人看見我，告發我，那樣一來我就完了，使館好心的官員也要跟著倒楣。坐在一大片綠茵茵的草地中間野餐，吃著異國情調十足的乳酪三明治，是我最害怕的時刻：我釘在那裡，無處可藏。

可我還是繼續幹官方禁止的事。這並非出於天生喜好冒險刺激，而是實在忍耐不住。大禍沒有臨頭：一九七八年底，中共正式實行改革開放，捆綁我們的繩索愈來愈鬆。逐漸，我就大膽地「自由行動」了，一個人到處去，結識三教九流的人。我自稱來自南韓。這不僅因為我的行動帶點偷偷摸摸的性質，而且我不想顯得太新奇。那時中國大陸多年與世隔絕，西方人好不容易見到個「火星人」准抓住問個不休，都是我不願談的事。我想融入倫敦，過一過倫敦平常人的日子。

在倫敦人中混，我的強烈印象是在英國人人平等，沒有階級之分。在西方，英國以階級的存在著稱，後來我談起這一最初印象，總令聽眾捧腹。西方人有所不知的是，我是在跟毛的中國比。那裡每人都有一個固定的階級出身，對一生深具關鍵性作用。必填的各種表格上，在「出生年月」、「性別」之後，就是「家庭出身」一欄了。它決定你能上什麼學校，能做什麼工作，能過什麼樣的日子。我本人有幸出身「革命幹部」，屬於特權階層。我親眼看到，「出身不好」的人們，一輩子被打入另冊。由於出身如此重要，我們這代人初次見面習慣問對方出身是什麼，父母是幹什麼的。而在倫敦，我周圍的人們對他人的背景好像都毫不在意。

後來在英國住久了，我明白出身在這裡也不是微不足道。可是新來乍到的我，感悟到了英國的特點。英國儘管有階級，但不管哪個階級的人都享有尊嚴，下層的人不會受歧視虐待，老百姓不會有冤無處申。法律給所有人以同樣的保護，公平、正義是英國社會最引以自傲的基本理念。在這一理念下，社會日趨平等。這是中國人在毛時代——乃至今天——無法享受的。

我就是這樣既帶感情、又理智清醒地愛上了英國。第一年在拚命開眼界的旋風中度過。從毛的慘淡世界中走出來，對最不起眼的東西也感到新奇。頭一回進電影院，暗暗燈影下深紅的座椅帷幕，彫琢鍍金的裝飾，讓我覺得好像進了「阿拉丁魔窟」，到處是寶藏與神祕。事無鉅細，我都愛刨根問底，有的問題教朋友忍俊不禁地瞪大眼睛。在詢問與體驗中我學習英國，學習這裡來自世界各地的人民和他們的文化。

在這個過程中，我祕密地交上了外國男朋友。這在當時是最嚴格的禁區。在中國時我曾聽到警告：誰有外國男朋友，誰就會被用麻藥麻醉後裝在麻袋裡，運回中國去。我對此深信不疑。一走到離大使館不遠的街道，我的兩腿就發軟，要是坐在汽車裡，頭就縮到車窗下不見了。我想出個法子：化妝，用濃濃的猩紅紫黑的唇膏，大綠大金的眼簾膏，讓自己面目全非，大使館的人認不出來。我使用化妝品，就是這樣開的頭。現在想來，大使館並沒有對我們實行那樣徹底的監視，但是來自毛的中國，恐懼是我的習慣。

*

英國古城約克是我一直嚮往的地方，那裡有著名的大教堂、老城牆（據說有點像中國的長城）和「薔薇戰爭」遺蹟。約克大學在我來英國第二年提出給我獎學金，讓我攻讀博士學位。那時候，外國大學發獎學金都得透過中國政府，個人無權領取。幸虧有了改革開放，再加上使館那位好心官員相助，我又一次破了規矩，個人接受了獎學金。三年後的一九八二年，我獲得語言學博士學位，成為中華人民共和國第一個在英國大學得到博士學位的人。

說來慚愧，在約克學到的語言學理論我差不多快忘光了。但我將永遠記住我的導師樂培基（Bob

Le Page）教授。他是英國傳統文化薰陶出來的典型「紳士」，富於公正意識，篤信人人都有追求自由和幸福的權利。他輕鬆的幽默感和不形於色的力量感，就像英國本身一樣，一點點撫平我長年形成的緊張焦慮與時時襲來的無由恐慌，隨時提醒著我，在這塊講求正義的國土上，不用害怕。

一天在導師面前，我無拘無束地報告博士論文大綱。我談到對各種語言學理論的見解，說我同意這種見解、不同意那種，等等。他靜靜地聽我說完，然後說：「好，把博士論文交給我吧。」我迷惑地說：「您知道我還沒動筆呀！」他說：「可你的結論都有了。」

這一句短短的話，解開了極權制度繫在我思路上的一個死結。我從前受的教育不是先蒐集事實，再研究，再做結論，而是先有決定（黨的決議等等），再來照章思想。不合意的事實被通通掩去，要麼篡改，要麼指鹿為馬，把黑的說成白的。那天見完導師後，我沿著校園湖畔的長廊走回寢室，久久地回味他的話。我的寢室在湖的一角，窗戶下是眾多水禽的家。牠們每天清晨以歌聲喚醒我，此時正在天空翱翔，似乎代我抒發瞬間開竅的歡樂。這是我真正地解放思想，開始具備不帶偏見的思維方式的一刻。

就是在約克的某個晚上，我萌發了寫書的念頭。一位剛訪華歸來的教授放幻燈片演講旅程，請我去參加。幻燈片上一所學校的孩子在顯然冰凍三尺的教室聽課，沒有暖氣，窗上的玻璃七零八碎。教授說他問學校校長：「孩子難道不冷嗎？」回答是：「他們不感覺冷。」

講座後有個招待會，我正好站在一位女士身旁。可能是為了找個話題說說話，她對我說：「你一定覺得這裡熱得要命。」這句絕無惡意的話猛然讓我心裡翻騰，眼淚忍不住要流下來。我匆匆離開房間。這句話刺傷了我，因為它讓我聯想起西方不少人怎樣看待中國人。從前人們說中國人命賤。新的觀察家呢，訪問文革中的中國後，紛紛讚賞中國人真是了不起，歡迎「批評與自我批評」，欣然在嚴酷的體力勞動中接受改造，對成年累月的夫妻兩地分居無所謂，對挨打挨鬥也毫無怨言。對西方人，這一切都不堪忍受。中國人和他們就是不一樣。

對這些觀察已憋了許久的憤怒，此時化作到英國後的第一場淚水。我想起中國，想起我的家，我的朋友，我認識的男女老幼。我想告訴世界我們的真情實況。寫書的衝動湧了出來。

*

可是，書寫不出來。心理上無形的障礙，阻止我把回憶的大門敞開。文革中母親挨鬥遊街、跪玻璃渣，父親被迫害致死，姥姥也悲慘地故去。這一切都不堪回首。筆下幾行缺乏細節的字，我自己也覺得膚淺蒼白。

一九八八年，母親來倫敦看我。這是她第一次出國，我想讓她玩得痛快。但過了不久，我發現她興致並不高，倒像有心事。一天，她乾脆謝絕去逛商店，說有話要對我說。

那天她坐在飯桌旁，深黑的桌面上一把早春的黃水仙在怒放。手捧沏著茉莉花茶的杯子，母親生平第一次告訴我她和姥姥的身世。我姥姥十五歲時嫁給一個軍閥做妾，也是在這個年齡，母親參加了共產黨地下組織。在戰爭與革命、外國入侵和極權專制下，她們的生活動盪坎坷，充滿悲歡離合。母親特別想講給我聽的，是和父親的愛情生活。出門旅遊，她走一路，講一路，從蘇格蘭小島，到瑞士的大山，在飛機上，汽車裡，遊艇中。我出去工作時（我當時在倫敦大學亞非學院任教），她待在家裡對著錄音機講。母親有說不完的話。到她數月後離開英國時，她留下六十個小時的錄音帶。

我看得出母親多麼急切地想要女兒了解她。我也感到，她希望我寫作。就好像她知道我從小懷著個不言的夢，鼓勵我去實現它。她沒有對我提要求——我母親從來不提要求。她用她的故事為我創造條件，教我面對過去。雖然她大半生在磨難中度過，母親沒有渲染淒慘，她的堅強與智慧讓她的故事最終使人振奮。

母親就這樣促我拿起了筆，寫下了《鴻：三代中國女人的故事》：我姥姥、母親和我在二十世紀經歷的風風雨雨。寫這本書花了不到兩年。其中雖有痛苦和不眠之夜，但心理障礙已被母親掃去，我能一鼓作氣，一氣呵成。

我之所以能夠從容地回視噩夢，還在於我那時找到了愛情，內心充實安寧。我的白馬王子叫喬．哈利戴（Jon Halliday）。他是完美的騎士，只是不戴盔甲。他似乎不需要盔甲，憑著藏在書生氣質下的堅毅能力，就能所向披靡。有他在身旁，我實在是很幸運。

《鴻》能飛起來，沒有喬不行。《鴻》是用英文寫的，而我在二十一歲時才開始學英文，學習環境是完全封閉的文革，教師大部分沒見過外國人。到英國前，跟我交談過的外國人僅限於海港湛江的幾批海員，我和同學曾被送去那裡兩星期練習英文。到英國時，我雖然能看不少書——最早看的書之一是奧威爾的《一九八四年》，看時驚嘆書裡描述的簡直就是毛的中國——但是很多常識我都不懂。比如我在大學學的英文問候語是：「Where are you going?」「Have you eaten?」這是中國人見面互相問「上哪兒去？」「吃飯了嗎？」的英文直譯。剛到英國時這樣跟人打招呼，朋友都覺得有趣之極。

用英文寫作，優美地寫作，靠的是喬的幫助。他本人是歷史學家，寫過不少書。寫《鴻》時，他提的問題，總令我深思；他提的建議，我一一採納。他是我英文寫作的老師。

就這樣，兩個在我生活中最重要的人，母親和丈夫，成了《鴻》的兩根支柱。在書快要出版、我正擔心讀者反映時，母親的信來了。信上說不管人們愛不愛看這本書，我都千萬不要在意，寫書讓我更了解她，她心滿意足。這是典型的我的母親：她並非真不在意，只是不給孩子施加壓力。我為母親的苦心深深感動。

在母親的呵護下，我把《鴻》放了出去，不去擔憂它的遭遇。當然，我也不是沒有信心。喬說：「這是一本非常好的書。」我信賴他的判斷力。

*

結果，《鴻》真的成功了。千千萬萬的讀者從世界各地寫來激情洋溢的信，不少人還到成都去看望母親，從衣冠楚楚的外交官，到肩背背包的留學生，從生意人到旅遊者。愛爾蘭、英國、荷蘭、匈牙利、泰國、巴西……她受邀造訪了一連串國家。在日本，櫻花樹下身著和服的婦女向她鞠躬致意；一間餐廳裡的侍者用銀盤托來一方精緻的手絹，是鄰座進餐的夫婦請她簽名；飛機場上不乏仰慕者替她拿行李。我母親不僅得到了女兒更深切的愛，還得到了全球千百萬人的理解和尊敬。

唯一美中不足的是，《鴻》在中國大陸是禁書。這本書寫的是一個家庭的故事，但它反映出二十世紀中國的歷史。在中國，寫歷史得按官方定下的調子。《鴻》沒有、也不可能按這個調子跳舞。尤其是，《鴻》記載了毛澤東帶給中國的巨大災難。而今天，毛的肖像仍然高掛在天安門城樓上，毛的遺體仍然停放在天安門廣場中心，中共現任領導自稱是毛的繼承者，竭力維持毛的神話。在這樣的情況下，《鴻》自然不能在大陸出版。媒體受命封鎖《鴻》的消息，也不足為奇。若干年中曾不斷有大陸記者採訪我，說他們有辦法發表，但最後誰也沒辦法，文章都被編輯「槍斃」掉。當然，嚴禁也激起人們的好奇心，好幾個人告訴我，這是他們設法找書來看的起因。

今日的中國，人民的生活比過去好了很多，但自由的程度遠不如共產黨掌權之前。在一九九四年對《鴻》的禁令發下以前，大陸的「友誼出版公司」曾準備出版大陸中文版。「友誼」要求刪除一些段落，主要是提到毛澤東的地方。這些地方畢竟很少，而且在我的堅持下，凡刪掉的地方書中一一註明「此處刪去××行」，我同意了。這種作法，在中共上台以前出版界常用，可是現今的政府不允許。後來大陸出了盜版，但盜版也有所刪節。

據我所知，大陸有一個沒有刪節的繁體字盜版，可能盜的是台灣或香港版。在香港，大陸禁書能夠出版，一些幸運的《鴻》由此得以飛入大陸。我自己帶過書回去，但郵寄的中文版從來不曾寄到。海外電影界一次次努力試著把《鴻》搬上銀幕，一位我敬重的大陸導演有心執導。但是當局的答覆是：不準拍，就是在海外攝製，在海外放映，也不行。

儘管當局竭力鉗制，《鴻》在大陸仍有些名氣。有腦袋瓜靈活的人乘機撈點外快。在我長大的成都市，二○○○年五月六日的報紙報導：一位講一口流利的英語，並略懂德、日、法語的男士，經常出入外國遊客居住、遊覽之地，與「老外」攀談，自稱與《鴻》的作者是要好朋友，然後帶「老外」去吃飯，由餐館敲「老外」的竹槓，他從中漁利。

《鴻》帶給我的也有欣慰。我和喬有次在北京一家小餐館吃飯，飯後喬正要付帳，店主告訴喬：一位年輕的本地顧客已付了帳，那人說，他從「您夫人的書」裡，了解了他祖國的昨天。

*

藉由寫《鴻》，中國重新回到我的心中。我不再想忘掉那出生的地方，時間長了不回去，會心神不寧。這塊土地，那樣古老，又那樣年輕，那樣傷痕纍纍，而又那樣毫不頹唐。但中國不是讓我放鬆的家。在那裡，我避免不了萬千思緒，心情老在興奮激動與氣憤絕望兩個極端中牽扯波盪，旅行後，總是筋疲力盡地回到倫敦。

寫《鴻》之後回中國，為的也是蒐集資料，和喬一道寫一部毛澤東傳記。毛澤東主宰了我早年的生活，使占世界四分之一人口的中國人飽受難以想像的苦難。他應與希特勒、史達林相提並論，然而，那兩位歐洲暴君早就是公眾譴責的對象，毛死去近三十年，卻還保持著「偉大領袖」的光環。真實的毛依然雲遮霧障，世人知之甚少。撥開環繞他的重重迷霧，是我和喬的心願。

可以想像，我們的研究在大陸遇上了一道又一道難關。但障礙不是不可逾越，大多數反倒增添樂趣，弄得我們像一對「偵探」。有一年毛身邊的一些人受到警告，叫他們不要與我們合作。但這警告似乎沒有像對出版社、媒體的禁令那麼嚴厲，所以，儘管有人謝絕採訪，多數人還是開了口。長年鬱積，人們有滿肚子的話要講。中國人也有為歷史留下見證的傳統責任感。「警告」本身不無小補，它等於宣告：這部傳記一不循官方口徑，二將是本重要著作。歸根結柢，《鴻》幫了大忙。許多受訪人是在看過或者聽說過《鴻》之後接受採訪的。他們明白這是本實事求是的書，相信毛傳也會忠於事實。

《鴻》還是通向國際政要與塵封檔案的鑰匙，握著它，我和喬走遍世界搜尋資料。我們採訪了數百位同毛澤東有關的人士，查閱了各國檔案史料。通曉多種語言的喬，在俄羅斯檔案館內，在如山舊紙中挖掘出大量寶貝。我們具備的優越條件，使我們感到義不容辭，必須把毛澤東的真相揭示出來。在過去十年中，我們投入了能投入的每一分鐘，竭盡了能竭盡的每一滴心血。十年的工作，是十年辛苦，也是十年莫大的樂趣。

除了奔波，我們就是在倫敦家中寫作。坐在書桌前，我能聽見喬在樓下的書房門偶爾打開，大概是他去廚房泡茶。聽到這聲音，一陣快意總湧上心頭：午餐時間快到了吧？那是他和我交換新發現的時候。書桌右前方，寬大的落地玻璃窗外，隔街是一株高高的梧桐樹，茂盛的枝葉間透著窗外天。天空最美是半雨半晴時分，帶水的陽光無比柔和。樹下有柱黑漆街燈，在表現倫敦的電影外景中常能見到。街的終點，倫敦特有的雙層紅色巴士，一搖一擺地駛過。行人在傘下走著。這是倫敦最平常的景象，可是我百看不厭——正如我永遠不會厭倦桌前一坐一天的作家生活。為伊消得人憔悴，就是快樂。

張戎　於倫敦

二〇〇三年五月為英文紀念版而作

二〇〇六年八月譯為中文

1 三寸金蓮

嫁給軍閥為妾（一九〇九～一九三三）

我姥姥十五歲時，就嫁給一個軍閥做妾。這年是一九二四年，在大小軍閥的割治下，整個中國戰亂頻仍。婚事是姥姥的父親精心策畫、刻意安排的。當時，那位軍閥身居北京北洋政府警察總監要職，地位顯赫，權傾一時。而姥姥的父親不過是東北的一座偏遠小城——義縣的警察局職員。

義縣位於長城以北一百哩處，距北京兩百五十哩。它與中國多數城市相似，建得像座城堡。自唐朝以來，它就被三十呎高、十二呎寬的城牆團團圍住。防守用的城垛列陣於城牆之上，十六個箭樓卓然有序地點綴其間。寬闊的城牆頂部可以縱馬馳騁。東、西、南、北四門扼守入城要道，城門之外築有甕城。深邃的護城河環繞著城，為小城平添了幾分幽遠的氣息。

小城中最引人注目的是鐘樓。這座古樸典雅的黑褐色石頭建築始建於六世紀，是當年佛教傳入該地的產物。每到夜晚，報時的鐘聲清晰入耳，不絕如縷。一旦出現水災水患，鐘樓也作報警之用。義縣是個繁華鼎盛的商業小城，四周的平原地帶盛產棉花、玉米、高粱、大豆、芝麻以及梨、蘋果和葡萄。再往西去的草原和丘陵，到處放牧著綿羊與牛群。

我的外曾祖父楊汝山生於一八九四年，當時滿族皇帝統治整個中國。滿族發源於東北，當他們大舉入關，攻城陷地，於一六四四年征服全中國時，屬於漢族的楊家先輩為了謀生而闖關到了東北。外曾祖父是楊家的獨子，擔負著楊家傳宗接代、延續香火的重任，所以他在楊家的地位非同小可。他被送進當地最好的學堂受教育，期望著有朝一日通過考試踏入宦途。當官歷來是中國男人熱中追求的目標。當官就有權，有權就有錢，沒權沒錢的人是無安全感的。中國向來就沒有一個良好的法律制度，正義沒有保障，殘酷甚至被制度化，官吏掌握對百姓生殺予奪的大權，仕途因而成了那些出生非顯貴家庭的孩子脫離困苦環境的唯一出路。

外曾祖父的父親決心不讓兒子步其後塵，當一個氈匠。他撙節開支，督促全家人拚命勞動掙錢以供兒子讀書。婦女不分日夜地幹活兒，為裁縫鋪老闆縫衣、做鈕釦。由於長年累月吃力地重複同一個動作，她們的手指關節都變得紅腫僵直。為了省錢，她們把油燈捻到最小，暗淡的燈光嚴重損傷了她們的視力。

外曾祖父十四歲結婚，妻子比他大六歲。當地人說：「女大三，抱金磚。」「大妻子」的重大責任是帶大「小丈夫」。外曾祖母的命運是那個時代中國女人命運的一個縮影。她是一位吳姓皮匠的女兒，由於家庭既非書香門第，又無人在朝做官，更因為她是個女孩，所以沒有正式的名字。因排行第二，大家就索性管她叫「二丫頭」。「二丫頭」還在襁褓中時，父親就去世了，由伯父撫養。在她六歲時的某一天，伯父請一位朋友來家裡吃飯，在飯桌上指腹為婚，將「二丫頭」許配給這位朋友妻子腹中的胎兒——只要將來出世是男孩。就這樣，外曾祖父尚未出世便與外曾祖母訂了婚，兩人直到結婚才見面。

由於十四年的寵溺有加，外曾祖父直到結婚時還奶氣十足。洞房花燭夜，他竟無心進洞房，鬧著要睡在母親房中，結果等他睡著後才被抱回新娘的炕上。但是，儘管外曾祖父連穿衣都要人幫忙，卻深諳房事——當地人稱「種孩子」。一年之後，姥姥出世了，那是一九〇九年五月初五。姥姥的命似乎比她母親好，因為她有個正式的名字：玉芳。

姥姥出世時，正值滿清帝國統治兩百六十年之後，面臨危亡之秋。一八九四至一八九五年，日本進攻東北，大敗清軍，滿清政府開始喪失在東北的領土。一九〇〇年，八國聯軍在鎮壓義和團事變之後，一部分軍隊進駐東北，一部分則沿長城一線布防。一九〇四至一九〇五年，日俄戰爭在東北平原決勝負，結果日本戰勝，成為東北最重要的外國勢力。一九一一年辛亥革命後，滿清帝國被推翻，中華民國成立，握有兵權的袁世凱替下做臨時總統不到兩個月的孫中山，就任大總統。

一九一六年袁死後，位於北京的中央政府控制鬆懈，中國出現軍閥各自為政的局面。人們用金銀珠寶賄賂權貴，以期爬上高位。我的外曾祖父沒能積攢足夠的錢，到了三十歲時，仍窩在家鄉義縣當個警察局裡的職員。不過他心裡卻另有打算，因為他擁有一個非常有價值的財產——他的女兒。

*

我姥姥算是個美人胚子。瓜子臉，細膩而富有光澤的皮膚，濃密黑亮的頭髮梳成獨辮垂到腰上。大部分時間，女人只能文靜——姥姥也就顯得文靜：但矜持的外表下，她充滿活力。她的削肩柳腰是當時美的標準。然而，那時的人們認為，姥姥最美的應該是那對纏過的小腳：三寸金蓮。

姥姥兩歲時開始纏腳，她的母親先將除拇趾外的所有腳趾向內彎曲貼在腳底，接著用一條二十呎長、兩吋寬的白布一層層緊緊裹住，然後逼著姥姥走路。姥姥疼痛鑽心，哭著、叫著、不肯動。但不走就打，不走就不給飯吃。開始時，姥姥只能扶著炕沿慢慢挪動。幾個月之後，漸漸有些適應了，她母親就用一塊幾十斤重的扇面大磨石，壓在她腳背上，以折斷腳趾的骨骼。姥姥這次不再是哭喊，而是號叫，垂死般的，苦苦哀求母親住手，母親只好用一塊布塞住她的嘴。

纏腳持續了好幾年，以防止壓碎的骨頭重新長回去，多少年來，姥姥就在這種難以言喻的劇痛中掙扎生活。每當她乞求母親鬆開纏腳布時，母親只是流淚、嘆息，一遍一遍地說：「閨女，不是媽狠心，是為妳好啊！如果妳有一雙大腳，將來可怎麼辦啊！」

在那個時代，姑娘出嫁時，從花轎中出來的第一件事，就是由婆婆撩起長裙下襬，查看腳的大小。如果不夠小，婆婆會勃然大怒，甩手而去，丟下孤立無援的新娘，面對來自夫家親戚朋友鄙視和指責的目光而無地自容。腳大往往是因為母親心軟而過早拿掉孩子的纏腳布。當孩子長大受到夫家的輕蔑並為社會所不容時，她會怪罪母親。

中國女人纏腳的習俗大約有上千年歷史，始於宮中的妃子。據愛好鑑賞女人的人說，纏腳婦女的蹣跚步態是「弱柳迎風」，他們還會因為玩賞穿著繡鞋的小腳而備感刺激。即使在女孩子成人時，纏腳布也不能拿掉。只有到了夜間上床時，才可以用軟底鞋代替。男人很少見到裸露的小腳。折斷的腳趾常因腐爛而發出臭味，因此有裹腳布「又臭又長」一說。姥姥一生所受的痛苦，我有一些印象：每當我們逛街回來，她進門的第一件事就是把腳泡在熱水盆裡。隨著一陣細微而輕鬆的嘆息聲，她臉部因痛苦而扭曲的肌肉頓時鬆弛下來。然後，她用小刀切去腳底的死肉，用剪刀剪去不斷生長並刺入腳肉中的趾甲。

纏住姥姥的那塊布已在清朝滅亡之際逐漸被拋棄，姥姥的妹妹在一九一七年出生，便逃過此劫。但在許多地方，這一風俗依然盛行如故。姥姥長大成人時，像義縣這樣的小城中，小腳仍是美滿婚姻的必要條件。不過在外曾祖父雄心勃勃的嫁女計畫中，僅有小腳還是不夠的。他把女兒送進當地一所建於一九〇五年的女子學校，課程從象棋、麻將、長牌到畫畫、刺繡一應俱全。姥姥最喜愛的圖案是鴛鴦，常把它們繡在自己的繡鞋上。外曾祖父為使她的才藝更加完備，還禮聘老師教她彈古琴。

姥姥終於出落成小城的一朵名花，一九二四年，姥姥十五歲，按當地風俗，已是吹吹打打送女出嫁的時候，然而她仍待字閨中。外曾祖父開始寢食難安了，擔心女兒年華老去，失去他平步青雲的唯一機會。就在這一年初夏，北洋政府京師警察總監薛之珩到義縣視察，給了楊汝山一個千載難逢的機會。

*

薛之珩在一八七六年出生於盧龍縣。盧龍位於長城以南、北京東邊一百哩處，是遼闊的華北大平原的入山口。他父親是個教書先生，他在家中排行老大。

見過薛之珩的人都對他印象深刻。好幾位瞎眼算命仙摸過他的臉都預言其日後會飛黃騰達。他寫得一手好字，一九〇八年，一位名叫王懷慶的將軍在盧龍大寺廟進香時，注意到寺廟橫匾上他寫的字，當即提出要見這位書法家，接著便攬他為幕僚。

薛之珩很快受到重用，擢升為軍需官，掌管軍中錢財糧食供應。他一方面為軍務到處奔波，一方面也開始在盧龍和東北各地營造自己的糧棧，並在短時間內發了大財。當他替王將軍出兵內蒙古成功地平息了一場叛亂後，官運更為亨通。他在盧龍設計、建造了一座八十一間房屋的巨大公館，取「九（久）九八十一」的吉利。

薛之珩所屬北洋軍閥吳佩孚派系（直系）在二〇年代早期控制著中央政府。一九二二年，薛之珩出任京師警察總監，並兼任中央政府公共工程部的首腦之一。他管轄長城內外二十多個地區，統率萬餘名騎警。

一九二三年五月，薛之珩所屬直系軍閥開始密謀推翻他們一年前扶持起來的大總統黎元洪。密謀者包括薛之珩與馮玉祥——就是那位用救火水龍頭給部隊施行洗禮的基督將軍。薛之珩指揮萬餘人馬包圍了北京城內主要政府建築，要求政府支付拖欠的軍餉，實際目的則是要黎大總統出醜，迫使他交出權力，但黎元洪拒絕退位。薛之珩下令切斷總統府的水電供應。幾天後，總統府內的環境變得令人無法忍受，六月十三日晚，黎元洪放棄了臭氣熏天的居所，逃往天津。

在中國，代表權力的不僅是官員本人，還要有官印。一份公文有效與否，端看上面是否蓋有相應的印鑑，否則即使有總統本人簽字也不行。黎元洪深知其道，把大印藏在一位姨太太處，這位姨太太則躲在北京一家法國教會醫院內養病。

黎元洪的專車在快到天津時，被一隊武裝警察攔住，要黎元洪交出大印。起初，黎元洪拒絕說出藏印的地方，但幾小時後，他讓步了。薛之珩在凌晨三點全副武裝來到醫院收繳大印。當他走到那位姨太太的床邊時，她甚至不屑於正眼瞧他，還傲慢地說：「堂堂總統大印，怎麼可以交給一個警察！」但當她接觸到薛之珩的炯炯目光時，就乖乖地把大印放到他手上。

接下來四個月內，薛之珩動用他的警察部隊以確保直系軍閥所推舉的總統候選人曹錕能在中國最早的一次選舉中當選。薛之珩與馮玉祥派軍警到國會大樓前擺開陣勢，放出風聲：每個來投票的人都會有好處。結果不少國會議員聞風從各省專程趕來，八百零四名國會議員中有五百五十五名麇集北京。經過檯面下激烈的討價還價，他們終於在選舉前四天敲定了大多數議員能接受的數目：每人五千大洋。一九二三年十月五日，曹錕以四百八十票當選為總統，薛之珩也因而晉升為平威將軍。跟他一起擢升的還有十七位「特別顧問」，全是軍閥的姨太太或情婦。此次賄選成為中國歷史上著名的事件，顯示選舉是如何被操縱。人們至今仍以此為例，爭辯民主選舉在中國行不通。

一九二四年初夏，薛之珩視察義縣。義縣雖不大，但在戰略地位上卻十分重要。北洋政府勢力範圍就到這一帶為止，再往北的地方是人稱張大帥的奉系軍閥張作霖的地盤。薛之珩此行也兼有私人目的：義縣的主要糧棧和最大的商店都是他的，包括一家當鋪——兼銀行，它發行了自己的鈔票，在城裡和附近地區流通。

薛之珩的造訪對外曾祖父不啻是天賜良機，他設法為自己弄到接待薛之珩的差事，告訴妻子決定把女兒嫁給薛之珩。他當然不是在徵求妻子的意見，只是通知她而已。這不僅是當時民俗使然，而且外曾祖父壓根兒就看不起自己的妻子。外曾祖母流淚了，但什麼也不敢說。外曾祖父還特別警告她不得洩漏半字給女兒知道。

外曾祖父知道如果直截了當提出要把女兒許給薛之珩，不僅會貶低女兒的身價，還要冒被拒的危險。他要先讓薛之珩有機會親自看看自己所提供的是何等寶物。問題是，當時良家婦女是不准介紹給陌生男人的，外曾祖父不得不挖盡心思讓雙方「碰巧」見面。

義縣有一座九百年歷史的佛寺，由磚木蓋成，有一百呎高，坐落在一平方哩大小的一排排古雅的柏樹林中。大佛殿內迎面是一尊三十呎高的金身彩塑佛像，牆上繪有線條細膩的壁畫，描繪釋迦牟尼的故事。帶客人參觀此地是很自然的事，寺廟也是良家婦女可以單身前往的一個去處。

外曾祖父要姥姥在某天到寺院進香，姥姥為了顯示她對佛的虔誠心，行前熏香沐浴，然後面對家中的小神龕默拜數小時，以期在寺院拜佛時能使心境保持平靜。她坐上租來的馬車，在一位婢女陪伴下上了路。她身著鴨蛋清色罩衫，金縷線滾邊，顯出線條的素淨，蝴蝶形盤扣鑲嵌在罩衫的右面。紫紅色的百褶裙上繡有繽紛的小花。濃黑的長髮梳成一條辮子垂至腰際，頭上插有一朵絲質墨綠色牡丹花。她一點兒妝也沒畫，只濃濃地熏了香，據說這是恰到好處的進香打扮。

姥姥走進大殿，跪在佛像前，先叩頭數次，接著雙手合十低頭默拜。此時，外曾祖父和薛之珩正好走進來，立身於大殿耳堂暗處，正好看了個仔細。外曾祖父計畫得很好，不光時間巧，姥姥跪著時，還恰好把那一雙隱藏在裙內的三寸金蓮露了出來。

當姥姥叩完頭站起來時，小腳一時難以支撐，身體微微一晃，失去平衡，她忙伸手扶住婢女。這時外曾祖父與薛之珩走了過來，姥姥紅了臉，低下頭，轉身就要離開。父親攔住了她，把她介紹給薛之珩。她忙道個萬福，頭一直低著。

為保持自己的尊貴身分，薛之珩不便對楊汝山說什麼話，但外曾祖父看得出他有點著迷了。兩天後，楊汝山冒著傾家蕩產的危險，包下戲院，雇來小城最好的戲班子，請薛之珩賞戲。這是一座傳統的露天戲院，戲台既無布幕，又無布景。整個表演過程中，男人圍坐在台下的桌子旁，邊吃、邊喝、邊大聲聊天。婦女則坐在旁邊上方的包廂中，婢女侍立於身後。外曾祖父特意把姥姥的座位安排在恰當的地方，使薛之珩一眼就可以看到她。

這一次，姥姥的打扮要比進香時華麗得多。她身著鮮亮的繡花衣，頭上插珠戴寶。她與朋友興奮地交談著、笑著，洋溢著青春活力，薛之珩的目光很少往戲台上看。戲劇表演完後是猜燈謎，男、女分開在兩個房間，每間懸掛著幾十個精緻的燈籠，上面寫有用韻體詩句編成的字謎，猜中最多的是贏家。男人一邊的贏家自然是薛之珩，女人這邊則是我姥姥。

現在，楊汝山已經使薛總監欣賞到他女兒的美麗和聰慧，最後一招就是展現女兒的才藝了。在一個天清氣朗的夜晚，他請薛之珩到家吃晚餐。酒足飯飽之後，男人們坐在小花園的涼亭中賞月，姥姥被請出閨房彈琴助興。此時，皓月當空，暖風輕拂，空氣中瀰漫著淡淡的丁香花味。琴聲悠悠傳來，薛之珩入了迷。後來，他告訴我姥姥，那天晚上的琴聲征服了他。當我母親出世時，他為她取名「寶琴」。

琴聲未落，薛之珩便向外曾祖父提親，他要娶姥姥做姨太太。薛之珩不提娶姥姥為妻是外曾祖父意料中事，他應該早在年少時奉父母之命娶了妻子。而且，楊家哪高攀得上薛家。女兒能被薛總監納為妾，已屬萬幸了。像薛之珩這種有身分地位的人，娶個三妻四妾是不足為奇的。

姥姥在納娶的前幾天才從母親口中得知此事。她黯然飲泣，默默無語，恨父親讓她淪為姨太太，但又無權說一個「不」字。違背父母之命就等於不孝，而且就算她拒絕，也不會被當一回事，只會被看作是她捨不得離開父母。唯一有效的拒絕方式是自殺。實際上，她什麼也不能說，就是說「好」，也會被看作是輕佻、不守婦道，或暗示她急於離開父母。

外曾祖母看見姥姥如此傷心，便勸她說，嫁給薛之珩，是她最好的歸宿。「妳知道薛總監的權勢有多大嗎？」姥姥的母親眼中流露出敬畏的表情。「妳父親告訴我，在北京人人都說，薛總監只要跺跺腳，北京城就得搖三搖！」當然，姥姥也不是沒有被薛之珩的堂堂威儀所吸引，義縣還沒有一個男人能比得上這位軍閥的風采。父親又加油添醋地轉達了不少薛之珩對她讚美的話，姥姥覺得有點飄飄然了。這一年她才十五歲，不能完全想像為人妾的痛苦滋味，還心存幻想：希望贏得薛總監的愛，過著幸福快樂的日子。

薛總監許諾她可以留在義縣，住進他特意為她購買的華宅裡。這樣她就可以不必離開雙親，遠嫁他鄉。更重要的是她不必住在薛公館，整天看著大太太和其他姨太太的臉色過活，陷於永無休止的勾心鬥角中。薛之珩還同意把納妾儀式辦得和明媒正娶一樣隆重，使姥姥與全家臉面有光。另有一點她覺得非常重要的是，現在父親遂心如意了，因此會對母親好一點。

我的外曾祖母患有癲癇病，總覺得自己配不上丈夫，對丈夫的態度幾近於卑躬屈膝。而外曾祖父卻視妻子如草芥，從不關心她的健康。多年來，他一直怪她沒替他生個兒子。外曾祖母生了姥姥後，曾小產多次，一九一七年好不容易又生下第二個孩子，卻又是個女的。外曾祖父著迷似地想納妾，只苦於沒錢，這次嫁女兒使他如願以償。薛之珩為襯出自己的身分地位，給楊家的聘禮自是大手筆，得利最多的當然是外曾祖父。

迎親那天，舉著彩旗、抬著大匾、提著大紅燈籠的隊伍，簇擁著花團錦簇的花轎，浩浩蕩蕩來到了楊家門前。旗上、匾上、燈籠上描繪著鳳凰吉祥圖案。儀式按傳統習慣從黃昏開始，大紅燈籠在暮色中閃耀著喜慶的光芒，吹鼓手吹奏起歡快的樂曲，鞭炮聲震天價響。姥姥鳳冠霞帔，一面大紅絲巾蓋住頭，乘著八人大轎前往新居。花轎內悶熱難耐，她小心翼翼地撩起頭巾，微微掀開轎簾，心情馬上由緊張變為高興：觀看迎親隊伍的人群擁擠在街道兩邊，這和她所知道的納妾儀式大不相同——一頂簡陋的兩人小轎，簡簡單單地鋪上一層靛藍色平布，冷冷清清，沒有排場，沒有熱鬧，更沒這般風光。迎親隊伍遊遍整個義縣，進出四座城門，最後來到新居——一座時髦舒適的住宅。薛之珩身著戎裝迎在新宅前，身邊站滿了當地的顯貴。姥姥心滿意足了，因為記憶所及，義縣還未曾有過如此隆重的婚禮。

婚後三天，薛之珩沒出房門一步，姥姥深覺幸福快樂，自認很愛他，薛之珩也以一種魯莽的方式愛著她。他完全不和姥姥談論公事，按照傳統看法，女人是「頭髮長，見識短」。男人即使在家，也應表現得威嚴、莊重。姥姥也盡量少說話，早上為他搥搥腿，入夜則為他撫琴。一星期後，薛之珩突然說他要走了，但隻字不提要到哪裡。姥姥懂得最好什麼也別問，她的責任就是等他回來。結果一等就是六個年頭。

一九二四年九月，直奉戰爭爆發。薛之珩被擢升為北京戍衛部隊副司令。但幾個星期後，局勢發生戲劇性的變化：薛的老盟友馮玉祥倒戈。十一月三日，總統曹錕被迫宣布退位。同一天，北京戍衛部隊解散，兩天後，京師警察部隊也遭逢同樣的命運，薛之珩匆匆逃離京師，並在天津法國租界的住宅內宣布下野。

同一時期，姥姥也受到再度爆發的戰火威脅，因為兩派軍閥都爭著控制義縣這樣的交通樞紐。薛之珩離開後不久，城外發生激烈的戰鬥，搶掠四起。一家義大利軍火公司對那些資金短缺的軍閥打廣告說，沒錢買軍火的話，可用「有掠奪價值」的村莊作為擔保物。到處有人強姦婦女，姥姥和其他婦女一樣，用鍋灰塗臉，使自己看上去既髒又醜。所幸義縣城裡沒有打起來，戰火向南延伸，生活恢復正常。

對姥姥來說，正常生活意味要設法在她的大宅內消磨時光。這是一座典型的北方四合院，南面是一堵高七呎的牆，一道拱門與外院相接。鑄有銅環的外院雙扇正門，平時總是緊鎖著。這類建築是為了適應北方惡劣的氣候。這裡的夏天氣溫高過攝氏三十五度，冬天則驟降至零下三十度。來自北方的西伯利亞寒流和咆哮的蒙古風經常掃蕩整個平原。大風捲起漫天黃土，鋪頭蓋臉，迫使人們出外時不得不在頭上蒙紗巾來保護臉部。建築北面是牆，用以擋住風沙。主要房間的所有窗戶都朝南開，以接受更多的陽光。院落的正面是客廳和臥室，兩側的廂房是廚房、倉庫和僕人的睡房。主要房間都用花磚鋪地，木框窗戶上糊著白紙，光滑的黑灰色瓦覆蓋著房頂。

按當地的標準，這所住宅稱得上豪華——比姥姥娘家強得多。但姥姥住在這裡，卻極其落寞孤單。她有僕人作伴：一個廚子，一個守門人，兩個婢女，只是他們的任務不僅是伺候她，還監視她。守門人奉命不准她單身走出大門。薛之珩臨行前曾舉他的另一個姨太太為例，警告姥姥。那位姨太太在薛之珩外出時，與薛之珩的侍從偷情。薛之珩發現後，把她捆綁在床上，用浸透生酒的布塞住她的鼻和嘴，使她慢慢窒息而死。「我當然不能便宜了她，讓她死得那麼痛快！」薛這樣對姥姥說，「一個女人最卑劣的就是對丈夫不忠。」每當有偷情的事發生，像薛之珩這樣的人仇恨女人遠勝於男方。「我對付那個男人就是一槍把他給斃了。」薛之珩漫不經心地說。姥姥不知道他說的是不是真的，不過十五歲的她著實被這個故事給嚇壞了。

從那以後，姥姥一直生活在恐懼中。她幾乎不能外出，但她又不是四合院內小天地的真正主人，她得花很多的時間來討好僕人，以免他們在她丈夫回來後，造謠生事，這種事不是不可能發生的。她不時地送禮給僕人，並邀人打麻將，因為贏家總會慷慨地給僕人吃紅。

姥姥從不缺錢花。薛之珩的錢莊總管不僅按月送生活費來，還幫她付掉在麻將桌上輸的錢。搓麻將是當時中國所有姨太太生活的一部分。抽鴉片也同樣普遍，姨太太常用此來麻醉自己，鴉片使她們安分守己，更加依賴丈夫。許多姨太太為了排解孤單空虛而吸毒上癮。薛之珩也鼓勵姥姥吸，但姥姥沒有理睬他。

姥姥一年三百六十五天都待在家裡，除了看小說和劇本，就是種花，院內的花台上布滿了鳳仙花、紫茉莉和雞冠花。在這個「金絲鳥籠」裡，她唯一的伴侶是一隻貓。

有時她可以出去看戲，還可以回娘家，但不得過夜。儘管父母是她唯一能傾吐苦衷的對象，但她很快就失望了。父親由於和薛之珩攀了親而被提拔為警察局副局長，有了土地、財產，還討了一房姨太太。每當姥姥開口訴說內心的苦悶時，他就叫她不要胡思亂想：一個良家婦女該克制自己的情感，一心以丈夫為重，想丈夫，念丈夫，當然好，但不能埋怨丈夫，更不能開口訴苦。他用「嫁雞隨雞，嫁狗隨狗」的話來教訓她。

＊

六年過去了。剛開始時，姥姥還會收到幾封信，後來便音信全無。姥姥的青春活力無處發洩，性生活也無法滿足。由於那雙小腳，她甚至不能踱開大步來紓解心中的鬱悶，只能繞著庭院蹣跚地一圈圈地走。她盼信，盼得心碎。她一遍又一遍地重溫與薛之珩在一起的短暫時光，甚至她的委屈求全和一味順從也似乎變得很甜蜜。她知道她不過是他的眾多姨太太之一，不敢奢望與他廝守終生。但她仍想念他，想得刻骨銘心，因為薛之珩是她擺脫眼前牢獄似生活的唯一機會。

日復一日，年復一年，她終於死心了，意識到自己不過是薛之珩的玩物，只有在興之所至時，才會再揀起來玩玩。苦悶和絕望常常攪得她坐臥不寧，逼得她透不過氣來。當這種感覺突然翻騰上來時，她會一下子摔到地上，失去知覺，此後的一生中，她經常出現這種休克狀況。

六年後的一天，她的丈夫終於出現了。會面完全不像她最初朝思暮盼的情景：她熱烈地向他獻上自己的身心。如今的她只是履行妻子的義務而已。同時，她又惴惴不安，擔心僕人會向薛之珩亂告狀，幸好什麼事也沒發生。此時的薛之珩已年過半百，似乎不像過去那麼威嚴得令人生畏。他根本未提及這幾年都在哪裡，為何去也匆匆，來也突然。她也無心問，她不想被斥為好追根究柢，「不守婦道」。

事實上，這段時間薛之珩都住得不遠。他時而在天津租界，時而在盧龍公館，過著平靜安逸的下野生活。他的風光已成為過去，蔣介石領導的國民黨統一了中國，把首都從北京遷到南京。一九二八年，日本人暗殺了東北軍閥張作霖。隨後，張學良少帥歸順國民黨，東北正式與中國其他部分合併。但國民黨並沒有在東北建立有效的統治。

和上次一樣，薛之珩只住了幾天。離開前一天的晚上，他忽然要姥姥和他一起回盧龍住，姥姥的心猛地一沉，心想與大太太和眾姨太太同在一個屋簷下生活，不啻判她無期徒刑。她一邊為丈夫搥腿，一邊懇求丈夫讓她留在父母身邊，這是當初他在結婚時慨然允諾的。她委婉地提醒丈夫，母親的健康欠佳，又剛生了第三個孩子，一個盼望已久的男孩，她理應盡孝道。「無論什麼時候老爺光臨義縣，我都會陪伴您、伺候您。」姥姥輕聲細語對丈夫說。第二天，姥姥幫他打點好行裝，薛之珩獨自離開義縣，臨行前，就像剛來時一樣，他把大把的珠寶金銀首飾放在姥姥手上，他相信這是贏得女人心的不二法門。對於像姥姥這樣的女人來說，首飾是生活的唯一保障。

不久，姥姥發現自己懷孕了。一九三一年春，陰曆三月十七日，她生下了一個女孩——我的母親。她馬上寫信告訴丈夫。薛之珩很快回了信。給我母親取名為「寶琴」。他要她們母女在身體好一點後盡快到盧龍。

姥姥有了孩子，欣喜若狂，覺得生活有了意義。她把全部的愛和精力都貫注在我母親身上，這一年是在幸福中度過的。薛之珩雖不斷來信要她們母女去盧龍，但每次姥姥總是找一些理由拖延行期。一九三二年仲夏的一天，一紙電報傳來薛之珩病危的消息，令她立刻帶女兒去見他。這回她無法拒絕了。

盧龍離義縣有兩百多哩，姥姥從未出過遠門，這趟旅行無疑是件大事。她是小腳，還要帶行李、抱小孩，最後她決定帶著十四歲的妹妹玉蘭同行。

這也是一次冒險。東北此時再度陷於戰火之中，一九三一年九月，日本人在逐漸擴張勢力之後，對東北發動了全面侵略。一九三二年一月六日，日本人占領了義縣。兩個月之後，滿洲國成立，所占的領土幾乎囊括了整個東北三省，面積大約是法國和德國領土的總和。日本人宣稱滿洲國是獨立的，但實際上它不過是東京的傀儡政府。滿清末代皇帝溥儀被推到台前，起先他被稱作「執政」，到了一九三四年，改稱為皇帝。當然，所有的這些國家大事對姥姥並無多大意義，她幾乎不與外面的世界接觸。普通老百姓從來無法也無權選擇統治者，只好抱著聽天由命的態度。對許多滿人來說，曾是滿清皇帝的溥儀是當然的領袖，儘管國民革命已歷經二十多年，但是在東北，人們還沒有「中國公民」的概念。

一九三二年的一個炎熱夏日，姥姥和她的妹妹抱著我母親，從義縣乘火車經山海關進入華北。火車沿著濱海平原疾馳。數小時之後，停在昌黎站，綠瓦覆頂的建築看上去像西伯利亞的火車站。

姥姥租了一輛馬車，沿著崎嶇不平、黃土飛揚的道路行駛了約二十哩路。薛公館在盧龍縣一個叫燕河營的小鎮外。這裡在清朝時期曾是個規模龐大的軍營，皇帝和大臣經常到此巡視，那條黃泥路也因而稱為「御道」。路邊是成排筆直的白楊，翠綠色的葉子在陽光下泛出耀眼的光芒。白楊後面是成片的桃樹林。但姥姥無心欣賞兩旁的景致，沿途顛簸已使她筋疲力盡。此外，她還擔心到時等待她的會是什麼命運。

姥姥第一眼看到薛公館時，就被它的威嚴氣派所震懾。把守正門的保鏢筆立在橫臥的石獅旁。正門兩側各有四個繫馬的石猴、石象。「猴」、「象」與「侯」、「相」諧音，討個「封侯拜相」的吉利。馬車通過外門，一堵高大的白牆迎面而立，繞過白牆便是內門。此牆稱作「影壁」，既可擋住來客的視線，讓人摸不清公館內部的陳設，又可防止刺客來襲。

在她們穿過內門後，一位婢女不聲不響地出現在姥姥身旁，強把她手中的孩子抱過去。另一位婢女則引她進入大太太的起居室。一進到這裡，姥姥就得按禮跪下，邊叩頭邊說：「給太太叩頭、請安。」姥姥的妹妹不准入內，只能與婢女一樣待在起居室外，規矩就是這樣：姨太太的家人不算親戚。當姥姥叩完頭後，大太太發話讓她起來，並稱她為「芳姑娘」，這個稱呼馬上定了姥姥在家中的地位：「姑娘」比「姨太太」地位還低，只比僕人高一點。

大太太要姥姥坐下。在傳統中國家庭中，座位反映出一個人的身分地位。大太太坐在房間的北端，與她的身分相符。和她並排隔著茶桌的一張椅子，是薛之珩的座位。東、西兩側分別排了一排椅子，分屬不同等級。姥姥後退走到最靠近門口的一張椅子坐下，以表示身分低下和謙恭。大太太要她往前挪一點，以示寬厚仁慈。

待姥姥坐定，大太太說，從現在起，姥姥的女兒就算大太太本人的親生女兒了，應稱大太太為「媽媽」，改叫姥姥為「姨娘」。姥姥要把女兒看作薛公館的小女主人，舉止也要與身分相符。

婢女引姥姥退出房時，姥姥埋著頭，強忍住淚水，回到自己的房間才放聲大哭。當她被喚去見薛之珩的二姨太時，眼圈仍是紅腫的。二姨太長得十分俊俏，是薛之珩的寵妾，負責管理公館的大小事務。出乎姥姥意外的是，二姨太很同情她，但姥姥不敢完全信任她，在這個陌生的環境中，還是處處小心為是。

直到這天晚上，她才被帶去見丈夫，這次准她帶上女兒。薛之珩躺在一張暖炕上，兩個不知是姨太太還是婢女的人跪在兩邊為他搥腿、按摩腹部，他雙眼緊閉，臉色死灰。姥姥俯身輕輕喚他。他微微張開雙眼，勉強擠出笑容，姥姥把女兒抱到他眼前說：「寶琴來了。」薛之珩費了很大的勁才抖擻地伸出手來撫摸嬰兒的頭說：「寶琴像你，長得好俊！」說罷又闔上了眼。

姥姥連連呼喚他，但他雙眼未再睜開。可以看出，他已是病入膏肓，活不了多久了。姥姥緊緊摟住女兒，但大太太就在身後，不耐煩地扯扯姥姥袖子，催促她離開。她剛踏出門，大太太就喚人抱走了我母親，並告誡姥姥，不得經常到此打擾薛之珩，只能待在自己房中，聽候召喚。

姥姥心裡充滿了恐慌。她在薛家一點地位也沒有，一旦薛之珩去世，她和女兒的命運就完全掌握在大太太手中，只要大太太願意，可以把她送給富人做妾或賣進妓院為娼，這在當時相當普遍。姥姥也將永遠無法與女兒團聚。最糟的是，薛之珩可能隨時會撒手而去，那她就永無翻身之日。

姥姥明白現在只有一條路——盡快逃走。她慢慢控制住自己，並開始觀察公館內的環境。薛公館由許多院落組成，四周的圍牆極高。花園的設計是出於安全而非美學的考慮：院內有幾棵柏樹、一些白樺和李樹，但沒有一棵靠近院牆，連大一點的灌木叢也沒有，使刺客盜賊無可乘之機。花園的兩道旁門都加了鎖，大前門一天二十四小時有保鏢守衛。

沒有大太太的准許，姥姥不能踏出她住的小院一步。每天只准她和別的妾一道參見病得不省人事的薛之珩。當她按順序到薛之珩的炕前請安時，口裡總是要喃喃地說：「給老爺請安。」

她逐漸對薛家有了進一步了解。她發現二姨太不僅對她很同情，還命令僕人好好伺候她，使她的日子好過多了。在這樣的大家族中，僕人的態度視服侍對象的地位而定。他們對受寵者搖尾乞憐，對失勢者則落井下石。二姨太也有一個女兒，比我母親大一點。這是兩位婦女同命相連的一條紐帶，也是她們博得薛之珩歡心的原因之一。薛之珩只有這兩個女兒。

一個多月後，她們兩人竟成了好友，姥姥向二姨太表露了出逃的願望。經過一番商議，姥姥去看大太太，提出要回義縣取一些衣服，大太太准了。但當姥姥問她是否可以帶女兒回去向外公、外婆告別時，她拒絕了。薛家的血脈不能離開這座公館。

於是姥姥隻身上路到了昌黎車站，等送她的人打道回府後，她便從聚集在車站四周覓活幹的人群裡挑出兩位精壯的馬夫。等到入夜後，姥姥坐在馬上，由一位馬夫牽著韁繩在前引路，三人一路疾行返回盧龍，直奔薛公館花園旁門。姥姥發出預先講好的信號，雖然等待的時間只有幾分鐘，她卻感覺彷彿過了好幾個鐘頭。終於門開了，玉蘭抱著我母親出現在月光下。此門是掌管鑰匙的二姨太打開的，她事後用利斧劈破門，使它看上去像是毀門逃走一般。

姥姥沒敢多摟一摟女兒，就和妹妹分別騎上馬，我母親由一位馬夫背著，一行人迅速消失在黑夜中。拂曉時分，趕到了昌黎車站。在薛公館的人發現她們逃走時，她們已登上了北去的列車。回到義縣，一下了火車姥姥就癱倒在地，半天無法動彈。

雖然離開了薛家，姥姥仍不敢帶女兒回她的住宅，怕驚動僕人去告密。於是她請一位老同學幫忙，把女兒藏起來。這位朋友和公公一起住，她的公公是一位姓夏的滿族醫生，是出了名的心慈仗義，他同情姥姥的遭遇。

姥姥知道，她不過是一個無足輕重的姨太太，薛家不可能派人來追她回去。要緊的是我母親，薛家的血脈。於是她發了一封電報回盧龍，說女兒已在火車上染病身亡。她心煩意亂地等待回音，時而覺得薛家會相信她所編造的說詞，時而又感到這種說詞太容易被人識破，薛家會派人到義縣捉拿她們母女。最後她安慰自己：在一家之長快要去世的當兒，薛家要忙的事太多，沒法分心管她母女。再說，薛家的人很可能會認為沒有我母親去分遺產，那更好。

姥姥一旦覺得薛家已打算放過她了，便抱著女兒回到自己的家裡，過著靜悄悄的生活。她甚至不再害怕僕人，因為她知道丈夫不會再來了。盧龍方面一直到一九三三年秋才送來一封電報告知薛之珩病逝的消息，要她馬上回盧龍參加葬禮。

薛之珩是九月在天津去世的。他的遺體盛殮在生漆漆成的棺材中，覆蓋上大紅繡花綢緞。另有兩副棺木陪葬：一副裝飾鋪陳與薛之珩的棺木相似，裝殮著一個姨太太的屍體，她是吞鴉片殉夫的，這在當時是極為貞節的表現。直系軍閥吳佩孚為此題了一塊匾掛到薛公館門上：貞節烈婦董氏嫂。另一副則裝著另一位姨太太的屍體。她是在兩年前死於傷寒，此次屍體重被挖出來，與薛之珩合葬。她的棺木簡陋，無漆，也無綢緞裝飾，因為她是死於可怕的疾病，被認為不吉利。每副棺木內均灌注水銀，填充木炭防腐，屍體口含珍珠，以防朽鎮邪。

薛之珩與兩位姨太太合葬在一個墳墓裡，按風俗，他的妻妾死後也將歸葬於此。出殯時，最重要的是打招魂幡，本應由死者的兒子執行，但薛之珩無子，大太太決定過繼他十歲的姪兒完成此一重任。這個男孩的另一項職責，是在釘死棺木蓋時，跪在棺木旁邊高喊：「躲釘、躲釘！」據說如無人喊叫的話，死者就會被釘棺材的釘子傷害。墳地早已由薛之珩本人選定，地點優美、肅靜，背靠群山，面臨溪水，風水很好，叫做「背後有靠，面前有照」。

不過姥姥並沒有親眼看到這些。她沒有理會薛家的電報，沒有去參加葬禮。結果薛家錢莊總管不再送生活費來。過了一個星期，姥姥的父母收到薛大太太的信，她轉達了薛之珩的臨終遺言：放姥姥離開薛家。這在當時算是非常開明的決定，我姥姥簡直不敢相信她會如此好運。就這樣，在二十四歲那年，她自由了。

2 喝涼水也是甜的

成為滿族醫生的妻子（一九三三～一九三八）

薛大太太在信中要姥姥的雙親領她回去。儘管話說得很婉轉，但姥姥心裡很清楚，這是攆她走。姥姥重回娘家，外曾祖父極不情願。他現在正是福星高照、時來運轉。除了當上義縣警察局副局長外，還變得相當富有，買了一些土地，吸上鴉片，外加兩位姨太太。他一走馬上任，警察局長就把自己的寵妾——一位蒙古姑娘送給他。這種情況在當時官場上屢見不鮮，目的是藉此來拉攏屬下，以培植自己的勢力。不久，外曾祖父打算再娶一房，姨太太愈多愈顯得有身分。他發現無需勞神遠求，因為送來的姨太太有個姊姊。

家裡的情況已和十年前姥姥離開時大不一樣了。除了母親、妹妹玉蘭和弟弟玉林外，多了三口人：兩個姨太太加上其中一個所生的女孩，她和我母親一般大。玉蘭年近十六，還沒定親，在當時算是老姑娘了。

現在家裡充滿不和、壓抑與猜疑。姥姥的父親既怨恨她又討厭她母親。他從未喜歡過妻子，現在他有了兩個討他歡心的姨太太。儘管外曾祖母在一九三〇年終於生了一個兒子玉林，但處境並沒有好轉。對我姥姥呢，他從沒想過她會回來，這下子可能打亂他一手創造的新天地。他把姥姥視為「剋星」，當時的人們認為死了丈夫的女人命不好——「剋夫」。外曾祖父擔心姥姥會帶來晦氣，影響到他的官運。

兩個姨太太更是大感威脅。目前，整個楊家已成了她們的天下。外曾祖母是明媒正娶的大太太，按地位應在姨太太之上，但她是個溫順、懦弱的女子，因而常受姨太太的欺凌。姨太太一看見她就冷眼以對。兒子玉林的出世更招來她們的憎恨，因為這將奪走她們未來的安全保障：外曾祖父一旦去世，所有財產將自動由兒子繼承。她們恨玉林，以致外曾祖父稍微表現出一點愛子的舉動，比如摸摸玉林的頭，都會惹得她們大發脾氣。

姥姥比她母親堅強得多，過去十年的悲慘日子使她變得更為強韌，連她父親也要畏她三分。從返家之日起，她就以楊家小女主人身分自居，姨太太們的囂張行為才開始有些收斂，見面時還會勉強擠出笑臉來，但整個家庭氣氛仍是冷如冰窖。我母親就是在這種環境裡度過她兩歲到四歲的童年。姥姥雖對她疼愛備至，但她還是能感受到周圍的緊張氣氛。

姥姥此時是個二十五歲美麗的年輕寡婦，有著知書識禮的才女名聲，上門求親的人不少。但因為當過姨太太，只有一些社會地位較低的人肯娶她做正室，可是外曾祖父對這種人瞧不上眼。姥姥又堅持不再嫁人做妾，她對那種「不是讓別人犧牲，就是自己犧牲」的姨太太生活已深惡痛絕。

外曾祖父為了甩掉包袱而不斷勸女兒再嫁為妾，姥姥卻只想過著平靜的日子，把女兒養大。有時外曾祖父會氣得忍不住對她大吼：「難道要我養妳們一輩子？」

但是姥姥真的是無處可去，那時的婦女不能出外找工作。在父親的威逼、姨太太的指桑罵槐下，姥姥終於不支，病倒了。楊家請來滿族醫生夏瑞堂為她診病。姥姥對他並不陌生，他的三兒媳婦正是她昔日的同窗。她逃出薛公館後，就是把女兒藏在他家。

夏瑞堂的祖輩曾做過滿清皇室的御醫，受過誥封，到他是第十代傳人，以醫術高超而蜚聲義縣。他還是個好心人，對付不起醫藥費的人，他就白看病、不收錢。他身材高大，有一百八十幾公分，但動作依然敏捷。他慣穿一身傳統的長袍馬褂，目光和善，留有一撮山羊鬍和八字鬍。他的表情、談吐舉止，都散發出一種安詳的力量。

夏瑞堂替姥姥治病時，體察到她的病痛不是在生理上，而是在心理上。他對姥姥的身世早有所聞，對她逃出薛家的勇氣十分敬慕，對她目前的處境也非常同情。夏瑞堂對姥姥好言相慰，這使得姥姥格外感動，她還從來沒有碰上過那麼體貼人、那麼理解她心思的男人。雖然還是有所顧忌，她仍不由自主地開始對他傾訴久鬱心中的苦悶和希望。

不久，他們就墮入愛河了。接著，夏瑞堂正式向她求婚。他說，他要娶她做正室，要像待自己親生女兒那樣把我母親撫養成人。姥姥欣喜得流下眼淚，接受他的求婚。外曾祖父也非常贊成這門親事，特別是夏瑞堂主動提出不要嫁妝。

夏瑞堂當時已六十五歲，前任夫人去世十多年，有三個已成家的兒子和一個出了嫁的女兒。三個兒子與夏瑞堂住在一起，大兒子管理家產，包括田地、莊園；二兒子在父親診所學醫；三兒子是教師。還有八個孫子，其中一個已結婚生子，夏家算是個四代同堂的大家庭。

這一天，夏瑞堂把兒子們召集到書房，告訴他們自己的打算。三個兒子最初的反應是面面相覷。一陣沉默之後，大兒子怕自己沒聽清楚，再問道：「您不是要納她為妾吧？」

夏瑞堂平靜地說，他一貫反對納妾。

兒子們除了驚慌、擔憂，還加上憤怒。在一般漢人家庭中，晚輩要服從長輩，各種輩分有其合宜的禮數。而滿人禮法更為森嚴：晚輩必須每天早晚向長輩請安，男的屈腿下跪，叫「打千兒」，女的行屈膝禮；逢年過節，人們還得行大禮——磕頭。如今一個當過別人姨太太的年輕女人，將要成為他們的繼母，像夏瑞堂一樣受他們的問候和跪拜，這簡直是令人難以忍受。

全家人——兒子、媳婦、孫子、孫媳婦，甚至重孫，都紛紛挨次哭泣著跪在夏瑞堂跟前，懇求他考慮清楚。他們提出「滿漢不通婚」的滿族舊習。夏瑞堂回答說，這種規矩早已廢除。他的孩子們卻說，真正的滿人還是應該遵守。他們一再要求他考慮年齡的差距——夏瑞堂的歲數比她整整大兩倍，有人更引述了一句諺語：老夫娶少妻，終歸是人家的。已婚的孫子甚至上前抱住他的腳，聲淚俱下地說：「您就不替我們想想，教我們今後在人前怎麼做人?!」

這深深刺傷了夏瑞堂，他明白娶一位姨太太為正室，會使孩子們在社會上抬不起頭來。但他仍然認定必須把姥姥的幸福擺在首位，姥姥如果還是嫁給他做妾，就只能成為這個大家庭的奴隸，單憑他的愛是保護不了她的。夏瑞堂懇求他的家人能遂其所願，但家人及當時的社會都認為這是「不負責」的作為，不能縱容他如此行事。

兒子們央請親朋好友來做說客。大家一致認定這樁婚事太荒唐了，埋怨他老糊塗。有的人還當面質問他：「您已經兒孫滿堂，還娶哪門子親？」他們還遷怒於姥姥，罵她是「前夫屍骨未寒，就想再嫁人了！」「這女人算計得可好了，不當姨太太，一心要做正夫人。明擺著居心不良，將來虐待夏家子孫不說，還會盤算掉夏家家產。」這句話說穿了還不是一個「錢」字。夏家人擔心我姥姥如果以女主人身分當家，就會把整個家產都吞了。

夏瑞堂是個富人，有兩千多畝地散布在義縣一帶，甚至遠到長城以南。他在城裡的大宅是用灰磚砌成的，以石灰勾縫，四壁貼有牆紙，所有屋梁和接口都被粉刷過的天花板覆蓋住，這些在當時是大戶人家的排場。他還擁有一家帶藥鋪的中醫診所，生意十分興隆。醫生有自己的藥店，是事業成功的標誌。

夏家人眼看說不動夏醫生，就派三兒媳婦來勸姥姥。她們見了面，喝了會兒茶，聊了會兒天，才言歸正傳。未說上幾句，姥姥便哽咽起來，拉著這位昔日同窗的手問：「如果妳處在我的地位，妳會怎麼辦？」三兒媳婦無言以對，姥姥更加傷心。「所謂『將心比心』，妳總知道做姨太太的滋味吧？妳總不想當人家的姨太太吧？」

三兒媳婦回到家中，感到十分內疚，表示已不想再對姥姥施加壓力。她也發現有人跟她想法一樣——二兒子德貴，他和父親一起行醫，比其他兄弟更親近父親，他認為應該讓父親結婚。三兒子在聽到妻子描述了姥姥的身世和品行後，也有些動搖了。

但大兒子和他的妻子仍然堅決反對。大兒媳婦發現別的兄弟開始動搖，就哭喊著對丈夫說：「他們當然不用擔心，他們各有各的本事，楊家女人搶不走。你有什麼呢？你不過是爹的管家——那女人嫁來，這個家就會由她來當，財產不都落到她和她女兒手裡了。我和我們的孩子到時候該怎麼辦呢？我們什麼都沒有，乾脆死了算了，可能這就是你父親想要的！我死了好讓你們大家稱心如意！」她尖著嗓門說著，還一把眼淚，一把鼻涕。她的丈夫強壓著怒火，從牙縫裡擠出話來，「等明天再說吧！」

第二天一早，夏瑞堂起床走到門邊，突然吃了一驚，門前黑壓壓的一大片，全家老少十五個人，除德貴外，都跪在地上。他一出門，大兒子就高聲喊：「磕頭！」大家應聲磕下頭。

夏瑞堂氣得渾身發抖，他要孩子們都站起來，但大兒子說：「不，阿瑪（滿族稱父親的說法），我們不能站起來，除非您取消婚事。」

夏瑞堂提起手杖跺跺地，沉重地嘆了一口氣說：「我知道你們心裡在想什麼。我在世的日子已不長了，如果你們擔心的是繼母將會狠心對待你們，我可以告訴你們，她是個好人，我可以保證她的品行……」

一聽到「品行」兩個字，大兒子立即嗤之以鼻，「做小老婆的人有什麼『品行』可言？好人家的女兒哪有去當人家小老婆的！」接著他開始辱罵我姥姥。夏瑞堂大怒，舉起手杖打了大兒子兩下。夏瑞堂向來都待人極和氣，自制力很強。他憤怒的反常舉動把跪在地上的子孫們都嚇呆了，重孫開始歇斯底里地大哭起來。大兒子也愣住了，但他很快就硬著頭皮嘶喊起來。他當著眾人的面挨打，自尊心深受傷害，即使父親住了手，他仍謾罵不已。夏瑞堂怒不可遏，舉起手杖又用力打下來，只聽「咔嚓」一聲，手杖竟斷成兩截。大兒子又羞又痛，沉默了幾秒鐘後，他突然拔出一支手槍，對準自己的肚子，大聲喊道：「古來忠臣以死諫君，孝子以死諫父。阿瑪，如果您不答應，兒子只有一死了！」只聽一聲槍響，大兒子搖晃了幾下，弓身蹌倒在地上，子彈穿透了他的腹腔。

在一片慌亂中，夏家馬車趕緊把他送進一家醫院。也許他並不想自殺，只是想做做樣子，對父親施加壓力，卻沒想到很不幸地，他在第二天去世。

兒子死後夏瑞堂失去了往常的安詳。儘管他的外表照樣平靜，但熟悉他的人都能看出他內心十分悲痛。不過，他並不想屈服於壓力之下，辦喪事後不久，他就定下婚期，還要舉行一場隆重的婚禮。這時的姥姥面對四面八方的非難，說大兒子的死她該負絕大的責任。她害怕，不知該不該繼續這一樁婚事，但社會大眾的譴責激起她的反抗心理，她相信自己沒有罪。

婚禮按滿族風俗進行。一輛楊家租來的華麗馬車將姥姥送到半路，再由新郎派來的另外一輛迎親馬車接她走完後半程。在交接地點上，她的五歲弟弟玉林蹲在馬車門下，腰弓成九十度，象徵是他把姊姊背到迎親馬車上的，到達夏家後，玉林又重複上述動作。按滿人風俗，新娘不能自己走進新郎家門，必須被背過去，以顯得不失身分。

兩位伴娘引姥姥來到舉行婚禮的大廳。夏瑞堂站在一張八仙桌前，桌上鋪著厚厚的大紅繡花絨緞台布，上面供奉著「天地君親師」牌位。夏瑞堂頭戴一頂華美的禮帽，形狀像王冠，上面還插有翎毛，身著一件寬大的錦緞長袍和馬蹄袖馬褂，這是傳統的滿人服裝，起源於當年滿人的游牧生活，便於騎馬射箭。

夏瑞堂跪拜五次，然後單獨進入洞房。接著是姥姥拜堂，她仍由兩位伴娘陪同，行五遍屈膝禮，同時舉起右手碰碰鬢角，以示敬禮。當她進入洞房後，夏瑞堂揭開她的大紅蓋頭，兩位伴娘遞給他們每人一個葫蘆形瓶子。待他們互相交換後，伴娘便離去，留下夏瑞堂和姥姥相對而坐，並保持沉默。

稍後，夏瑞堂走出洞房接待前來道賀的親朋好友，姥姥繼續單獨待在屋裡，連續幾個鐘頭動也不動地坐在炕上，面對貼著大紅雙喜剪紙的窗戶。這叫做「坐福」，象徵心靜如止水——女人必須具備的品德。等所有的客人離去後，夏家一位男性親戚走進新房，拉她袖套三次。這樣，姥姥才被允許下炕。兩位伴娘重新入房，幫助她卸去沉重的繡花外套，換上簡單輕巧的大紅衣褲，同時還摘掉插滿珠寶的頭飾，把頭髮梳成兩個抓髻。

*

姥姥嫁入夏家是一九三五年的事。那年我母親四歲，姥姥二十六歲。夏家院大宅深，臨街的房子用作診所，還出售各種中藥草藥和按夏家祖傳祕方配製的成藥。三位徒弟在一間工作坊內負責加工、製作。大宅向街正門的頂端，是彩繪成金黃色的屋簷，寫有「夏宅」的長方形燙金大匾立在中央。藥房後面是天井，周圍有許多正對著天井的房間，供僕役和廚師住。往裡去，大院分成了若干較小並互相分隔開的庭院，夏家大小成員分住在這裡。大院裡種著柏樹、臘梅，還有個別致的鳥園。每天早上，夏瑞堂總愛到這裡來，邊聆聽小鳥的嘰嘰喳喳聲，邊練氣功、打太極拳。

姥姥住在夏家大院裡，得適應滿族的生活習慣。她和我母親住在一間屋子裡，夏瑞堂的臥室則在另外一間。每天一大早，姥姥的神經就開始繃緊，她必須趕在一大家子人來請安前梳洗打扮好，還得把頭髮盤上去，做成一種非常複雜的樣式，再戴上一個不輕的頭飾。所有的這些辛苦換來的僅僅是一連串冷透了的早安聲，這幾乎是一天中大家唯一對她說的話。

姥姥總是笑臉迎人。逢年過節，全家大小向她磕頭行大禮時，她總是趕快站起來，留空她的座位，象徵讓夏瑞堂已故的前妻接受兒孫們的敬意。儘管晚輩們勉強自己做出尊敬她的樣子，但姥姥知道他們懷恨在心。昔日的同窗——三兒媳婦現在也迴避她。吃飯時，會有一位兒媳婦站在姥姥身後伺候，她們總是擺出一張冷若冰霜的臉孔，結果是再好的飯菜姥姥也難以下嚥，更說不上仔細品嘗了。

儘管夏瑞堂從未對姥姥表露過，姥姥也能體察他因長子自殺而飽嘗的痛苦。她默默地盡力替他分擔這份心理上的重負，對他百般溫柔，唯恐不能照顧好他。

我母親到夏家後，夏瑞堂像對親生女兒那樣待她，讓她稱自己為「阿瑪」。在我母親印象中，繼父只打過她一次：那是她剛到夏家，看見炕上有個帶靠墊的座位，似乎又舒服又暖和，就爬上去坐。突然，她發現夏瑞堂臉一沉，衝過來給了她一巴掌，把她從座位上拉下來。後來我母親才知道，那是繼父特殊的座位，按滿人的規矩，只有他才能坐在上面。繼父把我母親改姓「夏」，取名「德鴻」。「德」是她在夏家的排行。「夏德鴻」這個名字從此便跟隨我母親一直沿用至今。

姥姥有了「繼母」身分，夏家人不敢明目張膽欺侮她，怕被人說是忤逆，於是他們把氣出在我母親身上，嘲笑她是「拖油瓶」。夏家的孩子常把她打得鼻青臉腫，但她很倔強，既不哭，也不叫，只是纏著她母親帶她「回家」，回到她姥姥家或薛之珩為她母親買下的住宅去，她記得在那裡僕人待她就像個小公主。但很快她就明白了，不能跟母親說要「回家」，因為每當此時，母親總是滿臉淚水。姥姥了解所發生的一切，但她從不對夏瑞堂提起，她不想煩他，怕在他和他的孩子們之間惹出事端。

於是，我母親最親密的朋友就是一些小動物了。她養了一隻貓頭鷹、一隻呼呼拉（鷹的一種）、一隻會學幾句人話的八哥、一隻貓及一些小白鼠。她還有好些蚱蜢和蟋蟀，養在玻璃瓶中。我母親唯一的人類朋友是夏瑞堂的馬夫「大老李」。這位來自大興安嶺的中年漢子，有著古銅色的粗糙皮膚，極厚的嘴唇，粗硬的頭髮，朝天鼻，看上去不太像個中國人。他從小跟隨父親打獵，捕捉熊、狐狸和鹿子，方法是使用獵槍、埋設夾子和挖陷阱。他們還挖人參之類的藥材。有段時間，他們靠賣皮毛、人參等維生，日子過得還不錯。後來，因「鬍子」土匪和官兵的騷擾，他不得不離開大山，逃到義縣謀生。他時常說張作霖跟「鬍子」沒兩樣。後來，當我母親聽說張作霖是「抗日英雄」時，她總記起大老李的話。

我母親的鳥類朋友都歸大老李照料，他幫她捉蟲子，做鳥食，還帶她到郊外遊玩。冬天教她溜冰；冰雪融化時，他們去踏青，看清明掃墓；夏天釣魚、採蘑菇；秋天則去打野兔。

東北的冬季夜晚是很漫長的。當窗外北風怒號、冰封大地的時候，大老李總是盤腿坐在炕上，把我母親放在膝頭，為她講北方深山老林的神話傳說，五顏六色的神奇鳥和滿樹林的奇花異草就伴隨著她進入夢鄉。特別是那些妙不可言的人參，它們是胖胖的小孩，挖出來時，你得在上面繫一根紅繩子拴住，不然，一眨眼工夫它們就會跑得無影無蹤。大老李告訴母親，老虎實際上是很善良的，從不吃人，除非受到威脅。但黑熊很凶殘，千萬得躲著牠。如果不幸碰上，要立刻站住不動，直到牠低下頭。這是因為熊的前額有一綹捲毛，低頭時，捲毛正好遮住牠的視線，讓牠變成「熊瞎子」，這時妳就趕緊跑。遇到狼，千萬不要跑，因為妳不可能跑得比牠快。妳得面對牠站著，兩眼盯住牠，顯得妳並不怕牠，然後再慢慢退著走開。多年後，大老李的故事居然救了我母親一命。

我母親五歲那年，有一天，她正在院子裡和她的小動物玩，夏瑞堂的一大群孫子圍了過來。她發現後剛想跑，但他們開始推撞她、謾罵她，愈來愈粗暴。漸漸地，他們把她擠到院子角落的一口枯井旁，只聽一聲慘叫，我母親被推了下去，重重跌到井底的瓦礫碎石上。終於有人聽到了她的哭喊，叫來了大老李。他扛著梯子跑來，放入井中，爬了下去。此刻姥姥也聞聲趕來，急得像瘋了似的。不一會兒，大老李抱著我母親爬了上來，她已處於半昏迷狀態，渾身是血口子。姥姥接過我母親，抱到屋內，夏瑞堂忙為她檢查。我母親有根髖骨摔斷了。她至今走路還有些瘸。

夏瑞堂問起事情的經過。我母親說：「是小六子把我推下去的！」姥姥一聽急忙打斷她的話，不許她往下說。她同時瞥了丈夫一眼，擔心丈夫會難過，因為小六子是他最寵愛的孫子。

夏瑞堂一言不發地離開了房間。姥姥說：「小六子是阿瑪的心尖兒，別惹他，別讓阿瑪不高興。」

此後一段時間，我母親被關在房裡養傷，而別的孩子完全不理她。

此事發生後，夏瑞堂就常常去位於義縣南面二十五哩的省會錦州，想在那裡找份工作。大家庭內的氣氛已緊張之極，現在我母親又險些被置於死地，他決心搬走。這種決定非同小可。在中國，幾代人同住被認為是極為榮耀的，有些街道甚至取名「五代同堂」，以表彰某個大家庭。大家庭的破裂被看作是大悲劇，應盡力防止。不過夏瑞堂仍裝出愉快的樣子，他對姥姥說，以後可以少操點心。我姥姥也大感輕鬆，雖然她不能顯得太高興。事實上，她一直希望丈夫能搬走。她對冷若冰窖的大家庭已受夠了。

夏瑞堂把家產分了，所有的田地和莊園都歸大兒子的遺孀，以彌補她喪夫之痛；二兒子分到整個中藥店；三兒子則分到夏家的住宅。大老李和其他僕人也都一一安頓。他只為自己保留了滿清皇帝賞賜給他祖宗的禮品，此外一無所有。他問姥姥介不介意和他過窮日子。姥姥說：「只要有你，有我女兒，喝涼水也是甜的！」

一九三六年十二月的一個冰天雪地的日子，夏家人全聚集在大門外為他們送行。這群人的眼睛都是乾的，只有支持這樁婚事的德貴在流淚。我母親也淚流滿面地向大老李道了別。當列車載著他們向錦州出發時，她開始興奮起來，在車廂裡跳上蹦下，不時趴在窗口向外望。這是她自一歲以來首次坐火車。

錦州是「滿洲國」九省之一的省會，當時約有十七萬居民。它距海大約有十哩，靠近長城，四周也像義縣那樣被城牆環繞著。不過城裡的工商業早已十分發達，東面有個規模很大的紡織廠，西北面有兩個煉油廠。錦州是重要的鐵路樞紐，甚至還有機場。

日本人在一九三一年九月開始入侵東北後，少帥張學良被迫放棄他的大本營瀋陽。他帶領二十萬軍隊撤到錦州，在這裡建立了指揮中心。日本人在一九三二年一月經過激烈戰鬥後攻占該城。錦州的淪陷是日本占領整個東北的重要一步，也成了美國與日本之間外交的爭論點。日本人轟炸了錦州，使它成為有史以來最早受空襲的城市之一；入城後，又大肆燒殺擄掠。

夏瑞堂在錦州白手起家時，年已六十六，為了省錢，他租了一間小土屋。小土屋十呎長，八呎寬，位於城外小淩河堤壩下的低窪地，河對岸是大片的高粱地。這裡算是錦州的貧民區，絕大多數土屋的房主都無力蓋上一個像樣的屋頂，只能把一塊塊波紋狀的鐵皮搭湊鋪在上面，再壓上大石頭以防被頻繁的大風吹走。

當他們在十二月份到這裡時，褐色的土地已凍成堅硬的石頭，河水也冰封了。捱到春天，冰雪消融，土屋四周又頓成沼澤。陰溝污水因春暖解凍而散發出陣陣惡臭。到了夏季，此區成了蚊蟲大本營，他們常提心吊膽，怕洪水氾濫，因為河水水位高過堤壩外的土屋屋頂，而堤壩已年久失修。我母親印象最深刻的是剛到時的寒冷，任何活動，不單是睡覺，都得在炕上進行。炕幾乎占了土屋的整個面積，餘下的空間角落只能放個小爐子。三人擠在一張炕上睡覺，沒有電，沒有自來水。廁所在屋外，地上挖出一排排相通的坑，四周圍是泥巴糊的牆。

新居正對面是一座裝飾得耀眼的火神廟，前來拜神的人把馬匹繫在夏家土屋的門口。天暖時，夕陽西下，夏瑞堂愛帶著我母親去河堤上散步，看錦州八大景觀之一的「紅螺晚照」。他常吟一些古詩給我母親聽。姥姥不能陪他們散步，那時不流行夫妻出雙入對，而且，散步對她那雙小腳來說，絕非樂事。

他們總是有一頓沒一頓的。在義縣時，夏瑞堂擁有的土地足以使全家老少豐衣足食。即使在日本人強令「出荷」後，他們也不愁沒飯吃。現在沒了地，收入菲薄，只能是日本人搜刮後剩下什麼吃什麼。當地生產的糧食有很多被強行運往日本，剩下的大米和小麥，又被日本龐大的駐軍拿走，當地居民只能得到一些玉米、高粱，但是這些東西也很少見，主食變成了橡子麵，聞起來、吃起來都令人噁心。米、麥只有黑市裡有，姥姥就賣薛之珩給她的首飾去買。到吃飯時，她不是說吃過了，就是說不餓，讓著丈夫和女兒，等他們吃完後再吃剩下的。後來夏瑞堂發現她賣首飾，就急忙制止她說：「我已上了年紀，不會長命百歲，妳們以後還得靠這些首飾過活。」

我姥姥從未如此苦過，但這卻是她一生中最快活的日子。夏瑞堂愛她，女兒又不離身旁。她也不必遵守那些滿族的繁文縟節，小土屋內充滿了歡笑聲。在漫漫長夜裡，她和夏瑞堂常玩紙牌，遊戲規則是夏瑞堂輸了，姥姥就輕輕打他三下。姥姥輸了，夏瑞堂則要親她三次。

姥姥生平第一回有了很多女鄰居朋友。雖然他們並不富有，但身為醫生的妻子，她受到人們的尊敬。那段蒙受屈辱、蔑視的日子已成過去，如今她是真的自由了。她和朋友不時在一起玩一種古老的滿族遊戲——打手皮鼓。一手持鼓，一手拍打，邊打、邊唱，節奏旋律很簡單，幾乎可以說隨心所欲。唱詞內容多是講述性生活。已婚的講「感受」，未婚的提問題。由於沒有機會受教育，婦女就利用這種遊戲來學習生活知識，也透過歌唱談論丈夫，交流經歷，說些閒言碎語。

姥姥喜歡這類聚會，每每在家練習。她坐在炕上，邊打手鼓，邊填新詞，合著節拍哼，時時停下來揣摩韻律，夏瑞堂也幫著填詞湊趣。我母親太小，姥姥從不帶她參加這類遊戲，只能在家裡看排練。她發現繼父和母親常為所填的新詞笑得前仰後合，就強扭著母親要她重說一遍，結果如墮五里霧中，仍是一個不懂。

剛到錦州時，夏瑞堂在一家叫「寶春堂」的中藥店當坐堂醫師，按鐘點支薪。由於他醫術高明，名氣漸漸傳開。不久，他就第一次被請到病人家出診。當天晚上，他回家時，手裡拎著一個紙包，向妻子、女兒眨了眨眼，要她們猜猜裡面裝的是什麼。我母親發現紙包直冒熱氣，直覺是好吃的東西。她衝上前去，迫不及待地扯開紙包。「夾肉燒餅！」她歡呼起來，接著就狼吞虎嚥了起來。偶一抬頭，看到夏瑞堂正滿懷憐愛地注視著她。五十多年後，我母親仍能清晰記起夏瑞堂的目光。至今她還說，從此再也沒有吃過比那天的夾肉燒餅更美味的東西了。

上門治病對醫生很重要，因為病家會直接把錢付給醫生本人。病人如果滿意，又富有，給醫生的報酬就很高。有些病家還會在逢年過節時置辦厚禮送醫生。夏瑞堂出診多次後，夏家的境況就明顯好轉了。

夏瑞堂的名聲也開始遠播。一天，他被請到省長府上。原來，省長太太突然休克。夏瑞堂藥到病除，使夫人恢復知覺。這在當時簡直就是起死回生。省長激動之餘，馬上訂製一個大匾，親手寫上四個大字：濟世救人，派人抬著匾，敲鑼打鼓穿城遊行送到夏瑞堂所在藥店。接著，省長又請夏幫另一個忙。他有一位夫人和十二位姨太太，卻沒有一個為他生孩子的。夏醫生給省長、省長太太以及姨太太們均開了藥方。不久，竟有好幾位懷了孕。事實上，問題出在省長身上。但為了顧全他的面子，結果大家都吃藥。此事使省長更加感激不盡，他送給夏醫生一個更大的匾，上面仍是他的手書：送子觀音。從此，夏瑞堂名聲日隆，甚至遠到四百哩之外的哈爾濱，都有人上門求醫。他被譽為「滿洲國四大名醫」之一。

一九三七年年底，也就是到錦州一年之後，夏醫生和姥姥搬到錦州老南門內通達胡同。這新住宅比起小凌河畔的土屋不知好多少倍，牆壁是用石頭砌成的，光臥室就有三間。他們和另外兩家人共用一個大院子，但只有夏家的房子有一道直通院子的門，另外的住戶必須從外面繞過街頭，通過院子大門才能進入。院落裡種著柏樹和冬青樹，還種了些丁香以及能生長在嚴冬、生命力強的花。姥姥愛花的天性又在這裡施展開了，滿園子都是步步高、雞冠花、菊花、大麗花和鳳仙花等。

姥姥和夏瑞堂沒有孩子。夏瑞堂信奉一種理論，認為人過六十五歲後，就不應讓精液外洩了，這對男人的健康極為重要。他從來不生病，每天洗冷水澡，甚至溫度降至攝氏零度以下也不退縮。他不近菸酒，這也是他參加的一個名叫「在理會」的宗教團體的教義。

雖然夏瑞堂本人就是醫生，但他不主張吃藥，認為健康要靠鍛鍊。他堅決反對任何按他看來雖治好身體某一部分但卻損害另一部分的醫療技術，不輕易用猛藥強劑，擔心會有副作用。我母親和姥姥總是背著他偷吃藥。有時她們生病，他請一位信仰黃教的中醫師診病，這個人相信有些病是「邪氣」所致，理應由某種特殊的宗教手段來驅邪。

＊

我母親很快活。這是她有生以來第一次感到生活中處處是溫馨。這裡既沒有她姥姥、爺爺家的緊張氣氛，也不用再害怕夏家大小會欺侮她。她還特別巴望過節。過節總有好東西吃、新衣服穿。盼望過節是中國當時一般人民的共同心理，那時沒有星期日的概念，只有政府官員、學校師生和日本人的工廠才在星期日停止工作，一般人就靠逢年過節稍事休息。因此，幾乎每個月都有某種傳統節日。

最令我母親朝思暮想的是春節。農曆正月初一前七天，就開始過小年，家家忙著祭灶王爺。「灶王爺」是一幅貼在灶上的畫像，隨時錄人功過，一年一次升天向玉皇大帝稟告。每年臘月二十三日是灶王爺升天之日，人們把這幅畫燒掉，表示祂升天去見玉皇大帝。燒掉前先擺上供品，一家人向祂磕頭，求祂「上天言好事，下界保平安」。我母親此時的任務是把蜜糖塗在畫像的嘴唇上，以免祂升天後講壞話。與灶王爺畫像一塊燒掉的，還有姥姥用高粱稈紮得活靈活現的小人小馬，這是供灶王爺差遣和代步用的。到了除夕夜，才又貼張新像，於是，這位神仙又回來了。

小年一過，就忙著準備大年的食物，把豬、羊、牛肉切成不同形狀，磨黃米麵和糯米麵，準備豆沙包、元宵、饅頭和蒸糕。所有食物全放入地窖凍起來，以備大年使用。這時，氣溫在攝氏零下二十多度，等於天然冰箱。

忙到除夕夜，全家人圍著火爐，聊天、守歲、吃餃子。半夜十二點一過，鞭炮齊鳴，這是我母親最興奮的時刻。她隨父母走出房門，按照曆書指明的財神爺降臨的方向磕頭，全城的人也都磕。接著，紛紛起身向鄰居、朋友互道「恭喜發財」。

正月初一，朝東的窗紙一發白，我母親就急忙跳下床，穿上新衣服、新褲子、新襪子、新鞋子，由姥姥帶著去訪親會友。她向所有的長輩磕頭，他們給她紅包，裡面裝著壓歲錢。這是她一年的零花。接下去的十五天中，成人們互相拜訪，互祝發財。發財，是大多數中國人的夢，當時大家都很窮，即使是夏瑞堂這樣的人家，也只有在過節時才能敞開肚子吃肉。

正月十五元宵節，喜慶的氣氛達到高潮。家家張燈、戶戶結彩。最熱鬧的場面是「火神爺」出巡：火神爺的塑像被抬出來遊行，告誡大家小心火燭。它渾身「火紅」：火紅的頭髮，火紅的眉毛，火紅的鬍鬚，火紅的斗篷。祂坐在一頂八人大轎上，前面開路的是高蹺隊、秧歌隊、鑼鼓隊，跟在轎後的是獅子舞、龍燈舞、小旱船，一路上浩浩蕩蕩，熱鬧非凡。所經之處，富貴人家、大商號都擺上供品香案，祈求祂保佑不遭火災。

姥姥和母親興致勃勃地跟著出巡隊伍跑。我母親注意到火神爺沿途任何供品也不拿，就一顛一顛被抬走了。姥姥告訴她，這叫「心到佛知，上供人吃」。那些窮日子裡，我母親熱望過節的最大興致，就是有好東西吃。對那些充滿詩意而不充滿食物的節日她則沒什麼興趣，姥姥在元宵節猜燈謎，在九九重陽節一家家去賞菊，她都不耐煩地等在一旁。

當一年一度的城隍廟會到來時，姥姥愛帶我母親去城隍廟看泥塑。這些泥塑刻畫地獄十殿閻王審判鬼魂的故事，教育人們道德準則。姥姥指著一組「割舌地獄」要我母親看：一個人被捆在柱頭上，舌頭被一個模樣猙獰的小鬼拉得長長的，另一個小鬼正用刀割這個舌頭。姥姥說，這是在懲罰那些生前說謊的人，如果我母親說了謊，死後也要受這種處罰。就這樣，姥姥一路快快樂樂地對我母親挨個解說那些駭人的形象。但在一組塑像前她卻突然閉了嘴，拉著我母親快步離開。若干年之後，我母親才知道，那組塑像描繪的是「鋸人地獄」：一個再嫁的寡婦正被她的兩任丈夫從中間鋸成兩半，因為她是他們倆共同的財產。這種恐怖場面嚇壞了不少守寡的婦女，使她們忠貞於已去世的丈夫，不管所謂的忠貞是怎樣的悲慘，有的人甚至在夫家迫令再嫁時自殺。我母親此時才意識到：姥姥決定再嫁給夏瑞堂是多麼不容易。

3 人人都說好滿洲

在日本人統治下（一九三八～一九四五）

一九三八年初，我母親快七歲了。她聰明好學，春節一過，新學年開始，父母親就送她上了學。當時的教育是由日本人嚴密控制，尤其是歷史和倫理課程。法定的「國語」是日文。小學四年級後，教學全採用日文。學校絕大多數教師都是日本人或是會講日語的中國人。

一九三九年九月十一日，我母親入學第二年，滿洲國皇帝溥儀攜夫人到錦州視察。我母親被選為學生代表向皇后獻花。當天一大群人站在色彩鮮艷的露天平台上，手裡揮動著象徵滿洲國的黃色紙旗。我母親手捧一大束鮮花，站在銅管樂隊和達官貴人旁邊，顯得神氣十足，一個和我母親年紀相仿的男孩則侷促不安地站在她身旁，手裡也抱著鮮花，這是要獻給皇帝的。當溥儀夫婦出現時，樂隊奏起滿洲國國歌，人人肅立致敬，我母親走上前去，動作熟練地行屈膝禮，獻上花。皇后身著白裙，戴著一雙極薄的、長至肘部的白手套，我母親覺得她簡直是漂亮極了。她乘機瞥了一眼穿軍服的溥儀，覺得在他厚厚的近視眼鏡後面有著一雙金魚眼。

我母親之所以被挑選出來向皇后獻花，不僅是因為她的成績拔尖，還因為她在註冊填表時把自己填為滿族，這是她繼父的民族。滿洲國被稱為滿族人自己的國家，這裡的大多數居民是滿人，假如能讓他們有機會想想誰來統治這個問題，他們會說滿人皇帝是天經地義的，所以溥儀對日本人的確很有用。夏瑞堂認為自己是個忠誠的子民，我姥姥也這樣想。按照傳統，女人表達愛情的一個重要方式就是對所愛的人百依百順。和夏瑞堂意見不同這樣的念頭，姥姥是轉也不轉的。

在學校，我母親接受的教育是：祖國是滿洲國，鄰國中有兩個中華民國：一個是由蔣介石領導的「敵國」；一個是汪精衛領導的「友國」（日本人在中國占領區扶持的傀儡）。她被灌輸「滿洲」並非中國的一部分，要做滿洲國的順民。她在學校學的第一首歌是這樣的：

紅男綠女踏街頭，
人人都說好滿洲。
你快活來我快活，
吃穿無愁腸，來、來、來，好滿洲！

老師們常說滿洲國是人間天堂。然而，我母親就是小小年紀也能覺察到，如果這是天堂的話，也只是日本人的天堂。日本小孩上的專門學校，那裡設備完善，有良好的暖氣供應系統、光亮的地板和明淨的玻璃窗。而當地的中國小孩則擠在破爛的廟宇和私人捐贈的舊房子裡上課。冬天，由於沒有暖氣設備，往往不得不中止教學，同學圍著教室跑步，或一起跺腳。

不僅主要的教師是日本人，教學方式也是日本式的，打學生是家常便飯。冒犯校規時，哪怕是最微小的過失，像女孩的頭髮長過耳垂以下半吋，都會挨揍。處罰方式主要是賞一頓耳刮子，男孩子還常被木棍敲打頭部。另一種懲罰方式是在雪地上跪幾個鐘頭。

當地的孩子在街上遇到日本人時，得鞠躬讓路，即使這個日本人比他們還年幼。日本學生常常叫住當地學生，無緣無故就打他們耳光。學生遇到老師必須恭恭敬敬鞠躬行禮。我母親常對她朋友開玩笑說：日本老師所到之處，就像旋風颳過草地，只見草兒不斷地彎腰。

許多成年人由於怕得罪日本人，也不得不向他們點頭哈腰。不過，開始時，日本人的出現並沒有給夏家造成很大衝擊。中、下層職務仍由當地的滿人和漢人擔任，我外曾祖父繼續做他的義縣警察局副局長。到了一九四〇年，在錦州的日本人約有一萬五千人。夏瑞堂的隔壁鄰居就是日本人，我姥姥和他們相處得很好。這家男主人是一位政府官員，每天早上，當他乘黃包車離家上班時，他妻子和三個孩子都站在門外，向他鞠躬道再見。此番儀式結束後，他妻子就開始做家務事。讓我姥姥和我母親大感困惑的是：她戴著白手套搓煤球。第一個煤球還沒來得及搓成，白手套就已髒得不成樣子了。

這位日本婦女常常來姥姥家閒坐。她很孤獨，因為丈夫極少在家。來時，她愛帶上一小瓶酒，姥姥則弄些佐酒小菜。姥姥能說一點日語，那位日本婦女也能講些中文。她們還互相哼歌，激動時又相對流淚。她們經常相互幫助整理花園，這家鄰居有很齊全的花園工具，對此我姥姥十分羨慕。我母親也經常受邀到她花園裡玩耍。

但是，夏瑞堂一家也聽到了日本人所犯下的罪行。大片大片的滿洲國北部村莊被燒毀，倖存者被趕進「戰略村」集中。東北有六分之一的人口（約五百多萬人）失去了家園，成千上萬人死亡。東北的礦產資源十分豐富，礦工在日本監工的嚴密監視下，沒日沒夜地幹活，直至累死，採掘出的礦產都被運往日本。

很長一段時期，夏瑞堂一直在為皇帝溥儀辯護，說溥儀實際上是日本人的階下囚，對發生的罪行一無所知。但當溥儀把他對日本國的稱呼從「友邦」變成「兄邦」，最後變成「親邦父國」時，夏瑞堂氣得舉拳捶桌，大罵他是「認賊作父的昏君」。儘管如此，他仍說不知道皇帝對暴行該負多大的責任。然而，隨後發生的兩件事徹底改變了他的觀點。

一九四一年末的某一天，夏瑞堂診所來了一位衣衫襤褸的病人。他臉色蠟黃，身體乾瘦，弓著腰，一副疼痛不堪的樣子。他是鐵路的苦力，從早到晚搬運沉重的貨物，他常覺得胃部像火燒火灼地疼痛。他不知道自己還能支撐多久，但一旦失業了，他就沒法養活妻子和剛出世的孩子了。

夏瑞堂告訴他，他的胃不能消化粗食。由於溥儀在一九三九年六月一日頒示，大米只供給日本人和少部分漢奸，絕大多數當地人不得不依靠橡子麵和一些玉米、高粱過活，而這些都是難以消化的。夏瑞堂免費開藥給他，又叫姥姥送給他一小袋大米——這是姥姥偷偷從黑市上買來的。

不久，夏瑞堂聽說那人已死在苦工營了。原來他在離開診所後，吃了米飯就去幹活，結果在工地上嘔吐了。一個日本監工從嘔吐物中發現了大米飯粒，立刻以「經濟犯罪」的名義逮捕了他，送進苦工營，由於他身體太虛弱，只活了幾天。當他妻子聽到噩耗時，抱著嬰兒投河自盡了。

這次意外事件使夏醫生和我姥姥痛不自禁。他們覺得對這家人的死負有責任。夏瑞堂後來總是說：「大米能救人，也能殺人！一小袋大米，三條人命呀！」他開始罵溥儀是「暴君」了。

很快，慘劇直接降臨夏家。夏瑞堂最小的兒子在義縣當教師。和滿洲國所有學校一樣，日本校長的辦公室裡掛著一幅很大的溥儀像。每個人進房時都必須對此像行禮。有一天，夏瑞堂的兒子一時疏忽，忘了鞠躬。日本校長一個巴掌就打了過去，他一時失去平衡跌倒在地，忍不住說：「難道我每天非得總哈著腰，我就不能挺直身子，哪怕是站一會兒嗎？早上集合朝會時我剛鞠了躬……」沒等說完，他臉上又重重挨了一下。只聽日本校長喊道：「這是你們滿人的皇帝，你們滿洲人連最起碼的禮節都不懂！」夏瑞堂的兒子衝口而出：「有什麼了不起，不就是一張紙片嘛！」此時，另外兩位中國老師趕來止住了他。他冷靜下來，恢復自制後，勉強自己對肖像躬了躬腰。

到了晚上，一位朋友跑來通風報信，說他已被定為「思想犯」——這種罪名起碼得坐牢，還很可能被處死。夏瑞堂的小兒子於是出逃了，從此再也沒有聽到過他的消息。可能他已被抓住，死在監牢或苦工營裡了。

事情並未到此結束，由於弟弟「犯罪」，地方上的惡霸開始騷擾夏瑞堂唯一倖存的兒子德貴，聲稱他沒有盡到兄長的責任，向他勒索保護費。他付了錢，但那群無賴貪得無厭，得寸進尺，以致他不得不賣掉藥鋪，離開義縣到了奉天（瀋陽）。在那裡，他重開了一家新店「泰和堂」。

夏瑞堂從此成為滿洲國和溥儀的死對頭。

*

夏瑞堂行醫的名聲愈來愈響，日本人、中國人都請他看病。有時他會在替一位日本高官或漢奸治療之後，對家人說：「我希望他死掉才好。」但這並不影響他的行醫態度。「病人是個人，」他常說：「做醫生就得給他治病，不能管他是好人、壞人。」

姥姥此時已把她的母親，即我的外曾祖母，接到錦州。姥姥與夏瑞堂結婚離家後，外曾祖母還一直和丈夫住在一起。但外曾祖父討厭她，兩個蒙古族姨太太也恨她。於是她開始疑心這兩個女人想毒死她和她年幼的兒子玉林，天天吃飯就都用銀筷子，還總是先餵狗。在姥姥離家數月後的一天，那條狗突然暴斃。外曾祖母忍無可忍，生平第一次與丈夫大吵了一架。在婆婆楊老太太的支持下，她和玉林搬到外面租房子住下。楊老太太對兒子的所作所為也憤慨至極，她於是跟著媳婦、孫兒搬走了，從此再未見兒子，直至臨終時，兒子才來看了她一眼。

她們搬出之後，外曾祖父按月送生活費給她們，但他極不情願，到了一九三九年就停止接濟了。那時沒有法律來保障分居或離婚婦女的權利，她們的生活完全靠丈夫發善心。外曾祖父不發善心，姥姥和夏瑞堂只得負擔起他們的生活。當楊老太太於一九四二年去世後，外曾祖母就和玉林搬到錦州，住進了夏瑞堂家。外曾祖母心裡總是不安，覺得自己和兒子寄人籬下。為了報答他們，她幾乎用盡全部時間為全家人洗衣服和打掃房間，每天顛著小腳，小心翼翼地走來走去做家務事，生怕得罪了她女兒和夏瑞堂。她是一位虔誠的佛教徒，拜佛時總懇求菩薩讓她下輩子不要再做女人。「來世就讓我變豬變狗，不要再做女人了！」

姥姥還把她所喜愛的妹妹玉蘭接到錦州。玉蘭已在義縣結婚，但丈夫是個同性戀。他把玉蘭送給自己的老闆——一位有錢的伯父玩弄。這位伯父擁有一家糧棧和一座榨油廠，此人已強姦了好幾個自己家裡的女人，包括他的小孫女。由於他是一家之主，擁有無上的權力，玉蘭不敢與他抗爭。但當她丈夫要把她再轉讓給他伯父的合夥人時，她拒絕了。姥姥不得不付錢給這個丈夫，讓他休掉玉蘭（那時女人不能要求離婚），玉蘭到錦州後，與當地一位叫佩歐的人結了婚。

佩歐是監獄看守。他們夫婦倆常來我姥姥家走動。佩歐講的故事常常令我母親毛骨悚然。監獄裡關的都是政治犯，他描述他們如何勇敢，受到嚴刑拷打，仍大罵日本人不已。酷刑是家常便飯，犯人得不到任何治療，傷口只得任其發炎潰爛。

夏瑞堂主動提出要為這些犯人治病。他去監獄時，佩歐把他介紹給一位姓董的朋友。董是個劊子手，負責絞刑。犯人被捆在一張椅子上，一根繩子繞著脖子，另一端拴在輪子上，輪子上有個把手。行刑時，劊子手搖動把手，繩子慢慢收緊，犯人就在緩慢窒息的極度痛苦中死掉。

從佩歐那裡，夏瑞堂知道董的良心很是不安，每次行刑時，都事先把自己灌得爛醉。夏瑞堂請董到家，送給他一些禮物，暗示他盡可能救些犯人，如不要把繩子收得太緊。通常行刑時，總有一名日本士兵或一個受到信任的漢奸在場監督。但有時，如果被處死的人不那麼重要，日本人就懶得露面了。還有些時候，他們在囚犯還沒有真正斷氣時就離開刑場。董表示，在這類場合，他可以在囚犯死前做些手腳停止絞刑。

行刑之後，囚犯屍體被放入薄木匣內，由一個老馬夫用馬車拉到郊外南山亂屍崗。到了那裡，他打開木匣，把屍體倒進一個淺坑。為重男輕女家庭所溺殺的女嬰屍體也常被拋入這些坑內。那時候，這種事很平常。野狗常常在此出沒，以死屍為食。

夏瑞堂結識了這位老車夫，不斷送給他錢。老車夫也時時到夏的診所聊天。談來談去，話題最終會扯到墳場。「我告訴那些死鬼，」他說，「你們落到這步田地，不要怪我，是日本人害的。記住今天是你們的忌日，明年今天是你們的週年。如果你們想遠走高飛，也找個好點的地方投胎，你們頭衝的那條路就是條好路。」就這樣董和老車夫祕密地救囚犯，雖然互相從來不談論「營救工作」，夏瑞堂也不知道他們救活了多少人。日本人投降後，被救活的「死屍」們回到錦州，集資為董買了一幢房子和一些地。老車夫當時已去世了。

在他們救出的人當中，有一位是姥姥的遠親，名叫王漢臣，他是地下抗日運動的重要人物。由於錦州是長城以北鐵路幹線的樞紐，從一九三七年七月起，它就成了日本掠奪中國財富的集散地，保安措施非常嚴格。王漢臣的地下組織被日本人的特務打入，整個組織的重要成員都被逮捕。他們受盡酷刑，灌辣椒水、壓槓子、用釘子鞋打嘴巴。大部分的人都被殺害了，夏家也以為王漢臣已經死了。有一天，佩歐跑來說，王漢臣還活著，但就要被絞死了。夏瑞堂立即與董取得聯繫。

行刑的那天晚上，夏瑞堂和姥姥帶著車來到南山亂屍崗。他們把車藏在附近的樹林中，然後悄悄守候。他們可以聽到野狗扒坑時，低沉的嗥叫聲和撕咬聲，還能嗅到從坑內散發出來的濃烈腐臭味。不久，一輛大車出現了。黑暗中，他們隱隱看見老車夫驅車上坡，然後開始把屍體從木匣中倒出來。待老車夫駕車離去，他們趕忙跑到坑邊，挨著屍體翻看，終於找到了王漢臣，細細看去，發覺他還活著。由於受酷刑折磨，他完全不能行走，他們費了很大的勁兒才把他弄上車，運回了家。

王漢臣被安頓在夏家那間多出來的房間裡。這房間只有一道門，通我母親房間。我母親的房間又只能通往姥姥和夏瑞堂的臥室，因而很難有人能夠碰巧闖進小屋子裡去。夏家是四合院內唯一有門進入院落的一家，其他兩家人的門都面街，要進院需繞街通過大門。所以，只要有人放風，王漢臣甚至可以在院子裡鍛鍊身體。

不過，他們仍得冒著被警察和保甲長發現的危險。日本人早在占領初期就設立了對居民監控的制度「保甲連坐制」，把地方上的頭面人物都扶持成保長或甲長，負責催稅和晝夜查訪「不法分子」。這好似一種制度化的黑社會組織，勒索「保護費」和告密是通向權力之鑰。日本人也肯出大錢獎賞告密的人。與這些人相比，滿洲國的警察還不那麼可怕。事實上，許多警察相當反日。雖然他們的主要工作之一是挨家挨戶查戶口，但每到此時，他們就邊走邊喊：「查戶口了！查戶口了！」先通知想躲的人。姥姥一聽見喊聲，就把王漢臣藏在柴房裡的一大堆高粱稈中。警察要等好一會兒才懶懶散散走進房子，坐下來喝杯茶，接著十分抱歉地對姥姥說：「您知道，這些都是例行公事……」那時我母親十一歲，儘管父母並沒有告訴她所發生的一切，但她知道自己不能講出王漢臣藏在哪裡。她從小就學會了謹慎小心。

在姥姥的精心護理下，王漢臣逐漸康復。三個月後，他完全能走動了。告別時，他很激動。「大姊、大姊夫，」他懇切地說，「我這條命是你們給的，今生今世，我永遠都會記住。只要有機會，定將報答你們的大恩大德。」三年後，王漢臣回來了，也履行了自己的諾言。

*

日式教育還強迫我母親和同學觀看日本的戰爭紀錄片。日本人對自己的殘暴並不感到羞愧，反而大加誇耀，也藉以灌輸恐怖心理。這些電影放映日本士兵把人劈成兩半；把囚犯捆在柱子上，放狗將其撕成碎片；用刺刀劃開人的肚皮。鏡頭還刻意強調受害者臨死前瞪著刺刀尖充滿恐懼的眼神。放映時，日本人監視著這些十一、二歲的女學生，不准她們閉上眼睛或咬手帕來壓住驚叫。多年之後，我母親仍常從這些恐怖鏡頭所引起的噩夢中驚醒。

一九四二年，日本軍隊分散到中國腹地、東南亞和其他太平洋地區作戰，人力大為短缺。高小學生和中學生，包括我母親全班學生，都得停課去紡織廠勞動，美其名曰「勤勞奉仕」。日本學生固然也不例外，但享受的卻是特別待遇。每天，當中國姑娘步行四哩去上工時，滿載日本姑娘的接送專車從她們身邊飛馳而過。吃午飯時，中國姑娘分到的是用發霉的玉米麵做成的稀粥，有蛆蟲漂浮在上面；日本姑娘吃的則是飯盒，有肉、蔬菜、水果。

日本姑娘做的是輕鬆的活，如擦窗戶之類，中國姑娘則被派去操作複雜的紡織機。她們來回奔跑在高速運轉的機器前接線頭。這對成年人也是困難、危險的。如果沒及時找到斷線頭或接得不夠快，就會遭到日本監工的毒打。姑娘們怕極了，神經老是繃得緊緊的。加上又冷、又累、又餓，結果事故頻繁。我母親同班同學中有一半以上受過傷。我母親就親眼見到一支梭子飛出機器，正好打傷站在她旁邊的一位姑娘的眼睛。在去醫院的路上，日本監工還不斷責罵這位姑娘太粗心。

在工廠勞動後，我母親升入中學。這個時代與姥姥年輕時相比，已是天壤之別。年輕婦女已不再被關在家裡，婦女受教育已為社會所接受。不過，男女孩受的仍是不同的教育。學校對女孩子的培育方針是四個字：賢妻良母。她們學習日本人稱作「婦道」的技藝：理家、燒飯、縫紉、茶道、花道、刺繡、繪畫、藝術欣賞。其中最重要的是如何討丈夫歡心，包括怎樣穿戴、做頭髮、鞠躬，如何無條件地溫順。姥姥說我母親長著「反骨」，所有這些技藝，甚至做飯，從未用心學過。

製作一道風味佳肴，或表演插花，是某些考試的方式。日本人和中國人組成的評判委員會，不僅評分，也評人。穿著自己設計的漂亮圍裙的姑娘的照片，被放在布告欄裡，日本官員常常從這些女孩子中挑選配偶。當時是鼓勵日本男人和當地女子通婚，有的女孩子還被選中去日本與她們從未見過面的男人結婚。其中一些女孩子——或者更確切地說是她們的家庭——是心甘情願的。我母親瞧不起這些人。有個比她年長的朋友被選中去日本，不巧誤了船，不久日本人投降了，她也就沒去成。我母親見她時，總是斜著眼瞧她。

日本人與鄙視體力活動的中國人傳統不同，他們熱中於運動，這很合我愛跑跑跳跳的母親的胃口。此時她年幼時被推落井中而摔斷的髖骨已長好，成了短跑能手。有一次，她獲選去參加與日本女子學校的短跑比賽，為了贏得勝利，她天天勤練。比賽前一天，她的中國教練把她叫到辦公室，要她在這次比賽中，只能輸，不能贏；教練說，他不能解釋為什麼。我母親難過極了，她明白日本人不喜歡輸給中國人。教練還要我母親把此話轉告給另一位參加者，但不得說出是他的意思。

比賽那天，我母親甚至沒能進入前六名，朋友都看出她完全沒出力。另一位中國姑娘就顯然沒有接受勸告，她跑了第一名，報復跟著就來了。當時，學校每天早上有一次由校長主持的朝會。校長綽號叫「毛驢」，因為他名字叫毛利。「毛驢」在朝會上總是用像在日本軍隊中發號施令似的噪音指揮學生行四個特定的鞠躬禮：首先是向東方，叫「帝都遙拜」；其次是向滿洲國首都，叫「新京遙拜」；然後是「天皇遙拜」；最後是朝溥儀的肖像進行「皇帝遙拜」。賽後第二天的朝會上，鞠躬禮剛完畢，「毛驢」校長馬上把前一天獲勝的那位姑娘拖出隊列，說她對溥儀的鞠躬不夠九十度。他狠狠地打她耳光，用腳踢她，並當場宣布開除她。

這一決定對那位姑娘和她的家庭無異是大禍臨頭，她父母急急忙忙把她嫁給了一位政府小官吏以避禍。日本投降後，她丈夫被定罪為漢奸，身為漢奸妻子，她唯一的出路是到一家化工廠工作。這家化工廠污染嚴重。當我母親於一九八四年重返錦州見到她時，她已因長期接觸有毒化學物質而幾乎失明了。她苦笑著說，生活多麼具有諷刺意味：當初她堅持要贏日本人，因此被迫結婚而成為「漢奸」隊伍中的一員，受盡磨難。儘管如此。她仍然說，她對贏得比賽一點兒也不後悔。

*

由於日本人嚴密封鎖消息，滿洲國的「臣民」很難知道外界的變化。但從愈來愈糟的糧食供應上，他們感到日本人的日子不好過了，街頭巷尾流傳著這樣一句歇後語：日本人吃高粱米——沒法子。一九四三年夏，日本人控制的報紙報導了盟國義大利投降的消息。一九四四年中期，許多在滿洲國政府供職的日本公民被徵募入伍。一九四四年七月二十九日，美國B-29轟炸機首次出現在錦州上空。日本人下令家家戶戶挖防空掩體，學校每天舉行一次防空演習。一天，我母親班上一位姑娘有意無意地端起滅火器，朝她特別恨的日本教師身上噴。要是在過去，此事會招來可怕的懲罰，但她竟然沒被追究，看來形勢對日本人極為不利了。

滿洲國盛行著消滅蒼蠅、老鼠運動。學生必須剪下老鼠尾巴，裝在信封裡，交給警察。蒼蠅則裝在玻璃瓶內，由警察點數。一九四四年的一天，當我母親拿著裝滿蒼蠅的玻璃瓶上交時，警察瞧了瞧對她說：「還不夠吃一頓呢！」他看到我母親臉上露出不解的神情，就說：「怎麼，妳不知道？小日本愛吃死蒼蠅，他們油炸著吃呢！」我母親明顯感到他已不再把日本人看得那麼可怕了。

這一段時間，我母親總是很興奮，好像有什麼好事就要發生了。但是在一九四四年秋天，她的心頭卻開始籠罩上烏雲。她的家好像不似以往那麼快樂，雙親之間有了隔閡。

農曆八月十五中秋節，是闔家歡聚的時刻。以前每到這天，姥姥總在銀色月光下擺開桌子，放些水果和月餅。在柔絲般的月光下，姥姥會講吳剛桂樹、嫦娥玉兔的故事給我母親聽。我母親總是兩眼緊盯著天空，望著神奇的滿月，聽得入迷。但姥姥從來不許她說一個「圓」字，原因是夏瑞堂的大家庭已四分五裂。每到中秋前後幾天，夏瑞堂總悶悶不樂。

一九四四年中秋之夜，我母親和姥姥坐在爬滿冬瓜和豆子的涼棚架下，是時皓月臨空，萬籟俱寂。透過樹葉縫隙凝視無星的光輝，我母親情不自禁脫口而出：「今晚月亮好圓喲！」話音未落，姥姥猛然哭起來，轉身跑回房中，我母親聽見她邊哭邊對夏瑞堂說：「到你兒子和孫子那裡去吧！離開我和我女兒，你走好了！」她哽咽了一會兒，又說：「你兒子自殺，是我的錯，還是你的錯？為什麼我們要年復一年背著這個包袱呢？不是我不要你去看你的孩子，是他們不要見你啊！……」自從離開義縣，只有二兒子德貴來看過他們。夏瑞堂當時一言不發。

打那以後，我母親總覺得有什麼地方不對勁。夏瑞堂變得愈來愈沉默寡言，我母親也本能地迴避他。姥姥時常獨自落淚，有時，姥姥會突然把我母親緊緊摟住，在她耳邊喃喃地說：「除了妳，我什麼也沒有！」當冬季降臨錦州時，我母親仍是若有所失，甚至美國B-29飛機第二次出現在晴朗、寒冷的十二月天空中時，也沒能振作起她的精神。

日本人愈來愈緊張不安。有一天，我母親一位女朋友借到一本被禁的中國作家小說，來到郊外，想找個僻靜處讀它。她發現一個好像是防空洞的地方，就走了進去，在黑暗中摸索。她的手碰到一個電燈開關似的按鈕，一按，頓時警報大作。原來她無意中闖進了軍火庫。她想逃跑，但兩腿已嚇得發軟，勉強跑了幾十呎，便被一群日本兵抓住拖走。

兩天後，全校師生列隊來到西門外小凌河灣一片覆蓋著積雪的空地上，附近居民也被保甲長召到這裡，據說是觀看「懲罰對大日本帝國不忠誠的罪人」。突然，我母親看見她的朋友被幾個日本憲兵拖來。那位姑娘戴著腳鐐手銬，幾乎無法移步。她顯然受到嚴刑拷打，臉腫得難以辨認。當她被拉到指定位置，日本士兵舉槍瞄準時，她的嘴唇微微抖動，似乎想說什麼，但發不出聲音。隨著一排槍聲，她摔到地上，鮮血染紅了雪地。日本校長「毛驢」瞪著眼睛掃視學生。我母親竭力壓抑著內心的悲憤，強迫自己再看一眼朋友的遺體，但她什麼也看不清楚，在眼前晃動的是一片耀眼的紅色和白色。

她聽到有人在抽噎，是田中小姐，一位我母親喜歡的年輕日本女教師。「毛驢」立刻聞聲趕來，他狠狠地抽她的耳光，用皮靴踢她。田中小姐跌倒了，翻滾著，想避開「毛驢」的靴尖。「毛驢」仍不停腳地踢，罵她背叛了日本民族，最後他停了下來，號叫著發出離開的命令。

我母親最後再看了一眼蜷縮著的田中小姐和朋友的屍體，強壓下她的仇恨。

4 亡國奴

走馬燈似的換政府（一九四五～一九四七）

一九四五年五月，德國人投降和歐戰結束的消息傳遍錦州。美國飛機頻頻飛過錦州上空，儘管錦州沒有遭到轟炸，但滿洲其他幾個主要城市都被B-29轟過了。日本人就要戰敗的氣氛籠罩全城。

八月八日，我母親的學校受命去神社為「日本勝利」祈禱。第二天，蘇聯和蒙古軍隊就開進了滿洲國。緊接著，人們爭相傳告美國在日本丟下兩顆原子彈的消息。空襲警報的虛驚已是家常便飯，學校停了課，我母親待在家裡幫著挖防空洞。八月十三日，日本求和的消息不脛而走。兩天後，一位在政府工作的漢人鄰居興奮地告訴夏瑞堂和姥姥，電台馬上要播放重要新聞。夏瑞堂沒有去藥店，和姥姥一起坐在院子裡，只聽廣播說，日本天皇宣布無條件投降，溥儀宣布退位。

街頭擠滿了情緒激動的人群。我母親跑回學校想看看發生了什麼事，那裡卻一片死寂，只聽到一個辦公室裡傳出輕微的響聲。她悄悄跑過去，透過窗戶，只見日本教師抱在一起痛哭。

那天晚上，我母親幾乎一夜未眠，天矇矇亮時，就被街頭喧譁的人聲驚動，她打開大門，只見一群人圍在街口。一位日本婦女和兩個日本孩子的屍體橫臥在那裡。接著她又聽說，一位日本軍官剖腹自殺，他的家人也被私刑處死，財產遭人洗劫一空。幾天後，夏家的日本鄰居一家也死了，據說是服毒自殺。在錦州，到處都有日本人自殺、被殺或財產被搶劫的消息。我母親注意到一位平時靠揀破爛為生的窮鄰居，突然間有了很多值錢的東西要賣。學生，特別是男學生，狠命地揍日本教師，以報復過去的挨打受氣。有些日本人把他們的嬰兒放在當地人家門口，希望孩子有條活路。有的日本婦女被強姦，許多女人把頭髮剃光，裝扮成男人。

我母親為田中小姐擔心。她是學校裡唯一從未打過學生的日本教師，也是我母親的朋友被處決時唯一流露出悲傷的日本人。我母親對父母說她要把田中小姐藏在家裡，姥姥顯得很憂慮，不過她沒說什麼，夏瑞堂只是點了點頭。因為玉蘭姨媽與田中小姐身材相仿，我母親從姨媽那裡借了一套衣服，跑到田中小姐住處，田中小姐當時正用衣櫃之類家具堵住門以求自保。她穿上姨媽的衣服，看上去很像中國人。碰上有人問，我母親就說是她表姊。反正中國人自己也弄不清有多少表親，外人就更糊塗了。田中小姐被藏在那間曾藏過王漢臣的房間裡。

日本人的投降和滿洲國的垮台，使城市陷入無政府狀態。受害者不僅僅是日本人，一到夜間，城裡城外變成打劫者的天下，救命聲此起彼落。家裡的男人，包括姥姥十五歲的弟弟玉林和夏瑞堂的徒弟，都爬上屋頂守夜，他們手持斧頭、菜刀，身邊是大堆石頭。我母親跑上跑下地幫忙，那副「賊膽大」的神情，著實讓姥姥吃驚不小，她說我母親「血管裡流的都是你父親的血」。

搶劫、強姦和濫殺持續了八天，直到蘇聯紅軍抵達。八月二十三日全城居民得到通知，到火車站歡迎俄國人。夏瑞堂和姥姥待在家裡沒動，我母親隨著大批興高采烈的年輕人湧入車站。火車進站時，人群揮動著五顏六色的三角形小旗，高聲歡呼：「烏拉！」出乎我母親的意料之外，蘇聯士兵並非大鬍子，騎著高頭大馬，威風凜凜的凱旋英雄，而是一群塵土滿身、面色蒼白的小伙子。除了偶爾從疾馳而過的小汽車裡瞥到一些神祕人物外，這是我母親親眼見到的第一批白人。

大約一千名俄國士兵進駐錦州。起初，人們感激他們幫助趕走了日本人。但不久，新的麻煩來了。日本人投降後，學校關了門，我母親只得上私人辦的補習班。一天，在下課回家的路上，她看見路邊停著卡車，一些俄國士兵正把布一匹匹從車裡往外遞。布匹在當時極為稀缺，日本人統治時期是定量供應，俄國人拿這些布做什麼呢？她很快發現這些布匹來自她小學時曾經勞動過的紡織廠，俄國人正用它們向行人交換手錶、鐘和其他小玩意。我母親飛也似地跑回家，在一個堆放雜物的大箱子裡翻來翻去，從底層找到了一個座鐘，又破又舊，她失望極了，但俄國士兵卻愛不釋手，將整整一匹美麗的白底印花布塞到她手裡。晚飯時，全家人議論此事，都嘖嘖稱怪，搞不懂這些奇怪的外國人對毫無用處的東西為何有這麼大的興趣。俄國士兵不僅從工廠拿產品，還拆掉整個工廠，如錦州的煉油廠，把全部設備運往蘇聯，說是「戰爭賠償」。但對當地人來說，這等於是工業被毀掉了。俄國士兵還闖進民家，見什麼拿什麼，特別是手錶和衣服。俄國人強姦婦女的消息也傳遍錦州，整座城市又籠罩在憤怒和不安的氣氛中。

我母親也與俄國大兵有過一次驚心動魄的「遭遇戰」。夏家住宅因位於城牆外，很不安全，所以舉家搬入我母親朋友借給的一所有石頭圍牆的院子暫住。搬家使我母親每天去補習班要走三十分鐘。一天，一輛蘇軍吉普車突然剎在離她不遠處，幾個俄國士兵叫著跳下來抓她。我母親撒腿就跑，迎面遠處，堅持早送晚接的夏瑞堂正衝她揮動著手杖，嘴裡呼喊著什麼。眼看愈追愈近，我母親轉身拐進了路邊一家幼稚園的後門。她熟悉裡面複雜的建築結構，利用院院相通的門，從另一條街跑掉了。夏瑞堂很快就鬆了一口氣，因為俄國人空手而返，滿臉掛著不解。

俄國人到達後一星期，我母親被通知參加一個夜間會議。她來到會場，看見不少衣衫又舊又不合身的男子和幾個婦女，正在演說他們如何經過八年抗戰，打敗日本人，使老百姓成為新中國的主人。這些人是共產黨——中國共產黨。他們是在前一天剛入城的，沒有任何歡迎儀式。會場上的女共產黨穿得和男人一樣，上下一般粗，我母親覺得難看死了。她心想，像你們這個土樣子，穿著破衣，比乞丐還不如，怎麼打敗得了日本人？她曾經把他們想像成高大英俊、無所不能的超人。她那位做監獄看守的姨丈和姓董的劊子手，都曾讚揚共產黨說：「最勇敢的數共產黨了，骨頭硬得很，絞索都套上了脖子，還喊口號罵日本人。」

共產黨到處張貼布告，要求居民恢復正常秩序，並著手逮捕漢奸和其他為日本警察工作過的人。被捕的人中有外曾祖父，他被關在自己曾掌管的大牢裡。社會治安受到控制，夏瑞堂開始門診了，我母親的學校也開了學。共產黨人分住在當地人家裡。他們看上去很老實，不裝腔作勢、蠻橫無理，還常和房東聊天。他們對我母親的一個朋友說：「參加進來吧！我們需要有學問的人。說不定你能當個縣長。」他們正在招兵買馬，擴充勢力。

日本人投降時，國、共兩黨都在竭力擴大自己的地盤，調兵遣將準備重開因抗日而中止的內戰。事實上，內戰已在有些地區打響了。由於富饒的資源和日本投降造成的「真空」，東北成了雙方的爭奪要地。雖然國民黨軍隊數量居優勢，裝備也精良得多，但共產黨統治地區離得近，搶先把部隊開進了東北。美國人曾幫助蔣介石把成千上萬國民黨軍隊從南方運送到華北，並一度欲在距錦州三十哩處的葫蘆島登陸，後因受到共產黨的猛烈阻擊才不得不撤退。國民黨軍隊被迫在長城以南上岸，乘火車向北進發，由美國人提供空中掩護。前後計有五萬名美國海軍陸戰隊占領北京和天津。

十一月底的一個傍晚，我母親下課回家，看到攜帶武器裝備的中共士兵行色匆匆由南門撤退。共產黨撤走不久，一支新的軍隊進了城，這已是近四個月來的第四支駐軍了。這支部隊軍容整齊，士兵穿的是卡其布，軍官是呢制服，擁有嶄新的美式武器，這就是國民黨軍隊。人們都跑出房屋，聚集在狹窄的土路兩旁鼓掌、歡呼。我母親也擠到人群前頭，她突然發現自己也跟著舉手歡呼，心想這才像打敗日本人的軍隊。她奔回家中，激動地告訴父母，她看到了一些多神氣的軍人。

錦州洋溢著節日氣氛，人們爭先恐後把軍人請到家裡住。一位軍官也住進夏家，他舉止文雅、謙恭，全家人都喜歡他。夏瑞堂和姥姥覺得國民黨一定能維持好秩序，結束混亂，使人們有好日子過。誰知接踵而至的，是失望。

從大後方——內地來的官員看不起當地人，稱他們是「亡國奴」。並不時提醒他們應感激國民黨把他們從日本人手中解救出來。我母親的學校復課後，一天晚上舉行了一場有軍隊、地方官員參加的聯歡晚會，一個軍官的三歲女兒背誦了一段演講辭，一開頭就是「我們國民黨人抗戰八年，救了你們這些亡國奴……」我母親和她的朋友聽了非常刺耳，一氣之下就退了場。

我母親對國民黨官員競相討姨太太的作法也大為反感。她的學校是全市唯一的女子中學。從一九四六年初開始，各類官員紛至沓來，找妻子的有之，找姨太太的更不乏其人。有些女學生甘願出嫁，有的則不敢說個「不」字，因為她們的家庭把和大官聯姻看作是走好運。

當時我母親十五歲，正值荳蔻年華，招人喜歡，又是學校中拔尖的學生。好些官員派人登門提親，但她告訴父母，她一個也不嫁，要自己選擇丈夫。她對婦女所受的待遇向來很氣憤，又深恨姨太太制度。父母也都支持她，但又畏懼權貴，不得不絞盡腦汁對求親者婉轉推卻。有位副官長在定親金條被拒後，闖入夏家威脅要用花轎強抬人，藏在門外偷聽的我母親聽見後，掀開門簾衝進去對著他說：「如果要那樣，我就死在花轎裡！」幸運的是，不久這位副官長的部隊調防了。

有位年輕的女教師劉小姐，挺喜歡我母親。在中國，如果朋友很喜歡妳，往往會設法把妳變成他們家庭的一員。在當時男女獨自相識機會少的情況下，把自己的朋友介紹給兄弟姊妹，就成為討厭媒妁之言的年輕人認識彼此的一個管道。劉小姐把我母親介紹給她弟弟，當然先經劉家父母的認可。一九四六年春節，我母親應邀來到劉家。劉老爺是當時錦州富商之一，劉少爺還不到二十，就儼然是個風流人物了。他身著墨綠色西服，上衣口袋露出摺疊妥貼的手絹，在錦州這樣的外省城市，簡直是少見的派頭。他是北京輔仁大學學生，學習俄語和俄國文學。我母親頗為動心，劉家人也喜歡我母親。

劉家很快派媒人向夏瑞堂提親。夏瑞堂算是那個時代極開明的人，他問我母親的想法。我母親提出先做「朋友」，不做進一步的承諾，這在當時是很罕見的。傳統男女在訂婚前，不能成雙成對出現在公共場合。可是我母親嚮往快樂和自由，希望能跟男子做朋友而不一定非結婚不可。深知我母親性格的夏瑞堂和姥姥退回了禮品。因為依照風俗，只要收禮，就意味定親，以後就很難改變了。我母親開始和劉少爺來往，所有相識的人都說他們是天生地造的一對，夏瑞堂和姥姥也私下把劉少爺看作乘龍快婿了。但我母親很快就看出他很淺薄，他從不去北京，整天在家裡閒蕩，過著公子哥兒的生活。有一天，她發現他居然沒有讀過《紅樓夢》，我母親覺得這簡直不可思議。當她向劉少爺流露出失望的表情時，他輕描淡寫地說：「中國古典小說並不合我的口味，我喜歡的是外國文學。」為了顯示他更勝一籌，他反問我母親：「妳讀過《包法利夫人》（*Modame Bovary*）嗎？這是我最崇拜的書。我認為它是莫泊桑（Guy de Maupassant）最偉大的作品。」

我母親讀過《包法利夫人》，她知道作者是福婁拜（Gustave Flaubert）而不是莫泊桑，頓時，她對劉少爺的好感一落千丈。她忍不住想拆穿他，但終究什麼也沒說，因為讓男人出了醜，她就成了沒教養的刻薄女人。

劉少爺好賭，特別是搓麻將，而我母親對此厭煩之至。一天晚上，麻將搓得正酣，女僕走進來問道：「少爺，今晚要哪個女僕侍寢？」劉漫不經心地點了個名字。我母親氣得發抖。但劉只是抬了抬眼皮，表示對她如此強烈的反應感到不解，他故作驚訝地解釋說：「這在日本非常普遍，他們稱為『侍寢』。」他想使我母親感到自己太土氣，太愛吃醋，吃醋在傳統中被認為是女人最糟糕的品行之一，丈夫可以據此休妻。和上次一樣，我母親一言沒發，但她已滿腔怒火。對她來說，與這樣一個視生活放蕩為理所當然的男人在一起，生活絕無幸福可言。她需要的丈夫應該真誠地愛她，不會做這些事來傷害她。從此時起，她打定主意結束與劉少爺的關係。

幾天後，劉家老爺突然病故。因為劉家是名門，劉老爺又是一家之長，劉家決定大辦喪事。頭七天是入殮儀式，全家人跪在靈堂兩旁守靈，請來的和尚端坐在靈堂前，齊聲誦念《倒頭經》。劉老爺的遺體安放在一個精緻的雕花檀香木棺材內。緊接下去，是嚎喪祭典儀式。參加儀式的不僅有所有家庭成員，還雇了專門辦喪事的人前來陪哭。從此時起，一直到七七四十九天後的出殯下葬，嚎啕聲從早到晚不能斷。同時，要不斷為死者燒冥錢，使他在另一個世界有足夠的錢花。

死後第四十二天，劉老爺棺材被移入搭在院子裡的篷帳內。在下葬前七天中的每個夜晚，死者將到另一個世界的高台——望鄉台上俯視全家，只有家庭成員都在場，他才會放心離去。劉家亟需未婚媳婦到場陪靈弔孝，一來滿足富豪之家的體面，二來使劉老爺能看到兒媳婦。我母親拒絕了，對劉老爺的去世，她很悲痛，因他對她十分友善。但是，如果她去了，就擺脫不了和他兒子的婚姻。所以當劉家差遣的說客不斷登門催促時，她不為所動。

夏瑞堂不反對我母親與劉少爺斷絕往來，但她在這個時候採取這種作法對他來說是對不起死去的劉老爺，是很不光彩的。姥姥也焦急萬分，她說：「街坊鄰居都知道妳和劉少爺的關係，現在人家有難，妳甩手不管，讓我和妳爸爸的臉往哪兒擱？」她又很不能理解地說：「誰聽說過一個姑娘家拒婚的理由是這個男人弄錯了外國作家的名字？說他愛拈花惹草，哪個富家子弟不幹些這種事！妳用不著擔心姨太太、丫鬟和其他什麼人，妳那麼能幹，還怕管不了妳的男人？」

但對我母親來說，「管男人」不是她所想要的生活。我姥姥內心也很了解，但她希望我母親快嫁人，因為不斷有國民黨官員上門來提親。她對我母親說：「妳不嫁張三，就得嫁李四。躲過初一，躲不過十五。妳一天不離開家，我就一天放心不下。想想看，劉少爺是不是比其他人都好得多？」我母親仍說她寧死也不願嫁給一個不能帶給她幸福和愛的人。

劉家對我母親大為惱怒，夏瑞堂和姥姥也非常生氣，他們使出渾身解數，連哄帶哭帶罵帶勸，卻毫無結果。夏瑞堂終於對我母親大發雷霆，「妳丟盡了夏家的臉，我沒有妳這樣的女兒！」我母親從不記得他曾如此對待過她，「那我就不當你的女兒好了！」我母親喊著，跑出房間，打點好自己的東西，逕自走了。

在姥姥那個時代，離家出走是不可想像的，女人無工作可找，最多只能當傭人，就算當傭人也要保人。但時代變了！一九四六年時，婦女可以自謀生路，能找到像教師、醫生這樣的工作。我母親的學校有個師範班，為在此校讀滿三年初中的女學生提供免費食宿和教育，除了考試外，唯一入學條件是畢業後必須當教師。班裡大部分的學生都來自付不起學費的窮人家或那些自認為考不上大學的人。上這個班被一般學生認為是下下策。我母親一向自恃是上大學的材料，因而當她申請時，班上同學很吃驚。我母親於是聲明自己願意獻身教育。雖然她尚未讀完三年初中，但她是出名的優等生，輕鬆地通過了考試。就這樣，在離開家後，她住到了學校。

住校不久，姥姥就跑來央求她回家。她很高興和父母和好如初，但堅持保留學校的床位。她決心不再依賴任何人，無論這個人多麼愛護她。對她來說，師範班非常理想，它保證在畢業後有一份工作，那時大學畢業即失業很普遍。另一個好處是免費，因為夏瑞堂已開始受到經濟惡化的影響。

錦州未被俄國人拆卸運走的工廠，現被國民黨接收，但他們不能使經濟復甦。全城只有少數幾家工廠在低效率運轉，而大部分所得又落入他們的私囊。國民黨接收大員搬進了日本人騰空的漂亮住宅。緊靠夏家的那幢日本文官的住房，現在成了某國民黨官員姨太太的私宅。錦州市長韓先生原是當地的一名「窮小子」，他透過沒收日本人和漢奸的財產，成了暴發戶，娶了幾個姨太太。市政府被當地人稱為「韓家大院」，因為裡面大多數官員都和他沾親帶故。

國民黨占領義縣後，我外曾祖父就從監獄裡釋放了出來。當地人說，這是他靠「貢獻」全部財產換來的，老百姓盛傳國民黨接收大員靠沒收財產發大財。為了保護自己，獲釋後的外曾祖父把自己和姨太太所生的女兒嫁給了一個國民黨軍官，但這人只是個連長，沒能提供給他多少幫助。外曾祖父丟了官、財產，靠行乞為生，當地人稱之為「蹲陽溝」。我外曾祖母聽到這消息時，叮囑孩子不要提供他任何幫助。

一九四七年，外曾祖父頸部患了惡性腫瘤，他預感自己將不久於人世，三番兩次託人帶信到錦州，央求見見孩子。剛開始，外曾祖母拒絕了，但禁不住再三懇求，她軟下心腸。於是，我姥姥帶著弟妹乘火車到義縣。這是十五年來，姥姥首次與父親重逢。此時的外曾祖父已形容枯槁，難以辨認了。他看到孩子們時，努力想從炕蓆上撐起身子，希望與孩子們有個親熱的表示。可是孩子們只說了一句：「我們來了！」就站在門邊一動不動，沒有走近他。他露出不敢別有所求的神情說：「玉林，叫一聲爸爸。」但玉林不吭聲。外曾祖父老淚縱橫，臉部不斷抽搐。姥姥看不下去，懇求弟弟叫一聲，同時把弟弟推向父親。玉林終於咬緊牙關憋出一聲「爸爸」，外曾祖父臉上才掠過一絲微笑，抖擻地拉住兒子的手說：「做個小買賣，能養家餬口，閤家團圓就知足了。不要當官，它會毀了你，就像毀了我一樣。」這是他最後的話。他死時只有一位姨太太在旁守候，窮得連口棺材也買不起，屍體就用一個破箱子裝著，草草埋掉，家裡沒有一個人替他送終。

＊

官場腐敗現象愈來愈嚴重，蔣介石不得不設立「打虎隊」追查貪官污吏，隊名由來是因老百姓把貪官污吏比作可怕的老虎。「打虎隊」號召人們起來揭發貪污腐敗，但事實證明，這不過是掌權人向富人勒索錢財的方法之一，「打虎」本身油水就很多。更使無權無勢者頭痛的是明目張膽的敲詐。大兵幾乎天天光顧夏瑞堂的診所，先是裝模作樣地敬禮，接著用可憐巴巴的聲調說：「大夫，咱們弟兄缺錢用，您老人家能不能借我們一點錢？」拒絕是不明智的，任何人膽敢和他們頂撞，就會被扣上一頂「共產黨」帽子，抓進監獄，甚至受到嚴刑拷打。大兵看病不給錢也是司空見慣的。夏瑞堂並不特別在乎這個，因為他認為醫生的職責就是治病救人；但令他痛心的是有些人隨便拿貴重藥品如人參、鹿茸等，轉身就在黑市上賣高價，而當時連普通藥品都奇缺。

內戰愈演愈烈，駐守錦州的士兵猛增。蔣介石直接領導的中央軍紀律還算好些，那些無法從中央政府得到軍餉的雜牌軍，就只能「靠山吃山」了。

在師範班裡，我母親和一位白姑娘建立了友誼。她年方十七，漂亮、聰明、大方。在我母親眼裡，她是位可親可敬的大姊姊。當我母親向她訴說自己對國民黨的不滿時，白姑娘總是開導她：「妳不能見木不見林，任何政權都有它的缺點。」白姑娘全心支持國民黨，加入它的一個特務組織，任務是追查漢奸。但在一次特務集訓中，上司要她暗中監視同學，並隨時彙報。她大吃一驚，拒絕了。幾天後的一個夜晚，從她房裡傳出一聲槍響，集訓所的人趕去推開房門，發現她躺在床上，臉色灰白，嘴大張著喘氣，滿床是血，一句話也沒說就死了。報紙將此事渲染成桃色情殺事件，但沒人相信，因為白姑娘在男女關係上十分矜持。我母親聽說她被殺是因為要求退出特務組織。悲劇並未結束，白的母親在一個銀樓老闆家當女傭，她對獨生女的死肝腸寸斷，更對報紙造謠說她女兒是因情人太多爭風吃醋被殺而悲憤交加，不久也懸梁自盡了。她的雇主因此受到地頭蛇敲詐，宣稱是他把白母逼死，老闆滿足不了貪婪的勒索，只得關掉銀樓了事。

＊

有一天，姥姥聽到有人敲門，一位年約四十的中年漢子，穿著國民黨軍服，笑盈盈地走進來。一見姥姥，他深深地鞠躬，稱她「大姊」，又稱夏瑞堂「大姊夫」。好半天，他們才認出這個穿著神氣、結實健康的人竟是那個從日本人絞刑機中死裡逃生的王漢臣。和他一塊來的是一個瘦高的年輕人，雖也戎裝在身，但更像個讀書人。王漢臣介紹說他叫諸葛，我母親立即對他產生好感。王漢臣現已是國民黨情報組織的高級官員，負責主管駐防錦州的一支特務部隊，他再三對夏瑞堂和姥姥說：

「我的命是你們給的，我一定要報答。不管有什麼事，開口說一聲就行！」

王漢臣很快為姓董的劊子手和監獄看守佩歐在特務組織中找到差事，諸葛也與夏家人十分親密。他原在天津大學學自然科學，日本占領天津時，他跑到後方加入了國民黨。我母親把他介紹給了一直在夏家生活的田中小姐，兩人一見傾心，不久結了婚，搬到外面租下一套公寓房子住。一次，諸葛擦槍不小心，碰動扳機，子彈穿透地板，將正在樓下睡覺的房東兒子打死。這家人不敢聲張，他們害怕特務，因為特務可以指控任何人是共產黨，他們的話就是法律。諸葛的母親給這家人一大筆錢作賠償，諸葛為良心所折磨，深感不安。這家人卻不但不表露任何不滿，反而表現得萬分感激，怕諸葛會察覺他們的情緒而害他們。諸葛終於忍受不了，另覓房子搬走了。

玉蘭的丈夫佩歐在情報組織中幹得十分得意，並改名為「效石」，意為效忠蔣介石。他是諸葛手下三人特務小組成員之一。最初，他們的任務是追查過去的親日分子；接著，變為監視學生中的親共分子。開始，效石是叫他做什麼就做什麼。不久，他就要求換一份差事，因為他不想送人進監獄。他被派去做西門一帶的稽查員，專防走私。共產黨雖然離開了錦州城，但並沒有走遠，他們在城郊活躍，與國民黨軍打游擊。錦州當局試圖嚴格管制主要生活必需品，以防落入共產黨手中。那些把布匹、藥品等必需品賣給共產黨的人，被稱作「走私犯」。

效石有了權，發了財，慢慢就變了。他吸鴉片、酗酒、賭博、逛窯子，還染上梅毒。姥姥常勸他，但他就是不改。他覺得他比夏家人過得都稱心，當他看到夏家因食品短缺而吃不上一頓好飯時，就每每邀請大家去他家吃飯。夏瑞堂堅決不去，也不讓姥姥去，他說：「咱們不碰那些不義之食。」但美味佳肴的誘惑力委實難以抗拒，姥姥偶爾也帶著玉林和我母親偷偷到效石家去美餐一頓。

國民黨進入錦州時，玉林正好十五歲。他一直跟著夏瑞堂學醫，夏瑞堂說他是個可造之材。因為姥姥的母親和弟弟都靠她丈夫生活，姥姥儼然是一家之主，得為玉林安排婚事。她認為出身貧寒意味能吃苦耐勞，因此很快就選中了一位窮人家女兒，比玉林大三歲。我母親跟姥姥一塊去相親。未來的新娘進來行見面禮時，穿著一件綠絲絨旗袍，是特地借來的。這對年輕人於一九四六年在婚姻登記處註冊結婚，新娘身穿租來的西式白色婚紗禮服，沒坐轎子，用一輛西式馬車接來。

姥姥還請王漢臣為玉林謀份差事，漢臣安排他去了鹽警隊。因為鹽是生活必需品，當局嚴禁向共產黨出沒的農村地區銷售。當然，官員暗地都做私鹽買賣。共產黨游擊隊以及國民黨軍隊常常因搶鹽打仗，玉林好幾次捲入戰鬥，眼見許多人喪生，覺得實在可怕，只幹了幾個月就辭職了。

這時，國民黨逐漸對農村地區失去控制，愈來愈不容易徵到兵。又因為內戰的血腥味愈來愈濃，年輕人都不願當「砲灰」。但國民黨軍隊傷亡很大，需要補充，所以到處抓壯丁。怎樣才能使玉林不被抓去當兵呢？姥姥只好又去找王漢臣，要他把玉林弄到特務組織裡。出乎姥姥意料，這回王漢臣拒絕了，說那不是正派年輕人立身之處。

姥姥此時不知道王漢臣其實已對特務組織完全絕望，只見他吸毒、酗酒、嫖妓、濫賭，無所不為，心想他本是個自制力和正義感都很強的人，怎會落到這般地步？她提議替王漢臣找個妻子，想用婚姻拉他一把。但王漢臣卻說他不能娶妻，因為他不想活了。姥姥驚詫之餘，問他為什麼。他流著淚說，他不能告訴她，而且說了她也幫不上忙。

王漢臣參加國民黨本是因為恨日本人。但事與願違，在他的特務活動中，手上不可避免地沾上了同胞的鮮血。他良心受責，但又無路可遁，白姑娘的死就是對每個想退縮者的警告。自殺呢，又形同抗議，可能連累家人。他唯一能做的就是慢性自殺，使自己「自然」死亡。這就是他瘋狂摧殘自己並拒絕任何治療的原因。一九四七年春節，他回到家鄉義縣，與兄弟、年邁的父親一起過年。他似乎預感到這是最後一次與親人團聚，於是就一直待在家裡。離開錦州前，他曾告訴姥姥，要是他死而有憾的話，那就是不能盡孝道：為父親養老送終。那年夏天，他真的懷著憾意，讓白髮人送黑髮人。不過，他對姥姥盡了最後的一份力——為玉林搞到一張特務身分證，使他沒有被抓去當兵。玉林沒有為特務組織幹過任何事，繼續在夏瑞堂藥房裡做事。

＊

我母親學校裡有位姓康的年輕教師，教國文。他知識淵博，我母親很是敬重。他告訴我母親和另外一些女生，他參加過昆明市的反國民黨運動，他的女朋友在一次遊行示威中被手榴彈炸死。他的課有明顯的親共傾向，我母親對他印象很深刻。一九四七年初的一個早晨，我母親在校門口被老校工叫住，告訴她康老師已經走了，並塞給她一張康老師留下的紙條。我母親不知道是有人向他暗通了國民黨要抓他的消息，也不知道國民黨特務組織中藏有共產黨人，他們通知黑名單上的人逃走。我母親對共產黨知之甚少，並不知康老師就是其中一員，她只知道自己愛戴的老師被國民黨逼跑了。紙條上寫著兩個字：沉默。我母親從中體會到兩個含義：這是康紀念其女友的詩中的一行，「沉默——無言抗議，積蓄著的力量。」這是要她保持信心。另一種可能是警告她不要做任何魯莽的事，因為我母親素有膽大名聲，而且在學生中有號召力。

很快，母親得知學校換了名女校長，她是國民黨國大代表，和特務組織關係密切。她帶來的班底，有一位叫堯寒的當上了政治主任，專門監視學生。而教務主任是由國民黨區分部書記兼任。

這段時間，我母親最親密的朋友是一位姓胡的遠房表哥，他父親在錦州、瀋陽和哈爾濱等城市擁有多處商號。胡父的兩位姨太太沒有生兒子，所以深恨胡表哥的母親。一天晚上，當胡父外出時，她們在胡母和一位年輕男僕的飯裡下了迷藥，然後將兩人剝光放在一張床上。胡父回家發現，勃然大怒，把妻子關在大院深處一間小屋子裡，並不許兒子去看她。不過胡父也覺得此事蹊蹺，懷疑是姨太太做的手腳，因此沒有休妻，也沒有趕她出門。當然，他也害怕家醜外揚。他擔心姨太太加害兒子，便把胡表哥送到錦州寄宿學校。就這樣，他認識了我母親。當時我母親七歲，胡表哥十二歲。不久，胡母在囚室裡發了瘋。

胡表哥是一個敏感內向的青年，他母親的瘋一直像夢魘一樣壓在他心頭，他時常對我母親談起此事。我母親由此想起自己家裡的女人和所聽說的許多母親、女兒、妻子、姨太太的悲劇。女人的無權地位，那些披著「傳統」甚至「道德」外衣的野蠻殘忍的風俗習慣，不斷激怒她。儘管社會在不斷變化，但偏見仍然存在，她急不可耐地盼望著激進的變革。她在學校裡得知有一支政治勢力公開保證這樣的變革，這就是共產黨。帶來這一訊息的是她的親密朋友舒姑娘。十八歲的舒姑娘因與家庭關係破裂而搬到學校住宿，原因是她父親強迫她和一個年僅十二歲的男孩成婚。一天，她來向我母親告別，說她要和偷偷相愛的男人逃去參加共產黨。「他們是我們的希望。」她走時說。

我母親和胡表哥愈來愈親密。胡表哥是在發現自己對劉少爺很嫉妒時，意識到自己愛上了我母親的。他看不起劉，說他是個花花公子。我母親與劉家斷絕關係後，他非常高興，幾乎天天來看她。一九四七年三月的一個晚上，他倆一塊去電影院。電影院分坐票和便宜得多的站票。胡表哥為我母親買了張坐票，自己卻是站票。他解釋說他的錢不夠多，但我母親知道他在撒謊，因為他父親總是拿大把的錢給他。電影放映時，我母親不時用眼角餘光瞟著胡表哥。忽然，她看見一位打扮時髦的年輕女子走近他，緩緩從他身邊走過，剎那間，兩人的手碰在一起了。我母親馬上站起來，堅持要走。在回家的路上，她要胡表哥解釋。開始時胡表哥一概否認，後來又說我母親還太年輕，有些事還不理解，也不應該知道。我母親氣壞了，不讓他進夏家大門。雖然胡表哥接著幾天不斷來訪，但我母親不見他。

過了一段時間，我母親心軟了，準備接受他道歉。她天天盼著胡表哥來，不時朝門口張望，看他是不是在那兒。一天晚上，雪下得很大。突然，她望見他跟著一個人走進了院子。但他沒有往夏家，而是逕直朝夏家的一位名叫毓武的房客那裡走去。很快，他又出現了，直奔我母親房間。他急促地對我母親說：「我必須馬上走，警察正在四處抓我。」「為什麼？」我母親緊張地問。他只說了一句：「我是共產黨。」便轉身消失在雪夜中。

我母親這才明白當時胡表哥在電影院裡正在完成某個祕密使命。她又急又悔，痛苦萬分，心想一切都晚了，再也沒時間跟胡表哥和好了。她也猜到她家的房客毓武必定是個共產黨，胡表哥被人帶到他那裡是為了在他那裡藏起來。毓武與胡表哥在此之前雖相識，但並不知彼此的共產黨身分。這時雙方明白，胡表哥在這兒藏不得，因為他和我母親的關係人所共知，警察一定會到這裡找人，這樣毓武也可能暴露身分。當晚，胡表哥逃往城外二十哩處的共產黨控制區。當第一批春蕾綻開在枝頭上時，毓武得知胡在途中被抓，他的護送人員被打死。不久又得到消息，胡表哥被處死了。

胡表哥的死訊在我母親心裡造成的悲哀是無以復加的。長久以來她已不滿國民黨的統治。當時除了國民黨，她知道的只有共產黨，又特別為共產黨的婦女解放主張所吸引。十五歲時，她還不確知是否要加人共產黨。可是現在一切都變了，國民黨殺了她心愛的人，我母親決心參加共產黨。

5 十歲女兒，十公斤大米

為中國的前途而戰（一九四七～一九四八）

毓武是幾個月前經朋友介紹來的。當時，夏家從暫借的住處搬入北城內的一所大院裡，想找一位富裕的房客，以減輕房租壓力。毓武來時，身穿國民黨軍官服。與他同行的是他的「太太」和一個年幼的孩子。事實上，這女人並不是他的妻子，而是他的助手。孩子是這女人的孩子，她真正的丈夫在千里之外的共產黨正規軍中。後來，日久生情，他們弄假成真，有了兩個自己的孩子。他們的原配夫人和丈夫也都與別人結了婚。

毓武於一九三八年參加共產黨，抗戰結束時被共產黨從當時的大本營延安派到錦州，負責蒐集國民黨軍事情報，並傳遞給在城外活動的共產黨武裝力量。他的公開身分是錦州政府軍事科科長，這是共產黨花錢替他買下的。那時，國民黨的官職，甚至特務系統的職位，都可以用錢買到。有的人買官是為了讓家人避免被抓去當兵，或免受惡棍騷擾，有的人則是為了自己好敲詐勒索。由於錦州地處戰略位置，國民黨駐紮了大批不同系統的軍隊，多如牛毛的大小官員充斥於五花八門的機構，這有利於共產黨人混入。

毓武把掩護角色扮演得維妙維肖。他經常聚眾豪賭，或大宴賓客，一方面擴大關係網，一方面使他的偽裝更加天衣無縫。他的眾多「表兄弟」和「朋友」頻繁來訪，混雜在常來往的國民黨官員和特務中，未引起任何懷疑。毓武還有另一層掩護，夏瑞堂的診所總是開著門，那些「表兄弟」和「朋友」可以直接通過診所而進入內院，外人看來好像是就診的病人。

宴請、賭博與夏瑞堂所屬「在理會」禁賭禁酗酒的宗旨大相逕庭，可是夏瑞堂竟毫無怨言。我母親迷惑不解，以為這是繼父寬容的天性所致。數年之後她才意識到，夏瑞堂當時其實已猜出或已知道毓武的真實身分了。

當我母親聽到胡表哥被處死的消息時，她找到毓武，要求為共產黨工作。毓武拒絕了，理由是她還小。我母親只好另找門路，她當時在學校已經是個學生領袖，她希望共產黨會來找她。共產黨呢，一直在觀察她，審查她。舒姑娘離開錦州前曾把她的共產黨地下組織接頭人介紹給我母親，說是「朋友」。一天，這「朋友」找到她，通知她到錦州南站和北站之間的鐵路隧道去，與一位二十來歲、上海口音、容貌英俊的年輕人接頭。她去了，這個人姓梁，梁成了她的上司。

我母親的第一項任務是散發毛澤東《論聯合政府》這類小冊子和有關土地改革、共產黨其他政策的傳單。這些宣傳品有時藏在大捆用作燃料的高粱稈裡，有時則在大甜椒上鑽個孔塞進去，由人化裝成農民以賣柴草、賣蔬菜為幌子，送進城來。

夏家成了這些宣傳品的集散地。玉林的妻子買下這些帶有祕密使命的柴草或蔬菜，把宣傳品取出藏在洞炕、中藥堆和柴垛裡。當我母親的聯絡人登門取走這些宣傳品時，她還幫忙把風。這些東西學生得偷偷傳閱，但一些左翼小說或多或少能公開閱讀，最流行的小說是高爾基（Maksim Gorky）的《母親》（*Die Mutter*）。

有一天，我母親散發的一本毛澤東的《新民主主義論》傳到一個心不在焉的姑娘手裡，她把小冊子塞進書包，就去市場買東西，在那兒掏錢時，不小心翻了出來。附近正巧有兩個特務，他們看到這薄薄的用黃草紙印成的書，知道是共產黨的宣傳品。那位姑娘就被抓起來，死在酷刑下。

許多人就這樣死在國民黨特務手中。我母親心裡很清楚，如果她被抓，也將面臨拷打和送命的危險，但她一點兒也不膽怯。她此時已偷偷地讀了一些馬列主義的書籍，在與朋友討論時，他們都為馬克思和列寧所勾畫的共產主義遠景所吸引，被毛澤東對農民、工人以及婦女的許諾激動得熱血沸騰。我母親一想到自己在共產黨指示下做事了，已成為共產主義運動的一分子，就勇氣倍增。

東北地區是國、共兩黨作戰的關鍵戰場。錦州是東北的大門，是兵家必爭的戰略要地。這場戰爭不是雙方在某一固定的前線上對峙。共產黨占領了東北北部和大部分農村，國民黨擁有除哈爾濱外的主要城市、海港和大部分鐵路沿線城鎮。

由於共產黨控制了錦州四周大部分的農村，國民黨加強了入城檢查的關卡。農民不願進城賣東西，因為他們在通過關卡時常受盡刁難，被敲詐勒索，產品有時甚至被全部沒收。城裡的農產品價格天天飛漲，加上奸商和貪官操縱，情況就更糟了。

國民黨剛到時，發行了一種新貨幣，稱為「法幣」。此時夏瑞堂已年近八旬，他擔心自己死後我姥姥和母親生活會無著落，就把全部積蓄換成法幣存起來。過了一陣子，法幣被「金元券」、「銀元券」取代，但國民黨沒法控制通貨膨脹。「金元券」、「銀元券」貶值速度驚人，而蔣介石愛面子，拒絕發行任何面值大於一萬元的紙幣。學生付學費時，得租黃包車來拉大捆大捆的紙幣。夏瑞堂的全部積蓄隨著貨幣貶值而化為烏有。

一九四七、一九四八年之交的那個冬季，經濟形勢每況愈下，抗議食品短缺和物價飛漲的遊行示威此起彼落。一九四七年十二月中旬，兩萬饑民搶劫了市內國民黨軍隊的兩座糧倉。

經濟崩潰了，但有一個行業卻很興旺：賣年輕姑娘到妓院或給有錢人做奴僕。乞丐滿街都是，賣兒鬻女者多不勝數。有好幾天，我母親都在校門外看見一個衣衫襤褸、絕望不堪的婦女頹坐在冰涼的地上，旁邊站著一個小女孩，滿臉麻木呆滯的神情，頭上插著草標，胸前掛著紙牌，上面歪斜寫著幾個大字：「十歲女兒，十公斤大米。」

教師也是食不果腹。他們要求加薪，政府答應以多收學費的辦法解決，但無濟於事，因為家長付不起更多的錢。我母親的一位教師吃了一塊從街上撿來的肉，死於食物中毒。他知道這塊肉已經腐爛變質，但實在太餓了，餓到一廂情願地以為把肉煮熟了就可以殺菌。

這時，我母親已當上女中學生自治會主席。她的共產黨上司梁先生指示她為教師謀福利，把他們爭取到共產黨這一邊來。於是，她組織同學到電影院和劇場，在開演前向觀眾募捐，或搞街頭義演義賣。但所得無幾，人們不是太窮就是太吝嗇。

一天，她在街上碰到一個朋友。這姑娘的祖父是個旅長，她本人和一個國民黨軍官結了婚。她告訴我母親這天晚上在城裡一家豪華餐館有個宴會，約有五十名官員攜夫人參加。那時，國民黨官員經常舉辦各種各樣交際宴會。我母親跑回學校，通知同學於下午五點在城裡最顯著的地方——六十呎高的十一世紀石鼓樓前集合。當她帶著一些人到達時，已有一百多位姑娘聚集此地聽候她的命令。到了下午六時許，官員們乘著小車、馬車和黃包車陸續到達。女人們穿戴得珠光寶氣，極盡嬌嬈。

我母親等宴會進入吃喝高潮時，指揮姑娘們列隊迅速進入餐廳，國民黨安全措施竟是如此鬆散，我母親的隊伍毫無阻礙就進去了。喧譁的宴會頓時鴉雀無聲。我母親站到椅子上，不加修飾的深藍色棉袍在周圍華麗的綾羅綢緞中格外突出，使她看上去好像是簡樸的化身。她先簡述了教師的困境，然後說：「我們知道在座各位都是大方之士，肯定會慷慨解囊，以表愛民之心。」

此時此刻，軍官和太太們尷尬之極。他們不想顯得太小氣，更想盡快擺脫這些不速之客。姑娘們圍著擺滿山珍海味的桌子，挨個記下捐贈的數目。第二天上午，第一件事就是分頭趕到各個軍官家收取承諾的捐款。募集到的款子立即分配到教師手裡，讓他們在貶值之前趕快花掉，否則幾小時之內就可能一文不值。

此事很快在城裡傳開。我母親沒有受到報復，也許是因為赴宴者對自己大吃大喝而教師生活無著感到很窘，不想再招惹更多難堪；況且，國民黨不反對募捐，既然如此，何樂不為呢？再次目睹「朱門酒肉臭，路有凍死骨」的情境，我母親更加相信共產黨了。

城裡吃飯是問題，城外穿衣則是問題，因為國民黨當局嚴禁向農村出售紡織品。玉蘭的丈夫效石專門負責攔截把紡織品偷運出城賣給農民或共產黨的走私者，走私者中有的專事轉手買賣，有的為國民黨官員撈取外快，有的為共產黨地下組織工作。

效石和他的同伴只要截住走私車，通常作法是沒收布匹，然後把走私者放掉，希望他會再帶另一批貨來；有時，他們也和走私者坐地分成。無論走私或是捉拿走私，貨物最終仍是賣到共產黨控制區。效石和同伴愈撈愈肥。

一天晚上，一輛骯髒不起眼的貨車來到效石當班的緝私關卡。他又施展通常的招數，擺出十足的派頭來想鎮住車夫。他一邊估計這批貨物的價值，一邊揣摩車夫的來頭。他也盤算要把這一大車貨拉到哪裡去放一放再脫手。最後他坐上車，命令車夫調頭回城。車夫自然遵命。

深夜一點左右，後院響起一陣敲門聲，把姥姥從夢中驚醒，她打開門，只見效石站在門口，說有一批貨，想在她家放一晚，他沒有說明貨的來龍去脈。姥姥不能不點頭同意，中國人很難對親戚的要求說「不」字。姥姥沒有驚動還在睡覺的夏瑞堂。

天矇矇亮時，效石就帶著兩輛大車出現了，把所有布匹裝上就走。不到半小時，武裝特務包圍了夏家大院。原來車夫是為另一個特務系統工作，自然，他們想搶回這批布。

夏醫生和我姥姥非常生效石的氣，但心裡暗自慶幸至少貨物已搬走。不過對於我母親來說，卻是大禍臨頭，因為她的一些共產黨宣傳品就藏在屋裡。特務一出現，她抓起宣傳品就往廁所跑，跑進去就把它們塞進褲腳已紮住的棉褲裡，外面罩上旗袍和厚厚的棉大衣，然後若無其事地向外走，說是去上學。特務攔住她，說要搜身。我母親急壞了，衝著他們大聲喊：「我要到我的諸葛舅舅那兒去告你們！」

我母親開口前，這群人並不清楚夏家與特務系統的關係。由於國民黨機構在城裡五花八門，任何帶槍的、有後台的人都享有專橫的權力，車夫也未弄清是誰沒收了他的布匹。但「諸葛」名字一出口，帶隊長官的態度馬上發生戲劇性的轉變：諸葛是他上司的朋友。他一個暗示，部下就低下了槍口，轉變了咄咄逼人的態度。這位長官鞠躬敬禮，咕咕噥噥地對他打擾了這樣一個有背景的家庭表示歉意。下面的隊員看上去比長官更失望，沒有貨物，就沒有錢，沒有錢就沒有飯吃。他們懶洋洋地拖著步子走了。

*

錦州當時有一所新大學：東北流亡大學，老師和學生是從共產黨控制的東北北部逃出來的，共產黨在那裡一度實行嚴厲的政策，許多地主被處死，城鎮商店老闆和小產業主被批鬥，財產被沒收。知識分子多出身富家，他們不是目睹了家人受罪，就是自己遭殃，於是紛紛南逃。

流亡大學有一所醫學院，我母親想就讀。她的理想是當醫生，部分原因是受到夏瑞堂影響，另外，醫務工作是使女人獨立的最好職業。梁先生熱烈支持她：共產黨對她進醫學院有他們的打算。她於一九四八年二月以同等學歷進入醫學院半日制學習，同時保留了師範生學籍。

流亡大學是國民黨和共產黨爭奪知識分子的「戰場」。國民黨已經看出東北局面江河日下，開始打算撤出，於是鼓動師生向南方「流亡」。共產黨不想失去這些受教育的師生，他們意識到自己政策上的錯誤，隨即進行修改，保證要保護城市裡的資本家和知識分子。錦州地下共產黨運用溫和的政策，開始勸說學生和老師留下。這成了我母親的主要活動目標。

儘管共產黨政策有了改變，不少人仍決定南逃。六月下旬，一船師生到達錦州西南兩百五十哩處的天津。上岸後，他們發現既沒食物，又無住處。當地國民黨人竭力鼓動他們參軍，口號是：「十萬青年十萬兵！」「打回老家去！」他們從東北逃到這裡，當然不是為了當兵送命。在同行的共產黨地下工作人員策動下，七月五日學生在天津遊行示威，要求食物和住宿。軍隊開了槍，許多人受傷，數人中彈身亡。

消息傳到錦州，我母親立刻召集了全錦州七所中學和中等專科學校的學生會領袖開會，選舉成立了錦州市學生聯合會，我母親當選為主席。會議決定給在天津的學生發聲援電報，舉行追悼大會，會後遊行到警備司令部向邱司令遞交請願書。

那是一個灰濛濛的雨天，地面被雨水浸泡成黏稠的爛泥。我母親的同學聚集在校園裡急切地等待消息。天已經黑了，她和另外六名學生會主席仍不知去向。最後有人報信，特務突襲了學生領袖的開會地點，把他們全部抓走，是我母親學校的政治主任堯寒告發的。

他們被帶到警備司令部一間小會議室裡。過了一會兒，邱司令走進來，隔著桌子盯著學生們，一付痛惜的樣子。他操起大家長式的腔調，耐著性子開始訓話，「你們太年輕，做事太容易衝動。讀好你們的書就行了！」他問道，「你們對政治究竟懂多少？有沒有意識到被共產黨利用了？」他的語氣時而緩和，時而嚴厲。最後，他許諾只要他們肯簽署悔過書並交出幕後的共產黨人，就放了他們。他停住口，開始觀察這番話的效果。

我母親無法忍受他的盛氣凌人和裝腔作勢。她一步走上前大聲反問：「請問邱司令，我們究竟有什麼過要悔？」邱司令顯然被惹火了，「你們被共匪利用，無理取鬧，還不是過嗎？」我母親立刻回敬道：「我們的朋友就是因為聽了你們的話，跑到天津，才死在天津，他們應該遭槍殺嗎？我們為他們申冤是胡鬧嗎？我們做了什麼無理的事？」激烈對吵了一陣，邱司令一拍桌子，召來衛兵，「讓她知道她在什麼地方！」在衛兵來抓我母親的一瞬間，她跳到邱司令面前，一拳也砸在桌上，「不管我在什麼地方，我都沒做任何錯事！」

我母親的兩臂被緊緊抓住，從桌旁拖開。沿著通道，她被拉了很長一段距離，又走下幾級台階，推進一間黑屋裡。面對房屋的另一端，她依稀看見一個衣衫破爛的男人，似乎坐在長凳上，背靠著柱子，頭向一側低垂。稍頃，她才看清他的上身被捆在柱子上，大腿被捆在凳子上。兩個大漢正向他小腿跟下塞磚頭。每一塊磚頭塞進去，就是一陣撕心裂肺的慘叫聲。我母親的腦袋裡「嗡」地一聲彷彿充滿了血，她彷彿聽到了骨頭的碎裂聲。忽而她又被帶入另一間屋子，引路的軍官把她的視線引向一個離他們不遠的男人。那人被懸吊在房梁上，上身裸露，亂糟糟的頭髮向下垂，遮住半邊臉。地上有個火盆，一個大漢坐在旁邊，漫不經心地吸著香菸。當我母親看著他們時，大漢從火盆裡拿起一根鐵棒，鐵棒頂端是一塊被燒成赤紅色的鐵塊。他咧嘴一笑，舉起鐵棒直烙向男人的胸膛。我母親聽到一聲可怕而短促的呻吟聲和烙鐵燒在皮肉上的吱吱聲，似乎聞到了強烈的焦糊氣味，但她沒有尖聲大叫或嚇得昏倒。恐怖的場面在她內心深處產生的是強烈憤怒，而憤怒給她巨大的勇氣，壓倒了恐懼。

那軍官問她現在是否願意寫悔過書了，她說「不」，結果被關進一個小房間，裡面有一張床。在這裡，她度過了幾個特別漫長的白天和夜晚，與她相伴的只有隔壁刑訊室不時傳出的慘叫聲。審問者反覆要她提供共產黨名單，但她只是搖頭。

然後，有一天，她被帶到一處空曠的院子，那裡雜草叢生，碎石瓦礫滿地。她被推到一堵高牆邊，與一位陌生男子並排而立。此人明顯受過酷刑，只能勉強立住身體。幾個士兵懶散地站在對面的位置，端起步槍。一個士兵走過來，用布條蒙住她的眼睛。儘管看不見，她還是閉上了眼睛。她做好了臨死的準備，只為把生命獻給了她所追求的偉大事業而自豪。

她聽到槍響，但沒感覺到什麼。約莫一分鐘後，蒙眼布被去掉，她眨眼打量四周，身旁的男人倒在地上。那位曾引她到刑訊室的軍官走來，眼神充滿了驚訝，這個十七歲的姑娘居然沒有如他所想的嚇傻了。我母親沉著地告訴他，她沒有什麼可說的。

她又被帶回囚室，沒有人再來找她麻煩，也沒受刑。幾天後，她獲釋了。在這之前，共產黨地下組織積極營救她。我姥姥天天到警備司令部哭鬧、乞求，揚言要死在那裡。夏瑞堂帶著貴重的禮品拜訪他有權有勢的病人。家裡的特務關係也紛紛動員，不少人寫保證書，保證她不是共產黨，只是年輕衝動。

獄中的經歷沒有嚇壞我母親，出獄後，她立即組織一次追悼天津七五事件死難學生的大會。校方允許她開追悼會，因為錦州城內已眾議沸騰，無不責罵開槍之舉，特別因為死傷者都是聽信當局的話才南逃的。同時，學校也急忙宣布提前放假，試也不考了，只希望學生趕快回家，一散了事。

此時，共產黨也動員地下工作人員撤到城外共產黨控制區。除負有特殊使命的人員外，那些不能離開或不願離開的都受命停止活動，因為國民黨正在大肆抓人，不少搞群眾運動的人被逮捕，甚至被處決。梁先生要走了，要我母親也走，但我姥姥不准。她說我母親還沒有被確認是共產黨，一離開等於不打自招，「那麼，為你擔保過的人該怎麼辦呢？」

我母親就這樣留了下來。但她渴望行動，又去找毓武，他是她所知道的唯一留下的共產黨了。毓武不知道她和梁先生的組織關係，他們屬於不同的地下網線。共產黨地下組織是單線聯繫，如果有人被捕，受不了酷刑，供出的名單就很有限。毓武對我母親的這次要求欣然允諾，因為他正用得著她。

東北的國民黨軍隊分布在鐵路沿線和幾個主要城市。一九四八年夏季以前，錦州已有二十萬國民黨軍隊。蔣介石在戰略問題上不能和他的高級將領意見一致，朝令夕改。許多人（包括蔣介石的美國高級顧問）都認為蔣應該完全放棄東北。任何撤軍，無論是「自願的」，還是被迫的，無論從海上，還是從鐵路，關鍵問題都要保住錦州。這是東北的門戶，而且容易得到海上的支援。

一九四八年春，國民黨開始在錦州四周建築一道由鋼筋混凝土構築成的防禦工事系統。這個工程系統初步構想是一系列彼此獨立的鋼筋水泥碉堡群，既可以獨立作戰，又可以互相溝通。聯結碉堡群的戰壕六呎寬，六呎深，用鐵絲網加以防護。東北最高指揮官衛立煌將軍曾到錦州視察防務，說這個防禦系統是堅不可摧的。

但是，這項工程最終沒有完成，原因是材料短缺，施工規畫不當，但最主要的是施工部隊的軍官貪污腐敗，建築材料拿到黑市上轉手倒賣，勞動者薪水被層層剝削得所剩無幾，無心施工。到了九月，當共產黨部隊開始分割、包圍這座城市時，整個體系才完成三分之一，而且大部分是小型的、孤立的普通水泥碉堡，有的甚至是從老城牆取來的土石壘起來的。

詳細知道這個防務系統的底細和國民黨軍隊的部署，對共產黨作戰勝敗至為重要。他們已集中了龐大的武裝力量，約二十五萬人，準備發動一次決定性的攻擊。共產黨總司令朱德打電報給東北戰場司令員林彪：拿下錦州，奪取全國勝利就穩操勝券。毓武獲得指示，在總進攻前提供最新的防備情報。他迫切需要人手，我母親正好適合。

共產黨已經派出情報人員混入城市、郊區進行偵察，但一個男人獨自在防禦工事附近漫遊會引起懷疑，一對戀人就完全不同了。國民黨時期社會風氣的變化已使年輕男女能一塊兒公開出現。

毓武要我母親在某個特定時間前往特定地點。她需穿淡藍色旗袍，辮梢上紮紅絹花。共產黨情報人員將拿一份摺成三角形的國民黨《中央日報》。屆時他將做出擦汗的樣子，先擦三遍左臉頰，後擦三遍右臉頰。兩人將扮成一對情人。

接頭處是老北門城牆外防禦工事圈內的一座小廟旁。接上頭後，兩人挽住胳膊走開。我母親不完全明白他在幹什麼，但沒有問。他們默默地散步，只是在遇到行人時才開口說些無關緊要的話。這一天安然度過，後來又是多次這樣的偵察，或沿著城邊，或順著鐵路，走走、談談。

把情報送出城是另一大難題。到七月底，所有進出城的人都被徹底搜查，只有國民黨高級官員的車輛才免於檢查。毓武來找我母親商量如何送走情報，他已完全信任她的能力和勇氣了。我母親想到了她有個同學，是錦州地方守備司令汲將軍的孫女，她哥哥是祖父軍隊裡的一位上校。

汲家是錦州很有影響力的家族，住宅占了整整一條街，叫「汲家胡同」。在這裡，他們有一座堂皇的府邸和一片美麗的花園。我母親曾去花園與朋友一塊散步，並和汲上校相處融洽。

汲上校是個英俊瀟灑的年輕人，持有大學工科畢業文憑。雖然他出身豪富權勢之家，但不是個花花公子，我母親喜歡他，他也喜歡我母親，邀請她參加茶會，還到夏家做禮節性拜訪。由於他禮貌周到，文質彬彬，姥姥認為他是最佳女婿候選人。

不久，汲上校開始請我母親出去玩了，開始時他妹妹還在旁邊做陪客，後來就找個藉口溜走了。她在我母親面前誇獎她哥哥，說他是祖父最寵愛的孫子。她一定也告訴了她哥哥我母親的一些事，因為我母親發現他很了解她，知道她曾因激進活動遭逮捕。他們倆說話很投機。

汲上校對國民黨態度似乎很坦率，不只一次，他拽著他的上校軍服，感嘆說，只盼戰爭早日結束，好脫掉軍服搞工程專業去。他甚至對我母親說國民黨的日子屈指可數了，我母親感到他對她推心置腹。她猜他也是在傳遞這樣一個訊息給她，透過她再傳給共產黨：我不喜歡國民黨，我願意幫助你們。

於是，他們成了心照不宣的合作者。一次，我母親試探地建議他不妨帶一些部隊向共產黨投誠，這在當時相當普遍。但他說他只是個參謀，不帶兵。我母親要他去勸說他祖父，他則苦著臉說，老頭子非一槍斃了他不可。

我母親不斷向毓武彙報，毓武要她保持這個關係。不久，他要我母親讓汲上校用他的吉普車帶她出城。他們出去了三、四次，每次經過一個簡陋的泥巴牆廁所時，她就說要上廁所，把情報藏在廁所內牆上的一個小洞裡。他在車裡等她，從不問任何問題。他的話題愈來愈集中在為自己和家庭的擔憂上。好幾次，他暗示共產黨可能會處死他。「我恐怕，」他憂傷地說，「不久就是西門外的鬼了！」他用探尋的目光注視著我母親的眼睛，顯然是想得到否認。

「別想得這麼糟！」我母親總是自信地安慰他。她相信由於他為共產黨所做的一切，他會被赦免的。「我肯定這不會落到你的頭上！」

*

國民黨的統治到了夏末更加岌岌可危。軍事上連遭失敗，經濟崩潰的速度像脫韁之馬。國民黨統治地區的通貨膨脹率，一九四七年末超過百分之十萬，一九四八年末更上升至百分之二百八十七萬。主要可得到的食物高粱，價格在錦州一夜之間就暴漲了七十倍，愈來愈多的糧食轉運給軍隊，而其中一部分被大小指揮官拿到黑市上高價出售，普通人的生活苦不堪言。

錦州之戰開始於一九四八年九月十二日。一位美國外交官約翰．F．麥爾比（John Fremont Melby）當時正飛往瀋陽，他於九月二十三日寫下日記：「沿北向的滿洲走廊，共產黨的大砲正有計畫地把錦州飛機場炸成一片廢墟。」第二天，也就是九月二十四日，共產黨軍隊進一步向前推進。二十四小時之後，蔣介石命令衛立煌將軍帶上十五個軍團殺出瀋陽重圍，解錦州之危，衛將軍卻裹足不前。九月二十六日，共產黨孤立了錦州。

十月一日，共產黨完成了對錦州的包圍圈。北面二十五哩的義縣也在當日被攻占，蔣介石飛到瀋陽親自主持作戰會議。他命令增加七個軍團投入錦州戰場，但衛將軍直到十月九日才執行救援命令，也就是在命令下達後兩個星期，他才帶了十一個軍團來，還不是十五個軍團。十月六日，蔣介石飛到葫蘆島，命令那裡的軍隊開赴錦州。有的遵命而行，但因兵力過於分散，很快就被共產黨各個擊破。

此時，毓武找到我母親，要她執行一項重要任務：把雷管送進一個汲上校所屬部隊的彈藥庫。彈藥貯藏在一個大院裡，圍牆上裝有帶刺的鐵絲網，據說還通了電，進出的人要嚴格搜查。庫內官兵以賭博、酗酒打發時日，有時還把妓女帶進去，臨時俱樂部幾乎天天有舞會。這天，我母親對汲上校說她想看跳舞，他什麼也沒問就答應了。

我母親把雷管裝在書包裡，跟汲上校驅車進了大院。按照預定計畫，她要他帶她到處轉轉，把書包留在車裡，他們一走開，早已潛伏在彈藥庫內的共產黨地下人員就將它拿走。為了給她的同志更多時間，我母親故意放慢步子，汲上校也樂意滿足她的要求。

當晚，一陣巨大的爆炸聲震動了城市。爆炸以連鎖式反應進行，一陣又一陣地衝上天空好像是在放煙火，大院一片火海。第二天一早，汲上校請我母親到他家。一夜之間，他幾乎變了樣，臉色發黑，雙眼下陷，鬍子也沒刮，顯然整夜未闔眼。他顯得對她存有戒心，經過一陣難耐的沉默，開始問她是否聽到這個消息。我母親的表情證實了他最不祥的預感——是他幫助敵人削弱了自己的武裝實力。他說調查就要開始了。「不知道這次爆炸是使我腦袋搬家，還是給我帶來好運。」他嘆著氣說。我母親心裡很過意不去，想使他寬心。「我想你不會受到懷疑的，」她說，「我也肯定你會受到獎勵。」「感謝妳的保證！」汲上校站起身，滿臉嚴肅地向她敬了一個禮。

共產黨的砲彈開始落進城裡。我母親第一次聽到砲彈飛過時的呼嘯聲，真有點害怕。但後來，當砲火愈來愈密集時，她反倒習慣了。聽天由命使大多數人失去了恐懼感。這一仗也打破了夏瑞堂嚴格遵守的滿族禮數：過去所有人要按先後秩序吃飯，飯菜也不同。現在無論是男人、女人、主人、僕人，全擠在一塊吃。一天，全家人正圍著桌子準備用餐，一枚砲彈穿進窗戶，越過暖炕，一頭栽入距炕一呎遠的八仙桌下面的地裡。萬幸的是，和許多砲彈一樣，這是枚啞彈。

攻城一開始，城裡就斷了糧，連黑市也消失了。一億元金元券買不到一斤高粱米。我姥姥囤積了一些高粱和黃豆，妹夫效石利用關係也搞到一些糧食。後來家裡的驢子又被一塊彈片打死，也就被吃掉了。

十月八日，共產黨調集二十五萬大軍進行總攻。大砲聲密集猛烈，砲彈落點準確。國民黨守軍最高指揮官范漢杰將軍說，無論他走到哪裡，砲彈好像老跟著他。火力點、堡壘及交通要道全籠罩在彈雨中。電話和電力都被切斷。

許多民房雖然未中砲擊，但陷入熊熊火海，又無救火的水，天空完全被滾滾濃煙所籠罩，大白天幾碼之外就看不清楚人了，砲彈的爆炸聲震耳欲聾。我母親只聽到人們的哭喊聲，但聽不出在哪裡哭喊，出了什麼事。

十月十三日，外圍防線被徹底摧毀，國民黨軍隊十餘萬人倉皇撤退到市中心區。那天晚上，十幾個蓬頭垢面的國民黨士兵闖進夏家討飯吃，他們已有兩天粒米未沾。夏瑞堂有禮貌地接待了他們。玉林的妻子煮了一大鍋高粱麵條。煮好後，她把鍋放在廚房桌子上，轉身去隔壁房間招呼士兵吃麵。這時一塊彈片落進鍋裡，把麵條全炸飛了。她一頭鑽到炕前小桌子下，誰知已有個士兵躲在裡面，她一發急，抓住大兵的腿，把他拖了出來。姥姥在一旁嚇壞了，趁士兵轉背時說她弟媳，「要是他轉身給妳一槍怎麼辦？」

十月十四日，最後攻擊開始了，九百門大砲不停地轟擊。夏家大多躲進了一個所謂的防彈掩體，這是他們早些時候挖成的，但夏瑞堂拒絕離開房子。他沉著地坐在他房間炕上的角落裡，靠著窗戶默求菩薩保佑。忽然，有十四隻貓跑進了他的房間。他很高興，「貓進福地」。果然。沒有一粒子彈射入他房間，貓也都活了下來。另一個不肯鑽入掩體的是我外曾祖母，她始終踡縮在她房間內緊靠炕沿的橡木桌下。當戰鬥結束後，蓋在桌上的厚棉被和毯子已被子彈打成了篩子。

在掩體裡，玉林的幼兒要小便，玉林的妻子把他抱出去，幾秒鐘後，她才蹲過的掩體一側便被震塌了。我母親和姥姥不得不跑進房子緊貼著廚房的炕沿蹲下，彈片不斷打到炕上，房子開始搖晃。我母親又跑到院子裡，天空中翻騰著濃密的黑煙。空氣中散發著嗆人的火藥味，子彈的颼颼聲已變成像下雨似的嗶嗶聲。這時我母親才體會到什麼是「槍林彈雨」。

第二天凌晨，天尚未亮，一群國民黨士兵衝進來，押著二十餘個渾身哆嗦的居民——都是夏家的鄰居。這些士兵是設在街對面小廟內砲兵陣地的砲兵，他們的陣地被共產黨的砲火準確地轟平了。他們歇斯底里地大喊大叫：「是誰給共產黨發的信號？」居民沒人應聲。士兵突然抓住我母親，把她推到牆根，咬定是她發的。姥姥嚇得慌慌忙忙地找出些小金元寶，塞到士兵手裡。她和夏瑞堂一起跪下，哀求放了我母親。玉林的妻子說，這是她第一次也是唯一一次看見夏瑞堂真的害怕了。

士兵拿了金元寶，放了我母親。但他們端著刺刀把所有人關進了兩個房間，說這樣就沒人發得了信號了。屋裡漆黑一團，誰都不知道會出什麼事。不久，我母親注意到砲聲減弱了，近處有手榴彈的爆炸聲和刺刀的碰撞聲，還有嚇人的尖叫和慘叫聲。有人在喊：「繳槍不殺！」喊聲愈來愈近，她還能聽到急跑的腳步踩在卵石道上的「啪啪」聲。

終於，喧雜聲沉寂了，有人在敲院門。夏瑞堂小心翼翼地走到被關的房門邊，試著推了推，門未上鎖，國民黨士兵已經不見了。他走到院子門口，問是誰？只聽有人回答說：「我們是人民解放軍，是來解放你們的。」夏瑞堂打開門，幾個身穿寬大軍服的人閃進來。在黑暗中，我母親隱約可見他們左手臂上紮有白毛巾。他們端著帶刺刀的槍，目光警惕地環視著。「別害怕，」他們說，「我們是人民子弟兵，不會傷害老百姓。」他們要求搜查房子，看看有沒有國民黨士兵，話說得很和氣，但並不是在請求同意。這些人沒有把夏家翻得亂七八糟，也沒拿走任何東西，搜查完後，有禮貌地告別。這時，大家才醒悟，共產黨已經占了城。我母親興奮極了，她再也沒有因共產黨士兵的滿是灰土的破制服而失望了。

所有在夏家的鄰居紛紛焦急地往回趕，想知道他們的家怎麼樣了。有一家的屋子被夷平，一個沒有離開的孕婦被炸死了。

鄰居離開不久，外邊又有人敲門。六、七個驚慌失措的國民黨士兵站在那裡。一看見夏瑞堂和姥姥就磕頭，想討些老百姓衣服穿。夏家人可憐他們，找出一些舊衣服，他們連忙套在軍服外，趕緊走了。

天剛亮，我母親突然聽見「哇！」的一聲尖叫，急忙迎出去，只見玉林的妻子從外面跑進來，張著嘴說不出話，用手指著門外，滿臉恐怖的神情。我母親跑到大街上去看，滿地橫七豎八躺著屍體，有的缺胳膊少腿，有的頭被炸飛，有的內臟流淌在外，有的只是血乎乎的一團肉。陰溝裡流的是血水。

錦州之戰是一場大戰，是國共內戰的轉捩點。兩萬餘名國民黨官兵被打死，八萬餘人被俘。至少十八位高級將領被活捉，其中包括錦州國民黨駐軍最高指揮官、東北「剿總」副總司令范漢傑中將，他曾試圖裝扮成老百姓逃跑。當戰俘們擁擠著走過街頭去臨時戰俘營時，我母親看見她的一位朋友和其國民黨軍官丈夫夾雜其間，身上裹著毛毯禦寒。

戰鬥一結束，首先是清理戰場。這工作大部分由共產黨士兵來完成。為了盡快弄走那些已開始發臭的屍體和亂糟糟的瓦礫，當地人也熱心相助。每天，只見長長的運屍馬車隊和肩挑手抬的人群朝城外湧。我母親發現她所熟悉的許多人死於戰火，有的是被砲彈打死的，也有因房子倒下來而壓死的。

打完仗第二天一早，共產黨貼出布告要城裡居民盡快恢復正常生活。夏瑞堂掛出了醒目的招牌，表示他的診所開門了。共產黨行政部門因此讚揚他是城裡最先恢復開業的醫生。大多數商店在十月二十日左右重新營業。緊接著，學校開學，機關開始辦公。

新政權第一要解決的問題是糧食。他們號召農民進城賣糧，把價格定得比鄉村賣糧高一倍。高粱每斤很快從國民黨統治時的一億元金元券降到二千二百元左右。一個普通工人如今可以用他一天所得買四斤高粱了。共產黨還向窮人發放救濟糧、鹽和煤炭。在老百姓記憶中，國民黨從沒做過這樣的事，所以都說共產黨好。另一深得民心的是共產黨士兵紀律嚴明，不搶不姦。許多士兵還被專門派去為居民做事，如挑水、劈柴、修復被戰火毀壞的住房等。

錦州仍處於高度戒備狀態。美國飛機不時從空中掠過進行威脅。十月二十三日，大批國民黨部隊從葫蘆島和東北方向鉗形夾攻，試圖奪回錦州，但沒有成功。失掉錦州後，瀋陽、長春的國民黨軍隊也很快被殲滅或投降。到了十一月二日，東北全境就都屬於共產黨了。

共產黨在恢復秩序和重建經濟方面極有效率。十二月三日，錦州銀行開門。四日恢復供電。二十九日，新的街道管理體制——居民委員會取代了舊的保甲制，從此奠定共產黨行政管理控制體制的基礎。三十一日，自來水恢復供應，火車也重新運行。共產黨甚至結束了通貨膨脹。他們制定了一個對人們有利的兌換率，把不值錢的國民黨貨幣兌換成共產黨的「長城」貨幣。

共產黨一進了城，我母親就日日渴望著投身於革命工作，她覺得自己早就是共產主義事業的一分子了。經過數天焦急的等待，一位黨代表找到她，讓她去見管理錦州青年工作的王愚同志。

6 談戀愛

革命的婚姻（一九四八～一九四九）

在一個涼爽宜人的秋日早晨，我母親去見王同志。秋天是錦州一年之中最好的季節，暑熱已消，但仍然暖和，可著夏裝。狂捲了大半年的風沙，此刻已消逝無蹤。

她穿著一件裁剪得體的傳統式藍旗袍，圍著白紗巾。為了趕上革命的新潮流，她剛把頭髮剪得短短的。在新政府機關的一個內院裡，她看見有個人蹲在樹下，背朝著她，正在花台邊上刷牙，她站在一旁靜靜地等候。當那人抬起頭時，一張黝黑的臉映入我母親的眼簾，他年約二十七、八歲，眼睛挺大略帶憂鬱。在寬大的制服下，我母親看得出他很瘦，個頭大約比自己稍稍矮點。他若有所思，夢一般的表情使我母親覺得他像個詩人。「您是王愚同志吧！我是學聯的夏德鴻。」

「王愚」是化名，他後來成為我父親。自一九四五年以來，他一直是這個地區的游擊隊指揮官之一，幾天前，隨共產黨軍隊攻入錦州。進城後他擔任共產黨市委祕書長、市委執行委員。後來又任市委宣傳部部長，主管教育（包括掃盲運動）、衛生、出版、娛樂、體育、青年工作，以及收集公眾意見等，是個不小的官。

我父親出生於離錦州大約一千兩百哩遠的四川省宜賓。宜賓位於岷江和金沙江的交會處，素有長江第一城的美名，人口當時約三萬人。這一帶地方是「天府之國」四川的富庶地區之一，溫暖濕潤的氣候很適合種茶。今天英國人品嘗的中國紅茶，大部分來自這裡。

我父親排行老七，有九個兄弟姊妹。我爺爺張德華十二歲開始就在一家布匹商號當學徒。成人後，和在同一商號做事的哥哥一起創業，幾年工夫發了財，買下了一座大宅。誰知，從前的老闆眼紅他們的成就，一狀告到官府，咬定張家商號起家的本錢是偷他的，官司一打就是七年。參與審案的大小官吏個個貪得無厭。張家兄弟為了洗清惡名，幾乎貼光了財產、資本，仍未能鬥過財大氣粗的老闆，爺爺被關進監獄。唯一解救的辦法是讓老闆撤回訴訟，這下又花去他哥哥一千塊銀元。爺爺出獄了，張家也傾家蕩產，僅剩下那座大宅。他哥哥又氣又恨，加上連年勞累，一病不起，死時才三十四歲。

我爺爺不得不承擔起養活兩家十五口人的重任。他開始重新經營商號，生意終於在一九二〇年出現轉機，但很快又陷入困境。軍閥混戰，苛捐雜稅多如牛毛，再加上經濟大蕭條，他窮於應付，心力交瘁，一九三三年正當四十五歲壯年時，就撒手而去。為了還清債務，他們被迫收了生意，賣了家當，從此星流雲散。孩子有的出外打零工，有的被迫當了兵——當時到處打仗，當兵等於送死。女孩則盡可能找個經濟寬裕的人家嫁。我父親最喜歡的一位堂姊，當時剛十五歲，只得嫁給一個比她大幾十歲的鴉片煙癮君子。轎子抬走她的那天，我父親光著腳，跟在轎子後面跑，不知以後還能不能再見到她。

我父親自幼酷愛讀書，三歲便能吟誦古文，鄰里稱奇。爺爺去世那年他十三歲，正在初中讀書，因無錢以繼，只好輟學外出尋找生路。第二年，即一九三五年，他沿長江而下，來到重慶。這是個比宜賓大得多的城市，他在一家雜貨店裡當學徒，一天工作十二個小時以上，做完店裡的差事，還得幫老闆家打雜。每當老闆坐著轎椅在城裡兜風時，我父親就得幫他提著水菸袋一路跟著小跑。笨重的水菸袋本來可以掛在轎椅上，老闆為了擺闊氣讓人提著，顯示他雇得起人專門提水菸袋。我父親沒有工資，只得一張床和每日兩餐不能果腹的飯，每到夜晚，他餓腸轆轆，難以入睡。

我父親的大姊在重慶，嫁給一位教師。我爺爺去世後，奶奶就搬到重慶與她同住。有一次，我父親餓極了，跑到姊姊家的廚房抓了一塊冷番薯吃。他姊姊發現後衝過來對他喊：「養母親已經夠難的了，我可再養不起一個弟弟。」我父親很傷心，奔出屋去，再也沒有去過大姊家。

他向老闆要求一天吃三餐飯，老闆非但不給，反罵他，一怒之下我父親跑回宜賓，到處打零工。一天找不到活幹，一天就餓肚子。周圍的人，也各有辛酸史。每天他步行去做工時，總會碰到一個賣烤餅的老人，駝著背、瞎了眼，摸索著走。為了招引行人的注意，他總用顫抖的聲音唱著小曲。每當我父親聽到這令人心碎的曲子，他就對自己說：「這個社會非變不可！」

出路在哪裡呢？我父親還能清晰地記得第一次聽到「共產主義」這個字眼的情景。那是一九二八年，他剛七歲。這天，他在離家不遠處玩耍，忽然望見一大群人叫嚷地圍在市中心十字路口。他從人縫中擠到前面，只見一個年輕人盤腿坐在地上，雙手被反綁著。身旁站著手持大刀的彪形大漢。年輕人向圍觀的人講說他的理想——「共產主義」，一講就是一個多小時，講完後，劊子手舉刀從他背後一刀砍下他的頭。我父親嚇得「哇！」的一聲用手蒙住雙眼，血淋淋的場面令他毛骨悚然，而年輕人臨刑前的鎮定和視死如歸，留給他深刻的印象。後來，他聽說這人叫李家勳。

一九三七年七月，日本對中國發動全面戰爭。和許許多多中國人一樣，我父親對祖國存亡憂心如焚，投身於抗日救國活動中。當時他在一家出售左翼出版物的書店當店員，利用守夜的機會讀了大量左傾書籍。晚上他還去一家電影院為當時風行的美國默片當解說員以貼補生活。他還加入了一個抗日劇團，因為身材瘦削，面目還算清秀，他多扮演女角。在劇團裡，他結識了不少朋友，而且第一次接觸到共產黨地下組織。他對共產黨關於抗日和建立公平社會的主張很是傾心，一九三八年他十七歲時加入了共產黨。當時，首都南京剛於一九三七年十二月落入日本人之手，蔣介石把政府遷到重慶。為保障陪都安全，國民黨警察和特務在四川嚴防共產黨。我父親的劇團被迫解散，一些朋友被捕，有的則逃走了。我父親不知如何為抗日救國出力而深感憤懣。

幾年前，共產黨紅軍進行了兩萬五千里長征，曾穿過四川邊遠地區，最後在陝西延安落腳。劇團的朋友談起聽說的延安生活：平等友愛，朝氣勃勃，沒有腐敗，工作充滿效率——儼然是我父親嚮往的理想社會。一九四〇年初，他一個人踏上了延安之途。他先到重慶，從一位當國民黨軍官的姊夫那裡弄到一封信，以通過國民黨控制區和延安外邊的封鎖關卡。由於沒有錢，交通又不便，他多是步行，整整走了四個月，到達延安時，已經是一九四〇年四月了。

延安坐落在黃土高原，以九層寶塔為中心，整個小鎮是由一排排土黃的窯洞組成。我父親就是在這種窯洞裡住了五年。他在陝北公學待了一段時間後，申請進入共產黨最高理論研究機構：馬列主義研究院。入學考試很嚴，但他考了第一，這多半歸功於他在宜賓書店閣樓上日夜的苦讀。一起應考的同伴都很驚訝我父親這個「鄉巴佬」居然會比他們強，他們大部分來自像上海這種大城市。我父親成了學院最年輕的研究員。

一九四二年，毛澤東發動「整風」運動，要把中共變成一架馴服的機器。首當其衝的是像我父親這樣的年輕熱情的理想主義者。毛先是要大家提意見。研究院的一群年輕人，包括我父親，由王實味領頭貼出大字報，要求自由、民主、平等。此事在延安引起軒然大波，毛澤東也來看大字報。毛把王實味打成托洛斯基分子（Trotskyist）和特務，我父親也受到牽連。我父親是研究院參加「鬧事」的最年輕學員，院領導之一、中國馬克思主義理論家艾思奇一向很欣賞他，說他頭腦敏銳，絕頂聰明。此時艾說我父親「犯了一個天真的錯誤」。這樣我父親沒被毀掉，但連續好幾個月，他和他的朋友耳邊仍灌滿了無情的批判聲，說他們在延安製造混亂，削弱共產黨的團結和紀律，損害抗日救國的偉大事業。他們得參加一個又一個的會議，在會上一次又一次地自我檢討，共產黨領導幹部則一再向他們灌輸：為了救國必須絕對服從黨。

學院關了門，併入了中央黨校。這番嚴峻的經歷使我父親完全皈依了共產黨。就像許多熱血青年一樣，他歷經萬難才來到延安，對共產主義投注了全部身心，他不會輕易放棄這個事業。他覺得嚴酷的磨練是應該的，甚至認為這是一種寶貴的經歷，為救國大業而淨化靈魂。他相信救國的唯一辦法就是執行鐵的紀律，犧牲小我，完成大我。

當然，延安的生活也有輕鬆的一面。整風前，我父親踏遍了附近山山水水，蒐集黃土高原的民謠，也學會了優雅地跳西方交際舞。交際舞在當時的延安很流行，許多共產黨領導人，包括後來的總理周恩來，都喜歡跳。黃河支流延河沿著寶塔山麓蜿蜒而下，河水充滿黃沙。我父親常來這裡游泳，他喜歡仰泳，從水面上仰望立在山尖上古老的石塔。

整個抗戰期間我父親都在延安。到抗戰結束，中共已有效地控制了十八個根據地，大約九千五百萬人口，約占當時中國總人口的兩成。一九四五年八月九日，蘇聯軍隊開進東北掃除日軍。中共跟著就命令自己的戰鬥部隊和政治幹部進入戰略上至關重要的東北。

日本投降後一個月，我父親奉命離開延安前往東北的西南部一個名叫朝陽的地方，它位於延安東面七百哩處，靠近內蒙古邊界。步行了兩個月，我父親一行人於十一月來到朝陽縣。這裡多是荒山禿嶺，差不多和延安一樣窮。三個月前，朝陽還是滿洲國的一部分。蘇聯軍隊進駐朝陽縣的第二天，當地共產黨地下小組即宣布成立共產黨政府，但國民黨地下工作人員也亮出國民黨牌。結果共產黨軍隊馬上從五十哩外的錦州趕來，逮捕並處決了國民黨首領，罪名是「陰謀推翻共產黨政府」。

我父親的小組是延安共產黨總部正式委派的，他們接管了政權，我父親成為核心領導人之一。新政府在一個月內開始有效地管理這個有十萬人口的地區。第一件事是到處張貼安民告示：（一）釋放所有在押犯人；（二）關閉當鋪——當物免費領回；（三）關閉妓院，放走妓女，由老鴇發六個月生活費；（四）開官倉發糧救濟貧民；（五）屬於日本人和漢奸的財產全部沒收；（六）中國人的工商業受保護。這些政策大受歡迎，因為對絕大多數的窮人好處最多。當地人已經吃夠軍閥統治、日軍占領的苦。

我父親新工作剛開始幾個星期就接到命令，要他們撤出城市退到附近的農村；國民黨打來了。我父親的部隊於是進了朝陽荒山，與他們終日為伍的只有零零落落的野草和偶然碰到的榛子樹、野果，很少找到吃的東西。夜間溫度低到攝氏零下二、三十度，室外過夜如果缺少禦寒衣物，會很快凍死。本來，幾個星期前還眼看著日本人戰敗，東北地區共產黨的根據地驟然擴大，似乎勝券在握，但此刻卻化為烏有。當我父親和戰友們躲在山洞，蹲在窮苦老百姓的茅屋裡時，他們的心情極度沉重。

這段時間，共產黨和國民黨都忙於調兵遣將，準備全面內戰。蔣介石把首都遷回南京，在美國人幫助下把大批軍隊運到華北，密令他們盡快搶占戰略要地。美國派馬歇爾將軍（General George Marshall）到中國，勸蔣介石容納共產黨，建立國共聯合政府。一九四六年一月十日，國共停戰協定簽字，於一月十三日生效。一月十四日，國民黨開進朝陽城，立即建立起龐大的武裝警察部隊和情報網，組織地主武裝，共同剿共，武裝力量達到四千餘人。到了二月，已趕得我父親一行人節節後退，進入愈來愈荒涼的地帶。大多數時間他們只能躲在最窮的農民家裡。到了四月，他們無路可退了，唯一生存的辦法就是分散開來打游擊。我父親以一個名叫六家子的村莊為中心，建立了他的根據地。這個山村位於小凌河源頭，在錦州西面約六十五哩。

游擊隊武器很少，只能靠襲擊當地警察補充，或向地主「借」。他們特別努力爭取過去「滿洲國」的偽軍和警察，因為這些人既有武器又有戰鬥經驗。在我父親的根據地，共產黨的主要工作是推行減租減息，沒收地主多餘的糧食、衣物、錢財等分給貧苦農民。剛開始時進展緩慢，游擊隊實力單薄，根據地也不鞏固。到了七月，當高粱將熟，「青紗帳」內可以藏身時，形勢有了明顯好轉，各路游擊隊已能夠齊集六家子村開會。會場設在寺廟內，我父親任主席。他引梁山泊好漢的故事做開場白：「這裡就是『聚義堂』，讓我們在此共商怎樣『替天行道，除暴安良』。」

我父親的游擊隊向西挺進，攻占的地區包括大部分蒙古人居住的村莊。一九四六年冬天降臨時，國民黨加緊了清剿。十一月的某一天，父親的游擊隊中了埋伏，他本人險些被抓。經過激烈的槍戰，他僥倖突圍，衣服褲子被樹枝扯成了碎片，至今他的同志憶及此事還忍不住哈哈大笑。

他們幾乎天天變更宿營地，有時一個晚上得轉移好幾個地方。睡覺從不脫衣服，生活就是一連串不間斷的埋伏、包圍和突圍。游擊隊裡有一些婦女，我父親決定把她們和傷病員向南移到靠長城較安全的地區去。這是一次穿過國民黨控制區的漫長危險之行，任何聲響都可能導致全軍覆沒。我父親萬不得已命令把所有的孩子留給當地農民寄養。有位婦女實在難捨孩子，我父親最後讓她選擇：留下孩子或軍法處置；她把孩子留給了農民。隨後幾個月，游擊隊逐步向錦州和鐵路沿線靠近。國民黨發動了好幾次圍剿想消滅他們，但一次也沒成功。游擊隊影響愈來愈大，當時二十五歲的我父親已聲名遠播，以致錦州城裡四處都貼有通緝令懸賞捉拿他。我母親看過他的通緝令，也從她的國民黨特務親戚口裡聽到不少有關他和他的游擊隊的故事。

我父親的游擊隊每離開一個地方，地主就隨國民黨軍隊反攻回來，強迫農民交回分去的糧食和衣物等。不少因饑餓而吃掉了糧交不出的農民受到嚴刑拷打，有的還被殺。六家子的頭號大地主金廷泉當過「滿洲國」警察署署長，曾野蠻地強姦過村裡眾多婦女。當我父親的游擊隊來此安營紮寨時，他逃掉了，游擊隊打開他的糧倉濟民。金廷泉隨國民黨軍隊還鄉後，逼著農民跪在他面前，向他討饒，歸還共產黨分給他們的東西。已吃掉糧食的農民被拷打，家也被砸了。有個農民既不還糧，也不磕頭，金廷泉竟當眾用火把他慢慢燒死。

一九四七年春天，形勢開始對共產黨有利，我父親的游擊隊重新占領朝陽城，控制了周圍廣大地區，慶功宴會後是晚會，我父親巧妙地把戰友名字做成謎底，編成謎語，猜得大家笑逐顏開。土地改革隨即進行，把占人口極少數的地主擁有的大部分土地平分給農民。但在六家子無人敢要金廷泉的地，儘管他已是階下囚，農民見到他還是點頭哈腰。我父親走訪了許多農民，終於了解到金廷泉上次還鄉後的暴行。朝陽縣政府據此下令處金死刑，執行槍決。但被金燒死的那個人的家屬和其他受害者則要求以牙還牙，燒死金廷泉。當火焰在金廷泉周圍熊熊燃燒時，他咬緊牙關，一聲不哼，直到火舌舔到胸膛才叫了一聲。共產黨理論上反對酷刑，但通知幹部在農民要求復仇時，不應干涉，所以派來對金廷泉執行死刑的共產黨人沒有阻止農民。

像金廷泉這樣的人並非一般的富裕地主，他們在其勢力範圍內有莫大的權力，騎在人民頭上作威作福，叫做「惡霸」。有些地區，非惡霸的一般地主也被算作「石頭」，意即革命的阻力。對「石頭」的政策是：「可殺可不殺者，殺！」我父親認為這是錯誤的。他告訴部下和群眾，只有那些罪證確鑿的人才應處死。他一再給上級報告提出對人命要謹慎處置，過多的死刑只會損害革命。由於許多像他這樣的人直陳己見，一九四八年二月共產黨中央發出緊急命令，要各地禁止濫殺。

共產黨的正規部隊到來後，一九四八年初，我父親的游擊隊受命與他們共同作戰，他轉為負責錦州—葫蘆島一線的情報系統，蒐集國民黨軍隊部署及糧食供應情況。他的情報主要來自國民黨內部的地下工作人員，包括夏家的房客毓武。從這些報告中，我父親第一次聽說了我母親。

＊

在那個十月的早晨，我母親見到的那個瘦瘦的、看上去喜歡夢想的年輕人，在游擊隊中還是出名的講究。他天天刷牙，這對游擊隊和農民都是新鮮事兒。其他人流鼻涕，不是隨地一甩，就是順手往褲子上一擦。而他不僅用手帕，還有空就洗。他從不在公共臉盆裡搓手巾，因為當時眼疾流行。人們還說他書生氣十足，身上總帶著幾本古詩集，就是打仗也不例外。

當我母親第一次看到那張通緝令，從親戚那兒聽到他們談論這個危險的「共匪」時，她看得出他們既佩服他又怕他。現在這位傳奇性的游擊隊首領就站在面前，並非腰圓膀粗的黑旋風李逵，不過，她一點兒也不覺得失望。

我父親也聽說過我母親勇敢過人，一個十七歲的女孩子居然向男人下命令。他曾敬佩地想：這真是個解放的新女性。但他把她想成是個母夜叉。結果呢，他喜出望外，發現我母親富有女性美，甚至還有點俏皮。談論問題時雖柔聲柔氣，卻帶著少見的精確性，很有說服力。這對我父親是至為重要的，他不喜歡那種誇誇其談，華而不實，模稜兩可的談話方式。

我母親發現他很愛笑，牙齒雪白，不像其他游擊隊員一口大黃牙。她也很喜歡聽他說話，覺得他懂得真多，可不是那種會把福婁拜與莫泊桑攪在一起的人。

在我母親彙報學聯會工作時，他問她女子中學有多少學生，我母親馬上報了個準確數目。他又問學生讀些什麼書，我母親不假思索地說出一串書名。隨後的問題是約有多少學生支持共產黨，她都給了個有根有據的估計數目。

我母親邀請他給學生演講馬克思主義哲學和歷史，他爽快地答應了。幾天後，他如約而來，口若懸河，深入淺出地講解難懂的哲學，令在座的女孩子——自然有我母親在內——大為傾倒。

一天，他告訴學生，黨將組織她們去哈爾濱參觀。哈爾濱是當時共產黨在東北的臨時首府。那裡的許多建築是俄國人建造的。寬闊的林蔭大道，帶雕塑的小洋樓，時髦華美的商店，以及歐洲風味的咖啡館，使它享有「東方小巴黎」的美譽。這次旅行名義上是觀光，真實原因是共產黨擔心國民黨會捲土重來，想預先把親共的教師、學生和其他專業人才如醫生等撤離錦州保護起來。但他們不願言明這一點，怕引起恐慌。我母親被列為一百七十名首批北上的人員之中。

十一月下旬，她興高采烈地登上火車。此時哈爾濱正籠罩在冰雪之下，像童話世界，俄羅斯建築群似乎帶著浪漫的詩意。在這裡我父母相愛了，父親為母親寫下了優美的古典詩，造詣很深，使她驚服。當她發現他的書法也是一流時，就更是佩服得五體投地了。

除夕夜，我父親邀請我母親和她的一位女朋友到住處做客。他住在一家古老的俄國式旅館裡，彩色的屋頂、華美的內牆，窗沿陽台邊是一溜石膏浮雕。走進房間，我母親發現在洛可可式桌子上放著一瓶香檳，我父親在此之前只是在翻譯小說中讀到過這個名字。

那時，我母親的同學都猜到他倆相愛了。她身為學生領袖，常去向他彙報工作，一彙報就是幾個小時，有時深夜才回來。我父親有一些崇拜者，包括那天晚上和我母親一塊兒做客的女孩子。但她看到我父親注視我母親的異樣眼神，聽到兩人互開玩笑，發現他們怎樣抓住機會彼此親近時，她明白了我父親正和我母親相愛。當這位朋友午夜先獨自離開後，我父親在喝空的香檳酒瓶底下發現一張紙條：香檳酒瓶太偏心！祝你們的香檳酒瓶永遠是滿的！

就在那天夜裡，我父親問母親是否與別人有過婚約。她告訴他，她唯一愛過的人是胡表哥，但他已被國民黨槍殺了。父親按照共產黨男女平等的規矩，也談了他以前的戀愛史。在宜賓他曾愛過一個女孩，關係在去延安後就中斷了。在延安和游擊隊，他也有過幾個女朋友，但戰爭使人連想也不敢想結婚這種事。他有個女朋友後來與陳伯達結婚，陳當時是我父親研究院的負責人，後來升為毛澤東的祕書，握有極大的權力。

談完過去，我父親表示他要寫信給共產黨錦州市委，請求批准與我母親「談戀愛」。這在當時是必需的手續，大概就像是請示家長。實際上就是這麼回事：共產黨取代了家長。那天晚上，在長談之後，母親收下父親的第一件禮物：一本浪漫的蘇聯小說《不過是為了愛》（*It's Only Love*）。

第二天，她寫信回家，說她遇見一個非常喜歡的人。姥姥和夏醫生的第一個反應是擔心而不是熱中，因為我父親是個當官的，當時在普通老百姓心目中，當官的名聲向來不好。他們大權在握就專橫跋扈，往往不會善待女人。姥姥認定我父親的年齡遠大於東北男子成婚歲數，一定已結過婚，娶我母親不過是多個小老婆而已。

一個月後，共產黨認為安全了，就讓哈爾濱那批人回錦州。共產黨這時批准了我父親「談戀愛」。另外有兩個人也提出申請，但比我父親晚了一步。其中一位是我母親以前的地下上司梁先生，他失望之餘，要求調離錦州。這兩位申請人都是直接向黨申請，卻從沒對我母親表達過愛意。

我父親回到錦州，被任命為共產黨錦州市委宣傳部部長。幾天後，我母親帶他去見家人。一進門，姥姥就轉過臉去，他向姥姥打招呼時，她也故意不理睬。我父親由於長年在外打游擊，顯得又黑又瘦。姥姥因此認定他歲數已超過四十，不可能沒結過婚。夏瑞堂則對他很客氣。

我父親沒待多久。他前腳一走，我姥姥就哭開了，不斷重複她那套「當官的都不是好東西」的觀點。但是夏瑞堂在與我父親接觸後，以及從我母親的解釋當中，了解到共產黨對自己的成員行為約束很嚴格，所以我父親不可能騙人。但我姥姥硬是不信，「四川那麼遠，這裡的共產黨怎麼查得出他以前的事？」

姥姥一直不喜歡我父親，但家裡其他人都與他相處得很不錯。夏瑞堂跟他一聊就是好幾個小時，玉林夫婦也很喜歡他。玉林的妻子出身貧苦，她外祖父在賭錢時把她母親當賭注押了上去，結果輸了，她母親被迫接受了不幸的婚姻。她哥哥被日本人抓去做了三年苦工，日本投降後才放出來，已是半死不活。和玉林結婚後，她每天早上三點鐘就得起床，按滿族複雜的傳統習俗準備各種各樣的飯菜。我姥姥管家，雖然說他們是同一輩分，但玉林的妻子總感到自己矮了一截，因為他們夫妻生活得靠夏家。她覺得我父親是第一個平等待她的人，第一個完全不拿架子的官員。他好幾次給她夫婦電影票，這是難得的享受，玉林的妻子因此認為共產黨好得不得了。

從哈爾濱回來不到兩個月，我父母就填了結婚申請。結婚在傳統上一直是「父母之命，媒妁之言」，既沒有結婚證書，也無須結婚登記。現在對「參加革命」的人來說，黨就代替了父母。黨的結婚規定是「二八七團一」。意思是：男方必須二十八歲以上，七年黨齡，團級以上幹部；只有「一」字是針對女方：至少參加革命一年。我父親虛歲正好二十八歲，黨齡已十多年了，職位是副師級。我母親雖然還不是黨員，但她做地下工作的時間符合了「一」字。從哈爾濱回來後，她又一直在「婦聯」工作。婦聯主管婦女事務，做些解放姨太太、關閉妓院、動員婦女為部隊做軍鞋、安排婦女就業、幫助婦女婚姻自主、掃盲等工作。

婦聯現在成了我母親的「工作單位」。單位完全由黨控制，城市裡的每一個人都屬於某一單位，他們的生活各個方面都由單位管理，就像在軍隊裡。我母親得住在婦聯，本來也得經過婦聯批准結婚，但由於我父親職務更高，他們的婚姻就由父親的工作單位作主了。錦州市黨委很快就表示同意。可是我父親是副師級，還得獲上一級遼西省黨委認可。我父母以為不會有什麼問題，於是把婚期定在五月四日，那天我母親滿十八歲。

五月四日一到，我母親打點被子、衣物，準備搬到父親住處。她仍穿著一向愛穿的藍旗袍，圍一條白紗巾。姥姥與其說吃驚，不如說是氣憤：新娘自己走到新郎家，既無吹吹打打，又無花轎迎接，真是聞所未聞。「妳就這樣自己走去？」姥姥衝著我母親發脾氣，「他一定不是真心娶妳，一定的！」「現在誰還理會這些規矩！」我母親依然埋頭整理行李。

一想到女兒不能有一個盛大的傳統婚禮，姥姥心裡難受極了。按照習俗，女孩子一出世，母親就開始為她置辦嫁妝。我母親的嫁妝包括十幾條緞子被面和十幾條對繡著鴛鴦的枕頭，四季穿的漂亮衣服，以及繡花床幔，這些現在卻成了過時的累贅。我父母也不要繁瑣的婚禮儀式，他們覺得這些與感情無關。對這兩個革命者來說，愛情才是最重要的。

就這樣，我母親背著行李，自己走去丈夫家。我父親和所有其他共產黨官員一樣，住在自己的工作單位。他的住處是市委機關一幢帶滑門的日式平房。這天夜裡，他們準備上床了，當我母親蹲下來為我父親脫鞋時，忽然有人敲門，一個人站在門口把省委的通知遞到我父親手上：他們的婚姻還沒批准。我母親低下頭來，靜靜地收拾完行李後，輕聲說了句：「再見！」就悄然而去，沒有眼淚，沒有抱怨，甚至連一絲怒氣都沒有流露，只是從她緊閉的雙唇上，父親才能察覺到她有多麼難受。

這一幕情景使我父親印象深刻。在我童年時，他每每提到此事總是說：「妳母親真大度，真不簡單。」然後開玩笑似地說，「時代變了，妳不會像妳母親那樣跪下來替男人脫鞋！」

未准婚姻的原因是省委對我母親不信任。他們一再追問她的家怎麼會與國民黨特務有關係。他們要她忠誠老實，一一說明為什麼有好幾個國民黨軍官向她示愛，為什麼有那麼多國民黨三青團的朋友。我母親說她的朋友都是最抗日的、最富正義感的人，當代表中國政府的國民黨在一九四五年來到錦州時，她們當然加入了。她本人當時要不是太小（才十四歲）早也加入了。而且她的朋友很快就傾向了共產黨，有的還參加了共產黨地下工作。

黨組織的意見不一：市委認為我母親的朋友出於愛國心，無可非議。但某些省委領導卻仍沒完沒了地猜疑。他們要我母親與朋友畫清界限。「畫清界限」是共產黨區分「內」「外」、「敵」「我」的主要方法之一，即使私人關係，也得以政治為準，不能不清不楚。如果她想結婚，她就不能再見過去的朋友了。

最使我母親痛苦的是汲上校現在的遭遇。錦州之戰一完，她在為共產黨高興的同時，就迫切地想知道汲上校是否安全。她沿著滿是死屍的道路一路跑到汲家大院，只見那裡什麼也沒有了，沒有房屋，沒有街道，只有一堆廢墟。汲上校也不見了。

當她準備在春天結婚時，突然聽說他還活著，就關在錦州一個監獄裡。原來共產黨攻擊錦州時，他設法往南逃到天津，結果共產黨在一九四九年一月攻下天津，他被逮捕，旋即押回錦州。

汲上校沒被當作一般的戰俘。由於他的家族在錦州勢力強、影響大，他被劃為「地頭蛇」。這類人在老百姓中有號召力，共產黨認為，他們有反共傾向，對新政權的威脅很大。

我母親很自然地認為只要共產黨組織了解汲上校為共產黨所做的一切，他就會受到寬待。她立即開始為他奔走。按共產黨的規矩，她先向自己單位的直屬上司彙報了這件事，由婦聯再向更高一級機關報告。我母親不知道誰有決定權，她去找毓武為汲上校做保，他清楚汲上校的事，正是他讓我母親與汲保持聯繫的。毓武寫了一份關於汲上校為共產黨所做事情的報告，但卻說汲這樣做是出自對我母親的傾慕，他也許並不知道自己是在為共產黨工作，只是被愛情沖昏了頭。我母親說她和汲上校沒有相愛過，但她拿不出任何證據。

我母親又去找另一位地下組織領導，那人也清楚汲上校為共產黨做的事。但他拒絕提供任何幫助，他不願意提到汲幫助送情報這回事，希望把這份功勞算在自己身上。

這些事都是在我父母準備結婚時發生的，自然給他們的關係投下了陰影，不過，父親同情母親的困境，也認為汲上校應受到公正對待，雖然他知道姥姥喜歡汲上校做女婿而不喜歡他，但他沒有讓這種不快影響自己的判斷力。

五月底的一天，我母親正在婦聯開會。突然有人進來塞了張條子給她，紙條是市黨委負責人、共產黨東北部隊總司令林彪的姪兒林肖俠寫的，幾句話像詩一樣：「省委已經同意了，妳還有心思開會嗎？趕快回來結婚吧！」

我母親忍住內心的激動，靜靜地把紙條交給會議主持人，主持人點點頭同意她走。她直奔我父親住處，身上仍穿著藍布的列寧裝，雙排鈕釦，收腰，下襬剛好罩住肥大長褲的上部。一拉開門，她看見林肖俠和其他黨委領導人，以及警衛員都聚集在屋裡，他們也是剛到。我父親說已叫了一輛馬車去接夏瑞堂。林問：「丈母娘呢？」我父親不吭氣。「這就不對了。」林說，隨即派車去接姥姥。我母親驟然很傷心，她猜我父親是討厭姥姥和那些國民黨特務親戚的關係。這難道是我媽的錯嗎？她忿忿地想。當然，她壓根兒沒想到這或許是我父親回敬丈母娘對他的不理不睬呢！

傳統婚禮，往往極盡鋪張，還超出常人的經濟能力，辦一樁體面的婚禮而傾家蕩產是屢見不鮮的。共產黨提倡廢除舊俗，節儉辦婚事，所以這個小小的聚會就是我父母的全部婚禮。

夏瑞堂來了。大家圍坐在一起，吃市委作為特殊招待送來的新鮮螃蟹；另外是紅棗和花生，還有桂圓，傳統上這些都是團圓多子的象徵。過了一會兒，夏瑞堂和大部分客人起身告辭，開完會的婦聯幹部這時來了。

夏瑞堂和姥姥對婚禮的事一無所知。第一輛馬車也沒有說接夏醫生做什麼。第二輛馬車到時，姥姥才知道是女兒結婚，於是匆匆趕去。當婦聯的幹部們透過窗戶望見她到來時，互相耳語了一番，幾乎同時站起來，急急忙忙從後門走掉了。我父親也跟著她們走了，我母親差點哭出聲，她知道婦聯的人瞧不起她母親，不光是因為國民黨特務親戚關係，還因為她曾經當過姨太太。雖然婦聯管的就是婦女解放，可是這些婦聯幹部充滿偏見。儘管共產黨的政策規定姨太太享有與妻子同樣的地位，而且可以單方面解除婚約，儘管她們自己就是這些政策的執行人，她們卻認定好人家的姑娘決不會當小老婆。

我母親只好設法圓場，告訴姥姥新郎工作去了。「共產黨不能放下工作結婚。」還說自己也得馬上回去工作了。姥姥對共產黨辦終身大事竟如此草率大惑不解。不過自共產黨執政以來，破除傳統的新招一個又一個，姥姥也就見怪不怪了。

我母親當時的工作之一是教她曾去「勤勞奉仕」的紡紗廠女工讀書識字，給她們講男女平等。當時廠裡仍然保持工頭監工的制度，有個工頭對女工想打就打。我母親幫助解雇了這個工頭，並組織女工選出她們自己的小組長。她工作努力，女工們也喜歡她。但婦聯對她沒一句好評，倒不是說她這件事做得有什麼不對，而是嫌她不會做鞋。

婦聯的中心工作之一是為軍隊做布鞋，我母親不會做就讓姥姥和姨媽幫忙。當她很得意地抱著一大捆數量遠遠超過她定額的精緻結實的布鞋來到婦聯時，出乎意料，她非但沒有因聰明而受稱讚，反而被訓斥了一通。婦聯的幹部想像不出地球上居然有女人不會做鞋，好像是說人不會吃飯。在婦聯大會上，我母親因為她的「資產階級作風」而遭批評。

我母親與婦聯的上司處不好。她們是年長的農婦，多年來打游擊吃盡了苦頭，所以對像我母親這樣長得漂亮、受過教育的城市姑娘看不順眼，更不滿這些女孩子一下子就迷住了她們的男性戰友。我母親申請入黨，她們老說不夠格。我母親每一次回家看父母都受到指責，說她「家庭觀念重」，腦裡留有封建餘毒，她只得盡量少回家看姥姥。當時有一條不成文的規定，革命者除了星期六外，都必須住在自己的工作單位，所以我母親得在婦聯睡覺。那地方與我父親住處僅隔著一道矮牆。一到晚上，她就翻過矮牆，穿過小花園，來到我父親房間，黎明時再回到自己住處。這件事不久被發覺，她和我父親均在會議上挨批。共產黨不僅徹底重組各級機構，還全面管理個人生活，尤其是參加了革命的人私生活被政治化，任何事情都與黨有關。開會成了干預私生活的手段，會上盡是討論褊狹瑣碎的事，私人怨恨以革命的名義煞有介事地發洩。

我父親在會議上自我批評，我母親則被要求寫書面檢討，罪名是「愛情至上」，而不是「革命至上」。她覺得非常委屈，如果是在戰爭時期，她還能理解，但現在跟丈夫過夜會給革命帶來什麼損害呢？她不願寫檢討，向我父親訴苦。沒想到，我父親反為那些批評他們的人說話，教訓她：「革命還沒成功，戰爭還在進行。我們違反了制度，就得檢討。建立新中國需要鋼鐵紀律。不理解不同意也得服從。」

一波未了，一波又起，而且是軒然大波：一位姓卞的詩人自殺未遂。卞是我母親的好朋友，曾一同去哈爾濱。他是新月詩派的信徒，此流派的典型代表人物胡適先生後來成了駐美大使。新月派崇尚純美，講究形式，特別是受了英國詩人濟慈（John Keats）的影響。卞在戰爭期間加入共產黨，但隨即發現他的詩歌表現形式與革命不能協調，因為革命需要的是宣傳鼓動，而不是自我表現。他一方面覺得革命有理，一方面又覺得頹喪、消沉，感到自己無法再寫詩了，但他的生命又離不開詩。

卞的自殺震驚了共產黨，解放之初有人居然對革命如此失望！由於卞的工作是在錦州黨校教識字不多的官員學文化，對此事的調查就由學校黨組織進行。結果武斷地說他自殺的原因是對我母親單相思。婦聯開會指責我母親在哈爾濱時和卞相好，後來有了我父親這個高幹就把他甩了。我母親氣憤至極，要求她們拿出證據，而她們自然什麼也沒拿出來。

這件事我父親站在母親這邊。他清楚在哈爾濱時，我母親愛上的是他而不是卞。他看見過卞讀詩給她聽，也知道她欣賞他的詩，但不覺得這有什麼錯。可是他們倆都無法抵擋洪水般的風言風語，特別是來自婦聯的那些刻薄話。

就在這當兒，我母親聽說她為汲上校所提的陳請書被駁回了，她痛苦得快發瘋。她曾對汲擔保過，現在覺得像是自己騙了他。她一直定期到監獄去探視汲，報告奔走的進展。她總是對他說想不出有什麼理由共產黨不放他，她樂觀地企盼著，也設法使汲高興。但這一次，汲一看見她哭紅的眼睛和為掩飾絕望而扭曲的臉，馬上就明白沒有希望了，兩人當著士兵的面便痛哭起來。當時他們相對而坐，隔著小桌子，手放在上面。汲上校抓住我母親的雙手，她也沒有抽回。

我父親知道我母親探監的事，剛開始時他並沒說什麼，因為他同情她的處境。但後來卻動了氣，卞為她自殺的謠言還在風頭上，現在又說他妻子與國民黨上校有瓜葛——而他們還算在蜜月期呢！當然，對我父親來說，個人感情還算其次，他告訴我母親共產黨的理：國民黨要反攻靠的就是像汲上校這樣的人。「共產黨怎麼敢放他呢？」他說，「我們和國民黨是你死我活的鬥爭啊！」當我母親爭辯說汲上校曾幫助過共產黨時，我父親提醒她，探監對汲沒有好處，尤其是兩人拉手。自古以來「男女授受不親」，拉手成了兩人相愛的證據，汲上校為共產黨做事也變成愛情故事了，我母親覺得我父親說得有道理，於是乎更加悲痛絕望了。

親戚朋友的遭遇更加劇了她的痛苦。共產黨攻下錦州後，立即宣布任何為國民黨特務系統工作過的人必須投案自首。她舅舅玉林從來沒有當過特務，但他有一張由王漢臣幫助弄到的特務證，儘管妻子和姥姥一致反對，他仍認為應該說實話，就主動彙報了。其實，他是進退兩難：不彙報，讓共產黨查出來的話就倒大楣了，而這個可能性很大；主動交代了，他又給了他們懷疑自己的根據。

共產黨的結論是「政治歷史有污點，不予懲罰，控制使用」。這一結論像許多裁決一樣，不是出自法院，而是由黨組織做主。這種含義是模糊不清的，就這樣，三十多年來，玉林的命運完全由政治氣候和上級的態度來決定。當時錦州市委很開明，玉林被允許繼續在夏瑞堂的診所裡工作。

姥姥的妹夫效石是特務，但沒有染上血腥，所以被下放到農村做體力勞動，叫做「管制」。雖然不是坐牢，但讓社會上的群眾看管，同樣有效率。他的全家人自願和他一起走，行前他得住醫院治療性病。共產黨正展開一場掃蕩性病的運動，患者都得強行醫治。

管制持續了三年。其間，他是有自由的，但必須定時定期向地方警察部門詳細彙報他都做了什麼事，想了什麼。管制結束後，他變成像玉林那樣，被祕密監視。常見的形式如「三明治」——兩紅夾一黑，即由兩個專門選派的鄰居負責監視。其他鄰居特別是居委會，既有權力又受到鼓勵隨時報告「壞分子」的行蹤。「人民執法，天網恢恢」，讓眾多的公民積極參與控制，是共產黨最主要，也是最有效的統治手法。

諸葛，那個跟田中小姐結了婚的特務，被判處「終身勞改」。他被送到邊遠的新疆勞改農場，一九五九年跟很多國民黨官員一道受大赦釋放。他的妻子田中小姐被遣返日本。就像蘇聯一樣，幾乎所有判刑的人不是坐牢，就是送到勞改營，做那些危險或污染嚴重的活兒。

有些重要的國民黨官員，包括特務，沒有受到懲罰。我母親學校教務主任是國民黨區分部書記，由於他解救過許多共產黨人和親共分子，如我母親，所以他被赦免。那個當過特務的女校長和另兩位教師則躲了起來，後來逃到台灣。送我母親進監的政治主任堯寒也跑去了台灣。

共產黨也赦免大人物，如末代皇帝溥儀，以及一些國民黨高級將領，因為他們「有用」。毛澤東說他的政策是：「我們殺小蔣介石，不殺大蔣介石。」他的理由是：讓溥儀這種人活著有利於國際輿論。誰也不敢公開抱怨這種殺小留大的政策，但私下卻有很多不滿情緒。

這一段時間我母親終日焦慮不安，掛念舅舅姨母前途未卜。她流露的悲傷被婦聯說是同情國民黨，立場不穩。她得檢討又檢討。

婦聯還責備她未經批准就擅自探視汲上校。她們說，開始由她去的原因是考慮她新參加革命隊伍，後來她們一直從旁觀察，看她到底需要多長時間才會覺悟，才能主動向黨請示。我母親問：「到底哪些事我得請示呢？」回答是：「事事得請示。」含混的「事事」都得請示上級，成為共產黨統治的一項基本法則。人們因此養成了不自動自己做主的習慣。

婦聯等於我母親的整個天地，她在其間被孤立了。流言蜚語甚至說汲上校想利用她復辟。「看她把自己弄得多糟糕，」婦聯的人說：「還不是因為太輕浮，跟這麼多男人有關係，又都是些什麼男人呀！」離開會場去結婚也成了她的過失。我母親申辯說，這是市委領導讓她去的。「那妳自己是什麼態度？」婦聯領導反駁道，「真正的革命者應該把工作放到首位。」

剛滿十八歲，而且才新婚，對新生活充滿了希望的我母親，感到從未有過的不知所措，孤立無援，她向來自信有判斷是非的能力。但是現在，她的同志，她在光榮嶄新的解放運動中的同志，好像總是說她錯，甚至對她的人格、對她的忠誠提出懷疑。而她所愛的丈夫也說她不是，她第一次開始對自己失去信心。她沒有怪共產黨，沒有怪革命，也沒法怪婦聯的那些人，因為她們是她的同志，又代表了黨的聲音。她開始把憤怒轉向丈夫，覺得丈夫不是站在她一邊，而總是和別人站在一起反對她。在公開場合丈夫支持妻子可能是件難事，但私底下可以說些好聽的安慰話呀！可是她聽不到。從結婚起，我父母之間就有了鴻溝：我父親對共產黨的忠誠是絕對的，他認為不論公開還是私下，應該說同樣的話，即使對妻子也不例外。我母親靈活多了，她兼具理性和情感，把一部分空間留給自己，而我父親則完全獻身給黨和革命事業。

錦州的氣氛已經令人無法忍受，我母親告訴丈夫她想離開，愈快愈好。我父親同意了，儘管因此他會錯過眼前的一次升官機會。他向市黨委提出調回家鄉宜賓的請求。市委很驚詫，因為不久前，共產黨問他是否願回老家時，我父親的回答是「不願意」。

一九四九年夏季，共產黨勢不可當地向南方挺進。他們已經占領了蔣介石的首都南京，就要攻到四川。他們在東北的經驗證明，大批忠心耿耿、土生土長的行政官員是必不可少的。

共產黨組織同意我父親調動。婚後不到兩個月，解放不到一年，我父母為流言蜚語所迫，離開了母親的老家。我母親從解放時的喜悅轉為鬱鬱寡歡。在國民黨統治下，她可以用行動發洩內心的激憤，也易於感覺到她在從事正義的事業，這就給了她勇氣。現在她卻似乎處處被動，樣樣出錯。當她向我父親訴說時，父親告訴她：「這不奇怪，當共產黨員就得經過痛苦的磨練，不這樣就當不了共產黨員。」

7 過五關

我母親的長征（一九四九～一九五〇）

就在我父母離開錦州之前，在分管婦聯工作的組織部長一時動了惻隱之心，吸收我母親為共產黨預備黨員。這位部長說她該入黨了，因為她要到新地方去工作，那裡不了解她，入黨會很難。這個決定意味在一年之內，只要她能用行動證明，就可以成為正式黨員。

我父母加入了一群有一百多人的隊伍，往西南進發，大多數人是去四川。隊裡多是男人，共產黨官員大半來自西南方，女的多是嫁給四川人的東北人。為了這次行軍，所有人被編成部隊建制，換下灰色幹部裝，穿上綠色軍服。內戰仍在他們途經的地方激烈地進行著。

一九四九年七月二十七日，姥姥、夏瑞堂和我母親最親近的朋友，都到車站為他們送行。朋友中有好些仍受共產黨的懷疑。離別時，我母親內心充滿矛盾：一方面，她覺得自己就要擺脫困境，像一隻籠中鳥突破樊籠，飛向天空；另一方面，又覺得萬分難捨，什麼時候才能再見到這些至愛的人？特別是她的母親呢？旅途凶吉未卜，四川當時仍在國民黨手中，而且行程約有一千哩，真是難以置信的遙遠！將來不知道自己能否再回錦州。她想放聲大哭，但又強忍住眼淚，不想讓母親太難過。當月台漸漸從視野中消失時，我父親安慰她要堅強起來，告訴她「參加革命」的青年知識分子，必須「過五關」，即透過艱苦的磨練，對家庭、學業、愛情、生活和體力勞動抱持一種全新的態度。共產黨的理論是知識分子應去除「資產階級根性」，向占人口百分之八十的農民看齊。我母親已聽過無數次這樣的理論，她承認要為新中國奮鬥就得改造自己，她剛寫了一首詩，裡面有這樣一句：「脫掉繡花衫，迎接滿天的風沙。」但她也需要溫柔和體貼，可惜沒能從我父親處得到。

到了天津時，沒有火車坐了，因為往南去的鐵路因黃河氾濫和戰爭破壞已停止運行。我父親建議在天津城裡轉轉，想紓解一下母親因離別而生的哀傷與鬱悶。天津是一個大港口城市，近代美國、日本和一些歐洲國家都在這裡擁有租界。薛之珩就是死在天津的法租界裡，儘管我母親當時並不知道此事。這裡一區區的建築都有不同的異國情調：建於本世紀初的巍峨法國式宮殿，明亮雅致的義大利宅邸，浮華的晚期洛可可式奧匈帝國小樓等，就像各國在這裡舉行了一個彼此炫耀，也向中國人炫耀的薈萃展覽。我母親在東北看慣的盡是低矮、單色調的日本銀行，以及綠屋頂濃黃色牆的俄國銀行，如今這些奇風異格的建築令她眼界大開。我父親也是第一次觀賞到這種景致，以往他只是在外國文學作品中讀到有關歐洲的建築風格。當他們沿著散發出濃烈槐香的林蔭大道漫步時，我母親能感受到我父親正興致勃勃地盡力想把自己的興奮感染給她。但她仍舊情緒低落，不僅思念母親，內心還憤憤不平，埋怨我父親不會說一句體貼話，不會表現溫情。

鐵路線的中斷是「長征」的開端，他們得靠兩條腿繼續行程。共產黨軍隊忙著向前推進，後方還存在地主武裝、土匪和國民黨殘餘部隊。我父親這支百十來人的隊伍只有三支槍，一支在父親手裡。好在每到一地，當地政府都派一隊士兵護送，帶著一兩挺機槍。

他們每天必須步行很長的一段距離，背著鋪蓋捲和隨身用品。對那些打過游擊的人來說，這算是小事一樁，但我母親從沒有這樣走過，一天下來，滿腳水泡。到了晚上，她把腳泡在熱水裡，按照同事教的方法，用針和頭髮挑破水泡，擠出積水。這樣做能帶來短暫的輕鬆和舒服，但第二天再上路時，卻是一陣陣鑽心的痛。她不可能停下來，只能咬緊牙關，掙扎著往前走。

大部分旅程無大路可走，泥土的小路天晴時還好說，一下雨就是一片泥濘，又爛又滑。我母親記不清摔過多少次跤了。每到住地，渾身是泥，得先找水洗衣服，再弄火烤乾。一連幾天這樣折騰下來，我母親一到住地就筋疲力竭地癱倒了。一天，他們在大雨中步行，氣溫高達攝氏三十二度以上，我母親的內衣被汗水浸透，外衣又被雨水打濕。當隊伍開始翻爬一座三千呎高的山時，她渾身已是一點勁兒也沒有了，身上的背包像千斤重的巨石，汗水混雜著雨水順著前額往下淌，眼前一片迷濛，金星四冒。她大口大口地喘粗氣，雙腿像灌了鉛一樣沉重，世界變得毫無意義了，只剩下掙扎，拚命機械似地抬腳、移步。好不容易挪到山頂，才稍微鬆口氣。下山總該容易些吧？誰知更難，傾斜的山勢，又陡又窄的小道，一邊是峭壁，一邊是深溝，她的小腿肌肉發軟、發抖，抖得厲害，難以舉步，好像要跌下山澗去，她只好抱住大樹，慢慢往下滑。

翻過山，又是河，水深齊腰。她在水中站也站不穩，到了河中間時，一股急流撲來，她身體一晃，眼看就要摔倒，幸好旁邊一位男子一把拉住了她。就在此時，母親望見一位朋友正坐在她丈夫的車裡，母親差點哭出來。這位先生和我父親一樣，也是位高級官員，按共產黨的等級制度，他們的職位可以在行軍中乘吉普車或騎馬。我母親經常希望丈夫能主動讓她搭車，或至少幫她帶上背包，但我父親從來不開口。就在她差點淹死在河裡的那晚，她向父親提出，要他偶爾讓她搭吉普車，她說自己累得不得了，又經常嘔吐。父親說他不能這樣做，按規定母親沒有資格乘車，坐他的車就是「夫榮妻貴」。我父親認為他必須破除中國傳統的沾親帶故惡習，而且我母親身為知識分子，更應該經受磨練。「那為什麼我的朋友能乘丈夫的車？」母親問道。父親解釋說，她是一位「老革命」，有特殊理由這樣做。她在三〇年代就和後來成為北韓總統的金日成共同指揮過一支游擊隊，在東北與日本人作戰。在漫長的革命生涯中，她歷盡磨難，第一任丈夫就是被史達林下令處決的。「妳不能和她比，」我父親說，「妳不過是個青年學生，如果別人說妳嬌氣，會嚴重影響妳的前途。我是為妳好。」他提醒她，她只是個預備黨員，能否升為正式黨員，還有待批准。「妳只能選擇一個，」他說，「坐車或者入黨，兩者不能兼得。」

我父親有道理。中國革命基本上是場農民革命，這些農民都曾有過艱困的生活經歷，使他們對追求享受和安逸的人都特別敏感，因而參加革命的人按規矩必須鍛鍊自己對艱苦生活甘之如飴。我父親自己在延安及後來在東北打游擊時，就經歷了這些磨練。我母親也懂得這些道理，但在她輾轉跋涉、生病、疲乏、流汗、嘔吐、背包像山一樣沉、腿如鉛塊重時，她就忍不住要抱怨丈夫沒有給自己應有的同情和幫助。宿營地多在小學教室、空出來的倉庫或廢棄的廟宇裡，男女擠在地上一個挨一個睡下。一晚，我母親再也控制不住了，第一次哭了起來。我父親當時就躺在她旁邊，她轉身背對著他，將頭埋在雙臂裡，試圖捂住哭泣聲。我父親馬上醒過來，忙用手蒙住她的嘴，悄悄在她耳邊說：「別出聲！別人聽見了，妳就得挨批！」當時被批評是件非常嚴重的事。她的同志會說她不配當革命者，是個意志薄弱的膽小鬼。我父親急忙塞給她一條手帕，讓她捂住哭聲。

天亮後，我母親所屬的小隊黨支部書記——也就是那位渡河時救過她的男人，把她叫到一邊說，同志對她的哭泣提出意見，說她就像「一個剝削階級的嬌小姐」。這位書記不是不同情她，但他也不得不轉達其他人的批評意見。他說走幾步路就哭，太丟人。從此以後，我母親再也沒哭過。

這次「長征」最危險的地段是在剛被共產黨占領的山東省境內。這一天，當他們在一個山谷裡行進時，一陣密集的子彈從山上打下來，隊伍立刻疏散找掩體，我母親躲在一塊大岩石後面。護送他們的解放軍分路攻擊山頭，雙方互射了約十分鐘後，偷襲者逃跑了。有一位戰士中彈身亡，有幾位負傷。大家動手埋了死者，我父親和其他官員把馬讓給傷員。

經過四十天的行軍和若干小規模戰鬥，他們到達了錦州南面七百哩處的南京市。這裡原是國民黨的首都，有中國的「火爐」之稱。眼下已是九月中旬，還是熱得像進了烤箱。他們被編入西南服務團，住進一所營房。我母親床上的竹涼蓆上有一個人形汗漬印，這是從前睡過的人留下的。從到達之日起，他們天天接受軍事訓練，打綁腿、打背包、頂著酷日急行軍。身為軍隊的一部分，他們必須嚴守紀律，得穿粗厚的卡其布軍服和粗土布襯衣內褲。制服的鈕釦直扣到脖子上，熱得發昏也不准解開透透風。和大家一樣，我母親總是熱得喘不過氣來，制服背後一大塊汗漬印。他們戴夾軍帽，帽子緊緊扣在頭上，頭髮不准外露，我母親的帽邊一直浸在汗水中。偶爾，他們獲准可以外出，我母親做的頭一件事就是一下子吃好幾根冰棒。除了上次在天津短暫逗留外，同行的人好些從沒到過大城市，所以他們對冰棒好奇極了，有的人還買了一些，小心翼翼用毛巾包起來放進包包裡，帶回營房給其他同志。等他們回到營房打開包包時，才驚訝地發現都已化成水。

除了軍訓就是政治課，講課的多是些大人物，有未來的領袖鄧小平，有後來當上外交部部長的陳毅元帥。我母親和戰友們坐在中央大學綠茵茵的草坪上，在樹蔭下聽課，講演者則站在大太陽下，一講就是幾個小時，深入淺出，妙趣橫生，聽得大家入迷。

一天，我母親的班上進行負重行軍訓練，跑步登紫金山，到中山陵。回營房時，她覺得下腹隱隱作痛。晚上在國民黨中央大禮堂有京劇表演，由當時最紅的名角主演。我母親和姥姥一樣是個戲迷，所以沒管肚子痛的事，一股勁兒想去看這場演出。當晚，她跟大部分人列隊走到五哩外的劇院。我父親乘小車去。在路上，她又覺得腹部疼痛加劇，想返回，又捨不得放棄難得的京劇。結果演出一半時，她實在痛得難以忍受，於是走到我父親的座位前，要他用車把她送回去。她還沒來得及提肚子痛這件事，父親就回頭看他的司機，發現司機正如癡如醉地沉浸在台上的表演中。他對母親說：「妳看他看得多起勁，我怎能為送老婆而打斷別人的興致呢？」我母親懶得再解釋，掉頭就走了。

她掙扎著往營房走，陣陣劇痛令她天旋地轉，腳像踩在棉花堆上。也記不清走了多久，才終於走回營房，除了衛兵外，裡面空空如也，大家都去看戲了。她勉強拖著步子撐到床鋪，借著燈光，看見褲子已染上一大片血水。她一倒下就昏迷過去了，流掉了一個孩子，沒人在身旁。

散戲後，我父親坐車比別人先回來。他發現我母親躺在床上，先以為她是累得睡著了。但後來看見她身上有血，才醒悟到她是失去知覺。他衝出去找醫生，醫生診斷後說可能是流產，得送大醫院搶救。他們打電話到醫院叫救護車，院方卻提出須用銀元支付救護車費和手術費。雖然我父親沒有銀元，但他立刻同意了。他知道政府會為他支付這筆費用，「參加革命」就自動有了健康保險。

我母親差點死掉。輸了血、清了子宮後，她總算脫離了危險。當她一睜開眼，看到我父親坐在身邊時，劈頭就說：「我要離婚。」我父親馬上向她道歉說不知道她已懷孕了。事實上我母親自己也不知道，她只知道月經沒有來，但以為是艱苦行軍的結果。我父親說他也不知道流產是什麼樣子，但他保證今後會更加體貼，還一直說他愛她，要改過。

當我母親還在昏迷時，我父親洗了她沾滿血的衣服，這在當時中國是少見的。最後我母親同意不離婚，但她要回東北繼續學醫。她告訴我父親，自己還是走了好，她好像怎麼努力也不對，老是受批評。「妳可不能走！」我父親焦慮地說：「回到錦州，黨一定會認為妳是怕苦而當逃兵，這會毀了妳的一生。即使學院收妳，讓妳畢業，妳也不能找到合適的工作，只能在別人的歧視下生活一輩子。」我母親當時並不知道共產黨有條不成文的規定，「退出革命」會被當作逃兵而終身受辱。但她從父親緊張的語氣中醒悟到：一旦加入革命，你就絕不能退出了。

十月一日，我母親還躺在醫院裡，她和同志接獲通知等待一個特別廣播。醫院臨時安裝了大喇叭，人們集中在一起，聽毛澤東在北京天安門城樓上宣布人民共和國誕生。我母親哭得像個小孩似的。她很興奮，自己為之戰鬥、為之獻身的新中國終於出現了！此時她責備自己曾經信心動搖，想她所受的苦比起拯救中國的偉大事業是多麼微不足道。她暗暗發誓要永遠忠於革命，不再退縮。當毛澤東的簡短宣言結束時，歡呼聲爆發了，帽子被拋向天空——這是中國共產黨人從蘇聯學來的一個姿勢。我母親流產前幾天，我父母第一次在一起正式照了相。照片上兩人都穿著軍服，若有所思，略帶憂鬱地注視著鏡頭。照相是為了紀念進入國民黨的首都南京，我母親立刻寄了一張給姥姥。

十月三日，我父親的部隊向四川進發。此時，共產黨部隊已逼近四川。我母親還得在醫院待一個月。出院後她被轉到國民黨大金融家、蔣介石的內兄孔祥熙的一幢大別墅裡休養。有一天，她跟別墅裡其他人被請去參加解放南京的紀錄片拍攝。他們換上老百姓衣服打扮成普通老百姓的樣子，列隊歡迎共產黨，結果這個藝術再現的紀錄片被廣為宣傳。我母親在南京又待了兩個多月，她經常收到我父親的電報，或者是成札的信件。我父親每天都寫信給她，一到有郵局的地方就寄。每封信的內容都是說他有多麼愛她，說他要改過，還一再叮嚀她別回錦州，「拋棄革命」。

到了十二月末，我母親接到通知，和另一些因病留下的同志一起離開南京去四川。這天黃昏時刻，他們到碼頭等船。當時白天仍有國民黨飛機出沒轟炸，襲擊江輪，所以輪船多是晝伏夜航。為了躲避空襲，燈火都被關掉，碼頭上寒氣逼人，刺骨的北風夾著雪花掃過江面。我母親穿著一雙單薄的「解放鞋」，鞋底寫著「打老蔣，保家鄉」，她來回跺著腳，驅寒取暖。

小火輪終於載著他們出發了，沿長江西行到安慶前的兩百哩，白天他們都藏在江北岸的蘆葦叢中躲飛機。船上有一隊士兵護送並裝載大量的軍用物資和彈藥，甲板上安裝了重機槍。他們不時與國民黨散兵游勇和地方匪徒交火。一次，當他們駛進蘆葦叢時，一群國民黨士兵邊開槍邊衝過來，共產黨士兵在甲板上還擊，我母親和其他婦女則躲在甲板下。船飛快開走，朝更遠的地方躲去。

當他們到達長江三峽，將進入四川省時，江面一下子窄多了。小火輪換成了兩艘重慶來的小船。軍用物資和一部分士兵乘一艘，其餘人乘另一艘。長江三峽素有「鬼門關」之稱。一天下午，燦陽突然消失了。我母親急忙跑到甲板上張望，但見兩岸陡峭險峻的懸崖峭壁，排成一道森嚴巨大的屏障，直插雲霄，幾乎遮住了整個天空。它們似乎朝著輪船斜壓而來，好像要把船壓個粉碎。江面如此狹窄，恍如自天而降的神劍在群山中劃出來一條細細的水道。小輪船不斷與急流、險灘、漩渦和暗礁搏鬥，險象環生。有時，船好像是直對著礁石衝去，快粉身碎骨了；有時，驚濤駭浪撲向船舷，似乎要把它捲起來拋向岸邊的懸岩。但每一次，舵手總能在最後一剎那間使船轉危為安。

共產黨是在上個月才占領四川大部分地區的，未隨蔣介石逃到台灣的國民黨軍隊仍四處襲擊。有一次，國民黨士兵朝滿載軍火的那一艘船開火，一下子打中了。我母親看見江面上燃燒著一團團的火，順江漂浮下來，彷彿直撲她的船來，眼看就要和那些燃燒的殘骸相撞了，卻忽地又躲過了。整個過程沒人表現出恐懼或高興的樣子。大家對死亡的事情已看得太多，都麻木了。那艘軍火船只有三人跳水得救。

船行三峽，我母親感到自己置身於全新的自然世界中。高聳的絕壁上長滿奇大的青藤古樹，使瀰漫著神祕氣息的峽谷更加陰森。隱約閃現在樹林中的猴子，不時發出長嘯。看不完的峻崖，數不完的巨峰，是我母親對四川的第一印象，和東北大平原的景致迥然不同。

有時船停泊在築有青石階的山腳下。石階一級級往山頂延伸，消失在迷濛的雲霧中。山上有小鎮、村落，人在白雲裡。由於濃霧不散，人們在白天也點上菜油燈，星星點點如鬼火。我母親覺得這裡的山民皮膚特別黑，顴骨突出，個子矮小。和她熟悉的北方人相比，他們的眼睛大而圓，輪廓也分明得多。她第一次見他們頭纏白布時，很是驚訝，還問同船的四川人怎會有這麼多人戴孝。

一月中旬，到了重慶，我母親換乘更小的船去長江上游一百哩外的小城瀘州。她在那裡接到我父親傳來的口信，說有船到瀘州接她去宜賓。這是她第一次知道丈夫已活著到了目的地。她對他的怨氣已消，他們已有四個月沒見面，她非常想念他。當船沿著三峽而行，她目睹了古代騷人墨客為之吟詩作賦的壯麗景觀時，總會想像他如果見到這種景致，會有多麼興奮。我母親一想到途中他一定為她作了詩時，心裡就泛起一陣溫暖。

當晚，她乘船去宜賓。翌晨醒來時，陽光透過滿江薄霧帶來暖意。兩岸的山崗翠綠平緩，江流也似乎變得恬靜安詳。她靠著船舷，傾聽江水懶洋洋的拍打聲。這天下午，正是春節除夕，她到了宜賓。第一眼就是這座小城彷彿飄浮在雲彩中，恍如海市蜃樓。船近碼頭時，她抬眼尋找丈夫。透過江面的霧氣，他的身影隱約出現：披著件軍大衣，站在岸邊，一名警衛立在身後。他腳下是寬闊的卵石河灘，城市就在他背後山坡上一級級石階的盡頭。四周臨江的房子是奇特的吊腳樓，支在一根根木柱上，好像會隨風飄去。碼頭在突出的岬角上，一塊木板搭上來連接了岸和船。警衛走上前接過我母親的行李，她輕快地隨著木板彈跳的節奏走上岸來，我父親伸手扶住她。他們沒有擁抱，當時在公共場合擁抱是違背傳統的，不過我母親看得出他的心情和她一樣激動，她覺得很幸福。

8 衣錦還鄉

歸故里，遭逢土匪（一九五〇～一九五一）

一路上，我母親心裡一直在猜：宜賓會是什麼樣？它的山像三峽兩岸的山那樣高聳險峻嗎？宜賓有電燈、戲院嗎？當她隨我父親一步步進入城內時，她驚喜地發現來到了一個十分美麗的地方。

宜賓坐落在山坡上，俯視清、濁兩江匯流處。城邊的房屋多由泥磚和竹子組合而成，城內的則是木製穿斗式結構，一層層隨坡逐漸登高閃爍著燈光。在她眼裡，薄薄的、月牙似的屋瓦很是別致，比起東北那些需要抵擋風雪隆冬的厚重瓦塊，顯得輕巧花梢。透過薄霧，她能看到遠處群山上的一間間小竹屋，點綴在暗綠色草坪上，周圍環繞著樟樹、水杉、茶樹和竹叢。她鬆了一口氣，總算來到一個如詩般的地方，而且我父親還讓他的警衛扛上她的行李哩！令我母親高興的是，這座小城不像她所經過的許多城鎮村莊那樣飽受戰爭破壞，因為駐防的七千名國民黨衛戍部隊不戰而降。

我父親現在住在一處優雅的大院內，是新政府辦公和居住的地方，我母親也隨他住了進來。這裡的花園長滿了她從未見過的亞熱帶奇花異草：楠木、木瓜樹和芭蕉叢。地面上覆蓋著翠茸茸的青苔，水池裡金魚在嬉戲，甚至能透過碧清的池水看到一隻臥底的烏龜。我父親臥房有一張雙人沙發床，我母親從未睡過如此柔軟的床，東北都是硬邦邦的磚炕。宜賓沒有嚴寒，一床薄被子就能過冬了。這裡也沒有東北的北風和滿天黃沙，再不需要用紗巾遮臉了。水井沒有蓋子，一根竹竿總插在井裡，繫著一個汲水的桶。人們把磨得發亮的青石板斜支著，在上面用鬃刷刷洗衣服。這種洗衣方式在東北也是不可想像的，因為衣服不是馬上凍成冰塊，就是蓋滿灰土。我母親生平第一次每天都能吃得到米飯和新鮮蔬菜。

隨後幾個星期算是我父母真正的蜜月期。第一次他們住在一起，不被批評為「愛情至上」。周圍的氣氛是輕鬆的，共產黨為迅速的勝利而歡欣鼓舞，我父親的同事不再要求夫婦只能在星期六晚上一起過夜了。

兩個月前，一九四九年十二月十一日，共產黨占領了宜賓。我父親六天後到達，他被任命為宜賓縣委書記。全縣人口超過一百萬，十萬人住在政府所在地宜賓市。我父親和一百多名在南京參加革命的學生同船到達，輪船首先停留在宜賓城外江對岸的電站旁。共產黨在這裡有一個地下據點，相當活躍。幾百名工人聚集到碼頭上歡迎我父親一行人，揮舞著紙做的五星紅旗，高喊歡迎口號。因為地下黨沒見過正式的國旗，結果五顆星的位置被畫錯了。

我父親和另一位共產黨幹部登岸發表演說。工人們聽到他用宜賓方言講話時，都高興得笑了。另外引人注目的是，他戴著一頂紅軍時代的八角軍帽，看上去與眾不同。隨後他們過江入城，此時我父親已離家十年了。他非常愛他的家庭，想念母親。他曾從延安寫信給最喜歡的小妹，敘述他的新生活，希望她有一天來延安加入他們，後來就斷了音訊。這些年來，我父親的大家庭甚至不知道他還活著，他們想他想得流淚，跪在菩薩面前祈求保佑他平安無事。有一天，他們突然收到我父母在南京的合影照片——這是多年來第一次收到他的消息。他還附了封短信說，很快就會回宜賓了。他告訴家人他先前已改了姓名叫：「王愚」，意思是：誠實無私得被人們認為像個傻瓜；現在，他改回姓張，由於對「愚」字難捨，因而定名為：張守愚。

十年前，我父親離開宜賓時，是個饑腸轆轆被人欺負的學徒。十年後的今天，他以本城、本地區最高的行政長官身分回來了，而且年紀還不到三十歲。這可謂是「衣錦還鄉」，他的大家庭覺得很是榮耀。

他們聽說過許多關於共產黨的傳聞，因而渴望看看十年後的他變成什麼樣了。重逢之時，我父親喜不自禁，無拘無束，孩子似地快活大笑。他沒有變！他母親最初的擔憂消失了，沉浸在幸福中。中國人不習慣用擁抱親吻來表達感情，只有盈眶的淚花表示出他們內心的欣喜。我父親的小妹一邊活潑地撫弄著自己的長辮，一邊興奮地和闊別多年的哥哥交談。每當她想強調她的話時，就歪著頭把辮子甩到肩後。我父親看到四川女孩特有的頑皮姿態時，不由得會心而笑。十年北方的嚴峻生活，使他幾乎忘卻了這些愛嬌的舉止。

我祖母一件又一件地告訴父親他去延安後大家庭發生的種種事情，講來講去，最後講到她的大女兒。祖母曾在重慶依靠大女兒生活了很長一段時間，大女兒的丈夫已去世，留下一些土地出租。當時對共產黨的土地改革傳聞甚多，家裡擔心她被劃成地主，分掉土地，失去生活來源。婦女們更是憂心忡忡：怎麼辦呢？她將來靠什麼為生？共產黨怎能這樣辦事？

我父親一時不知從何解釋，就說：「我日夜盼著今天的團聚，和你們分享我們的勝利，共產黨當然會公平辦事，老百姓不會再受苦了。你們要高興才是，可是你們就是不放心，盡往壞處想……」說著說著，他突然哭了起來，女人也都哭了。我父親的淚是委屈得慌，家裡人則是對未來不知所措。

我祖母住在城邊一所大而雅致的老宅院裡，這是她丈夫遺留給她的。房屋分上下兩層，木製結構，油漆粉刷得很漂亮，有院牆與小路隔開。房前是花園，屋後有梅林。每逢開花時節，空氣裡飄逸著濃濃的香味。密匝匝的翠竹滿布庭院，使老屋顯得幽美而神祕。院內整整齊齊，屋裡窗明几淨。家具由紫檀木製成，暗紅發亮，古色古香。我母親一到宜賓就愛上了這座張氏老宅。

母親拜見我祖母是件大事。按傳統，已婚婦女的頂頭上司是她婆婆。她必須完全服從，忍受婆婆的挑剔和專橫。待到「多年的媳婦熬成婆」，她就以同樣的方式對待自己的媳婦。「解放媳婦」是共產黨的重要政策之一。許多傳言說共產黨媳婦桀驁不馴，會騎到婆婆頭上，作威作福，於是大家提心吊膽地等著看我母親會怎樣行事。

登門那天，龐大的張氏家族聚集在我祖母的住宅。我母親一走進前院門，就聽見人們在低聲噓噓：「她來了！她來了！」大人要孩子靜下來，孩子卻蹦來蹦去，想瞧一眼這位來自遠方的共產黨媳婦。

當我父母一起走進客廳時，我祖母坐在上方的一張雕花紫檀木八仙椅上。客廳內兩側對稱地排列著同樣的椅子，每兩張椅子之間有個方桌，上面擺著花瓶或其他裝飾品。這種傳統的、規矩的擺設，增加了拘謹的氣氛。我母親從兩溜椅子中間走上前，看到她婆婆非常安詳的面孔，高高的顴骨，很像我父親，小眼睛、尖下巴、微微下垂的薄嘴唇。她很瘦小，眼睛半閉，好像在沉思。我母親走到她面前跪下來，行三磕頭大禮。本來這是很平常的傳統禮節，但沒有人知道這位年輕的共產黨人會不會照規矩做。此時，整個大家庭如釋重負，我父親的兄弟姊妹忙著向高興的祖母道賀，「真是好媳婦！漂亮、賢慧、又尊敬老人，您真是好福氣！」

我母親為她的小小成就感到自豪。她和我父親曾花了些時間商量此事。共產黨廢除「磕頭」，認為它是封建餘毒，有辱尊嚴。但我母親堅持要磕這麼一次頭，就這麼一次，讓婆婆高興。我父親同意了，他既愛母親，又想順著妻子，特別是她剛流了產。此外，這次磕頭也不同尋常，它向老百姓證明共產黨是通情達理的。不過我父親自己可沒磕頭，儘管大家都指望他也行此大禮。

我父親家族的女人都是佛教徒，其中我父親的三姊張俊英沒有結過婚，特別虔誠。她帶著我母親對菩薩磕頭，對春節期間供出的祖先神龕磕頭，甚至對後花園的臘梅和竹林磕頭。俊英孃孃相信枝枝花、棵棵樹都有神靈。她要我母親對竹子磕頭十多次，祈求它們不要開花，中國人認為竹子開花是大災大難的徵兆。我母親覺得這一切都很好玩，喚醒了她童年的記憶，給了她一個放縱頑皮的機會。每當我父親有異議時，她就說這是改善共產黨的形象。國民黨說共產黨要掃除一切舊習，而她讓老百姓看到不是這麼回事。

我父親全家人對我母親都非常好。我祖母一開始看上去有點拘謹，其實為人隨和，很少說人不好，更從不挑剔。俊英孃孃的圓臉上有些麻子，但她的眼神是如此柔和，任何一個見到她的人都會說她心地善良，和她在一起會感到十分安全和放鬆。我母親不禁把婆婆、孃孃們與自己的母親相比，她們不像她那麼精力四溢，但她們的和善與安寧使我母親猶如回到自己的家。俊英孃孃能燒美味的四川菜，北方單調的食物無法與之相比。我母親雖是東北人，但她喜歡麻、辣、燙的四川風味，這些菜的名稱尤其使她著迷：「龍虎鬥」、「貴妃雞」、「香酥鴨」、「童子金雞報曉」……我母親常去張家大院和大家庭一道吃飯，窗外就是果園，結滿了李、杏、桃。早春時節，果園是一片粉紅色、白色的花海。

＊

我母親很快被分配在宜賓縣委宣傳部當幹事。她待在辦公室的時間很少，主要是下鄉徵糧。共產黨面臨的首要問題是讓人們有飯吃——這已開始成為難題了。

西南地區是國民黨在大陸的最後堡壘，蔣介石於一九四九年十二月從四川前往台灣時，二十五萬國民黨軍隊陷在這裡。在四川，共產黨是先占領城市，而不是「農村包圍城市」，裝備尚佳的國民黨軍隊仍占據著川南的大部分農村。絕大部分糧食掌握在親國民黨的地主手裡。共產黨的部隊要吃飯，幹部要吃飯，城鎮居民要吃飯，起義被俘的國民黨軍隊也要吃飯。他們迫切需要糧食。

開始時，共產黨派人去買糧，但許多大地主擁有私人武裝力量，再加上國民黨殘留部隊的支持，因而拒不賣糧。我母親到達宜賓後的幾天，一部分原起義的國民黨軍隊又拖槍叛變，川南發生了大規模暴亂，宜賓處在饑餓的威脅中。

共產黨派出了武裝徵糧隊，以機關幹部為主，由武裝士兵護送下鄉徵收糧食。當時幾乎全體幹部都出動了，整個宜賓縣政府僅有兩名婦女留守。一位既當收發、祕書，又整天坐在電話機旁負責詢問、統計各隊徵糧情況，另一位剛生了孩子。

我母親有好幾次下鄉徵糧。她的徵糧隊有十三人：七位幹部、六名士兵。她得自己背背包、糧袋，再加上一把塗過桐油的帆布傘。徵糧隊徒步多日，沿著羊腸小道翻山越嶺。每到一個村子，他們就去敲那些最破爛不堪的門，找那些最貧苦的農民，向他們一遍遍宣傳共產黨將分給他們土地，為他們帶來幸福的生活。然後他們詢問哪家地主有存糧，打聽到後，就登門拜訪，要地主到指定地點把糧食賣給新政府。一些地主很害怕，徵糧隊沒費多少口舌，他們就交出了糧食。但另一些地主卻向武裝土匪報告徵糧隊的行蹤。我母親和她的同志經常遭到襲擊，每個夜晚都處於警戒狀態，還得不時轉移宿營地。

開始時，他們住在貧苦農家裡。但後來得知，土匪一旦發現誰幫助過徵糧隊，就會殺掉他的全家。在發生好幾次這樣的殘殺事件後，徵糧隊為了不牽連無辜的農民，就在露天、荒棄的寺廟、祠堂或小學校裡過夜了。

我母親第三次去徵糧時，開始嘔吐、頭暈——她又懷孕了。她筋疲力盡地回到宜賓城，想好好休息休息，可是她的徵糧隊卻又要出發。當時沒有明文規定說孕婦該不該去徵糧，我母親也很矛盾，一方面她完全明白徵糧的重要性，而且當時整個氣氛是犧牲奉獻，若光為自己想是一種恥辱。另一方面，徵糧必須隨時準備與土匪戰鬥，要能夠跑得快，而她連走路也頭暈。她對五個月前的流產記憶猶新，很害怕在野外又流產，到時既無醫生又無交通工具，後果就不堪設想了。

最後，她仍決定去，同行的還有一位孕婦。一天下午，他們在一家地主的院子裡準備吃午餐。屋主在共產黨來時已逃走，所有家當能帶的他已帶走，不能帶走的也被偷盜一空。齊肩高的土牆多已倒塌，院內長滿了草。木門沒有鎖，在山風吹拂下嘎嘎作響。大家正在廚房裡忙著，一個中年男子出現了。他一副農民打扮：穿著草鞋，寬鬆的褲子外圍著一條土布圍裙，圍裙一角撩起掖在腰帶下，頭上裹著一條骯髒的白布頭巾。他是來通風報信的，說有一股有名的「大刀隊」正向這裡包抄過來。他還說這些人特別急於捉住徵糧隊裡的我母親和另外那位孕婦，人人都知道這兩人是本縣共產黨高官的老婆。來人其實不是普通農民。在國民黨統治時期，他是該地區的鎮長，管轄好幾個村子。大刀隊要他合作，他就加入了，並成為其中一個頭目。但眼看大勢已去，他想給自己留條後路，希望找到立功的機會，所以來通風報信。

徵糧隊跳起來就跑，我母親和另外那位孕婦跑不快，鎮長就帶她倆爬過塌牆，藏在一個草垛裡。老炊事員忙著在灶房裡包做好的飯，並把水澆到鐵鍋上，使鍋冷下來好帶走。他覺得飯菜太寶貴，鐵鍋在當時也很難買到，都不能丟下。兩名戰士也待在廚房幫助收拾，催他趕快跑。當三人用布袋盛著飯菜，扛上鐵鍋從後門跑出去時，大刀隊已從前門進了院子，追上他們用亂刀砍死。由於大刀隊槍支彈藥少，即使望見徵糧隊員在前面跑也無法射擊，他們也沒發現藏身在草垛裡的我母親和另外那位孕婦。

後來，這支大刀隊被擊潰了，一些人被俘，包括那個通風報信的鎮長。他既是那支大刀隊的首領，又是「地頭蛇」，這些罪名足以把他處死。但他報信給這支徵糧隊，救了兩位孕婦和其他隊員，又立了功。那時判死刑必須由三人小組批准。三人小組是由我父親、那位孕婦的丈夫和地區公安局長組成。投票結果是二比一，那位孕婦的丈夫希望赦免他，我父親和公安局長則要判他死刑。我母親懇求三人小組留他一命，但我父親毫不動搖。他對我母親說，此人正是知道徵糧隊裡有能留他活命的重要幹部的妻子，才來通風報信。他不同一般的人，死在他手上的人太多了！那位孕婦的丈夫跟我父親吵了起來，我父親手拍桌子大聲說：「正因為這件事涉及到我們的妻子，我們才不能寬大處理。如果我們讓個人感情影響判決，新中國和舊中國又有何區別呢？」就這樣，鎮長被處決了。

我父親的不妥協深深傷害了我母親，照她看來，她欠鎮長一命。我父親不饒他，等於把她的命不當一回事。再說，他還救了別的徵糧隊員呢！不久，我母親的徵糧隊又被派去徵糧。她這時有強烈的妊娠反應：不斷嘔吐，整天累得半死。自從那次猛跑著躲入草垛後，她時時感到腹部作痛。另外那位孕婦的丈夫決心不讓他妻子再去了，他說：「所有懷孕的人都不要去，孕婦不能去冒險！」

但他遭到我母親上司米女士的堅決反對。米女士是一個農民出身的女游擊隊員，她說她在打游擊時生過幾個孩子，整天跑路也沒有小產。她還說，很多農家女都是在地上分娩，用鐮刀割斷臍帶，很快就又下田工作了。我母親知道米女士的一個孩子在戰場上出世，部隊走時不得不扔下，怕孩子的哭聲給整個隊伍帶來危險。失去孩子後，她似乎想讓其他人也都遭受同樣的悲劇。她堅持要我母親再次出發。那時參加革命的人結婚條件是「二八七團一」，因此任何懷孕的共產黨婦女都是高級幹部的妻子。如果她們不去冒險徵糧，共產黨怎能說服別人去呢？我父親同意米女士的決定，說我母親該去。

我母親本意也是要去。她雖擔心流產，擔心孩子，但她準備去赴死。她只是希望我父親能反對她去，或替她說話，把她和孩子的安危放在首位，但是她再次失望了：她丈夫放在首位的還是革命事業。

接連幾個星期又是翻山越嶺和與土匪作戰，幾乎每天都傳來徵糧隊員遭土匪折磨、殺害的消息。土匪特別會殘害女人，一天，我父親一個姪女的屍體被拋到宜賓城門外，她被強姦後殺害，下身用刀戳得血肉模糊。在一次戰鬥中，一名年輕女子被大刀隊捉住，這股大刀隊又被共產黨的武裝部隊包圍。於是他們把她捆了起來，要她大聲向她的同志喊話，開個缺口讓大刀隊逃走。但她卻大聲喊：「向前衝，不要管我！」她每喊一聲，大刀隊的人就用刀割下她身上一塊肉，她就這樣被凌遲至死。發生好幾次如此事件後，共產黨決定：女人一律不准參加武裝徵糧隊。

＊

與此同時，在錦州的姥姥掛念著我母親的安危，一收到女兒到達宜賓的信，就決定到四川去看她。一九五〇年三月，她獨自出發，跨過大半個中國，算是她的「長征」吧！

她對大中國的其他地方一無所知，想像中的四川不僅山高水遠，而且人煙稀少，缺乏日常生活用品。她第一個直覺是為我母親帶上大量的食物，但拿來拿去又發覺拿不了。國家仍處在動亂當中，一路上戰況時會發生，她不光得自己拿行李，還得要步行很長的路程，這些對她的小腳是太難了。最後，她只帶了一個小包裹。

我姥姥的裹腳自嫁給夏醫生後就放了，因為滿人的習俗是不裹腳。放開裹腳布的過程幾乎和裹腳一樣痛苦。折斷的骨頭再也不能長合，腳也不能恢復自然的形狀，依然蜷縮成一團。我姥姥為了使她的腳看上去和天足差不多，就在鞋裡塞了許多棉花。

出發前。林肖俠——那位要我姥姥參加我父母婚禮的領導，給她開了一張路條，證明她是「革命者」的母親，這樣沿途的共產黨就會提供食宿和交通工具。她沿著和我父母大致相同的路線從東北到西南行程幾千里，有時乘悶罐火車，有時乘無篷卡車，沒有交通工具時就步行。有次她跟一些別的共產黨妻兒一起搭無篷卡車行進。半路，孩子要撒尿，卡車就在路邊停了下來。忽然四周響起槍聲，子彈打到卡車箱板上，頓時，孩子哭聲混合著槍聲亂成一片。我姥姥貼著車箱趴著，子彈在她頭上呼嘯而過。護送的共產黨士兵用機關槍還擊，打退了偷襲者。這是些國民黨的散兵游勇，他們也採取「游擊戰術」，一哄而起，打了就跑。我姥姥沒受傷，但有幾個小孩和一些戰士被打死了。

到達華中重鎮武漢時，差不多完成了三分之二路程。由於沿長江而上的水路不安全，她不得不在武漢等了一個月，直到局勢稍微穩定才又上路。即使這樣，她乘的船也多次遭到岸上火力的襲擊。甲板兩側用沙袋築成約四呎高的工事，整條船看上去像一座漂浮的碉堡。遭襲擊時，船就全速前進，盡快開離槍擊區，警衛則從掩體後還擊。我姥姥和其他女人小孩都躲在底艙，一動不動直到射擊聲停止。

過了宜昌後，她換上一條較小的輪船過長江三峽。到了五月，接近宜賓時，又乘上了一條蓋有棕櫚樹葉棚艙的木船。兩岸青山翠竹，倒影在清澈見底的江水中，風裡帶著柚子花香，姥姥開始見識到了「天府之國」。

這條木船由十二個人划槳。他們高聲唱著川江號子，內容隨心所欲，有經過的山水村莊的傳說，竹林精靈的神話，也有自己的觸景生情。我姥姥最覺好笑的是他們對一個女乘客擠眉弄眼地唱情歌，所唱的是四川方言，姥姥完全聽不懂，但卻能透過乘客發出的陣陣高興又窘迫的笑聲，明白歌詞的俏皮。姥姥聽說過一些四川人的「吊脖子」像川菜那樣其味無窮。她覺得挺開心，當然，她並不知道我母親已有好幾次從鬼門關裡被拉回來，我母親也從沒在信上提過流產的事。

姥姥到宜賓時已是五月中旬，一路走了兩個多月。我母親正整天噁心嘔吐，情緒十分低落，再見到她母親當然喜出望外。我父親可不怎麼高興，他好不容易擺脫了岳母而第一次和妻子單獨相處，現在岳母卻又遠從千里之外自天而降。他很清楚，母女關係的親密不是他這個做丈夫所能比的。

母親此時對父親有一肚子的怨氣。隨著土匪威脅日增，軍事化的生活方式又恢復了。他們一天到晚在外奔走，很少在一起過夜。父親總是在鄉下，蒐集農民的意見，調查農村情況，解決各種問題，特別是保障糧食供應；就是在宜賓，他也常通宵在辦公室工作。我父母愈來愈少碰面，無從溝通，姥姥的到來又添了新的波折。

姥姥被安置在我父母居住的縣委大院裡的一間屋子暫住。那時，共產黨政府的工作人員都是「供給制」，沒有工資，由政府供給住房、食物、衣服和日用品，外加少量零花錢，就像軍隊一樣。大家在食堂吃飯，飯菜很差，有一條不成文的規定是不准在家開伙，即使自己有錢也不行。

姥姥來後，把一些珠寶賣給國家銀行，得到錢就到市場上去買肉類、蔬菜，為我母親進補，因為傳統認為孕婦要有足夠的營養。不料很快招來了一大堆批評意見，以米女士的調門最高。她說我母親是「資產階級特殊化」，還浪費了寶貴的燃料。當時柴火供應極匱乏，得像徵糧一樣到農村去收購。我母親被說成是「嬌小姐，離不開娘，不像個黨員，不像國家幹部」。我父親在黨組織會議上做了檢討，並要我姥姥停止在家做飯。我母親動了氣，「你難道不能容忍我只特殊這一次嗎？我又不是自己貪嘴，我是為了孩子。我懷的這個孩子是我的，也是你的！」最後我父親讓了步：姥姥可以一星期燒兩次飯，但不能超過。我父親補充說：「這樣做已是不對了。」

我姥姥的到來還觸犯了更重要的規定。在「供給制」下，共產黨政府努力控制供給人員數量。按規定，只有一定級別的幹部才有權接父母親同住。我父親級別夠了，但他為了給政府減輕負擔，讓自己的母親繼續由我的俊英孃孃贍養；我母親呢，卻不夠級別。我母親說她母親不需要政府供養，她自己有珠寶可維持生活，同時，張家婦女也邀請我姥姥搬去同住。米女士的答覆不容商量：按規定探親者只能住一個月，我姥姥期滿後必須回東北。我父親也同意了。

我母親拚命想說服父親，可是他說制度就是制度，他沒有權力也不能夠改變它。舊中國糟就糟在有權的人凌駕於法規之上，而共產黨革命最重要的一點就是讓當官的跟老百姓一樣服從規定。他還說：「腐敗從小事開始，缺口一開，慢慢地，我們的革命就完了。」我母親傷心地懇求道，她害怕再一次流產，能不能讓她母親待到孩子出世以後再走？但我父親仍不同意，我母親找不到任何理由再說服他了，她憤憤地想：「他對我沒有感情，完全不考慮我和孩子的死活，他不愛我。」

姥姥不得不走。她冒著生命危險，跨過大半個中國，走了兩個多月，只在我母親身邊待了一個月。她怕我母親流產，也不相信宜賓的醫院和醫生的醫術。臨行前，她去看俊英孃孃，鄭重地跪在地上給她磕了個頭，說把女兒託付給她了。俊英孃孃也很悲傷，希望姥姥能待到孩子出世再走。她竭力勸說我父親，但他像吃了秤鉈，鐵了心。

我母親懷著沉重的心情，流著淚，送我姥姥到碼頭。姥姥登上一條小船，又開始了她漫長而危險的歸程。我母親站在江邊向霧氣濛濛中漸漸遠去的小船揮手，她不知道還能不能再見到自己的母親。

這是一九五〇年七月，我母親一年的共產黨員預備期滿了。她所屬的黨小組開始討論她的升格問題。黨小組有三個人：我母親、我父親的警衛和我母親的上司米女士。宜賓當時黨員很少，不知怎麼回事就把他們三人編到一塊兒了。米與警衛都是正式黨員，都不同意我母親轉為正式黨員。對這兩個人來說，我母親的表現樣樣都是「資產階級」。他們說她不情願參加徵糧隊下鄉徵糧，我母親說她去了。可是他們說：「但妳心裡是不情願的呀！」硬要她交代「怕死不敢去」的思想。他們指責她享受特殊飲食，讓她母親特地在家為她燒飯，又愛生病，「從來沒見過這麼嬌氣的孕婦！」米女士還批評她讓我姥姥給嬰兒做衣服，說：「哪聽說剛生的孩子就穿新衣服?!哪家工人、農民的孩子不是幾歲了還光著屁股到處跑?!完全是資產階級的浪費作風！為什麼妳就不能像我們在戰爭年代那樣拿兩件舊衣服給孩子裹一裹就算了?!」就連我母親對我姥姥離開感到傷心也變成了「嬌小姐，離不開娘」、「家庭觀念重」的嚴重錯誤。

這年夏天，是多年來最熱的一次，天氣非常潮濕、悶熱，溫度高達攝氏三十七度以上。我母親每天洗澡，米女士對此大加指責。北方的農民，由於缺水很少洗澡。在游擊隊裡，虱子被稱作「革命蟲」，男、女游擊隊員相互比賽誰的「革命蟲」多，愛乾淨是屬於資產階級。當陰冷的秋天到來時，我父親的警衛又多了一條意見，說我母親表現得「像國民黨官太太」，因為她用了我父親洗臉剩下的熱水。那時，為了節省柴火，只有一定級別的幹部才有權用熱水。我父親夠級別，但我母親夠不上。我父親家裡的婦女曾多次告誡我母親，臨盆前不要碰涼水，以免留下後遺症。在警衛批評後，我父親就再不允許我母親用他的熱水了。我母親心裡直冒火，為什麼丈夫不站在她這一邊反對這種無休無止、莫名其妙的小事？

管生活細節就是「思想改造」的內容，毛澤東不僅要大家守紀律，而且所有的思想，無論大小，都要統一。每個參加革命的人每週至少有一次生活會來檢查思想。一邊批判自己的「錯誤思想」，一邊接受別人的批評。有些自以為是或心胸狹窄的人，把會議變成發洩私怨的場所。貧苦出身的人振振有辭地在會上批評出身有錢的人，受過教育者往往因自己出身富有而內疚，認為受批評和自我批評是理所當然的。

開會是共產黨控制人民的重要手段。眾多的會議留給人們很少自由的時間。會議上追究瑣事、干預私生活，被認為是天經地義，理由是每個人都得洗滌靈魂的一切細微角落。我母親的黨小組開會批評她一個星期又一個星期，一個月又一個月，要她做沒完沒了的「思想檢查」。

我母親得心甘情願地接受這一切。對她來說，當不當共產黨員比生命還重要，如果黨拒絕了她，她的生命就失去意義了，就像一名狂熱的教徒被革出教會。共產黨從來不隱瞞「思想改造」是個痛苦過程。這樣的過程革命者都得經歷。我父親在參加革命時已經歷過，現在還在繼續不斷接受批評。我父親根據自己的經歷告訴我母親，她的痛苦是正常的。

最後，黨小組的兩人攤了牌：反對她轉成正式黨員。我母親陷入極度絕望之中。她把自己獻給革命，無法接受革命不要她了。使她特別憤怒的是：她盡是被一些瑣碎、文不對題的理由排斥在黨外。這兩個人的思想方式似乎與她想像中的共產黨理想有十萬八千里之遙，也就是說她被落後分子排斥在先進組織之外。然而，革命卻告訴她，是她錯了。在她內心深處還有另一點隱約的恐懼：如果真被拒絕升格為正式黨員，就將在別人歧視下過一輩子。

所有這些想法在我母親腦海裡翻來覆去，整個世界彷彿都在和她作對，她絕望地看待人生，大部分時間獨處，黯然淚下。她既不能也不敢公開抱怨，這會被看作是對革命失去信心。她不能責備黨，又找不出黨錯在哪裡。於是她遷怒我父親：讓她懷了孕，又在她受到萬難時不幫助她，連句安慰話也聽不到。多少次她徘徊碼頭，凝視江水，想要自殺，藉此懲罰我父親，想像他在發現自己自殺後會有多悲傷。

黨小組的意見必須經黨支部同意並報上級批准。支部委員由三個思想十分開通的知識分子組成。他們認為黨小組對待我母親不公正，但根據共產黨制度，他們很難推翻黨小組的意見，所以他們遲遲不決地拖時間。這很容易辦到，因為三人都在鄉下徵糧，很難聚到一塊開會。

這一段時間宜賓城形勢危急。一部分共產黨駐軍被調往外地，一部分參加武裝徵糧隊分散在四鄉，城內兵力空虛。反共武裝部隊因逃往台灣、中南半島、緬甸地區的路被切斷，只得背水一戰，包圍了宜賓城，結果戰鬥激烈，險些失守。我父親一聽到這個消息就立即從鄉下帶部隊趕回來。戰鬥緊貼城牆展開。衝在前面的是大刀隊，說是喝了「聖水」，能刀槍不入。國民黨士兵端著槍跑在後面。共產黨部隊的指揮官命令士兵瞄準後面的國民黨士兵，放過前面的大刀隊農民，希望把這些農民嚇跑。

儘管我母親懷孕七個月了，她仍和其他女人一道為城牆上的士兵送水送飯，救護傷員。此刻，她在日本人學校受過的救護訓練派上了用場，她又很勇敢。激烈的戰鬥持續了好幾天，攻城者最後退走了。不久，宜賓地區的暴亂平定了。

*

緊接著，展開了土地改革。共產黨在那年夏天通過了一條新的土地改革法案，這是他們改造中國的關鍵步驟，叫做「土地還家」。他們重新分配所有的耕地、家畜和房產，使每個農民擁有數量大致相同的土地，也允許地主保留和其他農民相等的田地。我父親是宜賓地區土改主要領導人之一，我母親因快生產了而未參加。

宜賓原是一個富庶地區，當地有句俗話：「種一（年）吃三（年）。」但幾十年的軍閥混戰使老百姓苦不堪言，後來抗戰八年打日本，老百姓要繳納重稅。蔣介石把他的戰時首都遷到四川後，更來了一大批貪官腐吏和投機商人。一九四九年，國民黨把四川當作在大陸的最後據點，在共產黨到來前，又課徵了一大筆稅。再加上貪心的地主，這個富庶地區變得驚人的貧窮。百分之八十的農民有上頓沒下頓，遇上災年，得靠吃野菜和番薯葉維生，平均壽命只有四十歲。貧困是使我父親早年被共產主義吸引的原因，現在，共產黨又據此提出土改。

宜賓的土改大致是和平的。部分原因是比較凶狠的地主都參加了武裝暴動，在戰鬥中被打死或後來被抓去處決了。但有的村子也發生了暴力事件，一次，一個共產黨土改隊員強姦了一個地主家庭的幾個女人，然後割去了她們的乳房，說是「坐地麻圈」，我父親下令將此人槍斃。

再早，一夥土匪抓住一個大學畢業生的徵糧隊員。土匪首領下令把他劈成兩半。後來，在土改時期，這個土匪頭子被抓住，被害者的朋友、共產黨土改隊隊長，把他活活打死，然後挖出心臟吃了，以示報仇。我父親下令撤了這人的隊長職務，開除黨籍，但沒有槍斃他，理由是他不是對無辜者施暴，而是對一個凶殘的殺人犯。

土地改革花了一年時間才完成。大部分地主蒙受的損失是失去了大部分土地和房產。那些「開明地主」——沒有參加武裝暴動或私下幫助過共產黨的人——則受到禮遇。我父母的一些朋友就是來自當地的地主家庭，我父母曾應邀到他們的深宅大院做客。當然，這些宅院不久就被農民均分了，只有一小部分屬於他們。

＊

當我父親完全投入於工作時，我母親於十一月八日生下了他們的第一個孩子——一個女孩。我父親當時不在城裡，但他已替我姊姊取名為肖（暱稱小）鴻，意思是要她像我母親（德鴻）。我姊姊出生七天後，俊英孃孃雇了一頂轎椅把我母親從醫院抬到張家大院。我父親得知後批評我母親：一個共產黨員不該坐轎椅讓別人抬。我母親解釋說，這是有傳統根據的，產婦不該下床走路。我父親反問她：「農村婦女生產後，怎麼就能下地幹活了呢？」

我母親心裡是說不出的鬱悶。她升任正式黨員的問題遲遲未決，姥姥來了又走。她沒法跟我父親吵，又沒法對黨發火，就把氣發到嬰兒身上。出院後的第四天，我姊姊整夜啼哭不止。我母親心焦透了，打了她。住在隔壁房間的俊英孃孃跑了過來說：「妳太累了，把孩子交給我吧！」從此以後，俊英孃孃就照看我姊姊了。幾星期後，我母親回去工作，姊姊仍由俊英孃孃撫養。

有好長一段時間，我母親都覺得我姊姊是個「包袱」。別的孩子咿呀學語的第一句話是「媽媽」，可是她不准小鴻喊她「媽」。當我姊姊會走路時，一發現母親來看她，就馬上躲起來。直到今天，我母親仍帶著內疚和悔恨記起她是如何對待我姊姊的。

俊英孃孃為我姊姊請了個奶媽。「供給制」規定政府為幹部家庭的每個嬰兒付奶媽費用。奶媽被當作國家公職人員對待，提供免費的身體檢查。她們不是僕人，甚至不洗尿布。當時這種特權對政府還不是沉重負擔，因為那些獲准結婚的都是相當高級的幹部，孩子很少。

我姊姊的奶媽年近二十歲，她自己的孩子在產後死亡，奶水很多。她丈夫在宜賓城內教書，她本來住在鄉下照顧公婆。丈夫家是地主，土改被分了土地，需自食其力，她又種不好地，就搬到城裡和丈夫同住。透過朋友介紹，她結識了俊英孃孃，現在與她丈夫一起住進張家大院。

我母親生了孩子，有三十天產假。她在張家大院裡和慈祥的婆婆、溫和體貼的俊英孃孃一起度過一段愉快時光，心情漸漸恢復平靜。滿月後，她有了新工作：到宜賓市共青團任職。這是宜賓地區重新劃區的結果，宜賓是個專區，有七千五百平方哩面積，人口超過兩百萬，分九縣一市（宜賓市）。我父親被任命為專區四人領導委員會的一個成員，兼專區宣傳部部長。

這次重新劃區也使我母親的上司換了一位新人，她是宜賓市委宣傳部部長，管共青團。在共產黨中國，直接上司的態度就代表黨，會使一個人的生活發生根本變化。

我母親的新領導叫張西挺。她和丈夫都是一九五〇年進駐西藏的共產黨軍隊的軍官。四川是入藏的必經之地，漢人普遍不願進西藏工作，覺得那是片蠻荒之地。他們夫婦倆找了個藉口，退伍來宜賓工作。她的丈夫姓劉，自取名為「結挺」，表示他極愛妻子，這對夫婦後來以「二挺」聞名。

到了春天，我母親被提拔為宜賓市共青團團委書記。這是個重要職務，而她當時還不滿二十歲。我母親恢復了往日的活躍和平靜心態，就是在這種氣氛裡，她懷了我，這時是一九五一年六月。

9 一人得道，雞犬升天

與清官共同生活（一九五一～一九五三）

我母親現在換了一個新的黨小組，由她、「挺」夫人和一位原為宜賓地下黨的女子組成。我母親和她倆相處甚好，組織生活會已不要「交代思想」，也不在小事上吹毛求疵了。一九五一年七月，她們投票贊成她升格為正式共產黨員。

她的新上司「挺」夫人長得不漂亮，但很苗條，有張性感的嘴、雀斑臉和生動活潑的眼睛。她還具有刻薄的巧辯能力，渾身洋溢著活力，是位個性很強的女人。我母親立即對她很有好感。

「挺」夫人不像米女士，米女士一看我母親就不順眼，老是對她「橫挑鼻子豎挑眼」。「挺」夫人則和我母親氣味相投，她准我母親做她喜愛的事，如看小說之類。她倆在同一間辦公室，只要沒別人在，兩人就都偷著看書。那時不成文的規定是只能看馬列著作和報紙，違犯者一被發現，就是一頓批評。「挺」夫人還允許我母親私下去電影院看電影，這在當時也是很不得了的事。一九五三年以前，政府機關沒有休息日，黨員、幹部只能集體去看那種革命內容的蘇聯電影。而公共電影院仍由私人經營，上映一些美國電影，如卓別林（Charlie Chaplin）主演的喜劇片。另一件使我母親很開心的事是：可以每隔一天洗一次澡而不再挨批了。

一天，我母親和「挺」夫人到商場去買了兩碼波蘭產的質地薄軟的粉紅色細花布。她已眼饞好久了，就是不敢買，怕人說她輕佻。到宜賓後不久，她上交了軍服，仍穿她的列寧裝，裡面穿的是做工粗糙、沒有腰身體形的土布本色襯衣。雖然沒有規定必須穿這種襯衣，但是任何與眾不同的人必招非議。我母親和「挺」夫人興高采烈地拿著這塊布跑到張家大院，沒多久，四件漂亮的襯衣做好了，每人兩件。第二天，她們把它穿在列寧裝裡面。我母親把粉紅色領子翻到外面，一整天都感到極端興奮和緊張。「挺」夫人更大膽，她不僅把襯衣領子翻了出來，甚至捲起外套的袖子，兩隻圓潤的胳膊上露出一圈美麗的花邊。

我母親對這種大膽行為又吃驚又佩服。正如所料，她們招來不少異樣的眼光。但「挺」夫人昂然不睬，還對我母親說：「別理他們！」有她這位上司頂著，我母親也就放心了，她可以不必擔心別人用語言或眼神來批評她了。

「挺」夫人膽敢無視眾議的一個原因是，她有位掌權並樂意為夫人用權的丈夫。「挺」先生高鼻梁、尖下巴、背有點駝，與我父親年齡相仿。他是宜賓地區共產黨組織部部長，這是一個非常重要的職務，因為該部門管幹部的升降和所有黨員的檔案。像我父親一樣，「挺」先生也是負責整個宜賓地區的四個領導人之一。

我母親在共青團裡工作的同事差不多都跟她同齡，她們受過較好的教育，思想比較開放。比起她過去曾一塊工作過的那些年齡大、覺得唯有自己才是革命者的黨員婦女來說，這些年輕人愛說愛笑，不那麼死板。她們喜歡跳舞、野餐，談論政治也談論文學藝術。

擔任要職意味著我母親受到尊重，大家認識到她能幹又充滿幹勁，就更敬重她。她恢復了自信心，不再像過去那樣需要我父親的支持，怨氣也就沒有了。此外，她已習慣了不再指望他總把自己擺到首位，失望也就少了。

因為我母親地位提升了，也夠格接姥姥來同住。一九五一年八月，我姥姥和夏醫生經過一段艱難旅程後到了宜賓。這時交通已恢復正常，他們一路上乘火車和輪船過來。到宜賓後，因為他們是幹部家屬，由國家付費給他們安排了住處，在政府招待所內的一個小院子，有三個房間、一間廚房，外帶廁所。政府免費供應米、油鹽和柴火，以及少量零錢，由招待所所長按時送上門，我姊姊和她的奶媽搬來了。我母親短暫的空閒時間也幾乎全花在這裡，享受姥姥燒的可口飯菜。

我母親很高興能把姥姥和夏瑞堂接來，她很愛他們，也對他們現在遠離戰火放了心。一九五〇年下半年，美國軍隊曾一度打到鴨綠江邊。美國飛機還轟炸掃射了東北一些城鎮。

我母親首先想知道的是汲上校的下落。如晴天霹靂，姥姥說他已被押解到錦州城西門外河灣處決了。姥姥還說是她埋了汲上校。中國人講究「入土為安」，這是一種宗教般的情感，也有現實的一面：屍體不埋好，就會被野狗撕碎，被烏鴉叼走。過去對被處死者的一種處罰是暴屍三天示眾，然後才埋掉。現在，共產黨發出告示：家屬立即埋掉被處死的親人。如果沒人認屍掩埋，後事將由政府雇人去做。

我姥姥去到槍決現場。汲上校的屍體和別的十五具屍體在地上倒成一排，被子彈打得盡是窟窿，他們的血把雪地染成暗紅色。汲家沒有一個人留在錦州，所以我姥姥拿了一塊紅色大綢包裹他的屍體，雇了一個職業殯儀隊為他辦了個體面的葬禮。我母親問姥姥有沒有見到其他認識的人。我姥姥表示有，她碰到一個熟識的女人在那裡為丈夫和兄弟收屍，他們曾是國民黨地區首腦。

出乎我母親意料之外，我姥姥為汲上校收屍這件事被她的弟媳婦、玉林的妻子揭發了。這女人一向覺得我姥姥高她一等而心裡不快。我姥姥是夏家的女主人、管家，而她不得不做很多家務重活。由於共產黨的宣傳，她恍然大悟，原來這麼多年，她一直是在受「剝削和壓迫」。我姥姥為汲上校收屍提供給她一個很好的出氣機會，玉林的妻子告姥姥同情罪犯。鄰居集合起來開了一個批判會「幫助」我姥姥認識「錯誤」。我姥姥不得不參加，她明智地決定不為自己辯解，只溫順地接受批評，但內心卻十分氣這個弟媳婦，也氣共產黨。

這個事件也加深了我姥姥和我父親之間的緊張關係。他發了頓脾氣，說她同情國民黨。但是很明顯，他還有另一層嫉妒的心理。我姥姥和我父親總是話不投機，但對汲上校另眼看待，認為他才是理想的女婿。

我母親夾在她母親與丈夫中間，實在很難做人，同時，內心又充滿矛盾。一方面，她對汲上校之死感到極度悲傷，另一方面，她又忠於共產黨。汲上校的死是「鎮壓反革命運動」的一個部分，這場運動的目的是清除國民黨政權的社會基礎，據毛澤東說，這場運動殺了七十萬人。在鎮反殺人問題上，共產黨內部存在若干分歧，但毛決定絕不手軟。一份官方文件說道：「如果我們不殺掉他們，他們就會回來殺了我們。」

我母親雖然承認這個理論有道理，心裡仍有個疙瘩。不過她不想與我父親談。事實上，現在她很難看得見他，他把大部分的時間都花在各地農村，排解各類問題，即使是回到城市，兩人也少有時間待在一起。當時共產黨的幹部一個星期工作七天，從早晨八點到夜裡十一點，彼此幾乎沒有時間說話。女兒也不住在一起，大家在食堂裡吃飯，沒有什麼家庭生活可言。

土改一結束，我父親又下鄉負責修建該地區的第一條公路。以前，連接宜賓與外界的交通全靠江河。新政府決定修建一條公路通往雲南省。他們僅用了一年時間，在沒有任何築路機器的情況下，建成了一條八十多哩長的公路，穿山越嶺，跨過河流。築路大軍是由農民組成，他們以幹活來換糧。

在築路期間，農民曾挖到一副巨大的恐龍骨，稍微受損了。我父親因此自我檢討，保證日後要小心挖掘。骨架完整出土後，就用船運到北京博物館去了。他還派士兵去保護一些公元二百年的墓穴，以免農民拿走墓磚去修建家裡的豬圈。

一天，兩個農民被坍方的石塊砸死了。我父親沿著羊腸小徑步行一整夜來到出事地點。當地農民第一次親眼見到他這樣的大官，都很感動，覺得他真正關心老百姓。過去他們所見的大都是只想中飽私囊的官吏。

我父親在農村和農民生活在一起。共產黨幹部要求與工人、農民實行三同（同吃、同住、同勞動），並了解他們的需要。從一九五一年開始，我母親也與工人「三同」，她住進了工廠，做演說，聽意見，解決問題，鼓動工人支持新政府。她向青年工人解釋什麼是共產主義，鼓勵他們申請加入共青團和共產黨。

城外有家工廠生產絕緣瓷管。工人住在低矮潮濕的窩棚裡，二十名女工睡在一張木板搭成的通鋪上，上面只鋪張竹蓆。飯吃不飽，每月僅能吃到兩次肉。女工站在冷水裡不停地洗瓷瓶，一站就是八小時。缺乏營養、勞動條件惡劣使傳染病（特別是肺結核病）大肆橫行。飯碗和筷子又不認真清洗消毒，加上「碗筷不分家」，更使疾病流行。

三月時，我母親開始咳嗽，並咳出了血。她明白自己得了肺結核，但她仍然堅持要工作，她因為沒有人對她的生活瑣事橫加干涉而感到輕快。更重要的是她相信她所做的事，為自己的工作成果而欣喜。由於她的努力，工廠的狀況日漸改善，青年工人信任她。許多人在她鼓動下宣誓效忠共產主義，她感到革命需要她的奉獻和自我犧牲。每星期她工作七天，連續幾個月不休息，結果肺出現了四個空洞，而在夏季她又懷了我。

十一月下旬的一天，她昏倒在工廠地上，當即被送到一家從前外國教會建立的醫院。這裡仍有一個歐洲神父和幾個修女，身穿宗教服裝。我母親由中國天主教徒照顧。「挺」夫人鼓勵我姥姥送東西給她吃，而她的食量也十分驚人，有時一天可以吃掉一整隻雞，十個雞蛋，外加一磅肉，蔬菜、水果、米飯還沒算在內。結果是我在她肚子裡長得很大，她體重增加了三十磅。

醫院有少量醫治肺結核的美國進口藥物，「挺」夫人出面把全部的藥都拿來給我母親。我父親得知後要求至少送一半回去，但「挺」夫人厲聲反駁：「這樣做有什麼意義？所有的還不夠治一個人！

如果你不信，去問醫生好了。而且，你妻子在我手下工作，你管不著！」我母親非常感謝「挺」夫人能頂住我父親。我父親不再堅持，他本來也左右為難，不知怎麼辦才好。妻子的健康對他非同小可，但他內心又很不安：別的病人怎麼辦呢？為什麼自己的妻子要比他們更重要呢？這實在和他的原則相衝突，所以不要他做決定也好。

由於我的個頭大，我母親肺上的空洞受擠壓而開始復合。醫生告訴她這得益於胎兒，但我母親認為應歸功於美國藥，而她能夠享用此藥還得感謝「挺」夫人。我母親在醫院裡待了三個月，直到一九五二年二月才出院。這時，她懷孕八個多月了，突然要她出院，說是為了她的「安全」。一位官員告訴她，北京有個外國教士的住處發現了槍支，所有的外國神父和修女都受到懷疑。

我母親不想離開，醫院屋裡屋外十分清潔，有個優雅的花園，盛開著美麗的百合花，護理又盡職精心。當時在中國難得有這樣安靜、舒適的場所。但是她只能服從，搬到市第一人民醫院。院長曾是國民黨軍醫，隨部隊投降了共產黨。他擔心我出世時，我母親腹腔內的急劇變化會使她肺上的空洞重新張開，發生大出血，如果我母親有個三長兩短，他自身的背景和我父親的高位可能帶給他災難。

我快出世前，這位院長建議我父親，把我母親轉到附近瀘州市的一家醫院，它的設備較好，有專門產科醫生。但是我父親拒絕了，他說他的妻子應該和普通老百姓一樣，不應享受特殊照顧。我母親得知後傷心地想：他怎麼總是不管我的死活呢？

我於一九五二年三月二十五日出生。院長從另一家醫院請來醫生，由本院幾位醫生助陣，並搬來氧氣瓶和輸血設備。「挺」夫人也來了。按中國傳統，男人不能看接生，但是院長要求我父親等在接生室外面——萬一出差錯，他可以知道不是院長的責任。接生過程非常困難，我的頭出來後，寬肩膀被卡住了，而且我太胖了。護士又推又拉，好不容易我出來了，身上被擠壓得青一塊紫一塊，處於半窒息狀態。醫生先把我放在熱水中，然後又泡到冷水裡，再抓著我的腿，頭朝下舉起來，啪啪啪直打我的背。終於，我哭了，聲音也特別大。大家放心地笑了，全部鬆了口氣。我體重達十磅多，我母親的肺安然無恙。

一位女醫生把我抱給父親看，他的第一句話是：「哎呀！這孩子怎麼是個鼓眼兒！」我母親聽了覺得很刺耳，俊英孃孃說：「什麼鼓眼兒，是漂亮的大眼睛！」

在中國，身體以及外界一有變化，就得吃某種特定食物。剛生完孩子的女人要吃紅糖醪糟蛋。像所有醫院一樣，這家醫院有廚房，病人和家屬能自己燒飯。我姥姥已在醫院做好了這種食物，專等我母親出產房。

當夏瑞堂聽到我出生的消息時，他笑著說：「生了一個二鴻！」我於是得名「二鴻」，意思是第二隻鴻雁。給我取名算是夏瑞堂一生中所做的最後一件事。我出世後四天，他就去世了。那年他八十二歲。那天他正在床邊喝一杯牛奶，我姥姥出去了幾分鐘，回來取杯子時，發現杯子掉到地板上，牛奶四濺，他已毫無痛苦地離開了人間。

在中國，葬禮是件極要緊的事，很多人寧可傾家蕩產也要辦得風風光光。我姥姥很愛夏瑞堂，要為他辦一個隆重的葬禮。她首先要一副好棺材；其次要棺材由專人抬，不用大車拉；第三，要有和尚念經和吹鼓手吹吹打打「送行」。我父親同意第一、第二項，但不同意第三項，共產黨認為這類排場是搞「封建迷信活動」。但是，按傳統規矩，只有極卑賤的人才會被悄悄地埋掉，要表示對死者尊敬就得熱熱鬧鬧大吹大擂。對我姥姥來說，這非同小可。她與父親大吵起來，爭吵中，她當姨太太時留下的休克病發作了，一頭倒下。在這一生最悲痛的時刻，她還得獨自一人承擔，她沒有告訴我母親夏瑞堂的死，害怕影響她的健康。葬禮後她完全垮了，在醫院住了近兩個月。

夏瑞堂葬在宜賓城邊一座小山頂上的墓地裡，俯視長江，墓前松柏香樟成蔭。他在宜賓時間雖短，但贏得了所有認識他的人的熱愛和尊敬。死後，他曾住過的招待所所長代我姥姥安排葬禮細節，並帶領他的職員參加了無聲的送葬隊伍。

夏瑞堂的晚年很幸福。他深愛宜賓，欣賞與東北迥然不同的亞熱帶奇花異草。他和姥姥受到很好的照顧，有免費的房屋住，還有花園，豐盛的食物送到家裡。在一個沒有福利保險的社會中，這是每個中國人的夢想：晚年有靠。

夏瑞堂和每一個人都相處甚好。他尊敬我父親，說他有才學，又是個有道德有原則的人，過去見過許多官，沒有見過像他這樣的官。俗話說「無官不貪」，我父親不但不濫用職權，甚至不照顧自己家庭的利益。

這兩個男人可以一聊就聊幾個小時，他們的道德價值觀相似。我父親的表達方式是意識形態的語言，而夏瑞堂的則是人道主義。有一次，夏瑞堂對我父親說：「共產黨做了許多好事，就是殺人太多，殺了不應該殺的人。」我父親問：「哪些人？」「比方說那些『在理會』的師父、師爺。」夏瑞堂指的是他所屬的那個宗教幫會組織，會首們在「鎮壓反革命運動」中被處死了。新政權鎮壓了所有幫會，因為他們不想讓任何組織分享老百姓的忠心。夏瑞堂說：「他們並不是壞人，你們不應該殺了他們。」接著是一段沉默。我父親顯然覺得自己應為共產黨辯護，他說：「共產黨與國民黨是你死我活的鬥爭。」夏瑞堂能看出我父親自己也說服不了自己，但又感到不得不替共產黨辯護。

*

我姥姥出院後，和我父母、我姊姊和她的奶媽，以及我和我的奶媽住在一起。我奶媽自己的女兒比我大十二天。由於沒錢，迫不得已當奶媽。她的丈夫是個手工匠，因為賭博和販賣鴉片而被關進牢裡——共產黨一上台就禁賭禁菸。宜賓曾是鴉片交易的中心，據估計有兩萬五千人吸毒上癮，鴉片甚至可當貨幣流通。鴉片生意通常和黑社會組織有關，國民黨財政收入的一部分也靠它。共產黨來到宜賓後兩年就禁絕了鴉片。

我奶媽這樣的婦女沒有社會福利，到我家後，政府付她薪水，才能把錢給她婆婆照看她的孩子。她個子小，皮膚細膩，眼睛分外大而圓，一頭濃密黑髮梳成圓髻。她心地很好，待我像自己的女兒一樣。

民間習俗說姑娘家寬肩膀不好看，削肩才算美麗。所以我的肩膀被緊緊裹住，以便長成削肩。但我總是放聲大哭，使我奶媽心疼地鬆開綁我肩膀的束帶，由我在客人面前揮舞胳膊並抓他們，這是我在幼兒時喜愛的舉動。我母親認為我開朗的個性是因為她在懷我時心情愉快。

我們住在父親的辦公大院裡，從前是一個大地主的府邸。院中的大花園有花椒樹、芭蕉叢和其他散發香味的亞熱帶花木，由一位公職園丁看管。我父親在花園裡種上番茄和辣椒，他覺得這是一種樂趣，也是一個原則：共產黨幹部應從事體力勞動，不應像從前的達官貴人那樣「四體不勤，五穀不分」。

我父親非常愛我。當我會爬時，他每每趴在地板上用背當成一座「山」，讓我在上面爬上爬下。我出世後不久，他升為宜賓地區專員，是僅次於黨委第一書記的第二號人物。黨和政府名義上有別，但實際上不分家。

當我父親剛到宜賓時，他的親屬和老友都指望沾光，在中國，任何一個有權勢的人理應先照顧他的親屬。俗話說：「一人得道，雞犬升天。」但我父親認為這是腐敗的象徵，是舊中國罪惡的淵藪。他也知道，當地民眾都正瞪著眼睛看他如何行事，他所做的一切都事關共產黨的聲譽。

我父親不幫親友任何忙，讓人覺得他「六親不認」。他的一個哥哥要他介紹到電影院當收票員，他說：「這事應由勞動部門安排。」這種絕情的答覆聞所未聞，從此以後大家庭再沒人找他幫忙了。在他被任命為地區專員後，又發生了另一件事。他的另一個哥哥是茶葉專家，在茶廠工作。五〇年代早期經濟發展情勢好轉，生產擴大，管理部門推薦他為專區工商科副科長。當時規定，一定級別以上的擢升，須由我父親審批。推薦材料放到他桌上時，卻被他否決了。他全家人都很生氣，我母親也發火道：「又不是要你提拔他，人家靠自己本事，你不幫助他情有可原，但你也不能壓制他呀！」我父親說，他哥哥沒有足夠能力，可能是人家看在他專員兄弟的面子上。推薦部門很憤怒，因為我父親的話意味著他們的推薦動機不良。結果我父親兩面不是人，他這個哥哥從此不再和他說話。

但我父親並不後悔，他認為把個人、家庭置於社會之上的傳統危害極大，要堵死。他不讓親人享有任何特權，跟外人一樣公平對待。但什麼叫公平，沒有客觀標準，於是他靠自己的直覺去做，唯恐親人得到不該得的好處。他甚至不和同事商量，原因是他知道他們沒有一個人肯說他的親友不夠格。

他對傳統的挑戰在一九五三年達到高潮，那年所有的共產黨幹部被分成二十五級，最高一級薪金是最低一級的二十倍。級別不同，各種待遇都不一樣，服裝質地是高級毛料還是低廉的棉布，住房的大小，能否有室內廁所等等，都視級別而定。

這個級別制還決定了每個幹部所能接觸到的資訊。中國共產黨不僅控制資訊，而且按級別高低來分配。比方說，有的文件只傳達到「地師級」，有的則可傳達到「縣團級」。

儘管級別制的重要意義在當時還沒完全顯現出來，但幹部已能隱約感到這對他們的生活會有重大影響，他們都很緊張地等待評定結果。我父親已經被上級定為十一級，此時被指定審批宜賓地區幹部的級別，其中包括他最喜歡的小妹的丈夫。當基層報上給他定的級數時，我父親決定降他兩級。大家庭中人人都很生氣：人家老老實實工作，和你妹妹結婚就該少兩級嗎？然後輪到我母親，我母親的單位推薦她為十五級，但我父親大筆一揮，把她也降兩級，定成十七級了。

一個人的級別並不直接和他的職務有關，職務升了不一定會升級。在以後的近四十年裡，我母親只在一九六二年和一九八二年升過兩次級別，每次只升了一級。所以直到一九九〇年她才回復到十五級——四十年終於扳回了我父親扣去的兩級。八〇年代，她的級別使她無權購買飛機票或火車上的軟臥，因為只有十四級以上的幹部才准買。她不能住旅館的單人套房，這是十三級以上的幹部享用的。當她想把屋裡的電表伏安數換大一點時，住屋管理員告訴她：只有十三級以上的幹部才准用大電表。

這些使我父親全家都大為惱怒的事，卻深受當地民眾的讚揚，他的好名聲持續至今。一九五二年的一天，市第一中學的校長向我父親彙報工作時說，他正愁著教師們沒地方住。我父親立即回答說：「那麼，就住我家大院好了。這麼大個院子才住了三個人！」他不管這三個人實際上是誰：他的母親、姊姊俊英和他一位弱智的弟弟。學校喜出望外，他家裡的人卻很傷心。這幢帶有迷人花園和竹林的老屋，在過去最困難時也沒捨得賣。儘管我父親為他們三人在城中找了一幢小房子，他母親心裡還是不痛快。但她很豁達，心地又善良，所以也沒多加計較。

一九五一年底，中共發起一場反腐敗、反浪費和反官僚主義的「三反運動」。政府槍斃了一些貪官，也關了一批人，還撤掉了很多人的職務，甚至有一些長征老紅軍因牽涉到大規模貪污或賄賂案而被處決，以殺雞儆猴。

我父親負責宜賓地區的三反運動。這裡沒有發現貪污腐敗的官員。但我父親說，為了讓老百姓看到共產黨搞廉政是說話算話，哪怕是一丁點兒越矩行為都得公開自我檢討，像用公家電話處理私人的事情，或用公家信箋寫私人信件。從此，幹部變得十分謹慎，甚至不敢用公家的墨水寫私信。他們都帶著兩支筆——公家跟私人的，不時換來換去。我父親的道理是，共產黨得從小事著手，在中國建立一套全新的道德標準：公共財產與私物要完全分清楚，有權的不把國庫當作自己的錢包，他的同事也都這麼認為。

一九五二年春天，三反運動展開後不久，另一個「五反運動」也開始了，這次是衝著資本家來的，反「賄賂、漏稅、詐騙、盜竊國家財產和收買官員獲取經濟情報」。結果發現許多資本家都犯有一項或多項這樣的違法行為，懲罰通常是罰款。共產黨利用這場運動對資本家軟硬兼施，一方面使他們就範，一方面利用他們搞經濟，所以關押的人並不多。

發動這兩次相關聯運動的方式是共產黨早期發展起來的：由「工作組」領導的「群眾運動」。「工作組」是臨時組織，主要由政府工作人員組成，共產黨官員領隊，由中央到各省再到基層，層層委派。一般來說，只有在某次運動中已經審清的人才可以擔任那次運動的工作組成員。

工作組下到單位去「動員群眾」，幾乎每晚都開會，組織學習中央最高決策機構發布的文件指示。工作組成員透過個別談話、會議演講，鼓動、勸說大家站出來揭發可疑的人和事，並鼓勵人們寫匿名信投到專門設置的信箱中。工作組調查每個案子，然後裁決，送上一級審批。

中國沒有真正的申訴體系，但被懷疑的人可以要求看證據，可替自己辯護。工作組有權做判決，包括公開批判、撤職，以及各種形式的監督。最重的判決是把人送到農村做體力勞動。只有很嚴重的案件才由正式的司法系統審理，當然這仍不離黨的控制。在每次運動中，上級發布一連串的指導方針，工作組必須遵照執行。但是到了個人的案件時，工作組的公正與否，甚至工作組成員的個人好惡、脾氣等，都會影響案件的處理。

每次運動，中央決定審查範圍，然後動員群眾——包括這些人的同事、鄰居、親朋好友——對範圍內的人揭發批判，而不由公安機關做此工作。這是毛澤東的一大發明——把全體民眾都捲進控制體系中，「罪犯」難逃來自四面八方警戒的眼睛，特別是在一個有管他人閒事習慣的社會中。此「高效率」的代價也高；由於審查標準、政策往往含糊，群眾中又夾雜著各種私人恩怨，以及流言蜚語，因此許多人無辜受害。

俊英孃孃一直靠織布養活自己、母親和傻弟弟。每天她都工作到清晨兩三點鐘，視力因燈光昏暗而受損。她把積蓄、借來的錢湊在一起買了兩部手工織布機，請了兩位朋友和她一起幹活兒，賺了錢均分。俊英孃孃擁有機器，所以也算雇主。在五反運動中，每個雇主，不管雇人多寡，都屬運動對象。俊英孃孃這樣的小工作坊，雖屬合作性質，也落入調查範圍中。她很為難，既想要她的朋友離開，又不想讓她們感到被解雇了。但是這兩位朋友告訴她：一走了之最好，這樣要是有人誣告她的話，她就不會以為是她倆。

到了一九五三年中期，三反、五反運動的風頭過去了。資本家聽話了，國民黨被連根除掉，群眾大會告個段落。幹部們心裡都很明白，大批群眾揭發的材料並不可靠，所以對每個案子都派專人一一調查。

*

一九五三年春，我母親被提升為宜賓市委宣傳部部長，「挺」夫人升為該市黨委書記，仍領導她。五月二十三日，我母親在醫院產下第三個孩子，是個男孩，取名京明。住的就是那家我母親懷我時養過病的教會醫院，此時已沒有外國神父、修女，全中國的傳教士都被驅逐出境了。我姥姥住在另一家醫院，她犯了嚴重哮喘，我也因肚臍發炎在奶媽陪伴下住了院。病床很少，醫生通常把床位讓給幹部家庭，我們的醫療費也全免。但絕大多數人沒有免費醫療，農民看病、吃藥、住院都必須付錢。

我姊姊和俊英孃孃此時住在鄉下俊英孃孃的朋友家。於是家裡空蕩蕩的，只剩我父親。一天，「挺」夫人登門彙報工作。過了一會兒，她說頭暈，要躺一躺。我父親扶她躺到一張床上，她乘勢把他拉向自己，想吻他。我父親立刻掙脫開，快步走出房間，邊走邊說：「妳一定是太累了。」不一會兒，他又進來了，顯得很激動。他端來一杯水，把它放在床邊方桌上說：「妳一定知道我很愛我妻子。」在「挺」夫人來不及做任何舉動，說任何話時，他又匆匆離去，並順手把門關好。杯子下面是一張紙條，上面寫著：共產主義道德。

幾天以後，我母親出院了。當她抱著襁褓中的兒子跨進家門時，我父親劈頭第一句話是：「我們得馬上離開宜賓，愈快愈好。」我母親難以想像何事要這麼緊張。他於是告訴她發生的一切，並說「挺」夫人盯上他已有一段時間了。我母親最初的反應是驚愕多於憤怒，覺得「挺」夫人怎會是這樣的人。停頓了一會兒，她問：「為什麼要忙著走呢？」我父親說：「她是個不到黃河心不死的女人，我怕她會再找我。而且她報復心很強，我擔心她會傷害妳。這很容易，妳在她手下工作。」

「她真的這麼壞？」我母親問。「當然，我聽過人家說她被關押在國民黨監牢裡時，曾勾引過看守。你說，她真會對我下手嗎？她可是我在這裡最好的朋友。」

「妳不知道，」我父親說，「有句話叫惱羞成怒。我當時應該做得緩和點，不要掃她的面子掃得太厲害。可是現在晚了，我太衝動了，我很擔心她會報復。」

我母親能想像得出我父親如何斷然拒絕了「挺」夫人，但她不能想像「挺」夫人會狠毒地整她，也看不出「挺」夫人會給他們帶來什麼災難。於是我父親把他前任專員蘇先生的事告訴了她。

蘇先生是位貧苦農民，在長征路上加入了紅軍。他不喜歡「挺」夫人，嫌她太輕佻。他反對她把頭髮編成若干股辮子，這在當時的風氣下算是標新立異。他幾次要她剪辮子，她都拒絕了，要他少管閒事。蘇先生對她更加反感，批評更多，使「挺」夫人益發恨他，決心利用自己丈夫的權位對蘇先生展開報復。

在蘇先生的辦公大院裡有個女工作人員，是已逃往台灣的國民黨官員的姨太太。她曾向蘇先生賣弄風情，儘管蘇是有婦之夫，有關他兩人「關係不正常」的閒言閒語不脛而走。「挺」夫人於是要這個女人寫報告，說蘇先生對她不懷好意，動手動腳，要姦污她。雖然蘇是專區專員，但這女子認為「挺」先生一家的權力更大。蘇先生被指控「利用職權和前國民黨小老婆關係曖昧」，這對共產黨的老幹部來說，可是不可寬恕的罪過。

在中國，把人打下來的標準作法是同時提出幾個不同的指控，使案情更嚴重。「挺」夫人又找到另一條蘇先生的「罪過」。蘇曾寫一封信給黨中央反對一項政策，他自信是按黨章辦事，又自恃是長征老紅軍，所以話說得相當直。「挺」夫人就拿這件事說他反黨。

「挺」先生提出把蘇先生開除出黨，解除他所有職務。蘇先生強烈否認這兩件事，他爭辯說：第一個指控純屬捏造，他從來沒對那個女人有過意思；至於第二個指控，他不覺得自己有什麼錯，他根本就無意反黨。控制宜賓專區的黨委由四人組成：蘇先生、「挺」先生、我父親和第一書記。現在蘇先生的命運得由其他三人決定。我父親為他辯護，他深信蘇是無辜的，也認為寫信給中央是正當的。

但結果我父親失敗了：蘇先生被撤職。黨委第一書記支持「挺」先生，蘇先生身上本來就蒙著一層陰影，他於三〇年代早期在四川當紅軍「沒當對」，當的是張國燾的「紅四方面軍」。張國燾是毛的政敵，被迫逃出延安，投靠了國民黨。這段歷史使紅四方面軍的所有人都被烙上污點，他們對毛澤東的忠誠受到懷疑。因為紅四方面軍的許多人都來自四川，所以四川對這個問題特別敏感。

共產黨掌權後，這類無言的歧視也落到了一部分毛澤東沒有直接領導過的革命隊伍頭上，包括地下黨。再加上許多地下黨員出身富有家庭，在共產黨統治下多被清算，壓力就更大了。另外，他們比工農幹部受的教育多，也成了嫉妒的對象。

儘管我父親自己是游擊隊軍人出身，他直覺地與地下黨人關係較親切。他說地下黨裡有最勇敢、最無私、文化水準最高的共產黨人。他常說：「共產黨怎麼能分地下地上呢？」他挑選的幹部大多是能幹的地下黨員。

我父親也認為把紅四方面軍的人當作懷疑對象是個大錯。他設法為蘇先生開脫罪名，首先他勸說蘇離開宜賓以避免進一步麻煩。蘇先生採納了他的建議，在我家吃了他臨行前的最後一餐。他調到四川省省會成都，在那裡被任命為省林業局的幹部。他從成都寫信向北京的中央委員會申訴，把我父親列為證人，我父親也寫信支持他上訴。後來，共產黨「專案組」澄清了蘇先生「反黨」的罪名。但是，「和前國民黨小老婆關係曖昧」的指控則沒能完全推翻，那位小老婆不敢改口。但她提供的證詞顯然軟弱無力、前言不搭後語，等於告訴專案組她的揭發並不真實。蘇先生後來去了北京，在林業部占了一個相當高的職位，但未能官復原職。

我父親向我母親講述此事的目的在於說明「挺」夫人不會善罷甘休。他還舉了其他的例子，反覆說「走為上策」。第二天一早，他就去了位於宜賓以北一天車程的成都。他直接去見熟悉的省長，要求調到成都工作，理由是在家鄉工作難以招架眾多的人情關係。他沒說出真正的原因，因為他沒有足夠的證據指控「挺」夫人。

省長李大章是毛澤東的夫人江青的入黨介紹人。他對我父親的處境表示同情，說他會幫助我父親調到成都，但他希望能等上一段時間，因為成都所有合適的職缺都滿了。我父親說他不能等，他願意接受任何安排。一再堅持後，省長讓了步，讓我父親做省文教辦公室副主任，一邊說：「可是屈才呀！」我父親說這沒關係，只要有工作做就好。

我父親緊張得根本沒回宜賓，要我母親馬上來成都。但張家的婦女都反對，說她剛生了孩子不能長途勞累。結果我父親一俟滿月就派警衛來接我們了。我弟弟京明的奶媽和我姊姊的奶媽都不想到成都，因為離家太遠了。京明的奶媽向我母親提議留下京明給她照看。我母親同意了，她對奶媽完全放心，而且京明又太小，不宜旅行。

六月底的一天，我母親、姥姥、姊姊、我和我的奶媽，以及我父親的警衛在黎明前離開了宜賓。我們擠進一輛吉普車，行李是兩只小箱子。那時像我父母這樣的幹部根本沒有自己的財產，僅有幾件必需的衣服。我們的車在凹凸不平的土路上顛簸，上午到達內江車站。天氣熱得令人發暈，我們還得在站上待幾個小時等火車。

當火車進站時，我突然要小便。我奶媽抱著我去月台邊。我母親怕火車開了，就阻止她。我奶媽從未見過火車，也沒有時間表的概念，她滿不在乎地反而數說我母親：「妳不能讓司機等一下嗎？二鴻要撒尿呀！」她以為每個人都會像她一樣，自動把我的需要放到首位。

由於我們的身分不同，上火車後，我們得分開坐。我母親帶我姊姊到臥鋪；我姥姥在另一節車廂內有一個軟座；我奶媽和我待在「母子車廂」裡，這裡她有個硬座，我有一張小床；我父親的警衛則坐硬座。

暑熱中一切好像是慢動作。火車徐徐而行，窗外的稻田和甘蔗田間，偶爾有農民裸著上身，赤著腳，在田埂上走著，頭戴寬沿草帽，似乎在半打著盹兒。縱橫交錯的小溪，時流時止，由小土坎引入織錦般的稻田中。

我母親陷入沉思。四年來，這已是第二次她和丈夫不得不離開他們依戀的地方。頭一次是她的家鄉錦州，這次換作我父親的故鄉宜賓。革命似乎沒能解決人與人之間的一些問題，反而帶來了新問題。她開始模糊地感覺到：因為革命是人做的，人就把自身的毛病帶進了革命。但她一點兒也沒想到她捲入的這場革命並沒有設法克服這些毛病，反而靠它們來進行控制。

下午，火車駛進成都。她心情轉向對新生活的期待。她知道一些有關成都的故事，這裡曾是古代三國時蜀國的首都，由於絲織品久負盛名而被稱為「錦城」。它又名「蓉城」，據說滿城盡是芙蓉花，一場大雨之後，芙蓉花瓣會淹沒整個城市。我母親當然念過「花重錦官城」的名句。她現在二十二歲，二十年前，她母親也是這個年紀，但沒有自由，是男人的玩物和財產。我母親現在至少是個獨立的人，無論有什麼樣的痛苦都不能與她母親的遭遇同日而語，她告訴自己應該感謝共產黨革命。當火車開進成都車站時，她又下定決心，要獻身給偉大的共產主義事業。

10 磨難會使妳成為真正的共產黨員

我母親受審查（一九五三～一九五六）

我父親到車站接我們。當時天氣悶熱，一點風也沒有，叫人喘不過氣來。我母親和姥姥從凌晨起就乘汽車、火車一路顛簸過來，現在已筋疲力盡了。我們被帶到四川省委的一個招待所臨時住下。我母親走得倉卒，沒來得及找到新住處。

成都是四川省省會。四川省當時有六千五百萬人，是中國人口最多的省分。成都是個擁有五十萬人的大城市，始建於公元前五世紀，十三世紀馬可波羅曾訪問過這裡，對它的繁榮景象驚嘆不已。城內規畫和北京相似，古老的宮殿位在南北向的中軸線上，把全城一分為二：西城區和東城區。一九五三年時，城市發展早已超出舊城範圍，變成三個行政區：東城區、西城區和郊區。

我母親到成都幾個星期後分配到了新工作。領導問了我父親的意見，而沒有問她，這在當時是天經地義的。我父親說任何單位都可以，只要她不直接在他手底下工作，於是就讓她擔任東城區委宣傳部部長。因為住處由單位安排，東城區委在一個典型的舊式庭院裡給了她三間房，我們都搬了進來，我父親仍住在他的辦公室裡。我們的住處就在區委辦公大院裡。政府機關宅院大都是從國民黨政府、官員和地主那裡沒收來的。辦公室就是工作人員的家，老幹部也一樣。沒人自己燒飯，大家都在食堂吃。食堂也供開水、熱水，用保溫瓶裝走。

星期六是已婚夫婦唯一可以住在一起的一天，「過星期六」就成了幹部們做愛的委婉說法。後來這種軍事化生活漸漸放鬆了，夫婦能在一起的時間多了，但幾乎所有的人仍住在他們的辦公處。

我母親的宣傳部管理的範圍很廣，包括初等教育、衛生、娛樂和查訪民意。我母親以二十二歲之齡就負責約二十五萬人的所有這些事項。她一天到晚在外面忙，我們難得見到她。一九五四年，政府對基本生活必需品如糧食、棉花、食用油和肉類等實行「統購統銷」，不准自由買賣，農民都得賣給政府，由政府定量配給城市人口，並撥給短缺的其他農村。

每當共產黨發布一項新政策時，他們就四處宣傳，要民眾支持。我母親的工作之一就是告訴人們「統購統銷」政策怎麼好：中國人口眾多，衣食問題從來沒有解決過，現在新政府公平分配基本生活用品，不再由一些人囤積居奇，而使另一些人挨餓。我母親全心全意相信這種理論。她整天騎著腳踏車東奔西走，參加、主持數不清的會議，甚至在懷第四胎的最後幾個月也是如此。

她在臨盆最後一刻才到醫院。一九五四年九月十五日，第二個兒子出世了。這又是一次危險的分娩，她異常出血，經驗說明必定是哪裡出了差錯。當醫生忙著下班回家時，她叫住了他們，堅持要他們待下來仔細檢查。結果發現她的胎盤排出不全，還有部分留在子宮裡。醫生馬上給她全身麻醉，清查子宮腔，終於找到這塊碎片，這可算救了她一命。

我姥姥當時在錦州，因為她的母親病重。我父親一直待在農村，鼓動民眾支持政府的「統購統銷」政策。他已被提升到十級，並任四川省委宣傳部副部長。宣傳部主要作用之一是密切觀察民意：民眾對一項特別的政策有何感覺？有什麼不滿？因為農民占了人口的大多數，所以我父親經常下鄉。他和我母親一樣，忠於工作，認為這樣可使黨和政府時時和人民保持接觸。

母親生產後的第七天，父親的一位同事派了一輛小汽車把她從醫院接回家。這是大家習以為常的事：丈夫如果外出，就由黨組織負責照料他的妻子。我母親很高興能乘車回家，因為走路得花半個多小時。我父親幾天後才從農村回來，得知她乘車之事，大發脾氣，責備他的同事違反規定。按規定，妻子只能在與丈夫同行時才可以坐公家的轎車。我父親的同事強調這是特殊情況，調車是因為她剛生產，又做過手術。我父親說，那也不能違反規定。我母親再次覺得無法忍受他這種僵硬的態度，這是第二次我父親在她難產後指責她了。她問他為什麼沒有及時到那裡把她接回？這樣不就不會違反規定了嗎？我父親說他有要緊的工作急待處理。我母親理解他的獻身精神——她自己也是這樣奉獻，但是她仍覺得有滿腹怨言。

小黑出生兩天後就患上濕疹。我母親說這是因為整個夏天她都沒吃到青果的緣故，她太忙於工作了。中國人相信青果能清熱，否則孕婦體內的熱就會聚集在胎兒身上引起疾病。有好幾個月小黑的手都得綁在他的小床欄杆上，防止他不耐奇癢抓傷自己。半年後，他被送到一家皮膚病醫院。

小黑的奶媽是來自宜賓的鄉下姑娘，有一頭美麗的長髮，一雙水汪汪的眼睛。她曾意外造成自己的嬰兒死亡，當時她躺著餵奶，不慎睡著了，嬰兒窒息而死。她一心想到成都這個大城市來玩，就託人介紹去見我的俊英孃孃，懇求把她介紹到我家做事。當地一些婦女勸說俊英孃孃不要管她的事，說這女孩子到成都是為了擺脫她的丈夫。但我孃孃是個極善良的人，仍為她介紹。我孃孃儘管沒有結過婚，卻總是願天下有情人終成眷屬，對別人的弱點充滿理解和寬容，從不批評指責。

幾個月後，傳聞這位奶媽和機關大院的一個勤務工關係曖昧。我父母認為這是他人私事，也就睜一隻眼閉一隻眼。小黑去皮膚病醫院時，奶媽也和他同去。當時共產黨已大致消滅了性病，但仍有一些人在接受治療，住在皮膚病醫院專門的病房裡。不久，院方發現這位奶媽與一位性病病人同床，就告訴我母親，說讓她繼續給小黑餵奶很不安全，我母親只好辭了她。此後，小黑由我的奶媽和大弟京明的奶媽共同照料，京明此時已從宜賓來成都。一九五四年底，京明的奶媽寫信給我母親說，她丈夫成了酒鬼，經常打她，她想來成都。我母親自京明滿月後，已有十八個月沒見到他了。但他來後很長一段時間都不讓我母親接近，只叫他奶媽「媽媽」，這令我母親十分傷心。

我父親也很難接近京明，但卻和我十分親密。他常趴在地板上讓我拿他當馬騎，還常常放一些花在衣領上讓我聞。如果他忘記了，我就會指著花園命令他立即弄些來。他經常親我的臉蛋，一次，他沒刮臉，我皺眉大喊：「老鬍子！老鬍子！」有好幾個月，我一直都叫他「老鬍子」。從此他親我時，就特別小心翼翼了。我喜愛一顛一顛地到處跑，在各辦公室串來串去，追在幹部後邊叫我給他們取的綽號，要他們聽我背童謠。不到三歲時，大家都叫我「小外交家」。我想幹部們喜歡我是因為我的稚氣使他們得到片刻休息與樂趣。我小時長得胖嘟嘟的，大家都喜歡把我抱在膝蓋上捏我、摟我。

*

當我剛過三歲時，我和姊姊、弟弟們被分送到不同的寄宿托兒所。我不明白為什麼要把我從家裡帶走，又鬧又哭，兩腳亂踢，把頭髮上的蝴蝶結也撕開了以示抗議。在托兒所裡，我故意給老師製造麻煩，把牛奶倒在抽屜裡，魚肝油膠囊也捏破了扔進去。午飯後得睡午覺，我就給大房間裡的其他孩子講恐怖故事，都是我編造的。老師發現後，罰我坐門檻。

我們被送到托兒所是因為沒人照看我們。一九五五年七月的一天，我母親和東城區的幾百名職工、幹部接獲通知：不許出機關大門一步。一場新的政治運動開始了——「內部肅反」，即「肅清暗藏在革命隊伍內部的反革命分子」，每個人都要被徹底審查。我母親和她的同事毫無怨言地接受了「禁閉」令，反正他們平常也少出門。而且大家也覺得為了新社會的穩定，共產黨要檢查成員是件很自然的事。我母親和其他同事一樣，對共產主義的奉獻精神使她對嚴厲的紀律並無不滿。

一個星期之後，幾乎所有同事都清查完畢，自由了，而我母親是極少數的例外。黨組織告訴她，她的過去有若干問題不清楚，需進一步審查。她得搬出她的寢室，到辦公樓內的另一間屋子裡。在這之前，她獲准回家幾天安排家務，因為她可能會被隔離相當長的時間。

處決我母親的朋友汲上校的「鎮反運動」直接打擊的是國民黨的人，而現在「肅反」的目標則指向共產黨政府內部，只要背景跟國民黨有一點關係的，就得受審查。

共產黨對每個人的過去底細都已摸得一清二楚，因為他們早在掌權前就建立了詳細的檔案制度，黨員的檔案由組織部填寫，非黨員的公職人員檔案由他們單位的領導整理，並由人事部門保存。每年領導都要針對每個下屬寫一份報告，放進他們的檔案。任何人都不准看自己的檔案，只有特別指派的人才能看別人的檔案。只要檔案裡寫著你過去與國民黨有關聯，無論這種關係是多麼薄弱，你就成了肅反運動的目標，由工作組審查。我母親是重點懷疑對象，我們的奶媽也各因她們家人的問題而被捲了進去。

有一個工作組專門調查省級機關內的公務員——司機、花匠、保母、廚師等。我奶媽的丈夫因賭博和販毒而關在牢裡，這使她「有了問題」。京明的奶媽因嫁到一個地主家，她的丈夫以前是國民黨小官吏，於是她也成了不受歡迎的人。奶媽的地位無足輕重，共產黨對她們的案情也興趣不大，但是，她們得離開省委機關。

我母親是在被隔離審查前，獲准短暫回家安排家務時，才被告知我們的奶媽必須走的。當她轉告這項消息給兩位奶媽時，她們聲淚俱下，她們非常喜愛京明和我。我奶媽還擔心從此失去收入，於是我母親給宜賓專員寫了封信，請他幫她找一份工作。結果我的奶媽被安排去一家茶場，帶著她女兒一起生活。京明的奶媽不想回到她丈夫身邊，她在機關裡交了一位男朋友，是一名公務員，她想和他結婚，淚眼汪汪地苦求我母親幫她離婚。離婚在當時是非常困難的，但她清楚，我父母（特別是我父親）說的話很頂用。我母親決心幫她。如果她能離婚，與那位公務員結婚，那就自動從地主成分變成「工人階級」，沒必要離開我家了。我母親於是跟我父親商量，但他堅決反對，「妳還想管人家離婚？虧妳想得出來！老百姓會說，共產黨拆散人家美滿夫婦。」我母親說：「那我們的孩子怎麼辦？誰來照看他們？」我父親的回答很簡單——送他們去托兒所。

當我母親告訴京明的奶媽她不得不走時，她悲痛欲絕。京明幼兒時代最深刻的記憶就是送他奶媽離開。那是一個灰暗的黃昏，他被抱出前門，他的奶媽也站在那裡，穿著一件農村婦女的罩衫，手裡提著一個布包裹。京明張開手臂哭著要她抱，但她站在他搆不到的地方，眼淚順著臉頰往下淌。然後，她走下台階朝小院的門走去，一個京明沒見過的人和她在一起。她走到院門口，停了下來，轉過身。京明又哭又叫又踢，但沒人把他抱近一步。她站在那裡望了京明很久才轉身消失在門邊。京明以後就再沒見過她了。

因為我的外曾祖母患肺結核病剛去世，我姥姥此時仍在東北，我母親只得把四個孩子都送進托兒所。事發突然，市內托兒所都只能收一個孩子，所以她不得不分送我們去四家托兒所。我母親離家時，我父親對她叮囑道：對黨要完全誠實，相信黨會做出公正的裁決。我母親頓覺一陣反感，她本想我父親會說些溫柔、體貼的話來安慰她。我母親滿腹怨氣，在一個潮濕悶熱的上午去報到，接受第二次拘留——這次是她自己的黨審查她。

審查並不是恥辱，被審查的人也不一定是「反革命」。它只意味某個人的背景有待清查。但我母親完全沒想到她會成了重點審查對象。她覺得很傷心，自己對黨一片忠心，仍得不到信任。想來想去，她又告訴自己該樂觀點，籠罩在她身上七年的疑雲這次將會徹底掃除。她自信沒有做過對不起共產黨的事，沒有任何問題要隱瞞。她是一個忠實的共產黨人，確信黨會了解這點。

審查小組有三人，組長姓匡，是成都市委宣傳部負責人之一。他家和我家很熟，現在他對我母親雖然仍很客氣，但態度嚴肅多了。像其他受審者一樣，我母親被指定了「陪伴」。她們處處跟著她，連上廁所也跟，還和她同睡一張大床。黨說這是為了保護她，我母親心裡明白這是防她自殺、逃跑，或與他人串供。

幾位女「陪伴」輪流值班。她們之中有一位不久即離去，因為她自己也被送去隔離審查了。每天，「陪伴」必須把我母親的行為、言語記錄下來，寫報告。她們其實都是她認識的人，雖然不在同一個部門，但都在同一個區委大院裡工作，她們對她都很友好。除了失去自由外，我母親過得還好。

專案組成員及那些「陪伴」找她談話時都很和氣，當然談的都是不愉快的話題。雖然出發點並沒認定你有罪，但也不是認為你無罪，而且沒有民主國家那一套司法程序，被審查者一上來就像矮了一截。我母親的檔案裡詳載了她過去各種經歷，如地下黨、在錦州婦聯、到宜賓工作等等，還有她的領導寫的各種報告。專案組首先提出，為什麼她在一九四八年能從國民黨監獄裡輕易出來？她被捕時的罪名那麼嚴重，她家怎麼可能這麼容易就把她弄出來？她甚至沒有受過刑？可不可能逮捕她實際上是個騙局，以贏得共產黨的信任，滲透到共產黨內，當國民黨的特務？

其次懷疑的是她與汲上校的關係。很顯然，錦州婦聯領導對此事頗有微詞。既然汲上校曾試圖透過她向共產黨買條生路，她難道沒有企圖從國民黨那邊獲得類似的保障嗎（如果國民黨打贏的話）？還有那些追求她的國民黨官員，難道她沒有鼓勵這些人，以便在國民黨那兒留條後路嗎？查到後來，最主要的問題仍是：是否他們有人指示她潛伏在共產黨內為國民黨工作？

我母親得證明自己的清白，但她辦不到這點。跟她有關的人不是已被處死就是逃到台灣去了，或者她根本就不知道人家在哪兒。而且所有的證人幾乎都是國民黨，他們的話能信嗎？當她再三被盤問相同的問題時，她覺得說不出的焦慮，心想：「我怎麼說才能使你們相信呢？」

她還被問到她的國民黨特務親戚，以及在錦州學生時代的朋友。這些朋友當時才十幾歲，共產黨占領錦州前加入了國民黨的三青團。這時共產黨中央文件把所有在日本人投降後擔任過國民黨三青團分隊長以上的人都劃為「反革命分子」。我母親解釋說，東北情況特殊，日本人投降後，國民黨被看成是代表祖國的黨。再說，毛澤東本人也曾任國民黨大官啊！當然，這句話她不敢說出口。何況，她的朋友很快就轉變立場，效忠共產黨了。但這都沒用，她的這些舊朋友現在都成了「反革命分子」。我母親沒參加過國民黨，但專案組老問她：「為什麼妳會有這麼多國民黨關係？」她被隔離審查了六個月。有好幾次，她被帶去參加鬥爭「反革命分子」的群眾大會。成千上萬人舉著拳頭，喊著震耳欲聾的口號。「反革命分子」必須站在台上，受批判，然後當場宣布判決，戴上手銬，押往監獄。也有些「反革命分子」由於已經「坦白認罪」，會上宣布給他們「寬大處理」，也就是說不進監獄了。這些人中有一個我母親認識，在一次群眾大會後她自殺了。不斷的審訊使她精神崩潰，絕望之餘，她被迫認了莫須有的罪名。七年之後，共產黨承認她是清白無辜的。

要我母親參加這些大會是要她「受教育」。但她個性堅強，沒有像許多人那樣被嚇住，也沒有被審訊時的誘供弄昏了頭。她一直保持清醒，真實地寫下她的經歷。在那些難以入睡的長夜裡，她一想到平白無故地關在這兒，就痛苦不堪。濕熱的夏夜，她躺在床上聽著蚊帳外蚊子的嗡嗡聲，秋天好不容易來了，雨又下個沒完沒了，後來便是寂靜而寒冷的冬夜。她反覆咀嚼著對她不公正的懷疑，特別是那段遭國民黨逮捕的歷史，她一向引以自豪，做夢也沒想到這竟會成了個污點。

但她努力說服自己，不能怨恨黨，黨是為了維護本身的純潔。在中國，不公平待遇歷來是家常便飯；現在至少是情有可原。她還反覆在心裡念著黨對成員所要求的話：「妳在禁受考驗。磨難會使妳成為真正的共產黨員。」她思索著被定為「反革命分子」的可能性。如果真變成這樣，她的孩子將會受到株連，他們的一生就毀了。為避免這一個後果，唯一辦法就是和我父親離婚，不再見孩子了。每想到這兒，她就想流淚，但她已學會把眼淚往肚裡吞。她甚至不能在床上輾轉太多次，因為「陪伴」就睡在身邊，她們不論對她有多友好，還是必須對她的每個表現做彙報。流淚表示她感到受了黨的傷害或對黨失去信心，這兩者黨都不喜歡，會對最後定案產生負作用。

我母親咬著牙，告訴自己要相信黨。可是教她最難以忍受的是完全切斷與家人的聯繫，她非常想念孩子，渴望有個能靠一靠的肩膀，或至少一句充滿愛意的話。但我父親既沒有寫信來，也沒有來探視她，因為這些都不准。她倒常接到電話，電話線那端傳來的是玩笑話和寬慰之語。整幢樓只有一部電話在機要室的女職員辦公桌上。我母親接電話時，「陪伴」就站在房間裡。不過，她們因為喜歡我母親，想讓她放輕鬆點，就有意表現出沒有在聽。女機要員不是我母親那個專案組的成員，沒有權聽，而我母親也沒有向她彙報的義務。由於「陪伴」的好心，我母親接這些電話從未遇到麻煩。她們只是簡單地向上面報告：「張部長來電話了，談的都是家務事。」此話一傳開，人人都說我父親是一位體貼的丈夫，好關心我母親。我母親的一位年輕「陪伴」還對她說，她將來也要找一個像我父親這樣的好丈夫。

天知道這些電話並不是我父親打來的，來電話的是另一位高幹，我母親的好友。他在抗日戰爭期間脫離國民黨而加入共產黨，由於曾是國民黨軍官，也被懷疑、審查過，還在一九四七年被關進監獄，不過他最後澄清了罪名。此時，他以過來人的身分來鼓勵我母親。

我父親在長達六個月的時間裡，一次電話也沒有來過。他在黨多年，明白共產黨不願受審查的人與外界聯繫，甚至不願他們與家屬接觸，他覺得安慰我母親就暗示對黨不信任。但我母親不能原諒他，在這段她最需要愛和支持的期間，他沒有給她，他把黨擺在第一位。

一月的某個早晨，我母親坐在窗前望著陰雨撲打著外頭一叢叢抖顫的小草，小草上方是七里香花架，數不清的嫩枝、樹葉交纏著。突然有人叫她去見專案組的匡組長。匡先生說，她可以回去工作了，也可以出門，但每晚須回隔離審查處睡覺，因為黨組織還沒有對她的問題下最後的結論。

我母親明白審查已陷入膠著狀態，大多數疑點既不能證實也不能推翻。儘管她對這樣的情形不滿意，但還是把它拋諸腦後，興奮地想：六個月來終於第一次可以去看孩子們了。

這段時間我們四個孩子分散在四處寄宿托兒所裡。我們也極少見到父親，他常常離開成都，下鄉去了。偶爾回一次成都，如逢星期六，他就叫他的警衛把我和姊姊接回家。他從來不去接兩個男孩，說他們太小，他應付不了。「家」其實就是他的辦公室，我們到了那裡，他又總是出去開會。他的警衛就把我們鎖在房間裡，辦公室沒什麼好玩的，我和姊姊比賽吹肥皂泡。有一次我被關得不耐煩，喝了許多肥皂水，結果病了好些天。

我母親可以出門時，第一件事就是跳上腳踏車飛快騎來我們的托兒所。她特別擔心京明，他那時才兩歲半，幾乎沒有和母親相處過。但是六個月的隔離，她的腳踏車車胎早癟了。她居然沒注意到，跳上去蹬了幾下才發現，於是她把車推到街口打氣。當修車工人慢騰騰地打氣時，她焦躁地走來走去，一生中從來沒有如此不耐煩過。

京明的老師對她顯然很生氣，說京明是從沒有家長來接的極少數幾個孩子之一。爸媽看都沒來看他一下。開始時，京明哭著要「陳媽媽」——老師此時問我母親：「當然不是妳。對不對？」我母親承認「陳媽媽」是他的奶媽。後來一到星期六，其他的父母來接孩子時，京明就躲在一間屋子的角落裡。老師故意對我母親說：「妳一定是個後母吧?!」我母親沒法解釋。

當老師把京明帶到會客室時，他站在屋裡老遠的那一頭，動也不動地，低著頭不理我母親。母親拿了一些桃子，剝了皮要他過來吃，但他不肯走過來。她只好把桃子放在手帕上，從桌上推過去。京明等到她抽回手，才抓起一個桃子，幾口就吞了下去，然後他又拿起另一個，不一會兒，三個桃子全都吃得精光。自隔離審查以來，我母親第一次流下了眼淚。

我記得她來看我的那個晚上。我快四歲了，睡在小木床上，周圍是欄杆，像個木籠。欄杆一面放下，母親坐在小床邊，握住我的手，想哄我慢慢入睡。但我老想把我種種調皮搗蛋的事一古腦兒告訴她。我也很擔心，萬一睡著了，她又不見了，怎麼辦呢？每當她猜我已入睡，想輕輕抽手離開時，我就緊緊一抓，大哭起來，就這樣她一直坐到深夜。最後她抽手時，我哭叫不止，但是她沒有回頭，一逕去了。我不知道她回隔離處的時間已經到了。

11 反右以後莫發言

中國沉默了（一九五六～一九五八）

由於我們沒有保母，母親每晚又得回隔離處睡覺，我們幾個孩子仍得繼續待在各自的托兒所裡。其實，母親不管怎樣都無法照顧我們。她正忙於和其他中國人一樣「跑步進入社會主義」——就像一首宣傳歌所唱的。

毛澤東已加速了改變中國面貌的計畫。一九五五年七月，他號召加快「農業合作化」；同年十一月，又突然宣布把所有的私營工商業國有化。政府和私人老闆先共同擁有企業，政府再逐步把企業從私人手裡「贖買」過來。業主每年可領取企業總值的百分之五，共拿二十年。因為按官方說法，中國沒有通貨膨脹，所以二十年國家就付清了贖買費。以前的老闆仍留下來當經理，並支領高薪，但是在他之上有一位黨老闆掌握實權。

我母親受命領導一個工作組負責指導東城區內的數百家食品廠、糕點鋪和飯館的國有化——雖然她受審查，每天晚上得回隔離處過夜。

當時，黨組織對她是「控制使用」，即給她工作做，但仍繼續審查她。這只有她自己和專案組的人知道，她所領導的工作組只知道她曾被隔離了六個月，並不知道她的問題還沒結果。

隔離審查初期，我母親寫了封信給姥姥，編了個理由要她暫時待在東北。她不想讓母親知道自己出了問題而擔驚受怕。國有化運動開始時，我姥姥仍在錦州，她也捲入了這場運動，原因是夏瑞堂的藥店。她和夏瑞堂一九五一年離開錦州後，藥店由她弟弟玉林代管。夏瑞堂於一九五二年去世後，藥店所有權由姥姥繼承。現在國家要出錢「買」她的藥店。每個私營企業裡都成立了一個小組，由工作組成員、資方代表、職工代表組成，負責估計資產，使國家能「合理」地付款。當然，大家總是定出一個低得可憐的數目，以取悅政府。雖然夏家藥店估值低得可笑，大約人民幣五百元（不足一百美金），但卻給我姥姥帶來了意外的好處：她的階級成分因此變成了「小業主」，算「獨立勞動者」，沒戴上「資本家」這頂「剝削階級」的帽子。她雖然對財產被變相剝奪而滿心不願，但一言不發。

在這場國有化運動裡，共產黨政權動員了大隊人馬敲鑼打鼓上街遊行歡呼。還有沒完沒了的會議，有些是專為資本家開的。會上我姥姥看見所有的資本家都說樂意讓政府把企業買去，甚至還表現出一副很感激的樣子。許多人說，運動比他們所預料的好得多，聽說在蘇聯，企業都被沒收，在中國則是買賣。而且國家連命令也沒下，得大家心甘情願才算數。當然，誰敢不心甘情願呢？

我姥姥也給搞糊塗了，不知該憤恨這場她自己女兒全心全意投身的革命呢？還是該慶幸？藥店生意是夏瑞堂半輩子的血汗，曾是她和女兒賴以生存的支柱，她當然不願眼見它就這樣化為烏有。

四年前在韓戰期間，我姥姥有一次類似的經歷。當時，政府鼓勵老百姓捐錢買戰鬥機。我姥姥有薛之珩和夏瑞堂留給她的珠寶，這是她的全部財產，也是一生的紀念物，她不想獻出去。但我母親也勸說她，這些都是舊社會的東西，是剝削來的，理應退還給人民。她還引用當時標準的口號：「有錢出錢，有力出力，抗美援朝，打敗美帝。」我姥姥心想她管不了什麼美帝不美帝，但她被我母親的這些話說動了：「媽，您還留這些東西做什麼？現在沒人戴這些玩意兒了，您也不必靠它們過活。我們有了共產黨，中國不會再窮了，您還擔什麼心？不管怎樣，您有我，我會好好照顧您的，您不必為生計發愁了；還有，我得說服別人捐獻，這是我的工作。如果連自己的母親都不帶頭，我怎好去動員別人呢？」我姥姥終於屈服了，只要是為了女兒好，她什麼都可以做。她交出了全部的珠寶，只留下一對手鐲、一對金耳環和一枚金戒指，這是夏瑞堂給她的結婚禮物。政府給了她一張收據，對她的「愛國情操」大加表揚。

她對失去珠寶耿耿於懷，只不過把怨氣都藏在心裡。撇開感情的因素不說，還有非常現實的一面。我姥姥一生的生活總無保障，共產黨真能照顧好每個人嗎？永遠嗎？四年過去了，她又面臨同樣的問題：國家要她交出她想留下的財產，這家藥店是她僅剩的東西了。當然這次她毫無選擇餘地，她跟政府配合，她不想讓女兒失望，也不想讓女兒因她而遭到一絲為難。

藥店國有化拖了很長時間，我姥姥也就一直待在東北。我母親也不想在獲得自由之前，讓姥姥回四川。一九五六年夏季，我母親才完全恢復了行動自由，隔離取消了。然而，她的案子仍沒明確的結果，到了年底，成都市黨委才做出結論，她和國民黨沒有政治聯繫。這種明確的裁決算是救了她，因為她知道她的案子有可能因為「缺乏證據」而一直懸在那裡，就像許多人一樣。那樣她就將永不能翻身，一有運動就會被拉出來整。十八個月的痛苦總算熬過去了，她非常感激專案組組長匡先生，因為一般官員做裁決時，往往「寧左勿右」，以保護自己，匡先生得要有很大的勇氣來開脫她。

我母親算是很幸運的了，這次「肅反」下來，全國十六萬人被定為「反革命分子」，此後三十多年的生活毀掉。這些人中有我母親在錦州的朋友，他們就因為曾當過國民黨三青團幹部，而丟了工作，被送去勞改。

這場徹底剷除國民黨勢力的運動，使一個人的家庭背景和親朋關係變得至關緊要。中國歷史上有株連九族的傳統，有時甚至街坊鄰居都要跟著倒楣。「肅反」前，共產黨裡有很多家庭出身「不好」的人，甚至有許多政敵的兒女在黨內居高位。事實上，早期共產黨領導人本身就沒幾個「出身好」的。但在一九五五年之後，出身什麼樣的家庭變得愈來愈重要。日後，毛澤東發動了一次又一次整人的政治運動，受害者的數字像滾雪球一樣愈滾愈大，首當其衝的都是受害者的至親。

＊

一九五六年夏，我姥姥回到成都。她的第一件事就是到各托兒所把我們接回來。我姥姥打心底就不相信托兒所，說一個阿姨管那麼多孩子怎麼照顧得過來。我和姊姊看上去還好，不過一看到她，我們就大哭大鬧吵著要回家。京明的老師說他孤僻得令人害怕，不讓任何成年人接近他，只一味固執地要他的奶媽。我姥姥一看見小黑就忍不住眼淚直流，這孩子看上去像個呆子，只會一逕地傻笑。把他放到哪裡，或坐或站，他就一動不動待在那裡保持原姿勢。他甚至不知道去廁所解便，連哭叫都不會。我姥姥一把將他抱在懷裡，從此小黑就成了她最疼的外孫。

一進家門，姥姥就一邊流淚一邊罵我父母是「鐵石心腸」，她不知道他們是有苦說不出。然而她一人畢竟無法照顧我們四個小傢伙。我和姊姊還是得回托兒所去，住全托，只有星期六才接回家。每逢星期一早上，我父親和他的警衛員就一人肩上扛一個，送我們去托兒所。我和姊姊總是雙腿亂踢，扯他們的頭髮，就是不願去。不久，我似乎潛意識地得了怪病，一到托兒所就發高燒，高得嚇壞醫生。但是一回家，燒就奇蹟般地退了。最後，父母無可奈何，只好讓我和姊姊也待在家裡。

家是姥姥創造出的神奇天地。她讓我覺得大自然的花呀、樹呀、雲彩呀、雨呀，全是活生生的東西，它們也有感情，有眼淚，有心地。我們如果遵從中國向來對小孩的要求——聽話，就會平平安安；否則，各種古怪的事都會降臨。吃橘子時，姥姥說：「如果你們不聽話，把橘子籽吞進了肚子，它就會在你們的肚子裡發芽、長大，長呀長，有一天，哎呀！就從你頭頂上冒了出來。長葉子，結果實，最後比我們家大門還高，你就進不了房子了！」

頭上長棵橘子樹的景象使我十分入迷，有一天，我故意吞下一粒橘子籽，只吞了一粒，因為我不想在頭上長片果園，那會太沉，我是扛不動的。整天，我每隔一會兒就摸摸頭頂，看橘子樹是不是長出來了。有好幾次我差點忍不住要問姥姥：頭上橘子樹結的果能不能吃？但我還是憋住了，不想讓姥姥知道我不聽話而傷心。我決定在姥姥發現頭上的橘子樹時，撒個小小的謊，說是不小心吞下去的。那晚我睡得很不安寧，總覺得橘子樹正在蠢蠢欲動地頂開我的頭。

不過通常姥姥講的故事總是使我快樂地進入夢鄉。她能講很多中國古典戲曲中的故事。我們也有很多有關動物、鳥類和其他神話傳說的兒童書。外國書像《安徒生童話》、《伊索寓言》、《小紅帽》、《灰姑娘》、《白雪公主與七個小矮人》，都是我童年的伴侶。

我也愛上了童謠，它們算是我最早接觸到的詩。姥姥有時抑揚頓挫地念古詩，儘管我完全不懂意思，卻總像著魔似地入神。有一天，我母親無意中聽見她在給我們念《楚辭》，她覺得對我們來說，是太艱深了，想阻止她，但姥姥卻堅持說，我們並不一定要理解裡面的含義，只需欣賞它的韻律美就夠了。姥姥經常說她很後悔在二十年前離開義縣時，丟掉了她的古琴。

我的兩個弟弟對睡覺前聽故事沒有興趣，但與我住同一個房間的姊姊卻和我一樣著迷。她的記憶力十分驚人，三歲時就能完整地背誦普希金（Aleksandr Pushkin）的長詩〈漁夫和金魚的故事〉（*The Fisherman and the Goldfish*），令所有聽過的人都驚嘆不已。

我們的家庭生活平靜而充滿了溫馨。儘管我母親對父親有意見，但很少跟他吵架，即使吵架也不當著我們的面。我父親非常疼愛我們，但在我們三歲後就很少用摟抱、親吻來表達父愛了。對弟弟們，他讓他們「搭馬馬肩」（騎在他肩上），有時拍拍他們的肩膀，或摸摸頭。但對兩個女兒就沒有這些舉止，很有點「授受不親」的味道。他在進我和姊姊的房間時，總要敲門徵得我們同意。

我母親也不常抱我們、親吻我們。這是因為她得遵守另一套不成文的規矩：共產黨清教徒式的生活方式。在五〇年代早期，共產黨員除了吃飯睡覺外，每一分鐘都屬於革命，都得花在工作上。抱孩子與革命無關，得盡快做完了事，否則會挨批，說你不全心全意為革命工作。

起初，我母親很戀家，所以不斷受到批評，說她「家庭觀念重」，後來她才慢慢習慣了永無休止的工作。當她每天夜裡回家時，孩子們早已入睡，她就坐在我們床邊看著我們熟睡的臉，聽我們平靜均勻的呼吸，這是她一天中最幸福的時刻。她一有空就摟著我們，輕輕地給我們搔癢，尤其是搔胳膊肘，簡直舒服透了。我最喜歡的還是掏耳朵：搬張小凳坐在她面前，把頭枕在她膝蓋上，瞇著眼，好像飄上了九重天。「掏耳朵」是一種享受，我記得小時候常看見那些職業掏耳朵的人挑個小擔子遊街串巷，一邊是竹椅，另一邊掛著一串串晃來蕩去的五花八門的掏耳工具，小勾匙啦，帶絨毛的小棍啦等等。

從一九五六年開始，幹部星期日可以休息了。我父母愛帶我們上公園，去兒童樂園玩。我們在那裡盪鞦韆，坐旋轉木馬，還沿著青草覆蓋的斜坡往下飛跑。我至今還記得有一次曾翻著筋斗從坡上滾下來，我料想會落在我父母張開迎接的胳膊裡，結果卻撞到幾棵芙蓉樹幹裡。

但父母跟我們在一起的時間仍是不多。姥姥總搖著頭嘆息：「誰見過這樣當爸爸媽媽的？」她於是把全部心血都花在我們身上。但她怎麼也照料不過來我們這四個小傢伙，我母親就從宜賓把俊英孃請來幫忙。她和姥姥處得十分融洽。到了一九五七年初，母親又請來一位保母，住在我們家，她們三人也和睦無比。也正在這時，我們搬進了新房子，這是以前一個基督教教士的住宅。我父親也搬來了，這是第一次我們整個家庭都生活在一起。

新來的保母十八歲。她第一次到我們家時，身穿印花的大紅大綠棉衣褲，這在城裡姑娘看來是「土氣十足」。當時城市流行穿的衣服是素色，這是共產黨清教徒式的生活方式所帶來的潮流，城市婦女的服裝式樣也學蘇聯。而我們的新保母穿的是傳統農民服裝開襟式，布做的鈕釦，而非新式的化學纖維鈕釦；不用皮帶繫褲子，而用鬆緊帶。許多從農村到城市裡來的姑娘都馬上換衣著打扮，以免被人當鄉下佬。但我們的新保母則安然自得，顯示她極有自信。她的手大、粗糙，黑裡透紅的面頰上掛著略帶羞澀憨厚的笑容，一笑總有兩個酒窩。家裡人很快就都喜歡上她了。她和我們一道吃飯，和我姥姥、俊英嬢嬢一道做家事。姥姥很高興有了兩個知心女友，因為我母親從沒時間在家裡陪她說話。

新保母來自地主家庭。她拚死拚活要離開農村，離開那個受歧視的天地。一九五五年肅反結束後，政治氣氛相對鬆弛了，又可以雇用家庭出身不好的人，所以我家才敢雇她。共產黨建立了一套戶口制度，每個人都得在他們生活的地方註冊，只有城市戶口的居民才有食物配給。新保母是農村戶口，所以她在我家沒有糧食供應，但我家裡的配給足以供她吃。一年後，我母親幫她把戶口從農村遷到成都市。

我家還付給她工資。政府的供給制已於一九五六年下半年取消。我父親的警衛也取消了，幾個副部長合用一個勤務員，在辦公室做取開水、安排汽車之類的雜務。我父母現在按他們的級別拿固定工資，我母親十七級，我父親十級，他的工資比她多一倍。當時物價很低，又不是消費社會，因而兩人工資加起來綽綽有餘。我父親算「高幹」，這是由十三級以上的幹部組成的一個特殊階層，在四川省有幾百名，十級以上的人約有幾十名，而四川省當時有七千二百萬人口。

*

一九五七年春，共產黨邀請知識分子批評各級領導。我母親聽了毛澤東的一個一級級向下傳達的話後，非常激動，整夜沒有睡意。她覺得中國共產黨真的變民主了，她為自己是共產黨員而自豪。

其實傳達到我母親這一級的只是毛澤東歡迎批評的話，並沒有傳達毛的另一席話：毛說鼓勵批評好似「引蛇出洞」，誘出那些膽敢反對他和共產黨統治的人。一年前，蘇聯領袖赫魯雪夫（Nikita Khrushchev）在「祕密演說」中譴責了史達林，深深震撼了毛澤東，因為毛對史達林是惺惺相惜。一九五六年秋，匈牙利發生推翻共產黨政權的暴動事件——不久被鎮壓住了——也使毛大受刺激。他知道中國有一大批受過教育的人都希望開放、自由。他想要防止中國發生類似的匈牙利事件，後來他曾對匈牙利共產黨領導人表示，鼓勵人批評等於是個陷阱。他的同事提議要「收」了時，他說還要繼續「放」，以確保所有潛在的異端分子統統現形。

毛澤東的靶子是知識分子，他們比別的階層更喜歡獨立思考。匈牙利事件就是知識分子扮演了重要角色。

基層幹部和知識分子由於對毛澤東的真正意圖一無所知，都忙於歡迎批評和提出批評。按照毛澤東說的「知無不言，言無不盡」，我母親熱心地到她主管的學校、醫院、娛樂部門一再宣傳要人們在會議上大鳴大放，寫大字報。於是各種各樣的意見都出現了。

我母親是東城區文教機構的領導，當然首當其衝，最主要的批評是說她偏愛重點學校。當時中國有若干小學、中學和大學是指定的重點學校，國家把有限的財力投入這些學校，優先分配給優秀的老師、先進的教學設備，讓它們選擇最聰明的學生。從重點學校畢業的學生其升學錄取率極高，特別是進入重點大學，於是一些普通學校的教師抱怨我母親「偏心」。

教師也分了等級。好的教師級別高，薪水也高，在食物短缺時有特殊配給，還有較好的住房和招待戲票等。我母親提拔的大多數高級別教師家庭背景好像都有點兒「問題」。所以有些低級別的教師抱怨她用人重才輕階級成分。我母親當時檢討了「偏愛重點學校，對一般學校關心不夠」，但她堅持說她提拔、重用人才沒有錯。我母親對一個批評十分反感：有位小學校長是一九四五年入黨的，比我母親早，不服氣受她指揮。她說我母親根本沒有能力當宣傳部長，只是靠丈夫的官大。

還有不少別的意見：校長要求有聘任教師的權力，而不是由教育局硬性分配。醫院院長要求自己採購藥物，因為醫藥公司分配來的藥物常不對路，需要的不給，不需要的一大堆。外科醫生抱怨糧食定量低，說他們的工作量不亞於京劇的武生，但定量比他們少四分之一。一位機關幹部還感嘆許多傳統名牌貨，如「王麻子剪刀」、「胡開文筆紙」都從成都市場上消失了，現在成批產的商品都粗製濫造。我母親個人對這些意見也十分贊同，但她沒法替他們解決，因為這些事涉及國家政策，她所能做的僅是彙報上去。

我母親聽到的意見大多是個人牢騷或改進工作的具體意見，並未涉及政權問題。這些議論在一九五七年初夏興盛了一個月。六月初，毛澤東「引蛇出洞」的那席話口頭傳達到了我母親這一級。在這席話裡，毛澤東說，「右派」已對共產黨和中國的社會主義制度發動攻擊；還說，右派占知識分子總人數的百分之一到十，要「聚而殲之」。管「反右派運動」的人於是取了毛澤東所說的兩個極端數字的中值：百分之五，定為必須抓出來的右派人士額數。為了完成「指標」，我母親得在她管轄的學校、醫院、娛樂團體裡找出一百多名右派來。

雖然我母親對有些直接攻擊她個人的意見十分不滿，但平心而論，她看不出有什麼夠得上「反黨」、「反社會主義」的。報紙上倒是登了些反對共產黨「一黨專制」，或不滿社會主義制度的言論。但在她管轄的小單位哪有這樣大的意見呢？她上哪裡去找右派分子呢？另外，她打從心底覺得此事不公道：先是宣布「知無不言，言無不盡，言者無罪，聞者足戒」，現在卻把提了意見的人打成右派。

許多共產黨幹部和我母親一樣陷於兩難處境，成都市反右運動遲遲開展不起來。四川省上級決定拿一個人來開刀——一家研究院的黨委書記郝先生，這個機構匯集了全省的高級科學家，所以上級曾要求他抓一大批出來，但他卻說那裡一個右派也沒有。他的上級發火了，說怎麼可能呢？這些科學家中有好多人是從西方留學回來的，他們必定受過西方思想的毒害，怎麼會滿意共產黨呢？怎麼會沒有右派呢？郝先生說這些人回國是出於自願，這正說明他們不反共產黨，他可以擔保。他的上級屢次要他改變立場，但他堅持不改，結果就被劃成右派，開除出黨，撤職降級，被分配去打掃他那個研究院的試驗室。

我母親認識郝先生，她很佩服他的勇氣，因此和他成了很好的朋友，友誼一直持續至今。她常在傍晚和他在一起，向他述說自己的苦悶。但是從他身上，我母親也可預見自己的下場——如果她沒完成上頭所交代下來的任務的話。

我母親每天在沒完沒了的會議後，都得向市委彙報運動的進展。成都市主管此運動的人是殷先生，瘦高個子，樣子頗為傲慢。我母親得向他報告已「挖出來」的右派數字，不需要報名字，數目就是一切。

但是她到哪裡去湊這一百多名反黨、反社會主義的右派分子呢？最後，一位負責東城區教育的孔先生報告說，有幾所學校的校長已劃了幾個教師為右派。其中一個小學教師的丈夫是國民黨軍官，在內戰中喪生，她曾說過「今不如昔」之類的話。有一天，校長說她懶惰，不認真教書，她動了怒，與校長大吵，還動手打了校長。別的教師勸阻她，說校長懷孕了。據當時那些教師所形容，她狠狠地說：「我正想打掉這共產黨的狗崽子！」

另外，有一位女教師的丈夫逃到台灣去了。一些年輕的女教師揭發她，說她把丈夫以前送給她的金銀首飾拿出來炫耀，宣揚國民黨時代的生活多麼愜意，還對她們說，她很遺憾，美國人沒能打贏韓戰，進攻中國。

在當時的情況下，我母親不可能再去調查核實，因為謹慎會被視為袒護右派分子，懷疑同事的誠實。

醫院的院長和衛生保健部門的負責人都沒有抓出右派來。但成都市當局直接把在市委組織的會議上鳴放的幾位醫生劃成了右派。可是這些加起來還不到十個人，遠低於我母親所要完成的定額數。殷先生後來不耐煩了，警告她：如不能找出足夠的右派，就證明她本人「與右派只差一步」。被劃成右派不僅意味著丟官，在政治上會受歧視，更重要的是孩子、家庭都將受到牽連，他們的前途也都完了。孩子會在學校、所住的街上受孤立，居委會將監視這個家庭，留心誰來看過他們。要是右派被送到農村，農民會把最重的活攤派給他和他的家庭。還有別的種種後果，但沒人確知是什麼。這種吉凶未卜、提心吊膽的日子是最可怕的。

我母親進退維谷，她如果被劃成右派，就只有兩條路走：要麼與孩子斷絕關係，要麼毀了他們的前程。我父親可能被迫和她離婚，否則他也會跟著倒楣。就算我母親肯犧牲自己，與我父親離婚，整個家庭仍將永遠抬不起頭。可是拯救她自己和她家庭的代價是一百多位無辜的人和他們的家庭。

我母親沒向我父親提及她的困境，他有什麼辦法解決呢？她感到十分不平，因為我父親職位高，他不必直接做這種事。「抓右派」是由像殷先生、我母親、她的副手及學校校長、醫院院長這樣的基層幹部來做的。

我母親的轄區內有一所「成都市第二師範學校」，師範學生都免學費，還發生活費，往往吸引了窮人家小孩來讀。當時第一條連接「天府之國」四川和其他省的鐵路「寶成線」完工通車，大量食物突然被調運出川，結果一夕之間不少物價漲了一倍。「二師」學生發現他們的生活水準下降了很多，於是上街遊行，要求更多的生活費。這次遊行被殷先生比作是一九五六年的匈牙利事件，學生開的會被比作「裴多菲俱樂部」（Petofi Sandor，匈牙利詩人），學生是「匈牙利知識分子的徒子徒孫」。他下令把所有參加遊行的學生都劃成右派。這所學校共有三百多名學生，一百三十名因參加了遊行都變成了右派。雖然此校並不歸我母親掌管（她只管小學），但因校址在東城區地盤內，市委就大筆一揮把這筆數目算成她的。

殷先生並不因此放過我母親，反而把她列為右派懷疑對象。但是在他還未來得及採取行動前，自己就被打成右派。一九五七年三月，殷先生赴北京參加全國省、市宣傳部部長會議。分組討論時，與會的代表都被鼓勵對他們所在各省領導提意見。殷先生對四川省委第一書記李井泉（大家都習慣以軍銜稱呼他「李政委」）說了些牢騷話。我父親是四川省代表團團長，回川後他得照例做會議情況報告，當反右運動開始時，李政委不滿意殷先生說的話，找副團長核實。但副團長當初一聽殷先生開始發牢騷就聰明地去了廁所。在反右後期，殷先生被定為右派。我父親聽到這個消息非常不安，翻來覆去地想他對殷被劃為右派負有責任。我母親安慰他說：「這怎麼會是你的錯呢？」但我父親始終沒有心安過。

當時有一些幹部藉機公報私仇，這是一箭雙鵰的買賣：既湊夠了右派指標，又打擊了自己的私敵。在宜賓，劉、張二挺利用反右清洗他們嫉妒又合不來的才幹之士。我父親在宜賓時所提拔的人，許多都成了右派。一位他的得力助手被劃為「極右派」，原因是當時中共稱「對蘇聯要一邊倒」，而他說不該「太絕對」。結果他被判了三年勞改，去修築一條穿越荒蕪山區的公路，許多人死於此工程，他算是活了出來。

一年的運動下來，至少有五十五萬名學生、教師、作家、藝術家、科學家、醫生及別的專業人才被劃為右派。大多數人都失去工作，下放到工廠和農村去做笨重的體力勞動，有些人進了勞改營。他們的家庭成員都成了二等公民。這種教訓既嚴酷又清楚：共產黨是絕不容許被批評的。從此之後，人們噤若寒蟬，有一句順口溜道出了當時這種氣氛，「三反以後莫管錢，反右以後莫發言。」人們的嘴就這樣被封住了。

更有甚者，一九五七年的悲劇對於民眾來說，大禍不僅「從口出」，而且「從天降」。「指標」制度加上個人私怨，意味著任何人都可能遭殃。有的右派得了這樣的頭銜：「抽籤右派」，由大家拈鬮決定；「廁所右派」，有些人在馬拉松式的會議中實在忍耐不住大、小便，去了廁所，返回時才發現自己成了右派；「有毒不放」，即使任何話也沒說，任何人也沒反對，但當一位領導不喜歡你時，他也許會說：「這人看起來不對勁，他父親曾被共產黨處決，我就不信他對共產黨沒有刻骨仇恨，不過不說就是了。」有些好心的領導則正好相反，「讓我抓右派，抓誰呢？我總不能害人，抓我自己算了。」這樣的人被稱為「自認右派」。

對許多人來說，一九五七年是一道分水嶺。我母親仍然忠於共產黨理想，但已開始對它的實踐產生了疑問。她把這些疑慮對她的朋友郝先生說了，但她從不對我父親說——不是因為他沒有疑慮，而是因為他不會和她討論。共產黨的紀律就像軍事命令：禁止黨員私下議論黨的政策。黨章規定：黨員必須無條件服從黨組織，下級服從上級。你有不同意見，只能向代表黨組織的高一級領導反映。這種軍事化紀律沿襲了共產黨在延安時期或更早期所建立的制度，也是他們勝利的關鍵。他們就是用這種鐵的紀律在一個傳統上個人關係高於一切的社會裡保持政權。我父親無條件服從這種紀律。他相信革命要成功，就不能從內部挑戰。在革命過程中，你站到哪邊就得為那邊作戰，就算你這邊並不完美，但只要比對方好就行。團結統一勝過一切。

我母親看得出，凡事只要涉及到黨，她在我父親眼裡就是外人。一天，她針對時勢向我父親發了些牢騷，他沒有理睬。我母親苦澀地說：「你是個好黨員，不是個好丈夫！」我父親點了點頭，說他知道。

十四年後，父親對我們提到他在一九五七年的險遇。早在延安時期，他才二十歲時，曾和著名女作家丁玲成為要好的朋友。一九五七年三月，他到北京參加宣傳工作會議，丁玲託人帶信請他去天津看她。我父親是想去，但更急於回家，便打消了念頭。幾個月後，丁玲成了中國第一號大右派。父親告訴我們說：「如果真去看了她，我這頂右派帽子就跑不掉囉！」

12 巧婦能為無米炊

大饑荒（一九五八～一九六二）

一九五八年秋天，我六歲了，開始上小學。從家到學校約要步行二十分鐘，沿途多是泥土、石塊鋪成的僻靜小巷。每天，在上學、放學途中，我總用雙眼盯著每一寸路面，搜尋被踩進石縫、泥土裡的破釘子、鏽螺絲釘。所有能送進火爐去的破銅爛鐵都是我的目標。當時六歲的我正在為席捲全國的大煉鋼鐵出力呢！我得和同學比賽，看誰揀的廢鐵最多。到處都有大喇叭傳出震耳欲聾、日夜不停的宣傳口號和振奮人心的革命歌曲，紅旗四處飄揚。報紙通版標題、塗在牆上的大標語都在吶喊：「大躍進萬歲！」「全民動手，大煉鋼鐵！」儘管我不完全明白到底發生了什麼事，但我知道毛主席要全國老老少少煉很多很多的鋼鐵。在我的學校裡，坩鍋代替了我們燒飯的鐵鍋放在廚房改裝了的大爐子上。鐵鍋已被砸得稀爛，與我們收集到的廢鐵一塊，倒進裡面。爐子晝夜熊熊冒火，直到倒塌為止。我們的老師一天二十四小時輪流把木塊、煤炭塞進爐中，有的則用大勺子在坩鍋裡攪動。許多課程都停下來了，因為老師們得全力以赴對付大坩鍋。高年級的學生也統統參加了，我們低年級的被組織起來打掃老師們的住宅，照看他們的孩子。

我記得有一次和同學去醫院看望一位老師，她的手臂被熔鐵燙傷。身著白大褂的醫生和護士都神情激動地在醫院院子和病房過道裡跑來跑去，原來這醫院院子正中就立著一座煉爐。他們必須不停地把木材、煤炭送進去。有的醫生一下手術台就跑去煉鋼，整夜醫院裡熱鬧異常。

在我入學前不久，我家搬進一個特殊大院，這裡是四川省權力的中心，由幾條街打通組成，一堵高牆與外部世界隔開，住宅、辦公樓應有盡有。進大門斜對著的是二次大戰時期的美國軍人俱樂部，海明威（Ernest Hemingway）曾於一九四一年在這裡住過。俱樂部建築是中國傳統風格，有深紅色的大圓柱子和黃色的穹形瓦鋪成的大屋頂，簷角翹上藍天，這座樓現在是四川省委辦公廳。

院內有個很大的停車場，司機們閒坐著等待調遣。現在這裡也豎起了一個巨大的煉爐。夜晚火光沖天，嘈雜的人聲在距它三百碼外的我的住房裡都可以聽到。我們家的炒菜鍋和所有其他廚房內的鐵家當都被扔進了這個爐子。但這並不影響我們吃飯，因為我們不需要它們了。不成文的規定不允許各家自己做飯，大家都必須到食堂搭伙，但是這煉爐總也填不滿。我父母柔軟而舒適的鋼彈簧床被送了進去，附近街道的鐵欄杆也送了進去。我有好幾個月沒見到父母了，他們經常沒回家，以確保他們各自所管的火爐溫度不會降下來。

這是毛澤東想把他的夢想變為事實的時代：毛想一夜之間把中國變成第一流的現代化強國。他稱鋼鐵是元帥，並號召人們在一年之內提高兩倍的鋼鐵產量，即從一九五七年的五百三十五萬噸增加到一九五八年的一千零七十萬噸。但他並不擴建由專家管理的先進鋼鐵工業，而決定沿用他的老辦法：搞群眾運動，讓所有人民參加。每個單位都有一個鋼鐵指標，日復一日，月復一月，所有的人都停下正常工作去完成它。國民經濟的發展被簡化成生產多少噸鋼鐵的問題，全國上下被捲進這個支配一切的運動。據官方估計，近一億名農業勞動者放下手上的農活去大搞鋼鐵，而國家大部分糧食生產都是靠他們勞動。平原、山區的樹木都被砍光了用作燃料。但是這場轟轟烈烈的運動生產出來的都是廢鐵，老百姓叫它「牛屎疙瘩」。

這樣荒謬的情景不僅反映了毛澤東對現代經濟一竅不通，也反映了他不時認為自己可以隨心所欲地改變、創造現實的傾向。不顧現實可能對吟詩作賦有用，但做為政治領袖據此領導國家，則完全是另外一回事了。毛澤東的傲睨萬物還包含了他根本上對人命的輕視。幾年前，他對芬蘭大使說：「即使美國的原子彈威力再大，投到中國來，把地球打穿了、炸毀了，對於太陽系說來，還算是一件大事情，但對整個宇宙說來，卻算不了什麼。」

毛澤東欲為世界領袖的自大狂很容易就和唯意志論結合在一起。除了迷戀鋼鐵以外，他還有其他的偏執念頭。他突然憎恨麻雀，理由是牠們吞食穀物，於是動員各家各戶驅趕這些失寵的小生物。我們全都坐在房屋外面拚命敲打金屬器皿，從鐃鈸到鋁鍋都有，以驚嚇麻雀，使牠們不得停息在樹上、房上、地上，最終因疲勞墜地死亡。時至今日，我還能清晰記得我們姊弟和省委機關各級幹部坐在大院裡大枸樹下拚命敲打發出的震耳欲聾的叮噹聲。

毛澤東的經濟目標也猶如神話一般，他宣稱中國工業要在十五年內超過美國和英國。雄心勃勃的「人定勝天」意志壓倒了謹慎的科學態度，就像無知取代了理性一樣。

一九五八年初，毛澤東從莫斯科回國後不久，來到成都，待了近一個月。他此刻滿心都是這個念頭：他什麼都能辦到，特別是從俄國人手裡搶過社會主義陣營的領導權。就在成都，他構思出「大躍進」草圖。成都市為他組織了聲勢浩大的遊行隊伍，但參加的人並不知道毛就在這裡，他避開了人們的視線。遊行隊伍裡有一條標語是：巧婦能為無米炊，故意和「巧婦難為無米炊」唱反調。修辭學上的誇張現在要變成具體行動，不可能的幻想要化為事實。

那年春天幾乎天天陽光明媚。一天，毛澤東要去唐朝詩人杜甫的故居「草堂」。我母親的東城區幹部負責公園一部分安全警衛工作。她和同事假裝成遊人，留心觀察可疑人物。毛澤東很少遵守時間表，他不想讓別人知道自己的確實行蹤。所以，我母親得枯坐在茶館喝茶，盡量保持警惕。終於她坐不住了，告訴同事她想去走走。無意中走到西城區監視區，那裡的幹部不認識她，立即跟了上去。當西城區黨委書記接獲報告親自趕來看時，他笑了起來，「這不是東城區的老夏同志嗎？」事後，我母親被她的領導郭先生批評為：「無組織、無紀律，到處亂跑。」

毛澤東還訪問了成都平原的一些合作社。當時合作社規模尚小，正是在這裡，毛澤東號召農民併社。後來，這些合併後的大社稱做「人民公社」。這年夏天，全中國農村都「人民公社化」了。每個「人民公社」有兩千至兩萬戶人家。運動的先鋒之一是毛澤東樹立為樣板的河北省徐水縣。當地幹部迫切地想證明他們不會辜負毛澤東的厚望，於是宣稱他們要把糧食產量提高十倍。毛澤東十分開心。當地農民為了讓偉大的領袖更開心，就聲稱他們的馬鈴薯可畝產一百萬磅，小麥畝產十二萬磅，白菜一棵重五百磅。

在那個年月，把夢想當作現實來吹牛，已達到了令人難以置信的地步。許多人——包括農業科學家、黨的高級領導——都說他們親眼目睹了奇蹟。誠實的人也被弄糊塗了，因為他們怎麼也造不出那種奇蹟，反而懷疑自己的能力有問題而自責。在毛澤東這樣的獨裁統治下，消息被封鎖、製造，一般人很難憑自己的經驗或知識來建立信心。消極的隨波逐流是最容易、最輕鬆的事，稍微放慢腳步，停下來想一想都會馬上遇到麻煩。

有一幅四處張貼的漫畫描繪一個老鼠模樣的科學家蹺著二郎腿喝茶，一邊嘲笑身邊煉爐前的煉鋼工人說：「你們這種爐子只能用來燒水給我沏茶。」那位高大的工人此時打開巨大的爐門，流出滾燙熔鐵，反駁道：「你能喝下多少？」大多數人看到不合理的現象已不敢說真話，特別是在一九五七年反右運動剛過去後。即使有人敢直言，也馬上被批判，撤職降級，他們的家庭也跟著受歧視，孩子們的前途黯淡。

在許多地區，拒絕吹牛說謊的人最後也被打得「產量大增」。在宜賓，一些生產隊領導被倒吊在村裡的廣場上，被這樣逼問：「你們生產隊每畝生產多少斤小麥？」「四百斤。」（一個實際的數字）

「四百斤？打！」

然後，再問：「每畝多少斤小麥？」

「八百斤。」

即使是這種不可能的數字也遠達不到要求。這不幸的人還是挨打了，結果是，有的人忍受不了折磨而不得不把數字提高到「一萬斤」；有的則因拒絕亂說而被活活打死；還有的則在沒有來得及提高到令其滿意的數字前就已被吊死了。

打人、吊人的基層幹部和農民自己往往也不相信這類荒唐的牛皮，但因害怕挨打而去逼別人。他們覺得反正是執行黨的命令，只要閉上眼睛跟著毛澤東就可平安無事了。極權制度扭曲、摧毀了人們的責任感和人格。甚至連醫生也跟著吹牛，誇口能醫好不治之症。

卡車常常開到我們居住的省委大院，載著咧著嘴笑的農民來彙報他們創造的奇蹟。一次，車上是一根黃瓜，足有卡車那麼長；又一次，兩個孩子抬著一個大番茄，好像重得抬不動；還有一次，一頭紙糊的大豬差點沒擠破卡車，農民說他們真的養了這麼大的豬，當時年幼的我也信以為真。或許是我被周遭的大人弄糊塗了，他們表現得好像是真有這回事。人們學著蔑視理性，大家一起演戲。結果全國上下交相欺瞞，言語脫離了現實，不負責任，也反映不出人們的真正想法。說謊說得心安理得，因為話說了就算，沒人認真，做戲成了家常便飯。

社會變成了個大軍團。毛澤東在建立人民公社時，就說過其主要的好處是「便於領導」。農民被組織起來，不再是分散的個體，由最高領袖指揮他們耕作土地。毛澤東把農業簡化成八個字，「土、肥、水、種、密、保、管、工」。中央委員會發布了兩紙文件，指示全國的農民應該怎樣改進地力，如何使用肥料，密植農作物。這些簡單得令人難以置信的指示必須嚴格照辦，結果農民得一次又一次地按指示重種他們的莊稼。

一九五八年秋收後，官方宣布農產量天方夜譚式的增長，當年全國小麥產量超過美國。《人民日報》開始討論這樣的議題：糧食太多了怎麼辦？結果是政府「理直氣壯」地把農民賴以生存的糧食也奪走了。

我父親的部門負責四川省的報紙，和當時全國的其他出版物一樣，他們也登了許多「奇蹟」式報導。新聞界是黨的喉舌，當涉及到黨的方針政策時，我父親或其他任何宣傳機構的人都無發言權，他們不過是一條大輸送帶裡的一環。但我父親已警覺到危機將要發生，他唯一能做的就是向上級反映。一九五八年年底，他寫了一封信給黨中央，陳述大煉鋼鐵毫無意義，徒費資源；農民被搞得疲憊不堪，浪費了勞動力，而且食物已出現短缺現象。他把這封信交給省長李大章轉上去。李大章是四川省的第二號人物，當初就是他幫助我父親調來成都。

李省長告訴我父親他不會代轉這封信的。他說信裡所說的事一點兒也不新鮮，他說：「黨了解一切，要相信黨。」毛澤東曾說：無論如何決不能打擊人民的士氣。大躍進已改變了中國人被動的心理，中國人不再前怕狼後怕虎，而是敢想敢做。

李省長還告訴我父親，在省內領導階層中，他已被冠上「反對派」的危險綽號，只因為他對黨絕對忠誠、嚴守紀律，才平安無事。省長說：「好在你只對黨說出了心中疑問，沒有在群眾裡說。」他警告我父親，如果一意孤行硬要上書，他就會惹上嚴重的麻煩，他的家人和其他人也會受到牽連。這裡的「其他人」明顯指的是李省長本人。我父親不再堅持了，他一半覺得省長的話有道理，而且代價委實也太高了，這段時期他已開始學習做些妥協了。

但是我父親和宣傳部門的人仍蒐集了一大堆的意見，上報給中央。當時在人民和幹部中瀰漫著不滿的情緒。事實上，大躍進使領導階層發生了分裂，這是共產黨掌權十年以來所發生的一次最嚴重的分歧。毛澤東從國家主席位子上退了下來，劉少奇代之。但劉的威望遠不及毛澤東，毛仍保留共產黨主席這個最關鍵的地位。

反對呼聲持續高漲，以致共產黨於一九五九年六月在廬山召開了一次特別會議。在這次會議上，國防部長彭德懷元帥寫了一封信給毛澤東，批評大躍進的作法，提出經濟建設的辦法要實際。這封信事實上已寫得十分婉轉了，但毛仍以一種滿受委屈的哀兵姿態稱彭的信「大有炸平廬山之勢」。他把會議拖長了一個多月，猛烈譴責彭德懷元帥。彭和幾個公開支持他的人被定為反黨集團，每個人都是「右傾機會主義分子」。彭德懷被罷了國防部長之職，軟禁起來。

毛澤東得努力施展手段以確保權位，在這方面，他算得上是一代大師。他最喜歡讀的書是描寫古代宮廷如何保持權力的《資治通鑑》，毛澤東還推薦給其他領導人讀。實際上，毛澤東統治的就像是封建朝廷，他對朝臣和百姓有無限的魔力。他還精通「分而治之」，善於利用人與人之間的矛盾，用人整人。結果是只有極少數高級幹部站在彭元帥這邊，儘管眾人心裡都對毛的災難性政策持懷疑態度。有一個人避免到廬山舉手同意打倒彭德懷，此人就是當時的共產黨總書記鄧小平，當時他的腿摔傷了。鄧的繼母在家裡嘀咕，「我一輩子都在種田，從來沒有見過這種胡說八道的種田法！」當毛澤東聽到鄧因玩撞球而傷腿的經過時說：「傷得可真巧啊！」

李政委——四川省委第一書記——開完廬山會議後，帶著印有彭德懷在廬山發言的文件回到成都。文件發到十七級以上的幹部，要他們對彭的觀點表態。

我父親已從四川省長李大章處聽到了一些廬山會議的爭論。在他參加的「考試」會上，他對彭德懷的信做了一些含糊的評論。回家後，他做了一件以前從沒做過的事：暗示我母親這是一個「引蛇出洞」的圈套。我母親非常感動：這是第一次他把她的利益放在黨規之上。

在母親的「考試」會上，她很驚訝地發現其他許多人似乎都已聽到風聲。一半以上的同事對彭德懷的信都表示憤慨，說他對毛的政策批評是「顛倒是非」。其他人看上去像失掉了說話能力，吞吞吐吐半天也說不出個所以然。有個男人則勉強地說：「處在我的立場上，很難說同意還是不同意，因為我不知道彭元帥舉的證據是否真實。如果是真的，我支持他。當然，如果不是真的，我就不支持。」

成都市糧食局長和郵政局長曾是彭德懷麾下的老紅軍，兩人都說同意他們德高望重的老司令員之觀點，他們還加上自己在農村的經驗來支持彭的意見。我母親擔憂這些老紅軍知不知道這是個陷阱，如果知道，他們仍說出自己的心裡話，真是英雄！她但願自己有他們的勇氣，但她得替孩子想想——他們怎麼辦呢？她已不再像當年做學生時那樣無牽無掛了。輪到她發言時，她含糊地說：「這封信的觀點和黨最近一兩年的方針不一致。」她的領導郭先生不大滿意她的說詞，因為她沒有表明是贊成還是反對彭德懷。那些天她每天都惴惴不安，不知何時大禍臨頭。支持彭的老紅軍被扣上「右傾機會主義分子」的帽子，解除職務，下放做體力勞動。我母親則在會議上受批評，說她思想「右傾」。郭先生指出她還犯了另一個「錯誤」。一九五九年買賣雞、雞蛋的黑市在成都蔓延，當時雞和雞蛋都從商店消失了，少數農民設法在家裡養一兩隻雞，藏在床下下蛋，偷偷帶到城內的偏僻小巷，以國營商店賣的二十倍價格出售。幹部每天都被派出去捉拿這些農民。有一次，郭先生要我母親去「抓黑市」，她說：「只要老百姓需要，賣雞蛋又有什麼不對？有求就要有供嘛！」就因為這句話和她在「考試」會上的曖昧態度，我母親被人批評思想「右傾」。

由於有許多共產黨幹部同意彭德懷的觀點，清洗「右傾機會主義分子」運動再次撼動全黨上下。這次的教訓是：不准對毛澤東提任何批評和意見——即使明顯是他的錯。幹部都看到：不管你的職位有多高（彭畢竟是國防部長），也不論你過去的功勞有多大（彭一直是共產黨部隊裡高級將領之一，為共產黨打天下，立下汗馬功勞），只要觸犯了毛澤東，一夜之間就淪為階下囚。他們也明白了：開誠布公地說出心裡話再辭職也不行，哪怕是悄悄辭職。辭職被看成是一種抗議，參加了革命、入了黨就沒有退出的餘地。黨和老百姓的嘴一樣，現在都被緊緊地封住了。在此之後，大躍進更是如火如荼地發展，更多天方夜譚式的徵糧指標從上面強壓下來，農民開始大批餓死。

＊

一九五八年底大躍進的最高潮時，一場大規模的建築工程開始了：首都十大建築，將在十個月內完工，也就是在建國十週年紀念日——一九五九年十月一日前。

十大建築之一是人民大會堂，天安門西側的一幢蘇維埃式立柱大廈。它的大理石正面長達四分之一哩，懸掛著水晶吊燈的主宴會廳可容納幾千人，這裡是召開重要會議和領導人接見外賓的地方。所有的廳堂都很堂皇，以中國各省名字命名。我父親負責裝飾四川廳的工作，完成後，他邀請和四川有關係的中央領導來檢查。四川人鄧小平來了，賀龍元帥也來了。賀龍是著名的羅賓漢式人物，創建紅軍的開國元勳之一，也是鄧小平最親密的朋友。

我父親因事暫時離開了一下，留下這兩人和另一位官員——鄧的兄弟——閒談。等他回來時，正好聽到賀龍元帥對著鄧的兄弟說：「令兄才是正統。」他們看見我父親進來，就停止談話。

事後我父親一直緊張萬分。他知道自己無意中聽到了高層統治階級內部不滿的心聲。看來他是凶多吉少了。幸而，什麼事也沒發生，大約過了十年後他告訴我這件事時，他說這麼多年來他一直活在恐懼中，「這種造反的話，就算只是聽聽也會犯了殺頭之罪！」

他無意聽到的話不過是對毛澤東的一點兒不滿而已。這種不滿情緒在許多高級領導中都有，包括新的國家主席劉少奇。一九五九年秋天，劉來成都視察「紅光人民公社」。一年前，毛對這個公社灌了水的水稻產量數字大加讚揚。為了迎接劉少奇的到來，當地幹部把他們認為可能洩露機密的人都鎖在一間廟裡。但是劉少奇也有他的「情報」，他走到廟前時刻意停下來，要到裡面看一看。幹部急忙提出各種藉口勸阻，甚至說廟要倒坍了。但劉堅持要看，最後那把生了鏽的大鎖哐噹一聲開了，一大群衣衫襤褸的農民蹣蹣跚跚走到陽光下。極為尷尬的公社幹部試圖對劉主席解釋這些人都是搗亂分子，把他們鎖起來是因為他們可能傷害主席，農民都默不作聲。雖然公社幹部無權決定政策，他們對治下的農民卻有無上的權力。他們如要懲罰某人，可以派給他做最壞的工作，給他最少的糧食，或捏造莫須有的罪名折磨他、鬥爭他，甚至逮捕他。

劉少奇問了一些問題，農民只是咧著嘴笑，支支吾吾的。在他們看來，冒犯國家主席要比冒犯公社幹部好得多，因為幾分鐘後，國家主席就要回北京去了，但公社幹部卻會和他們過一輩子。

不久，另外一位中央高級領導也來到成都——朱德元帥，由毛澤東的一位祕書陪同。朱德是四川人，曾是紅軍的總司令。此行，他訪問了成都附近幾個人民公社。當他沿著錦江岸邊散步時，沿岸的涼亭、竹林及垂柳環抱的茶館激發了他的詩興，朱德順口吟道：「天府之國真正好。」毛澤東的祕書補充了下句，「可惜共產風颳糟了！」當時我母親在旁跟隨，她心裡暗暗說：「我完全同意！」

毛澤東堅持他那瘋狂的經濟政策，雖然他不是不明白它們造成的災難。就這樣，六〇年代開始時，已在蔓延的大饑荒席捲了全國。

在成都，每個成年人每月的食物配給減少到大米十七斤，食用油二兩，要是有肉賣的話，也只能分到二兩。這是當時所能得到的全部，其他食物幾乎沒有供給，連甘藍菜也極為罕見。許多人患上水腫——一種由於極度缺乏營養而造成皮下積水的疾病。病人皮膚變黃，腿腫得像水桶。最流行的醫治方法是吃小球藻，據說它所含的蛋白質多。小球藻以人尿為養料，所以人們不再去廁所，而把尿撒在便盆裡，往裡面扔下小球藻種子，幾天後就會長出像綠色魚卵一樣的東西，然後用勺子把它們舀出，沖洗乾淨，混著大米一起煮。大家都吃得噁心，但又不能不吃，因為它確實能減輕水腫。

我父親的食物配給也和其他人一樣。但因為是高級幹部，所以享有一些特權。在我們居住的省委大院裡有兩個食堂：一個小灶，是為部長和他們的妻子兒女設的；另一個大灶，為低於這個級別的其他人服務，包括我姥姥、俊英孃孃和保母。食堂裡的食物比街上要多些，因為省級政府有自己的農場，而且受管轄的縣政府也常送來「禮物」。這些珍貴的食品都分到兩個食堂，小灶優先。

我父母還有特別的購買券。我常和姥姥用它們到大院之外的專門商店去買食物。我母親的購買券是藍色的，她每月有權買五枚雞蛋、一兩黃豆和二兩糖。我父親的購買券是黃色的，因為他的級別較高，他可以買兩倍於我母親的配給。我們把兩個食堂和其他門道拿回來的食物混在一起吃。大人總是讓著孩子，所以我沒有挨餓，但大人都半飢半飽。我姥姥得了輕度水腫，她在家裡養了小球藻，我知道大人總吃它，雖然他們不告訴我為什麼要吃這種泡在尿裡的東西。有一次，我好奇地嘗了一點，馬上覺得噁心，吐了出來，再也不碰它了。

我沒意識到周遭正有一場大饑荒發生。一天，我走在上學的路上，邊吃著一塊小饅頭，一個人衝過來，一把從我手上搶走，待我回過神來，只見一個非常瘦小的黑背影，赤著腳飛快地跑進一條泥濘的小巷消失了。當我告訴父親這件事時，他眼裡露出非常悲哀的神情，摸著我的頭說：「妳很幸運，別人家的小孩子都在挨餓。」

那時，我經常到醫院去治牙。在那兒，我看到一群群腿腫得透明發亮，圓得像大水桶的病人，被人用平板車拉到醫院，醫院此時已人滿為患。當我問牙科醫生他們怎麼會變成這樣時，她嘆了口氣，簡單地說：「水腫。」我問她是什麼意思，她只含糊地咕噥了幾句，而我似懂非懂地想到這和食物有關。

水腫病人大部分是農民，他們沒有糧食配給。農村的饑荒情況最嚴重，因為政府的政策是有糧先給城市，公社幹部不得不強制農民交出最後的存糧。在許多地區，藏糧的農民不是被捕，就是一陣吊打。不願從饑餓的農民手中奪走糧食的幹部會被撤職，或受到肉體折磨。結果是種糧的農民餓死了幾千萬人。

我後來才知道我家在四川和東北的幾位親戚死於這場饑荒。其中一個是我父親的傻兒弟，我祖母於一九五八年謝世，他不懂得要慢慢吃所配給的糧，結果一個月的糧在幾天之內就被他吃得精光，於是很快就餓死了。我姥姥的妹妹玉蘭和她丈夫效石也在這場大饑荒中去世。由於效石原是國民黨特務，他家被送到東北北部偏遠地區的農村。糧食一少，公社就根據他們的不成文規定，給「階級敵人」效石全家最後分糧。結果他們夫婦兩人把食物讓給孩子吃，自己餓死。我姥姥兄弟玉林的岳父也是餓死的，死前，他把枕芯和編結大蒜串的草帶都吃了。

我八歲那年的一天晚上，一位瘦小、滿臉皺紋的婦女來到我家。她形容枯槁，似乎一陣風就能把她吹倒，她是我家保母的母親。她一進門就趴在我母親面前磕起頭來，稱我母親是她女兒的「救命恩人」，她說：「如果不是妳，我女兒也活不成了……」我當時不明白這話的含義，後來才知道她是來報信，說她丈夫和小兒子都餓死了。一個月後，我家保母收到一封信，信上說她母親自我家回去不久也餓死了。我永遠也忘不了我家保母哀哀欲絕的痛哭情形，她靠著門前台階的柱頭，用手絹捂著嘴，身體不停地抽動著。我姥姥盤著腿坐在床上，也在哭。我藏在姥姥的蚊帳外面的一個角落裡，聽見姥姥自言自語地說：「共產黨好，共產黨好，就是這麼多人都餓死了……」幾年以後，我聽說我家保母的哥哥和嫂子也餓死了，因為地主家庭在饑餓的人民公社裡常常是排在最後面分糧。

一九八九年，一位曾在專門救濟饑荒的部門工作過的幹部告訴我，他相信四川餓死的人有七百萬，這占了「天府之國」總人口的百分之十。全國餓死人數呢？一般的估計是三千萬人。

一九六〇年的某一天，俊英孃孃宜賓鄰居的三歲小女兒突然失蹤了。幾天後，這鄰居偶然看到一個小女孩在街上玩，身上穿的衣服很像是她女兒的。她上前細看，發現那衣服確實是她女兒的，就立刻報告了警察。經過調查，發現小女孩的父母是賣燒臘肉的，他倆誘拐並殺了不少孩子，當作兔肉高價出售。這對夫婦後來被處死，案情密而不宣，但大家都知道那時常有小孩被殺。

多年後，我遇到父親的一位老同事，他是一個非常和善、能幹、從不誇大其詞的人。他非常激動地告訴我一件當時在一個公社中所親眼目睹的事。這個公社有百分之三十五的農民餓死，雖然那年本應是個豐收年。一天，一個農民闖進他房間，跪倒在地就是一陣痛哭，說自己犯了不赦之罪，乞求懲罰。最後才弄清楚，這人殺了自己的嬰兒，並吃了孩子的肉。饑餓成了難以控制的魔鬼，驅使他去動刀。他發瘋似地揪打自己，臉上淚花滾滾。我認識的這位先生下令把他抓起來，後來槍決了他，以警告那些殺害兒童者。

官方對饑荒的解釋之一是：赫魯雪夫突然逼中國償還韓戰中為幫助北韓而欠下的債。因為好些中國人都記得從前被債主無情逼討的苦日子，這麼一說，他們怨恨的目標就轉向蘇聯。就這樣，毛澤東找了個外部敵人，引開了人民的注意。

另外一個官方公布的原因是：史無前例的自然災害。中國是個幅員遼闊的國家，每年總有一些地區發生自然災害造成糧食短缺。當時全國的氣象全盤消息只有最高層領導才知道。事實上，由於人口難以流動，很少有人知道鄰近地區發生了什麼，甚至隔個山坡就像隔了千山萬水。許多人對官方宣傳信以為真，至今仍以為饑荒是自然災害造成的。我雖然不了解全局，但是我曾和來自全國各地的一些人談過話，極少有人說他們那個地區在那幾年發生嚴重天災，不過，卻都提到餓死人的事。

其實，產生大饑荒的真正原因，是把糧食從農民手裡奪走，用來出口換取毛澤東要建立軍事大國所需的工業設施。這個原因至今仍被刻意隱瞞。

一九六二年初，毛澤東在一次有七千名高級幹部參加的「七千人大會」上說，饑荒是七分天災，三分人禍。當時劉少奇卻說：「是三分天災，七分人禍。」我父親當時也參加了這次會議，他回來後對我母親說：「恐怕少奇同志要倒大楣了。」

當這次演講傳達到我母親這層幹部時，劉少奇的話已被刪去了。當傳達到普通幹部、老百姓時，甚至連毛澤東說的「七分天災，三分人禍」也沒有了。隱瞞事實真相確實有助於穩住人民的情緒，所以老百姓沒有起來反對共產黨。還有一部分原因是前幾年反黨的人不是被殺就是嚇得不敢動彈，另一部分原因則是老百姓不清楚共產黨是否應對大饑荒負責。共產黨幹部沒有貪污腐敗、囤積居奇，他們也在挨餓，只不過比普通民眾好一些；實際上，有的農村黨員自己先挨餓，首先餓死。

共產黨掌權後，許多地主家庭出身的幹部把他們的父母接到機關大院同住。饑荒嚴重時，共產黨下令把這些老人送回農村與當地農民一起挨餓，共產黨幹部不得利用權力照顧他們的「階級敵人」父母。我一些朋友的祖父母不得不離開成都，後來皆死於饑餓。

大多數農民的生活都局限在自己的村子裡，難以看到外面的世界。他們把饑荒責任歸咎於向他們下達災難性命令的基層幹部，當時廣泛流傳的話是「共產黨幹部上級好，下級胡亂搞」。

大躍進和駭人聽聞的饑荒情形深深震撼了我父母，雖然他們不大了解全局，但他們並不相信「自然災害」一說。他們心中有種強烈的內疚感，因為他們是在宣傳部門工作，正好處於虛報假消息的中心。為了平息良心上的不安，避開不誠實的日常工作，我父親自願去人民公社解決饑荒問題，這意味著要和農民待在一起挨餓。這樣做很符合毛澤東的指示：與群眾同甘共苦。只是我父親的下屬很不滿意，因為他們不得不跟隨他到農村去挨餓。

從一九五九年下半年至一九六一年饑荒最嚴重的時期，我很少見到父親。他長期待在農村裡，和農民一樣，吃番薯葉、野菜，甚至樹皮。一天，他走在田埂上，遠遠看見一個只剩骨架的農民非常困難地移動步伐。突然，這人消失了。我父親趕忙跑過去，發現他倒在田裡已經餓死了。

每天，我父親都為他所看到的事而痛苦不堪，但是他還沒見識過最壞的一面，因為像他這樣的高官走到哪裡都有當地幹部圍著。後來他得了肝腫大、水腫和嚴重的身體機能衰弱，有好幾次他一從農村回到成都就進了醫院。一九六一年夏天，他一連住院了好幾個月。他變了，不再像昔日那樣對黨堅信不疑。黨不高興了，說他「革命意志衰退」，令他出院。

他愛上了釣魚。流經醫院有條小河叫玉溪，河畔盡是彎彎垂柳，柔軟纖長的枝條低垂輕拂著潺潺流淌的溪水。雲彩倒映在水中，一下子凝聚在一起，一下子又散開。我常坐在傾斜的岸坡上，注視著水中雲彩，看我父親釣魚。空氣中有股大糞味，我背後那塊地，曾是醫院的花壇，現在改為菜田了，以補充職工和病人一點額外的營養。現在，我一閉上眼睛，仍能看見毛毛蟲在一個勁地蠶食甘藍菜葉，弟弟捉住牠們給父親做魚餌。蔬菜都長成一副可憐相，醫生護士顯然對種田是外行。

歷來中國士大夫對皇帝失望時，常常隱居到深山田園中去釣魚。釣魚代表回歸自然，不問政治，是不滿現狀、消極不合作的象徵。我父親很少釣到魚，他曾寫過一首詩，「我自垂釣不為魚，我得魚趣不貪釣。」他的釣魚夥伴——宣傳部另一位副部長——總把自己釣到的魚分給他。這是因為在一九六一年饑荒中，我母親又懷孕了。傳統上認為魚是胎兒頭腦和頭髮發育的基本營養。她當時並不想要孩子，因為她和我父親都靠工資生活，政府已不再為他們提供奶媽或保母。由於有四個孩子和一些親戚要供養，他們沒有多少餘錢。我父親工資的一部分總是用來買書，特別是厚卷的古文書籍，有的一套就值兩個月工資。偶爾我母親向他抱怨：別的領導都是對出版社暗示一句「工作需要」，就能免費拿書。我父親卻堅持自己買。

那時絕育、流產，甚至避孕都很困難。共產黨在一九五四年曾開始推行計畫生育，我母親負責她所在地區的這項工作。那時她懷小黑到了後期，挺個大肚子，經常幽默地在會議上自我批評說：「我是個犯了錯誤的人。」但是不久毛澤東轉而反對計畫生育，他要的是人口眾多。他說如果美國對中國投原子彈，中國人只需再生產，就可以重新成為大國。一九五七年，他授意批判北京大學著名的提倡計畫生育的教授馬寅初，此後計畫生育就無人敢提了。

我母親一九五九年曾懷了孕，她向黨組織寫報告，請求允許流產。這是標準的程序。必須經黨批准的一個原因是，當時做這種手術很危險。我母親說她忙於革命工作，如果不生這個孩子，她就能為人民做更好的服務。結果上面批准她動手術，手術方法很落後，痛得她死去活來。母親在一九六一年再次懷孕時，醫生和她本人都說不能再做人工流產了。黨組織也不允許，因為規定兩次手術之間最少須隔三年。

我家的保母這時也懷孕了。她和我父親以前的一位勤務員結了婚，此時他在一家工廠工作。我姥姥煮了購物券買的雞蛋、黃豆，並燒好我父親同事釣的魚，分給兩個孕婦吃。我們的保母一九六一年底生了個男孩，離開我家搬去工廠與丈夫同住。在她還沒走時，每天都是她去食堂端回飯菜。一天，我父親遠遠看到她在從食堂回來的小路上走，一邊用手拈飯盒裡的肉往嘴裡塞，一邊飛快地嚼著。我父親怕她看見自己受窘，趕快轉身從另一條路躲著她走開了。他也沒告訴任何人，直到許多年之後才告訴我。講這段事的原因是說明我們的保母餓得多麼厲害；他年輕時代讓中國人不再挨餓的夢想，竟遠未實現。保母離開我家後，由於缺糧，我家就雇不起人了。願當保母的人都來自農村，但得供應她們口糧。就這樣，我姥姥和俊英孃孃只好照看我們五個孩子。

我最小的弟弟小方出生於一九六二年一月十七日。他是我們兄弟姊妹中唯一由我母親餵奶的孩子。在他出生前，我母親曾想把他送給別人，但當他出世後，她就和他難捨難分了。小方成了母親的寵兒，我們大家也很喜歡和他玩，拿他當大玩具。他在充滿愛的環境中長大，我母親相信這是他成人後為人輕鬆自如、充滿自信的緣故。我父親總是圍著他轉，對其他孩子都沒有這樣過。小方能玩玩具時，我父親每週六帶他到百貨商店買一件新玩具。小方一哭，我父親就好像天塌下來一般。

*

到了一九六二年初，國家主席劉少奇和中共幹部在「七千人大會」上迫使毛澤東放棄他導致數千萬人死亡的災難性經濟政策。毛勉強「自我批評」，但內容充滿了自憐，聽起來好像代人受過：他在為全國不勝任的、胡作非為的幹部擔當罪責。毛澤東帶頭所做的不痛不癢的自我批評，掩飾了真正的責任，也沒有人去追查責任。

但情況畢竟開始好轉。劉少奇等務實主義者進行了一系列重大改革。就是在這種情況下，鄧小平說了那句著名的話：「不管白貓黑貓，捉得住老鼠就是好貓。」瘋狂的徵糧指標取消了，一些切實可行的經濟政策也開始推行。農民的收入現在與他們的勞動有關了。被人民公社充公的私人財產還給了農民，包括小型農具和家畜，農民有了一小塊自留地。在一些地區還實行土地分租，在工業和商業方面，官方認可了市場經濟的一部分。結果短短兩三年內，經濟又繁榮起來了。

隨著經濟管理的鬆動，政治也放鬆了一些。許多地主被摘掉「階級敵人」的帽子，以前在各種政治運動中被整肅的人也平了反。這些人中有一九五五年的「反革命分子」，有一九五七年的「右派分子」，有一九五九年的「右傾機會主義分子」。我母親在一九五九年曾遭批評為「右傾」，在一九六二年為了補償她，就把她的級別從十七級提升為十六級。文學和藝術方面也有了相對的自由，氣氛較為鬆弛了。我的父母和其他許多人一樣，認為這個政權似乎能夠汲取教訓改正錯誤，而且能把中國管理好，這使他們又恢復了信心。他們有所不知的是，毛澤東正在策畫復仇——向劉少奇和中共幹部。

這一切發生時，我一直生活在省委大院的高牆內，我沒有直接遭遇過悲劇，外界只是一些隱約的牆外音。正是在這樣的世界裡，我開始了我的少年時代。

13 千金小姐

我的世界（一九五八～一九六五）

一九五八年，我母親帶我去「實驗小學」報名。我身穿一件粉紅色燈芯絨外套和綠色法蘭絨褲子，頭髮上紮個粉紅色大蝴蝶結。我們直接走進校長辦公室，校長、教導主任及一位教師正在等我們。她們笑著迎上來，敬稱我母親為「夏部長」，把她當大人物看待。後來我才知道這所學校隸屬我母親管轄。

她們之所以安排這次特殊的面試，是因為我只有六歲。由於學校不敷使用，按規定，小學只收七歲以上的孩子。而這次甚至連我父親也不在乎打破規定，他和我母親想讓我早點上學。面試時，我流利地背誦了古詩，露了一手漂亮的漢字，使學校確信我的能力已超過了學齡。後來校長和她的同事又讓我做標準入學考試，結果也令她們十分滿意，就這樣我破例入了學。我父母為我感到自豪，因為他們同事的小孩有些都被這所學校拒收。

每個父母都想把自己的孩子送進實驗小學，因為它是成都市及全省最好的「重點」學校。當時進重點學校非常困難，入學嚴格按考試成績，即使是高幹子弟也沒有優先權。

每次我被介紹給一位新教師時，人們總是說：「這是張部長和夏部長的女兒。」我母親常騎腳踏車到學校來檢查工作。一天，天氣突然變冷，她給我送來一件繡花綠燈芯絨外套。校長親自到我班上把衣服交給我，當時全班同學都盯著我看，令我感到非常難堪。我像其他小孩子一樣，總是不想在團體中顯得太突出，希望能被同齡的人接受。

每個星期我們都有考試，成績貼在布告欄上，而我總是名列前茅，使落在後面的同學不大舒服，他們在背後叫我「千金小姐」，有時還惡作劇：把青蛙放到我書桌的抽屜裡，或把我的辮梢繫在座位靠背上面。他們還說我缺乏「集體主義精神」，瞧不起人，但我知道我只是喜歡獨自行事。

除了大躍進時我們停課煉鋼外，學校的課程和西方學校差不多。沒有政治課，但有必修的體育課：跑步、跳高、跳遠，還做體操、游泳。我們每人都得參加一項校外體育運動，我選了網球。訓練的目的是培養、選拔職業運動員。起初我父親反對我參加，但我的網球教練——一位漂亮的年輕姑娘，穿著短短的運動褲去找我父親談。她衝著他迷人地笑著，告訴他因為網球這項最雅致的運動在中國尚未廣泛推展，所以他的女兒應該「樹立榜樣」。我父親管四川省的體育，不得不同意。

我很喜歡我的老師，他們都很優秀，上起課來我都聽得津津有味。我印象最深的是一位名叫達力的自然科學課老師。他為我們講解把衛星送入軌道的理論（蘇聯人剛剛發射了第一顆人造衛星）、登訪其他星球的可能性。在他的課堂上，就連最不守規矩的男孩子也會入迷地黏在座位上。我偶然聽到同學在背後說他是「右派」，但誰也搞不清楚這是什麼意思，也沒有影響我們打心眼裡對他的尊敬。

我母親在若干年後告訴我達力先生曾是位兒童科幻作家，他在一九五七年被劃成右派，因為他寫了一篇有關耗子偷食養肥自己的文章，被指控為含沙射影，攻擊共產黨幹部。他不能寫書了，要下放去農村。我母親全力運用關係把他調來實驗小學，當時很少有幹部敢雇用右派。

也就是因為這份勇氣，她被派來主管我們學校。按地理位置，這所學校應屬成都市西城區，但市政府想讓學校擁有最好的師資，而好老師往往來自「成分不好」的家庭，西城區宣傳部不敢用，市政府於是讓我母親的東城區管轄。我們的教導主任的丈夫是前國民黨軍官，當時還在勞改。通常這類背景的人不可能有好工作，但我母親不僅沒把他們趕走，還對其委以重任。我母親的上司同意她的作法，但他們要她擔責任，她也不怕。我父親多多少少是她的靠山，她比西城區同事更感安全。

＊

一九六二年，我父親應邀把他的孩子送進一所緊靠省委大院的新學校「泡桐樹小學」，校名得自於校園裡成蔭的泡桐樹。學校是西城區辦的，因為這個區一所重點學校也沒有，現在想辦一所。他們從別的學校調來優秀的教師，因為省上大人物的孩子都被送來這裡，所以這所學校馬上以「貴族學校」聞名。

在泡桐樹小學建立之前，成都有一所為高級軍官子女開辦的寄宿小學——「八一小學」。一些政府高官也把孩子送進去。這所學校的水準不高，但有個「比吃比穿比爸爸」的聲名，在這裡常常可以聽到：「我爸爸是師長，你爸爸只是個團長！」一到週末，學校門外小汽車大排長龍，保母、警衛、司機等著接孩子回家。許多人認為這種風氣對孩子有害，我父母對這所學校更是反感。

在和泡桐樹小學校長及一些老師見了面後，我父母很滿意這所學校，覺得他們有心要樹立良好的德育典範和紀律。更難得的是，每年級只有二十多名學生。而實驗小學僅我的班上就有五十名學生。當然，泡桐樹小學的師生比例是方便照顧住在附近的高級官員，我那位不再那麼認真執著的父親為了我的教育也只好睜一隻眼閉一隻眼了。

我的新同學大多數是省級機關幹部的孩子，有些和我住在同一個大院裡。除了學校，省委大院就是我的全部世界。花園裡到處是精心培育、修剪的花草樹木：白果樹、棕櫚樹、劍麻、夾竹桃、木蘭花、山茶、玫瑰、木槿，還有兩棵稀有的紫荊樹，奇異地依偎在一起生長，兩邊互相連接的樹枝像兩隻緊挽的胳膊，儼然是一對難捨難分的情侶。它們還很敏感，如果在其中一棵的樹幹上搔搔，哪怕很輕，兩棵樹就都會一塊抖動起來，樹葉不停地搖晃，所以我們叫它們「癢癢樹」。午飯後，我常坐在紫藤蘿架下的鼓形石凳上，手肘支在石桌上讀書、下棋。周圍是五彩繽紛的花叢，不遠處一棵棕櫚樹兀立著，高傲地直插天空。我最喜愛的是爬滿棚架的七里香花。開花時節，滿屋生香。我喜歡坐在窗前，凝視著它，拚命吸那濃郁的芳香。

我們剛搬入省委大院時，住在一幢帶有庭院的樓房內。它是中國傳統式的建築，沒有現代化設備：室內沒有自來水、抽水馬桶及瓷浴缸。一九六二年，若干幢擁有這些設施的西式公寓在大院的一個角落建成，我家分到一層。搬入之前，我參觀了這個新奇的世界，冷熱水開關啦，抽水馬桶的水缸啦，裝在牆上嵌了鏡子的壁櫃啦！我都覺得妙不可言。我用手撫摸著浴室牆壁上光亮的白瓷磚，覺得它們是那樣的涼爽宜人。

大院內有十三幢公寓，四幢分給各部部長，其他分給處長、辦公室主任。我們的公寓占了整整一層，而處長是兩家分享一層。我們的房間比他們寬敞，我們有防蚊紗窗，他們沒有。我們有兩間浴室，他們只有一間。我們一星期有三天熱水供應，他們沒有。我們有電話，這在當時極少，他們沒有。下層幹部住在街對面一個小點兒的院子裡，房間設施又差一截。六位省委書記在大院裡擁有獨立的院落，兩道院門晝夜有持槍衛兵守衛。只有特別授權的人才允許進出。「書記院」裡每位書記占一幢兩層小洋樓。第一書記李井泉的住宅門前台階上，還有衛兵把守。我就是在這種對等級和特權都習以為常的環境中長大的。

所有在大院內工作的成年人進出大門時都須出示證件。我們小孩子沒有證件，但警衛認識我們。如果我們有朋友來玩，就複雜了。他們得填表，然後警衛再打電話到我們家，家裡人得走到前門把人領進去。工作人員不歡迎別的孩子進入省委大院，說這裡的環境會被干擾破壞。這使我們不便帶朋友到家裡來玩。我在實驗小學的四年內，只請過幾次女同學來家裡玩。

除了上學，我很少到院子外面去。有時，我和姥姥一塊去百貨公司，但我從來沒有欲望買什麼東西，「消費」對我而言是個很生疏的概念，我父母只在特別日子才給我零花錢。我們的小食堂像飯館，飯菜很好吃。除了大饑荒期間，每頓總有七、八樣菜可選擇。廚師是精選來的，不是特級，就是一級（和教師一樣，廚師也分等級）。家裡也總有糖果和水果，除了冰棒之外，我說不出還想買什麼別的吃的，一次「六一」兒童節，父母給了我一些零花錢，我一口氣吃了二十六根冰棒。

省委大院內的生活自成一個世界，這裡有電工、水管工和其他修理人員，還有商店、理髮店、電影廳和舞廳。當時非常流行跳舞，每逢週末，省委機關不同層次的工作人員有不同的舞會。在從前美軍俱樂部裡舉辦的舞會是為處長以上的幹部開的。它總有一個樂隊，省歌舞團的男女演員也被請來助興。有些女演員常來我家和我父母聊天，然後帶我在大院裡散步。能和她們走在一起我感到很驕傲，因為演員是眾所矚目的焦點。人們對他們特別寬容：他們的穿著可以比別人更豐富多彩，甚至可以有風流韻事。我父親按理說是他們的上司，但這些演員不像別人那樣對他必恭必敬，反而常拿他開玩笑，叫他「明星舞者」。我父親只是笑笑，看上去很不好意思。舞會跳的是簡單的交際舞，舞伴有點拘謹地在光滑的地板上轉來轉去。我父親確實是舞場高手，很顯然，他玩得很開心。我母親不會踩拍子，也就不喜歡跳舞。休息時候，孩子進入舞池，相互手拉手，在地板上做「滑雪」遊戲。場內的氣氛是熱鬧而歡快的。蒸騰的熱氣、撲鼻的香水、衣著鮮麗的女士和眉飛色舞的「紳士」，形成了一個我夢想的神奇世界。

每個星期六晚上都放電影。一九六二年，隨著政治氣氛的鬆弛，甚至有些來自香港的片子，大多數是文藝愛情片，使人們一窺外部世界。當然也放映振奮「革命精神」的片子，根據等級，在兩個不同的地點放映：上層人物在一個座位寬大舒適的大廳內，其他人則擁擠在一個大禮堂裡。我曾去過一次大禮堂，那裡放映一部我想看的片子。早在電影開始前座位就全部占滿了，後來的人得自帶板凳。許多人站著看，後面的人得站在椅子上才看得見。我以前並不知道會這樣，沒帶凳子，又被擠到後面，什麼也看不見。這時認識的一位廚師，正站在一張能容納兩個人的長凳子上，看見我擠過來，就把我也拉了上去。凳子很窄，我站不穩，人們不斷推來推去，一會兒就把我擠倒了。跌下去時，我的眉角碰到一張凳子的稜角上，傷痕至今還在。

在為上層服務的放映廳裡，有些片子是「保密」級的。外邊的人，甚至連大禮堂的觀眾也不准看。這些叫做「參考片」，大部分是西方電影的剪輯。這是我第一次看到迷你裙和披頭四樂團（Beatles）。我記得有部片子演的是在一個海濱浴場，有個男人偷窺女人換衣，被那些婦女朝他頭上澆了一桶水。另一部紀錄片演的是抽象派畫家讓猩猩在一張白紙上塗墨作畫，一個男人用屁股彈鋼琴。

我想這些參考片一定是被選來表明西方有多頹廢。雖然觀眾都是高級幹部，可是就連他們也不可能接觸到大量的西方資訊。偶爾有西方電影在一個小電影放映室內放映，裡頭是不准孩子進去的。我很好奇，求父母帶我去，他們答應了我一兩次，那段時間我父親已對孩子隨和多了。門口有一名警衛，因為我是和父母一塊，他也就沒有阻攔。電影遠超過我的理解範圍，有一部片子講的是一位美國飛行員在日本投了原子彈以後發了瘋。另一部黑白片有個場面是一位工會領袖在小車內被兩個惡棍毒打，鮮血從他的嘴角淌出來，我嚇壞了。這是我第一次看到逼真的流血暴力行動（學校體罰已被共產黨廢除）。那時候，中國電影都是溫和、傷感或振奮人心的，哪怕是有一點點暴力也只是做做樣子，彷彿平劇裡的武打。

我對西方工人的穿著——沒有補丁的整潔西服感到迷惑不解，這與我腦中所想的資本主義國家「被壓迫人民」的衣不蔽體大不相同。電影結束後我問母親這個問題，她說了一些「相對生活標準」之類的話，我仍不懂，這個問題後來一直留在我腦海裡。

年幼的我以為西方是個充滿貧困和悲慘生活的世界，就像《安徒生童話》裡無家可歸的〈賣火柴的小女孩〉。當我還在幼稚園裡，不想把飯吃完時，老師會教訓我：「想想資本主義世界那些饑餓的孩子們！」上了小學後，老師想要我們勤奮學習就說：「你們能上學，有書讀，是多麼幸福啊！在資本主義國家，孩子得出去幹活養家。」只要大人想要我們接受什麼事，便說西方人想要卻得不到，我們該珍惜我們的好運氣。我不知不覺也就這樣思考問題了。一次，我看見班上有位女孩穿了一件我從未見過的新式粉紅色透明雨衣。我就想要是能把我那把陳舊的蠟紙傘換成這種雨衣該有多好！但是轉念一想，又立刻責備自己有「資產階級傾向」。我在日記中寫道：「想想資本主義世界的孩子吧！他們甚至連傘都沒有一把！」

我心目中的外國人形象也很可怕。所有中國人都是黑頭髮黑眼珠，西方人有不同顏色的頭髮、眼珠，看上去很奇怪。我腦子裡的西方人形象或多或少是官方宣傳的寫照：亂蓬蓬的紅頭髮，顏色怪異的眼珠，又高又長的鼻子，走起路來跌跌撞撞像喝醉了酒，不停地往嘴裡倒可口可樂，大腿以一種極不雅觀的姿態曲扭著，還老是怪腔怪調地說：「哈囉！哈囉！」我不知道「哈囉」是什麼意思，以為是句罵人的話。當男孩子玩「打游擊」遊戲（類似「牛仔打印第安人」）時，敵方一定在鼻子上黏上玫瑰花刺，代表西方人的高鼻子，嘴裡還要不停地說：「哈囉！哈囉！」

小學三年級時，我們班想用花草裝飾教室。有個同學提議她可以從平安橋街的天主教堂花園裡拿來一些稀奇的花卉，她的父親在那裡做花匠。這個教堂從前有個孤兒院，後來關閉了。教堂仍開放，但在政府控制下。共產黨要天主教徒與梵蒂岡脫離關係，加入「愛國教會組織」。由於共產黨對宗教的宣傳，教堂在我心目中是個既神祕又可怕的地方。我曾在一本描寫外國傳教士的小說中第一次讀到「強姦」這個字眼。傳教士還總被說成是帝國主義間諜和用孤兒院嬰兒做醫學實驗的凶殘角色。

每天我上學、放學的路上，都要經過槐樹夾道的平安橋街街頭，可以看到教堂的側面。在我看來，最富異國情調的是它的立柱：白色大理石質地，古希臘風格。中國的柱子多是塗漆的木頭。我很渴望進去看看，曾要求那位女同學帶我去她家玩，但她說她父親不准她帶任何人到家裡。她的回拒更增強了我的好奇心，所以這次當她主動邀我去教堂花園採花時，我就迫不及待地跟她去了。

愈靠近教堂，我心情就愈緊張。到達門口時，心臟彷彿快跳出了喉嚨。我似乎從沒見過這樣威嚴的大門。我的同學踮著腳扣了扣門上一個金屬環。門邊一扇小門嘎吱一聲開了，半暗中一個滿臉皺紋、背駝得厲害的老頭出現了，他的樣子簡直和神話故事裡的女巫一樣。我看不清他的臉，但憑想像他有一個很長的鷹鉤鼻，戴頂尖帽子，就要騎上掃帚騰空而去。我完全沒想到他是個男的，不可能是女巫。我躲開他，趕快邁進大門，躍入眼簾的是一個小巧玲瓏的花園。我由於太緊張，也沒看清花園裡有些什麼，只記得花草盡是鮮豔奪目的色彩，形狀稀奇古怪，還有一口小噴泉，泉水從假山中涓涓流淌下來。那位女同學拉著我的手，領我沿院子周圍的長廊走。我們走到遠遠的那一頭時，她打開一扇門，告訴我那兒就是神父佈道的地方。佈道！我曾在一本書裡見過這個詞，說是傳教士利用佈道把國家機密洩露給帝國主義間諜。我跨過門檻進入這間很大但光線很暗的廳堂時，就更加緊張了，有一陣子什麼也看不見。後來我終於看清大廳那頭有一尊塑像。這是我第一次看到耶穌受難像，我走近時，十字架上的那個人似乎懸在半空中，籠罩在我頭上，朝我壓下來。那血淋淋、受刑的姿態和臉上的神情，令我覺得十分恐怖，我轉身跑出大廳，差點在門口和一位身穿黑袍的男子撞了個滿懷。他伸手想扶我，我以為他要抓我，馬上閃身急躲，飛快逃走。身後不知什麼地方有一扇重門嘎吱響了，接下來是死一般地沉寂，只聽見噴泉輕輕的流淌聲。我拉開小門，一路逃到街口，心咚咚亂跳，頭陣陣發昏。

*

比我晚一年出世的弟弟京明和我不一樣，從小思想就很獨立。他酷愛自然科學，讀了許多流行的科學雜誌。儘管這類雜誌和其他出版物一樣不可避免會有政治宣傳，但它們也報導了西方科技進步的情形，這些讓京明印象十分深刻。他完全被這些雜誌所介紹的雷射、氣墊船、直升機、電子儀器和汽車等圖片所吸引。此外，「參考片」也使他見識到西方科技進步的情形。他開始對學校、新聞媒體和大人所說的事表示懷疑，因為他們說資本主義世界是地獄，只有中國才是人間天堂。

由於美國具有最先進的科技，京明就特別注意這個國家。京明十一歲那年，某天他興奮地在餐桌上向全家描述美國在雷射方面的新發展，說著說著他向父親表示他很崇拜美國。父親一下子茫然以對，不知說什麼才好，看上去非常憂慮。好一會兒，他才摸著京明的腦袋，對母親說：「我們該怎麼辦呢？這孩子長大了一定是右派！」

不到十二歲，京明就根據兒童科學書上的圖片，完成幾項「發明」。其中有一個是他想用來觀察哈雷彗星的望遠鏡和用燈泡的碎玻璃片燒製的顯微鏡。有一天，他想改進一把可連續發射鵝卵石或羅漢果的橡皮筋「槍」。為求逼真的音響效果，他向一位父親是現役軍官的同學討一些子彈殼，以燒製撞擊發聲裝置。結果這位同學找到一些子彈，拔去彈頭，掏空彈藥，把彈殼給了京明——沒想到雷管還留在裡面。京明用剪碎的牙膏錫管充填到彈殼裡，用火鉗夾著放到廚房的煤爐上烘烤。當時爐上有個水壺，京明把火鉗伸到水壺下面時，突然一聲巨響，壺底炸出一個大洞。大家都跑來看出了什麼事。京明給嚇壞了，倒不是怕爆炸危險，而是怕我父親——父親在我們心目中很嚴厲。

但父親並沒有打京明，甚至沒責備他。他只盯著京明看了一會兒後才說：他已經嚇得夠厲害了，應該到外面散散步。京明如釋重負，連蹦帶跳地跑走了。他絕沒有想到自己能如此輕鬆過關。等他回來後，父親對他說：在沒有大人指導的情況下，不得再做任何實驗。不過父親沒有嚴格約束他，京明很快就又我行我素。

我幫京明做過幾次實驗。有一次，我們做了一個以自來水為動力，可以把粉筆打碎的粉碎機模型。當然這是京明動腦又動手的，我只有三分鐘熱度。京明和我同讀實驗小學。達力先生也教他的班級，他為京明打開了科學世界的大門，京明一直很感謝他。

我的二弟小黑出生於一九五四年，是姥姥的寵兒，但我父母很少關注他，原因之一是他們認為他已從姥姥處得到不少愛了。他覺得父母不太喜歡自己，所以本能地總在父母面前表現得畏畏縮縮，這使得我父母很煩。特別是父親，他不能忍受照他看來不直截了當的行為。

有時父親被小黑惹火了，就打他一頓。但事後父親又後悔了，有機會就摸摸小黑的頭，說自己不該發脾氣。姥姥總是一把鼻涕一把淚地和父親吵，父親又會怪她慣壞了小黑，結果造成了他們之間的關係老是緊繃，姥姥因此更疼小黑。

我父母認為只有兒子可以打、罵，對女兒則不能這樣。我姊姊小鴻只挨過兩次打。一次是在五歲時，她非要在飯前吃糖果不可，飯菜端上桌後，由於嘴裡還在嚼水果糖，她又嚷嚷說什麼都沒有味道。父親回頭瞪了她一眼說：「叫妳不要吃糖妳偏不聽。」小鴻一聽覺得挨了罵，哇的一聲就哭了起來，把筷子扔到房間對面。父親一下子火了，隨手給她兩巴掌。她馬上抓起一把雞毛撣子就打父親，他從她手中奪過雞毛撣子，小鴻又抓起掃帚。一場混戰後，父親把她鎖進了我們的臥室，嘴裡不停地說：「慣得不成樣子了！真給慣壞了！」我姊姊沒吃成這頓午飯。

我姊姊童年時很任性。不知為什麼，她絕對拒看電影或戲劇，也拒絕旅行。有許多東西她討厭吃：要她喝牛奶、吃牛羊肉，就好像給她灌毒藥似的。我小時候因為跟她學，錯過了許多電影和無數美味佳肴。

我卻不會那麼任性，還不滿十歲，大人都說我懂事。我父母從來沒對我動過一根指頭，也沒罵過我。他們難得的批評也很審慎客氣，好像我是個成人，自尊心容易受到傷害。他們給了我很多愛，特別是父親。晚飯後，他常常帶我去散步或去他朋友家拜訪。他最親密的朋友都是些老革命，聰明能幹，而且背景上似乎都有什麼「污點」，因此職位都不高。有一位朋友曾是毛澤東的挑戰者張國燾領導的紅四方面軍的軍官；另一位是唐璜似的風流才子，他的妻子——也是位黨的官員，總扳張冷冰冰的面孔，我父親盡力迴避她。我喜歡這些成人聚會，但更喜歡一個人悄悄待在一邊讀我喜愛的書。學校放假時，我整天都一邊咬著自己的辮梢，一邊讀書。除了文學和一些較簡單的古詩集外，我還喜歡科幻和探險故事。我記得有一本科幻小說描寫一個人在另一座星球上只待了幾天，返回地球時，發現已是二十一世紀了。所有事物都變了，人們吃裝在膠囊內的食物，乘氣墊船旅行，用電視通話。我渴望能生活在擁有這些神奇發明的世界裡。

童年時代，我急著快點長大，常夢想長大後要做什麼。從我開始閱讀、寫字起，就喜歡看盡是文字的大部頭書，而不喜歡圖畫書。在其他方面，我也很性急：吃水果糖從來沒耐性慢慢吃，總是一進嘴就幾口嚼了。我甚至連喉片也咬碎吞了。

我和弟弟、姊姊相處融洽。按傳統，男孩子和女孩子很少在一塊玩，但我們像是好朋友，彼此關心，不會嫉妒或競爭，也很少吵嘴。我姊姊一看到我哭，她自己也會哭起來；聽到別人表揚我，她會很高興。我們之間的良好關係常被人誇讚，別的家長常請教我父母是怎樣教育孩子的。

父母和姥姥共同營造了一個愛的家庭。我們只看見父母十分相愛，從沒有見過他們吵架。大饑荒之後，我父母和大多數幹部一樣，不再像五〇年代那樣從早上八點工作到晚上十一點了，家庭生活占據了較重要的位置，這樣也不再被視為對共產黨不忠誠。我父親這時已四十出頭，人也成熟了，變得和我母親更親近。他們有較多的時間在一起，隨著年紀漸長，我看見他們愈來愈相愛。

一天，我聽到父親告訴母親，他的一位同事對她的恭維話。這位同事的妻子素有美人之稱。「這是我們兩人的好運氣，老婆這樣出色。」他對我父親說，「看看周圍，她們倆是無人可及的。」我父親很是得意，以一種喜不自勝的表情回想當時的情景。「當然，我客氣地笑了笑，心裡可在想，你老婆怎麼可以跟我老婆比？我老婆才更出色呢！」

有一次，我父親參加了一個為時三星期的招待全國各省宣傳部部長旅遊全國的觀光團。在父親整個官宦生涯中，這是他唯一的一次旅遊，這個團一路上備受禮遇，還有一位攝影師隨行幫他們拍照留念，但我父親卻覺得若有所失。到了第三個星期，觀光團到達上海時，他想家想得不得了，於是藉故說不舒服，飛回了成都。從此以後，我母親就叫他「老傻瓜」。「你的家飛不了，我也丟不了，就這一星期你都玩不下去？你看你平白失掉了多好的遊覽機會啊！」但我能感覺得到，母親其實是滿高興我父親如此想家。

我父母最關心小孩的兩件事是：學業和品德。無論工作有多忙，他們常會檢查我們的家庭作業，也經常和老師聯繫，希望我們成績優秀。大饑荒後，他們有較多的空閒時間，對我們的學習情況更加關心。晚上他們輪流給我們做課外輔導。

母親是我們的數學老師，父親輔導我們國文。跟父親上課的晚上對我們來說是嚴肅的時刻。我們可以進父親書房去看書，書房裡硬皮精裝和線裝古書從地板一直堆到天花板。在翻書之前，我們得先洗手。我們讀過大作家魯迅的作品，也讀了唐宋詩詞，有些詩即使是大人也難理解。

父母也十分注重我們的道德教育，父親想讓我們長大後成為誠實而有人格的公民。對他來說，共產主義革命其實就是道德革命。他給每個兒子各取了個能表達他理想的名字：「直」，正直、誠實，給了京明；「樸」，樸實無華，給了小黑；「方」，廉正、不圓滑，給了小方。我父親相信這些都是舊中國缺少的品質，共產黨革命就是要復興這些東西。

一次，他訓斥京明，原因是他用公家信箋做紙飛機。我們用家裡的電話得先徵求他同意。由於他的工作包括新聞媒體，公家提供給他多份報紙和期刊。他鼓勵我們看，但不許拿出書房。每到月底，他就把它們提回部裡上交，因為舊報紙都賣給舊貨收購部門，他不要占國家一丁點兒便宜。為了幫他檢查是否份份報紙齊全，我不知花了多少枯燥的星期日。

父親對我們很嚴格。一九六五年，柬埔寨施亞努親王（Prince Norodom Sihanouk）的一位公主到成都表演芭蕾舞。這對一個幾乎與世隔絕的社會來說是樁極為新鮮的事，我非常想看這場演出。由於父親的職務關係，他常有新上演節目的招待票，而且通常是貴賓座。他常帶我去，這一次，他因事不能去，但給了我一張票，不過卻要我不得坐在貴賓座上，得找人換到後排。那天晚上，我手裡拿著票站在劇場門口。觀眾蜂擁而入，他們拿的全是招待票，座位好壞視職位高低而定。當演出就要開始時，我仍站在門口，不好意思吆喝換票。入場的人漸漸少了，我急得差點哭出來，心想要是有個不那麼嚴厲的爸爸就好了。正在這時，我看見一位父親部門裡的青年幹部，就鼓足勇氣，從後面拉了拉他的衣角，懇求他換票。他笑了，立刻同意讓我去坐他的後排位子。他一點兒也不覺得意外，因為我父親對孩子管教嚴格在省委大院是出名的。

一九六五年春節，為慰勞教師舉辦了一場特別演出，這次父親帶我去看，但他不讓我和他坐在一起，把我換到最後一排，說我坐在老師前面不合適。結果我幾乎看不見舞台，心裡直氣爸爸。後來我聽老師說，他們極讚揚他的周到，因為教師看到一些高幹子弟懶散地半躺在前排座位上，感到很刺眼，認為這是不禮貌的。

歷史上權貴子弟往往驕橫無禮，令老百姓大為反感。有一次，一位新來的門衛沒認出一個住在大院的女孩，不讓她進來，結果她對他大吼大叫，還用書包打他。有些孩子常粗魯地衝著廚師、司機和其他公務員直呼其名，這樣對長輩是一種大不敬。有一次我親眼目睹一個男孩子把飯菜退回小食堂，指名道姓地說廚師的飯菜做得不好吃。那位廚師流露出深受刺傷的眼神，但什麼也沒說，顯然是不想得罪孩子的父親。有些家長對孩子的紈袴作風不以為非，我父親卻非常生氣，「這種幹部怎麼會是共產黨員！」我父母親教我們要懂禮貌、尊重別人，稱服務員「叔叔」、「阿姨」等等。我們在餐桌上吃完飯後，總會把用過的碗筷送回廚房，我父親說這樣做是尊重廚師。這些瑣碎小事使我們贏得大院職工的好感。我們回來遲了，廚師會把飯重新溫熱。花匠給我們花和水果。司機會樂意繞路接送我們——當然是瞞著我父親，因為如果他不在車上，我們不得坐他的車。

我們的現代化公寓在第三層樓上，陽台面朝大院院牆，牆外是泥巴石子路面小巷，對面是一排穿斗式木板連簷平房，是成都人的典型住所。這些房子都是泥巴地面，沒有廁所或自來水。房子正面是用直立的木板一塊接一塊拼成的，其中兩塊木板構成了門。前面的房間直通裡面一間，這一間又通到另一間，一連幾間就是一戶人家。房子後門通向另一條街道。由於房子兩側的牆與鄰居共有，這些房子都沒有窗戶。居民為了通氣透光，得讓前、後兩面門敞開著。盛夏夜晚，他們坐在狹窄的街沿上讀書、補衣或聊天。從他們坐的位置可以直接仰視我們寓所亮晶晶的玻璃窗和寬綽的陽台。我父親說不要刺激住在小巷裡的人家，所以不許我們在陽台上玩。

夏季晚上，小巷裡居住的男孩子常常沿街叫賣蚊香。他們吆喝著一種特別的調子「蚊煙兒喲蚊煙兒」以吸引買主。我的夜讀就這樣被這種悲傷的調子所縈繞。由於父親的不斷提醒，我明白能在寬敞、涼爽、有嵌木地板和防蚊紗窗的房間裡看書是一種特權。「不要認為你們比那些賣蚊香的孩子高一等，」他說：「你們不過是運氣好。我們為什麼要搞共產主義？就是為了讓每個人都住進像我們這樣的房子，住進更好的房子。」

父親的教誨，使我逐漸對自己的特權感到羞愧，每聽到大院裡一些男孩子站在陽台上模仿窮孩子叫賣蚊香的小調，我都為他們感到羞恥。當我隨父親乘轎車外出，司機按著喇叭穿過擁擠的人群時，我覺得窘得不得了。人們一往車裡窺視，我就往座位底下滑，以避開他們的目光。

十一、二歲時，我就是這麼一個嚴肅的姑娘。我喜歡獨自沉思，想著那些令我困惑的道德問題。兒童樂園、玩遊戲早已引不起我的興趣，和別的女孩子在一起說長道短，我也覺得沒意思。儘管我容易接近，也招人喜歡，但是我和別人之間似乎總有一段距離。在中國，人們相互間很容易熟得不分你我，特別是女人。但我從孩提時代起，就喜歡獨處。

父親注意到我性格的這一面，曾稱讚我是「君子之交淡如水」。當我的老師要求我要有「集體主義」精神時，父親卻告訴我：過分「甜如蜜」、「群居終日、言不及義」沒什麼好處。父親的教育，實際上就是給我英文所說的privacy與space。這兩個詞中文沒有完全對應的字，但這不等於中國人沒有這類要求。由於父親的鼓勵，我保有了個人的空間。京明也堅持要有自己的生活，不了解他的人以為他孤僻、脾氣古怪；事實上，他愛交際，也惹人喜愛。

父親常對我們說：「我覺得你們的母親用『自由放牧』的方式來培養你們，實在是好。」父母讓我們自在生長，任我們保有自己的天空。

14 爹親娘親，不如毛主席親

對毛澤東的個人崇拜（一九六四～一九六五）

一九六四年，也就是我十二歲那年，毛主席（我們總這樣稱呼他）開始漸漸主宰我的生活。大饑荒後，他不得不讓步，「退隱」了一段時間。現在，當經濟情況明顯好轉時，他開始準備大復仇、大清洗。

最重要的步驟是加強對他的個人崇拜。正是為了這個目的，他號召全中國人，特別是青年人，「向雷鋒同志學習」。雷鋒是位士兵，一九六二年二十二歲時死去，他生前似乎做了許多好事，比如幫助老人、病人，把自己多年的積蓄捐獻給災區救災，還把定糧分給生病的同志。

老師告訴我們：要效法雷鋒，最重要的是學習他熱愛毛主席的精神。雷鋒每做一件事前總會想起毛主席的教導。《雷鋒日記》現在成了我們的道德教科書，它裡面幾乎每一頁都有類似的話：「讀毛主席的書，聽毛主席的話，按毛主席的指示辦事，做毛主席的好戰士。」我們宣誓「要像雷鋒叔叔一樣，上刀山、下火海、粉身碎骨在所不辭，毛主席指向哪裡，我們就奔向哪裡。」對毛澤東和雷鋒的崇拜，其實是一枚鎳幣的兩面：一面是絕對權力，另一面是絕對服從。

我第一次讀毛澤東的書是在一九六四年，那時滿耳都是毛的兩句話——「為人民服務」和「千萬不要忘記階級鬥爭」。雷鋒的一首〈四季詩〉就是這兩句口號的詩化，這首詩我們背得滾瓜爛熟：

對同志要像春天般的溫暖，
對工作要像夏天一樣火熱，
對個人主義要像秋風掃落葉一樣，
對階級敵人要像嚴冬一樣殘酷無情。

我們的老師根據這首詩告誡我們在做「好事」時務必小心，否則會誤幫了「階級敵人」。但誰是階級敵人呢？當我問老師、父母時，他們也都支支吾吾說不出個所以然，有時回答：「像電影裡那樣的壞人。」但是在我周遭根本碰不到像電影裡那種一望即知是壞蛋的反面人物。這樣一來，我從老太太手上拿包袱時，心裡就不踏實了，我總不能問她：「妳是階級敵人嗎？」

我們有時到學校附近的小巷打掃民宅。有一所房子裡住著一位年輕男子，他總是懶洋洋地半躺在竹椅上，臉上掛著譏諷的笑容袖手旁觀。當我們累得滿頭大汗替他擦窗戶時，他還得寸進尺地把腳踏車推出來，要我們替他洗淨擦亮。我們一邊洗，他還一邊挖苦：「真是可惜啊！你們當不成真正的雷鋒，因為這裡沒有攝影記者拍下你們拿去上報紙。」（雷鋒每次做好事時，不知怎麼回事，總有記者在場攝影。）

我們大家都很恨這個懶人和他骯髒的腳踏車。他該是階級敵人吧?!但我們知道他不是。他在一家機械廠工作，是工人階級，革命的領導階級。我感到迷惑不解了。

我常常做的一件「好事」是在放學後幫人推板板車（手拉平板車）。這些板板車經常滿載水泥包、石塊或電線桿，沉重得可怕。拉車人每邁一步都像使盡了渾身力量，甚至在嚴冬時，也見他們光著膀子，汗流浹背地吃力工作。上坡就更艱難了，每次看到他們賣命地拖著車子時，我總感到揪心地難過。自從掀起學雷鋒的運動後，一放學，我就站在斜坡下等待，遇到板板車經過時，我就從後面使盡全力幫人家推。在我離開時，拉車人總會稍稍偏過頭來給我一個感激的微笑。當然他不能停下來，一停下來就拉不動了。

有一天，一位同學跑來用嚴肅的口氣告誡我：拉板板車的人就是「階級敵人」，他們在勞改，我幫錯了人！這一驚非同小可，我趕忙去問老師，當時我們都把老師的話當作「聖旨」。但是這回她喪失了平時的權威模樣，看上去像是不知該說什麼好。她沉思了一會兒，才說她也不知道，不過要我以後別再去幫人推車了。老師也不知道！這更使我如墮五里霧中。事實上，那些人很多是跟國民黨有關係的，或是歷次運動的犧牲品。他們確實是在勞改，而老師顯然不想告訴我。從此，我只要一見到拉板板車的人，就強壓住沉重的心情，轉過臉迅速走開，不忍心看那些弓著腰、步履艱難的苦力。

為了使我們仇恨階級敵人，學校還經常召開「憶苦思甜」會，說我們這代人「生在新中國，長在紅旗下」，完全不知道國民黨統治下的生活有多麼悲慘。他們說，雷鋒就曾經受過苦，七歲時，他母親被地主強姦後懸梁自盡，這就是為什麼雷鋒憎恨階級敵人而全心擁護毛主席。

老工人、老農民也被請來做報告，告訴我們他們小時候如何挨餓，在寒冬臘月沒有鞋穿，他們的小兄弟如何在小小年紀就餓死了。他們一再反覆地說多麼感謝毛主席救了他們的性命，讓他們吃飽穿暖。有一次還來了位涼山彝族奴隸，他說那個地區一直到五〇年代後期才取消奴隸制度。他邊說邊撩起衣服讓我們看清從前主子毒打他留下的疤痕。每當做報告的人繪聲繪影地描述他們的苦日子時，坐得滿滿的禮堂內總是一片啜泣聲，我總在想：國民黨怎麼這樣壞呀！毛主席實在太偉大了，我要一輩子忠於您。

為了讓我們嘗嘗沒有毛主席生活會是什麼滋味，學校食堂不時地給我們做「憶苦飯」，說這是國民黨統治下窮人吃的食物。這些飯是由各種稀奇古怪的野菜做成的大雜燴，難吃得不得了，我第一、二次吃時還吐了出來，不禁心想，炊事員不是在惡作劇吧？這是人吃的嗎？

有一天，我們去參觀西藏的「階級教育展覽」。有張照片是地牢，裡邊爬滿吸血的大毒蟲，還有可怕的刑具，包括挖眼睛的勺和割腳筋的刀。有位藏民坐著輪椅到我們學校來做報告，他從前是位奴隸，被主人割斷腳筋，終身殘廢。

一九六四年後，一些地主莊園被闢作「階級教育展覽館」，展示以前的地主是如何剝削農民的血汗，過著驕奢淫逸的生活。一九六五年春節，父親帶我們去參觀川西平原著名的劉文彩地主莊園，坐車約兩個半小時。雖然說是去受階級教育，實際上是藉機踏青，我們幾乎從來沒有機會全家出城到鄉下去玩。

我們的汽車行駛在一片蔥綠的成都平原上，桉樹整齊地排列在柏油路兩旁。我目不轉睛地凝視窗外秀麗的景色，一叢叢翠竹環抱著農家小院，透過竹葉隱約可見澄黃色麥草覆蓋的屋頂，上面炊煙裊裊。每個竹叢都有小溪環繞，溪水映著沿岸盛開的迎春花。父親在行前說要我們每人寫一篇散文描寫早春的鄉村景色，我於是不得不細心觀察。但有個現象使我大惑不解：田野裡稀疏散布著樹木，光禿禿的枝幹上只在頂端有一小撮葉子，彷彿是旗杆上戴著頂小綠帽。父親解釋說成都平原人口稠密，農民缺柴燒，就把能砍得到的枝葉都砍光了。他沒有告訴我，其實幾年前這裡的樹多得很，直到「大躍進」時，樹都被砍去煉鋼了。

鄉村看上去十分繁榮，我們停車吃飯的集市，農民摩肩接踵，身著新衣，面帶喜色，交談聲、叫賣聲、貨擔叮噹聲響成一片。年紀大的男人頭上纏著一條嶄新的白布，腰間圍著深藍色圍裙。黃澄澄的油淋鴨在人頭攢動的飯館櫥窗內鮮亮奪目，街道兩邊各種臨時搭起的小攤上傳出陣陣誘人的香味。我們的車按著喇叭擠過熙攘的集市開往縣府，它位於一處深宅大院，兩尊石獅蹲伏在大門兩邊。我父親在一九六一年大饑荒時曾在這裡住過，四年後的今天，當地官員想向他誇示他們的生活有了多大的改善。他們陪我們去一家飯館，之前已事先訂好了廂房。飯館裡人擠人，個個盯著我們看，看「縣老爺」必恭必敬陪著的「大人物」。我瞥了一眼他們的餐桌，上面滿是新奇的東西。除了省委小食堂的菜單外，我不知道還有其他的菜，面對滿桌美味，真的有點應接不暇。我特別喜歡那些新穎的名字，「珍珠丸子」、「三大砲」、「獅子頭」。飯後飯館經理送我們出餐廳，又引來一陣側目。

往莊園的路上，我們的小車超過了一輛無篷卡車。那輛車上有我的一些同學，他們顯然也是要去地主莊園上「階級教育課」。一位老師站在卡車上，看見了我，對我微笑。我覺得很不好意思：自己坐的是轎車，而同學和老師卻迎著初春寒風在卡車上顛簸，於是就縮到座位下去了。父親抱著小弟坐在前座，他也認出了我老師，微笑著打招呼，接著轉身想告訴我，卻發現我不見了。他高興地笑了，認為我對特權感到羞愧是一件值得讚揚的事。

講解人員帶我們參觀這座莊園，我一路上都感到震驚。有一組塑像描繪農民向地主交租的情形，其中一個場面是地主用不同的量器盤剝削農民：用大斗收租、小斗借出，利息還高得不得了。莊園裡有刑訊室和陰森森的水牢，牢內有個鐵籠子浸在污穢的水裡，鐵籠子小得讓人關在裡邊既不能站直又不能坐下。講解人員說這是地主用來懲罰抗租的農民的。據說有所院子曾住過三個奶媽，專門擠奶餵成年的地主劉文彩，因為人奶最能滋補身體。另外，他的五姨太一天要殺三十隻鴨子，她不吃肉，只吃鴨掌。

劉文彩地主莊園是全國有名的，但我當時完全不知道他的兄弟正在北京任某部部長。一九四九年底共產黨大軍壓境時，他是地方軍閥，在成都不戰而降，所以共產黨讓他當部長以示獎勵。整個展覽教育我們的是「國民黨治下的吃人社會」，要我們感謝毛澤東。我們收受的宣傳是：「階級敵人」就是那些用心險惡企圖使國民黨復辟的人，他們會把中國拉回到從前，使我們沒有學校念書，冬天沒有鞋穿，因此我們必須粉碎「階級敵人」。我們還聽說，在一九六二年「困難時期」——這是官方對饑荒的委婉說法——蔣介石曾準備反攻大陸。

儘管有這一大堆「教育」，「階級敵人」對我和同一輩的人來說仍十分抽象，朦朦朧朧的。他們似乎屬於遙遠的過去，毛主席也沒有告訴我們身邊的人中誰是敵人。然而，階級敵人的形象已深植在我們的腦海中。

同時，毛澤東也播下了對他個人絕對忠誠的種子，我和同輩的人都在這種簡單而有效的灌輸中成長。這種個人崇拜成功的部分原因是毛澤東好像總是有理：對階級敵人狠就是忠於人民，完全順服於他即是無私。這些辭藻後面的含義小孩子很難看透，特別是成年人也幫著毛說話，當時他們也都捲入了崇拜毛澤東的潮流中。

兩千多年來，中國一直都由皇帝統治，皇帝既是國家權力的象徵，也是人民的精神領袖。中國人的宗教情感常投注在皇帝身上。我的父母就像其他幾億中國人一樣，深受這種傳統的影響。

毛澤東把自己塑造成中國人的上帝。他總是很神祕，令人可望而不可即。他從不上電台廣播（當時還沒有電視）。除了幾個「朝臣」外，很少人能和他接觸，甚至連他的同事也不能隨便見到他。我父親離開延安後，只看過他幾次，都是在大規模的會議上。我母親則僅見過他一次：一九五八年他來成都時，有一天，十八級以上的幹部被召到金牛壩他的住所與他合影。

恐懼也是樹立毛澤東個人崇拜的重要因素。許多人甚至不敢思想，因為怕說漏了嘴惹來大禍。就算他們有不同的看法，也不敢向自己的孩子說，因為孩子不知輕重，一旦說給他人聽，不僅給自己，也會給家人帶來麻煩。透過學雷鋒，忠於毛主席的意識更強烈。一首人人都會唱的歌說：「爹親娘親，不如毛主席親。」我們被反覆灌輸誰反對毛主席，誰就是我們的敵人，自己的父母也不例外。家長也鼓勵自己的孩子聽毛主席的話，如此未來才有保障。

家長的自我控制，使孩子不知道最基本的事實。例如，我從來沒有聽說過玉林或我姥姥的那些親戚。家裡沒人告訴我母親曾在一九五五年被隔離審查，也沒人提大饑荒，我對毛主席簡直沒有一絲異念。我的父母就像其他父母一樣，從不對自己的孩子說任何違反正統的話。一九六五年新年時，我的「新年決心」是要「聽姥姥的話」，父親搖搖頭說：「這樣不對，姥姥也要聽毛主席的話，把這條改成聽毛主席的話。」三月二十五日，在我十三歲生日那天，父親給我的禮物不再是科幻書，而是一套毛澤東四篇哲學著作的合訂本。

只有一位成年人曾對我說過「離經叛道」的話，這人就是鄧小平的繼母。她有時會住在女兒那裡，她女兒在四川省委工作，是我們家的鄰居。鄧奶奶很喜歡小孩子，我總在她家進進出出。每當我和朋友從食堂偷來泡菜，或從大院的花園裡採來南瓜花或野菜時，我們就帶著這些收穫到她家，因為帶回家會挨罵的。她總替我們洗乾淨炒熟，我們吃得津津有味，特別是因為這些東西都是偷來的。鄧奶奶當時已快滿七十歲了，但看上去比實際年齡年輕得多。她小腳，性情溫和，但有張堅強的面孔，平常老穿著一件灰色布褂，腳上的黑布鞋是自己做的。她對我們很親切，完全沒有長者的架子，和她在一起感到十分輕鬆自在，我喜歡坐在她的廚房裡和她閒聊。十三歲那年，在一次揪心揪腸的「訴苦會」後，我跑去看她，當時心裡對在國民黨統治下生活過的所有人充滿同情。我問她：「鄧奶奶，您在黑暗的舊中國一定受過許多苦吧？那些士兵一定搶過您的東西！那些吸血鬼地主是怎麼剝削您的？」「嗯——」她回答說：「他們並沒有常常搶東西，也不盡是壞人……」她的話彷彿一顆炸彈，驚得我目瞪口呆，以後從不敢對人提起。

那時，我們中間無人意識到毛澤東搞個人崇拜和階級鬥爭，是為了準備整肅以國家主席劉少奇為首的政敵。這些政敵曾制止了他導致大饑荒的政策。就在一九六四年經濟明顯好轉之時，毛開始行動了。六〇年代早期剛放鬆的弦又拉緊了。

一九六四年，省委大院的週末舞會停止了，香港電影消失了，我母親的燙髮變成了短短的直髮，襯衫和外套也色調單一、上下一般粗了。我特別覺得可惜的是她不能穿裙子了，記得不久前的夏天傍晚，我常用竹編兒童車推著小方去大院外等她回家。街道兩邊是法國梧桐，我常靠在斑駁的樹幹上等母親騎著車出現，我愛看她從腳踏車上跳下來，藍白棋格裙跟著膝蓋優雅地像一面扇子那樣撩起，如今她只穿大管子似的褲子了。

我姥姥當時已五十多歲，但打扮一向比我母親女性化，雖然穿的仍是傳統式淺灰色外套，她還是特別小心維護自己又長又黑的頭髮。中國傳統（共產黨仍繼承下來），中年以上的婦女頭髮不能長過肩膀，而過了三十就算中年了。所以姥姥只能把她的頭髮做成一個圓髻，但她總在上面插朵花，有時是一對象牙色木蘭花，有時是一朵帶兩片深綠色葉子的純白梔子花。她從來不從商店買洗髮精，說這類化學藥品會使頭髮發乾，失去光澤。她是用煮皂莢的水洗頭的，先用手搓泡在熱水裡的皂莢，搓出噴香晶瑩的泡沫，然後把她濃黑的頭髮緩緩散開，撒入這一盆亮晶晶滑溜溜的白沫中。她還用柚子籽的汁液泡木梳，使木梳滑潤，梳起頭來分外舒服，還會留下淡淡清香。洗完頭，她再灑一點自製的桂花水，因為這時候香水已開始從商店裡消失了。我總記得她盤著腿從從容容地梳理頭髮的情景，這是她唯一慢慢做的事，做家事她可俐落極了。姥姥也用一支炭筆稍稍描眉，並在臉上輕撲一點兒粉。看她眼含微笑、專注地照著鏡子的神態，我就在想這一定是她心情最愉快的時刻。

雖然我自幼就看她梳妝打扮，但每次都覺得十分新鮮。書裡、電影裡常把愛打扮的女人稱作是「壞女人」，如「姨太太」之類。我隱隱聽說我親愛的姥姥也曾是「姨太太」，但我此時已習慣於腦子裡裝滿各種矛盾的說法和想法，學會讓它們「和平共處」，各不相擾。當我陪姥姥上街購物時，我看得出她的打扮不論是多麼謹慎細微，都有點與眾不同。姥姥總是惹人注目，而她總是挺直著腰走路，有點不自然，又有點得意。

因為她生活在省委大院內，所以沒什麼麻煩，如果姥姥住在尋常街道上，她就會在居委會管轄之下，像其他沒有工作單位的人一樣。居委會負責人主要是些退休的男人、年老的主婦，有的人喜歡管閒事，耍耍權。我姥姥要是受他們管，可能會遭到指指戳戳的非議。省委大院裡沒有居委會，她只每星期去開一次會，和別家的丈母娘、老太太、保母在一起，聽讀文件，只此而已。姥姥挺喜歡開這些會，因為去那裡她可以跟別的女人聊天，回家時往往眉飛色舞。

*

當我在一九六四年秋季上中學時，生活中的政治氣氛愈來愈濃了。入學的頭一天，我們就被灌輸要感謝毛主席，因為他實施「階級路線」，我們才能順利入學。毛澤東指責中學、大學偏重資產階級子弟，現在「家庭出身好」的孩子要有入學優先權，也就是說小孩的雙親，特別是父親得是工人、農民、軍人或共產黨幹部。「階級路線」使一個人生在什麼家庭更形重要了。

然而，「家庭出身」的劃分本身就不精確。比如說：一位工人很可能一度是國民黨的雇員；職員又是屬於哪個階級呢？知識分子好像總有點問題，但如果是共產黨員又怎麼辦呢？應該怎樣對待這些人的孩子呢？許多招生幹部決定走一條穩妥的路，把優先權讓給共產黨幹部的孩子，因此我的同班同學有一半以上來自幹部家庭。

我讀的中學是一所全省重點中學——成都四中，它收錄省內統一考試中分數最高的學生。前些年，入學資格完全取決於考試分數，到了我們這一年，考試成績和家庭背景都同樣重要了。

入學考試有兩門：數學和語文。我的數學得了滿分一百分，語文得了個不尋常的一百三十分。由於我父親常在我們耳邊叮嚀：不該靠父母的地位，要靠真本事，因此我對說上四中靠「階級路線」，覺得十分不服氣，但是我沒有多想，只要是毛主席的話就準錯不了。

就是在這段時期，「高幹子弟」開始形成一個特殊階級。他們具有某種特殊氣質，讓人一望而知「血統高貴」，有來頭，碰不得，不少「高幹子弟」變得比以前更高傲。從毛澤東以下，全國上下都開始擔心這些人的行為。報刊上也時常討論高幹子弟問題，但愈是擔心，愈討論它，就愈使他們引人注目，顯出他們與眾不同。

我父親常告誡我們腦袋裡不要想自己是什麼高幹子弟，也不要只跟高幹子弟玩。但我少有機會和其他家庭背景的孩子接觸，在重視家庭背景的環境下，接近他們時，大家都不自然，彼此又缺乏共同經歷，因此話也不投機。就這樣，我只有幾個朋友。

入四中後，有兩位老師特地登門拜訪，他們問我父母要我學哪種外語：英語還是俄語，我父母選擇了英語。當問到我第一學期要學物理還是化學時，我父母說讓老師決定好了。

我一跨入校門就愛上了這裡：古色古香的大門，藍色琉璃瓦大屋頂，精雕細琢的房簷。門前一級石階，門廊由六根朱紅大木柱支撐。進門是兩排整齊的柏樹，一直通向內院，加強了肅穆的氣氛。這所學校始建於漢景帝末年（公元前一四一年），由蜀郡太守文翁所建，是中國第一所地方政府開辦的學堂。校園正中是一座宏大堂皇的孔廟，保存得很好，只是目前挪作他用，安裝了十幾張乒乓球桌在廟內，由大柱子隔開。孔廟正門前面有一條巨石組成的階梯通往大廣場，使人走向孔廟時會產生一種崇仰的感覺。不遠處是一座兩層教學大樓，把廣場和一條小渠分開，渠上有三座拱形小石橋，石欄杆上雕著獅子和其他動物。小石橋再過去是桃、李、梧桐環繞的美麗花園。孔廟正面石階下有兩個巨大的青銅香爐，不過已不再有青煙冉冉。孔廟旁的廣場成了籃球場和排球場，再往外去是兩塊草坪。春季午飯後，我們愛在這裡坐著、躺著，懶洋洋地曬太陽。孔廟後面又是一片草坪，草坪之外是果園，緊連著布滿藤蔓、青草和矮樹叢的「後山」。

實驗室分散在校園各處。我們在裡面做生物、化學實驗，學習用顯微鏡或解剖動物的屍體。我們在階梯教室裡看教學片，我還參加課外生物小組，跟著老師爬上後山，走進花園，學習辨識各類植物。我們透過控溫孵化箱，觀察卵蛋如何變成蝌蚪和小鴨。春天校園是一片粉紅色的花海，桃花滿樹。但我最喜歡的是傳統中國式建築的圖書館，兩層樓都有涼廊環繞，靠外是一圈像椅背的欄杆，油漆鮮艷，向外斜伸出去，叫做「飛來椅」。在這裡，我有個最喜愛的角落，我常坐在這裡看書，一坐就是好幾個小時，只有近在咫尺的兩棵稀罕的銀杏樹會使我分心。它們像兩位高貴、優雅的樹中君子，翩翩搖著小扇般的葉子，總讓我想摸一摸。

我印象最深刻的是我的老師，他們都是各個學術領域的佼佼者，不是特級就是一級教師。聽他們講課是十足的享受，往往下課鈴響，我仍興味盎然不想離開。

但是政治已漸漸滲進校園。朝會變成了毛澤東思想的灌輸大會，還有定期的學習會，閱讀宣傳資料和報刊社論等。我們的中文課多了政治文章，少了古典文學。學習毛澤東著作的政治課成了必修課。

幾乎所有的事都政治化了。一天，校長在朝會上宣布：以後每天課間十五分鐘做眼部保健操，說這是毛主席對我們的一片關心，因為他老人家看到許多學生戴眼鏡。我們聽到後自是個個心情激動，有人還哭起來。眼部保健操是醫生設計的，我們合著音樂節拍用手指按揉眼眶周圍的穴位，然後凝視窗外的白楊或柳樹，因為綠色有助於消除眼睛疲勞。每當做完操，看完葉子，我就覺得很舒服，於是心裡非常感謝毛主席。

有一個反覆宣傳的主題是防止中國「變色」，意思是防止中國變成資本主義。中國和蘇聯之間的意識形態已有分歧，剛開始時對公眾是祕而不宣，到了一九六三年初才爆發成公開論戰。我們聽說，自從史達林在一九五三年死後，赫魯雪夫掌握了權力，蘇聯向國際資本主義陣營投降，蘇聯孩子重新過著悲慘的生活，就像在國民黨統治下的孩子一樣。有一天，我們的政治課老師又講到蘇聯時說：「如果我們不警惕，我們的國家就會逐漸變色，從鮮紅鮮紅的，變成二紅二紅的，再變灰，最後變黑。」這時全班同學都笑了起來，有的還偷偷看我，因為我的名字「二鴻」與「二紅」同音。我想我得馬上改名字，當天晚上我要父親給我取個新名字。他建議改為「章」，意為「文章」和「立早」，表示他希望我能在年紀輕輕時就寫一手好文章。但我不喜歡這個名字，我說我要個有「軍事味的」。那時，我有些朋友已改了名字，叫「軍」、「兵」什麼的。我父親於是給我取名「戎」。這個字除了古詩和成語之外，已不在別的地方出現了。它給人的意境是身披鎧甲的古代武士，手持長矛，足跨千里馬，馳騁於刀光劍影的疆場。當我帶著新名字回到學校時，甚至有些老師也不認識這個「戎」字。

我要軍事味的名字是因為毛澤東號召全國學解放軍。林彪於一九五九年接替彭德懷元帥當國防部長後，解放軍成為崇拜毛澤東的開路先鋒。毛澤東也想使整個中國軍事化，他在不久前還寫了一首詩，要女人「不愛紅妝愛武裝」。我們得知美國人正在等待時機入侵中國，恢復國民黨政權，為了抵抗美國人和國民黨入侵，人人都得加強軍事訓練。據說雷鋒就是日夜苦練臂力，終於成為一名優秀的手榴彈投擲手。體育一下子變得非同小可，短跑、游泳、跳高、平衡木、體操，以及擲鉛球和模擬手榴彈，統統非做不可。除了每星期兩小時專門的體育課外，四十五分鐘課外運動也由自願變成必須。

我天生沒有運動細胞，除了打網球外，對跑跑跳跳總是退避三舍。在以前這不是什麼問題，但現在到處是標語：「鍛鍊身體，保衛祖國。」一和政治掛鉤，事情就嚴重了。可惜我壓力愈大，運動愈糟。下水游泳時，我老想到自己正被入侵的美國兵追趕，逃到一條波濤洶湧的江邊，我不會游泳，所以要麼淹死，要麼被抓住受拷打，結果嚇得我在水裡直抽筋。有一次，我不小心走到深水處，一腳踩不到底就以為自己要死在游泳池裡了。雖然每年夏天每個星期都有游泳訓練，我卻從來沒能學會。

擲手榴彈顯然非常重要，可惜我總落在全班最後，木頭手榴彈我最多只能投幾碼遠。我心虛地覺得同學們都在懷疑我對美帝國主義戰鬥的決心。果然，在一天政治學習會上，有同學問我為什麼手榴彈老是擲不遠。眾目睽睽之下，我如坐針氈，覺得這些目光都是在說我是美帝國主義的走狗。第二天，我起了個絕早，躲在操場一角，兩臂平肩抬起，每隻手上各拿兩塊磚頭，這也是從《雷鋒日記》

如法炮製來的：雷鋒就是這樣鍛鍊臂力成了擲彈能手。幾天辛苦下來，我的手臂又紅又腫，看來真是朽木不可雕，我只好灰心喪氣地放棄了。從此以後，只要一拿手榴彈，我的兩手就不聽使喚地抖。

一九六五年的某一天，突然傳來命令，要我們拔光草坪上的草。毛澤東說，栽花種草和飼養寵物統統是資產階級的惡習，要清除。學校草坪上的那種草後來我在世界各國都沒有見過，我們叫它「爬地草」。它爬遍泥地的表面，千千萬萬鋼爪似的根扎入地裡，四下伸展，互相纏繞，形成地面和地下兩個網絡，又緊緊捆綁在一起，彷彿一團亂麻似的鐵絲絞進泥土。倒楣的是我的手指，每次拔完草，就布滿了又深又長的血口子。學校發下鋤頭和鐵鏟進行殲滅，但一場春風，一陣細雨，它們就又綠了大地，我們又得重新開戰。

花倒是容易對付，但消滅它們一樣難——沒有人願意做。毛澤東早就對栽花種草發過幾次異議了，他還費心選擇了替代物——白菜和棉花。但只有到現在，他才有足夠的勢力下令強迫實施。不過，老百姓太愛他們的花了，許多花壇還是保留了下來。

我對剷除花草也感到十分難過，但是我並不怪毛主席，反責備自己不該有這種「小資產階級」情調。那時，我已養成「自我批評」的習慣，不斷壓抑自己與毛澤東指示相違背的任何一點想法。在心裡，這些想法還使我害怕，又不敢跟別人談。我時時壓制這些情緒，努力要自己「正確」思想，於是我經常生活在不斷的自責之中。

像這樣的自我檢討是毛澤東治下的中國的特殊現象，據說這樣做我們的社會就能變得更新、更好。實際上，這是要把中國人訓練得絕對服從毛澤東，完全沒有自己的思想。

如果沒有在經濟方面的驚人成就，這種崇拜毛澤東的宗教情緒在中國這樣的一個傳統世俗社會裡是不可能成功的。饑荒過後，中國迅速復原了過來，生活水準大幅提高。在成都，雖然米仍然定量供應，但肉類、蛋、蔬菜都很充足。冬瓜、蘿蔔、茄子等在菜店內堆不下，就在門外人行道上堆積如山，夜間也無人看守，沒人來偷，因為便宜到幾分錢就可以買一大堆。一度珍貴的雞蛋現在在店裡成筐成筐地變質腐爛。幾年前，市面上還一個桃子也看不見，現在買桃子算「愛國」，幹部挨家挨戶要居民買「愛國桃」。

還有一些成就，也大大增強了中國人的民族自尊。一九六四年十月，中國引爆了第一顆原子彈，這件事在報刊、廣播上大為宣傳，說它顯示了國家在科技和工業方面的長足進步，有能力和「欺凌弱小的帝國主義者」相抗衡了。正巧，赫魯雪夫下台，這成了毛澤東英明偉大的證明。一九六四年，法國成為第一個承認中國的西方大國，建立了大使級外交關係，這被歡呼成是對美國的一大勝利，因為美國仍拒絕承認中國。

另外，這段時間沒有全國性的政治運動，人民較心滿意足。所有的成就都歸功於毛澤東，只有中央高級領導心裡明白毛澤東實際上的貢獻有多少，而人民什麼也不清楚。在那幾年裡，我寫了不少滿腔熱情的頌詞，感謝毛澤東的領導，不斷宣誓永遠忠於他。

一九六五年，我十三歲那年，中華人民共和國成立十六週年。十月一日夜晚，成都市人民南路廣場上舉行了一場盛大的煙火慶祝晚會。廣場的北面是一座建於公元三世紀的皇宮城樓，當時成都是蜀漢的首都，四面城牆環繞，已是個繁榮的城市了。城樓剛被修葺一新，顯得富麗堂皇，很像北京的天安門，不過顏色不盡一樣：綠色的琉璃瓦大屋頂下是灰色的城牆。白色大理石欄杆圍著的城樓樓台上聳立著深紅色立柱，此時作為觀禮台用。我們全家及四川省的高官和家屬正站在城樓上，享受節日氣氛，等待煙火表演開始。下面的廣場上聚集了五萬名群眾，唱歌、跳舞。「砰！砰！」放煙火的信號槍在我身旁幾碼處發射，頓時天空變成了絢麗的火樹銀花，變成了一波接一波五彩繽紛的海洋。人們的歡叫聲與煙火聲此起彼落，一派喜氣洋洋。突然，天空無聲無色了幾秒鐘，隨後無數束煙火驀然騰空而起，像天女散花般在夜空幾乎同時爆開，只見一條長而奇大的白綢帶標語從半空中飄飄而下。廣場上的火光照亮了上面的大字：「偉大領袖毛主席萬歲！」我頓時熱淚奪眶而出，一遍遍對自己說：「能生活在偉大的毛澤東時代，我實在太幸福了！」我不明白資本主義世界的孩子沒有毛主席怎麼辦？而且他們還沒有希望親眼看見他！我直想把這些可憐的孩子救出苦海，當場下定決心要努力工作，建設強大的中國，支援世界革命。此外，努力工作還有個更重要的目的——當上勞動模範去北京見毛主席。這成了我生活的目標。

15 破字當頭，立在其中

文化大革命開始（一九六五～一九六六）

有了對他的狂熱個人崇拜，一九六五年十一月，毛澤東終於開始了策畫多年的大報復、大清洗：「整我們這個黨。」他仇恨「七千人大會」上迫使他改變政策的劉少奇、與會者，以及他們代表的中共幹部。毛要大換班。這一過程美其名曰「文化大革命」，簡稱文革。

毛搞文革剛起步，就遇到強大的抵制。毛要公開批判北京市副主長吳晗所著新編歷史劇《海瑞罷官》。這齣戲講的是明朝大臣海瑞為民請命，遭皇帝罷官的故事。毛說「皇帝」是影射他，海瑞指的是彭德懷。可是中共管文藝的官員一直不肯批判這齣戲。最後，在毛的安排下，毛夫人江青找上慣於打棍子的評論家姚文元寫了篇批判文章，十一月十日在上海發表。

共產黨中央機關報《人民日報》不轉載這篇文章，北京市委機關報《北京日報》也拒絕轉載，各省呢，有的轉載了。我父親當時管《四川日報》，他不想登這篇文章，因為他意識到此文不僅是針對彭德懷，而且號召展開新的政治迫害運動。他去見專管文化事務的省委書記，這位先生決定打電話請示鄧小平。鄧當時不在辦公室，賀龍元帥接了電話，賀龍是鄧小平的好友，也是政治局委員。賀龍在電話裡說不要轉載姚的文章。

四川在十二月十八日才登載姚的文章，是最後刊登的省分，比《人民日報》十一月三十日還晚。《人民日報》轉載時，總理周恩來特別寫了「編者按」，說文化大革命是一場學術討論，不是整人的政治運動。周當時還沒有完全站在毛一邊。

為了把文化大革命從整人的軌道上引開，一九六六年二月，一份被稱為《二月提綱》的文件發給全黨，中心是強調學術問題的爭論必須局限在學術範圍內，不能變成政治迫害。

同年四月，四川省委要我父親按照《二月提綱》精神起草一份《四月意見》，以指導四川的文化大革命。內容有：這是一場學術討論，不抓辮子，不打棍子，不戴帽子。不能當「黨閥」，不能以勢壓人，真理面前人人平等。

正當此文件準備在五月份發表時，我父親突然接到命令停止發表。毛澤東此時在執掌軍隊的林彪元帥的配合下占了上風，加上周恩來的支持，推翻了《二月提綱》。《五・十六通知》發表，文革勢不可擋。

就在此時，毛澤東做了一個最重要的組織安排：建立起個人的發號施令體系，獨立於現有的共產黨組織之外——雖然名義上仍在政治局和中央委員會領導之下，這樣他就可以假黨的名義發令。一九六六年五月底，中央文革小組正式成立。名義上的組長是毛的祕書陳伯達，實際掌權的是毛夫人江青，特務頭子康生做「顧問」。中央文革小組同林彪、周恩來一道成為毛的新內閣。

《人民日報》從六月起，每天頭版頭條都套紅，有各種口號、社論，要「大樹特樹毛主席的絕對權威！」「橫掃一切牛鬼蛇神！」要民眾追隨毛澤東，參加文化大革命。

我們學校的正常教學完全停止。每天上學只是政治學習，讀毛澤東著作、報紙社論。校園裡安裝了擴音器，天天喊《人民日報》上的標語。報紙的第一版常是一幅全版的毛澤東像，還有若干毛語錄。我至今仍記得那些通欄口號：「毛主席是我們心中最紅最紅的紅太陽！」「毛澤東思想是我們的命根子！」「誰敢反對毛主席，我們就要全黨共討之，全國共誅之！」「全世界人民熱愛偉大領袖毛主席！」由於天天反覆念誦，這些口號都深印在腦海裡。報紙上還總有外國人仰慕毛澤東的故事，歐洲人爭購《毛澤東選集》的照片，中國人的民族自尊也被用來加強對毛澤東的個人崇拜。

讀報很快發展到背誦《毛主席語錄》，這是本紅塑膠皮、巴掌大的「小紅書」，每個人都發一本，說要像「愛護眼睛一樣愛惜」。每天我們集會時要一遍又一遍地齊聲朗誦，我現在還能一字不漏地背出其中許多章節。

一天，我們讀到一則《人民日報》報導，說有位老農民在他家的臥室牆上貼了三十二張毛主席像，原因是只要一睜開眼，不論面朝哪個方向，他都能看見毛主席的光輝形象。馬上，我們也在教室的牆上貼滿了毛澤東的像——這樣我們也可以到處看見他的慈眉善目了。但是我們馬上又得揭下來，因為有消息說，老農民其實是用毛主席像做糊牆紙，因為毛的像是用最好的紙張印刷的，而且免費供應。消息還說已查出寫此則報導的記者是「暗藏的階級敵人」，想鼓動大家「污辱毛主席」。第一次我下意識地感覺到毛主席的可怕。

老師成了首批犧牲品。我們中學前段時間也來了工作組，他們勉勉強強地把學校的幾位名教師定成「反動資產階級學術權威」，但對學生保密。然而，到了一九六六年六月，工作組覺得不抓「階級敵人」不行了，於是驟然公布了名單，還發動了學生和老師撰寫大字報和標語口號。一時間，這些東西鋪天蓋地充滿了校園，有的老師積極，是因為他們忠於黨，有些人是順應時勢，有些是嫉妒那些名教師，有些則是因為害怕。

在受害者當中，有一位我崇拜的國文老師——紀先生。據一份大字報上所寫的，他在六〇年代初曾說過這麼一句話：「光是空口喊『大躍進萬歲！』哪能填飽肚子？」我當時並不知道大躍進造成了大饑荒，所以不明白他所說的話，但能感受得到其中大不敬的味道。

紀先生有某種與眾不同的特質，那時我說不出是什麼，現在才明白，他是具有一種諷世的態度。他有一種似笑非笑的乾咳，教人覺得他有話未說出。我們的教科書上有一篇文章是共產黨中央宣傳部長陸定一的回憶錄，追憶長征時的艱苦。他生動描述了軍隊在崎嶇的山路上行進的情形，他們手上拿的火炬照亮了無月的夜空，彷彿是一條紅色巨流。當他們終於抵達目的地時全都「衝上前去，大家搶了一碗飯就吃」。這令我困惑了，紅軍戰士不是都寧願自己挨餓，也要把最後一口飯讓給同志的啊！怎麼會搶飯吃？我問紀先生，他乾咳笑說我不能體會到餓肚子的滋味，然後他迅速改變了話題。我當然沒有被說服。

除此小小的「不滿意」外，我對紀先生是五體投地。看見我敬佩的老師被亂整，我感到十分傷心。我對工作組要我們寫大字報揭發、批判他們十分反感。那年我十四歲，本能地厭惡所有好鬥的行為，再說我也不知道有什麼好寫的。滿校園的白紙黑字，奇奇怪怪、殺氣騰騰的氣氛令我十分害怕，如「砸碎某某的狗頭！」「某某不投降就叫他滅亡！」我開始逃學，躲在家裡，為此我總在會議上被批評「家庭觀念重」。開會成了我們全部的學校生活。我討厭開會，一種不可名狀的恐懼總跟著我。

不久，我們學校的黨書記凱先生（一位性格開朗、生氣勃勃的人）被定成了「走資派」，理由是他重用「反動資產階級學術權威」。他在學校做的每一件事全成了罪證，甚至學習毛著——因為安排的時間比教學時間少。

我同樣吃驚的是，學校共青團書記陝先生被譴責為「反對毛主席」。他是個風流才子，我一向渴望引起他的注意，原因倒不是別的，只是他可能幫助我一到十五歲就盡早入團。他教授高中學生馬克思主義哲學課，常在學生的作文上，用紅筆畫出他認為寫得出色的句子。現在這些毫無關聯的句子被他的學生拼湊成一些短文，據此在大字報上說他惡意攻擊毛主席。多年後，我得知這種找罪證的方式源於一九五五年的肅反運動，當時一些作家就用此法打擊他們的同行。

多年後，陝先生告訴我，他和凱先生被整的真實原因：當時他倆都不在學校，他們被派為工作組成員到別的單位去了，在校的領導就乘機把他們拿來當替罪羊。而他倆本來就和校長處不好，於是校長何樂不為。陝先生悻悻然地對我說：「如果當時我們在學校，他去了工作組，這個龜兒子就有得受了，他屁股上的屎多得很！」

書記凱先生對共產黨忠心耿耿，自覺受了天大委屈。一天傍晚，他寫了一封遺書，然後用剃鬍刀片割了自己的喉嚨。恰好那天他妻子比平時早回家，趕快送他進醫院急救。工作組對他自殺的消息祕而不宣。他們很緊張，因為心裡明白，像這樣的犧牲品是憑空捏造出來的，沒有一點證據。共產黨視自殺為叛黨行為——對黨喪失信心，向黨示威，因而不准對自殺者有半點同情，可是當我母親聽到凱先生自殺的消息時她痛哭了。她很喜歡他，知道他是位樂觀的人，不是極度絕望是不會尋此絕路的。

我母親當時在成都「牛市口」中學任工作組長。她不肯隨波逐流，亂抓替罪羊，但學校的學生開始被《人民日報》鼓動起來反對老師。從報上他們得知，毛澤東說老師都是「資產階級知識分子」、「把學生當敵人」，用考試整他們，毒害他們的心靈，為國民黨復辟做準備。毛澤東宣布：「資產階級知識分子統治我們學校的現象再也不能繼續下去了。」

一天，我母親騎腳踏車到學校，一進門就聽說學生把校長、教導主任、級別高的教師和他們平素不喜歡的老師都當作「反動資產階級學術權威」，關進了一間教室，門上貼了張紙，寫著「鬼兒班」。教師都不敢管，他們已被文化大革命搞得手足無措，現在中學生似乎握有了某種權柄。

我母親被帶去「鬼兒班」，後邊跟著一群學生。只見門口圍著一堆學生，有的看起來很凶，有的不好意思，有的擔心，有的不安。學生見她來了，就圍攏了過來。母親身為工作組組長，是此校最高領導，被當作黨的化身。學生靜靜地望著她，等她下命令。他們已辦起了「鬼兒班」，下一步該怎麼辦呢？

我母親語氣強硬地下令解散「鬼兒班」，這在學生當中引起一陣騷動，但沒有人站出來反對。有些人交頭接耳，我母親要他們說大聲點兒，他們又一聲不吭。她告訴大家沒有公安機關的命令關押人是違法的，野蠻對待自己的老師更是可恥，他們應該感謝和尊敬老師。於是教室門打開了，「犯人」被釋放出來。我母親膽子算大的，當時不少工作組不敢不犧牲無辜的教師來保護自己。但我母親也開始憂心忡忡，因為此時省上也在找替罪羊，我父親已預感到下一個會輪到他。他的幾位同事已悄悄透露消息給他，叫他小心，他管轄的單位被「打了招呼」，暗示把矛頭指向他。

這些事父母從沒對我們幾個孩子提起。他們從來就不和我們談政治鬥爭，現在更不可能開口。情況是如此複雜、混亂，他們自己也搞不清楚，怎麼能使孩子理解呢？告訴孩子又有什麼用呢？誰都無能為力，而且不知道反而比較安全。所以我們兄弟姊妹對文化大革命毫無心理準備，只模模糊糊地感覺到好像有什麼禍事將會發生。

就是在這種氣氛裡，八月份來臨了，百萬紅衛兵似狂風暴雨般席捲了整個中國。

16 天不怕，地不怕

毛的紅衛兵（一九六六年六月～八月）

在毛澤東統治下，年輕一代總想著哪一天會與階級敵人戰鬥，而新聞媒體對「文化大革命」的號召，使人們覺得大戰即將來臨。一些對政治很敏感的學生嗅到他們的偶像毛澤東和這場運動有直接關係，而所受的思想灌輸使他們毫不猶豫地跟著毛走。六月初，一些來自清華大學附屬中學的學生舉行了幾次集會，對形勢進行分析，討論將來的對策，而且決定稱自己為「毛主席的紅衛兵」。他們還引用了一條經常刊登在《人民日報》上的毛語錄「造反有理」，作為他們的座右銘。

早期的紅衛兵多是高幹子弟，只有他們才有膽量搞這類活動。此外，他們是在政治環境中長大的，比其他人更熱中政治活動。江青注意到他們，她在七月接見了他們。八月一日，毛做了一個頗不尋常的舉動：給清華附中紅衛兵寫了一封公開信，對他們的「造反有理」表示「最熱烈的支持」。在這封信中，毛還微妙地把他早先的說法修飾成「對反動派造反有理」。對這些十幾歲幼稚狂熱的中學生來說，這封信簡直就像上帝發來的聖旨。很快，紅衛兵組織在北京如雨後春筍紛紛成立，並迅速擴及全國。

毛澤東要用紅衛兵做他的衝鋒隊。為了叫老百姓按他說的去做，他需要製造恐怖——一種可以斬除所有的顧慮，壓倒其他畏懼的強烈恐怖。對他來說，那些十幾歲到二十幾歲的少男少女是太理想了。這些人是在對他的狂熱個人崇拜及階級鬥爭的氣氛下成長的，具有年輕人的特質——愛造反、大膽、勇於獻身「正義事業」，渴望冒險和行動。他們也無知、不負責任、易於操縱，稍一煽動就衝動，並容易傾向暴力。只有用這支大軍，毛澤東才可能使整個社會陷入恐怖氣氛，也才可以造成一場足以動搖甚至摧毀共產黨基礎的大混亂。有一條口號可扼要說明紅衛兵的使命：「誰反對文化大革命，誰反對毛主席，我們就和誰血戰到底！」

在文化大革命之前，所有的政策和命令都是透過黨組織逐級下達的。毛澤東現在撇開這條管道不用，直接轉向千萬年輕人。一方面，他透過新聞媒體，大發冠冕堂皇的漂亮話；這些年輕人就像六〇年代許多西方人一樣，被「造反」、「教育革命」、「砸碎舊世界創造新世界」、「造就一代新人」這些動聽的言詞所吸引。另一方面，他又透過中央文革小組，特別是他的夫人江青直接到學生中去操縱、煽動。毛澤東深知年輕人潛在的暴力性，他說：「現在停課又管飯吃，吃了飯要發熱，要鬧事，不叫鬧事幹什麼？」

為了把年輕人導向暴力，犧牲品必不可少。學校裡最明顯的目標就是老師，其中一些早已成了工作組和學校當局的犧牲品。現在，青少年又開始攻擊他們。比起父母，老師是更理想的靶子，因為父母分散在各家，造反沒法集中，而且在中國文化裡老師是比父母更重要的權威人物。幾乎在每一所學校裡，老師都被侮辱、毆打，有的學校裡學生私設公堂、「監獄」，有的甚至把老師折磨致死。

但對於毛澤東來說，光打老師還不足以產生他所想要的恐怖效果。一九六六年八月十八日，他在北京天安門廣場第一次接見了一百多萬年輕人。日後，他又如此接見過七次，共一千三百萬人。在首次大會上，林彪第一次以毛澤東代言人身分出現在毛身邊、公眾面前。他號召紅衛兵衝出學校大門，殺進社會，「大破一切剝削階級的舊思想、舊文化、舊風俗、舊習慣（四舊）。」

紅衛兵依照這個含糊不清的口號指示，衝上街頭，抄家、砸古董、毀文物、撕古畫、燒書。就這樣，幾乎所有的私人收藏品都毀於一旦。許多作家、藝術家受盡各種方式的凌辱、毒打，強迫他們目睹自己的作品化為灰燼，不少人含恨自殺。宮殿、廟宇、古墓、塑像、寶塔、城牆這些「舊」東西當然劫數難逃。只有少數地方躲過浩劫，如紫禁城，由周恩來派軍隊保護。

毛澤東稱讚紅衛兵的行動「好得很！」，並鼓動紅衛兵擴大攻擊的目標，紅衛兵的施暴對象包括「老」階級敵人：以前的地主、資本家、與國民黨有關係的人、右派等，他們的孩子也不能倖免。

文革前大多數的「階級敵人」沒有被處死或送去勞改，而是放在群眾中「監督」。警察只准對指定的人提供檔案。現在政策變了，公安部長謝富治是毛的親信之一，他下令把「階級敵人」交給紅衛兵處置，並把這些人的「罪行」告訴紅衛兵，如「陰謀推翻共產黨」，以激發青年人的怒火。

文革之前，私設公堂、嚴刑逼供是禁止的。現在，謝命令公安人員：「不要受過去規定所約束，不管是國家的，還是公安機關的。」他還說：「我不贊成打死人，但有人如果對階級敵人恨之入骨，欲置之死地，我們也勸阻不住。」

酷刑拷打之風頓時盛行全國，特別是在抄家時。被抄家的人得跪在地上對紅衛兵磕頭，紅衛兵則揮舞銅頭皮帶連打帶踢。他們還多被剃成「陰陽頭」：頭髮被剃光一半。財產不是被砸爛就是被抄走。

北京打人最厲害，這裡有中央文革小組在旁煽風點火。城區的一些劇場和電影院被用作審訊室，受害人痛苦的哀號聲使人們都避開這些地方繞道而行。

最初的紅衛兵以高幹子弟為核心。當時流傳著一種「血統論」：「老子英雄兒好漢，老子反動兒混蛋。」在這種謬論的支配下，一些人橫行霸道，甚至在學校辦「勞改營」，折磨那些「出身不好」的孩子。

誰被打、誰打人，對毛來說都無關緊要。文革初期的犧牲品並不是他真正想要對付的目標，他也不特別喜歡或信任他的小紅衛兵，只不過是利用他們。紅衛兵中，熱中抄家、拷問的人也不全都忠於毛澤東，他們不過是抓住這個機會，盡情享受。

只有一小部分的紅衛兵捲入殘酷的暴力活動。毛澤東本人並未明確下令叫紅衛兵去殺人，他的指示曖昧不清，那些選擇用暴力手段的人不能全然把罪過推在毛澤東身上。

毛澤東透過中央文革小組控制了北京的紅衛兵。他又要他們到各省去串聯，鼓動外地以北京為榜樣。我姥姥在錦州的弟弟玉林和他的妻子被抄家毆打後，連同兩個孩子一道下放到農村。共產黨剛到錦州時，玉林因有一張國民黨特務證而受到懷疑，但那時無事，到現在才遭了大殃。那時我家完全不知道這些事，當時人們避免通信，以免不知何時誰會牽連到誰，禍從天降。

四川人當時並不十分清楚北京的恐怖氣氛，紅衛兵在四川較少暴行，部分原因是沒有中央文革小組在煽動。另一方面，四川的警察對公安部長謝富治的命令裝聾作啞，並不賣力把「階級敵人」交給紅衛兵。當然，四川的紅衛兵和其他省一樣，也模仿北京。這兒有著同樣的混亂情形——控制下的混亂。紅衛兵抄那些指定的犧牲者的家，卻不去商店搶東西。大多數的機關行號，包括商業、郵電和運輸仍都運作如常。

我的學校在一些來自北京的紅衛兵幫助下，於一九六六年八月十六日成立了紅衛兵。那段時間我一直待在家裡，裝病逃避開會和可怕的口號，所以幾天後，一通電話要我立即回校參加「文化大革命」，我才知道有這麼個組織成立了。一到學校，我馬上看到許多同學都自豪地戴著印有「紅衛兵」金字的紅袖章。

在那些日子裡，新生的紅衛兵好似「毛主席的孩子」，具有不可言喻的光榮。我當然也要參加，所以立即向班上的紅衛兵頭頭交了申請書。他姓耿，是個十五歲的男孩子，過去他總是找機會跟我待在一塊，在一起時又變得侷促不安。

我當時心裡正在納悶：耿怎麼一下子成了紅衛兵？還變得神祕兮兮的。但我看得出來，紅衛兵大多數是高幹子弟，學校紅衛兵領袖就是李政委——四川省委第一書記——的兒子。因為我父親的級別比許多人的父親都高，所以我理應是紅衛兵的一員，但耿私下告訴我說，我「太軟弱」、「太不積極」，得經過考驗才能參加。

自一九六六年六月以來，有一條不成文的規定：每個人必須整天泡在學校裡，以示全心投入文化大革命。我呢，總想躲在家裡。現在再這樣做就危險了，我只得住進學校。當時男孩子都把宿舍讓給女孩子，自己睡教室，非紅衛兵成員也由紅衛兵帶著一塊兒參加各種活動。

回校第二天，我就和另外幾十名孩子上街去改換街道的名稱，使它們更革命化。我住的省委大院所在的街叫「商業街」，我們來到街口，開始激烈爭論應該改成什麼新名字。有人提議「燈塔街」，以示省委燈塔般的作用。另一些人則說該叫「勤務員路」，因為毛主席說，共產黨官員是人民的勤務員。最後卻不了了之，因為有一個基本問題無法解決：路牌掛得太高，摘了半天也摘不下來。據我所知，以後誰也沒有再去過問此事。

北京的紅衛兵比我們狂熱得多。我們不斷聽到他們成功的消息：英國使館現在位於「反帝路」了，蘇聯使館則位在「反修路」上。成都街道也開始拋掉了像「五世同堂」（舊道德）、「楊柳青」（非革命的紅色）、「玉龍」（封建權力象徵）這樣的名字，取而代之的是「破舊」、「東方紅」和「革命」路。一家叫做「香風味」的著名餐館，橫匾被砸個粉碎，新名字是：「火藥味」。

交通混亂的情況持續了好多天。紅衛兵對指揮交通的紅綠燈提出抗議，說用紅色代表「停止」是非常反動的，紅色應該是前進呀！車輛也不應該靠右行駛，而應靠左。我們要交通警察靠邊站，自己指揮交通。我被派到一個街口告訴騎腳踏車的人靠左騎。成都很少汽車和交通信號燈，但在幾個大十字路口仍出現混亂情況。結果周恩來出面說服了北京的紅衛兵，舊的交通規則才得以恢復。年輕人為此找到了一個藉口，我們學校的一位紅衛兵告訴我，英國的車輛是靠左行駛的，因此我們得靠右，以體現反帝精神，當然她沒有提到美國。

在我小時候，我就很討厭集體活動。現在，十四歲的我更討厭這一切了。可是，我努力壓抑自己的「個人主義」思想，因為這有違毛主席的主張。我所受的教育是：思想一與毛的教導相衝突，就產生一種愧疚感。我不斷告誡自己：必須得跟上新的革命理論與實踐，不能理解時得努力改造自己。然而，儘管費了很大的努力，我仍拚命躲避紅衛兵剪行人的長頭髮、窄褲管、裙子或敲掉半高跟鞋鞋跟等激烈活動。這些東西成了紅衛兵攻擊的目標，據說是「資產階級腐朽生活方式」。

我自己的頭髮也成了同學批評的目標，我只好把它剪成齊耳根的短髮，但在責備自己是「小資產階級」之餘，我為失去心愛的長辮而落淚。小時候，我的奶媽喜歡把我的頭髮梳成一根「沖天砲」。六〇年代早期，我的頭髮盤成兩個小抓髻，用一圈小綢花繞起來。早上，當我匆匆忙忙吃早飯時，姥姥或保母會用慈愛的手給我梳頭，我最喜歡粉紅色的綢花。

一九六四年後，為了響應毛澤東號召的「艱苦樸素」的生活方式和「階級鬥爭」的氣氛，我在褲子上打了補釘，以使自己看上去更加「無產階級化」。頭髮也梳成了規矩的兩條辮子，沒有了色彩鮮艷的綢花，那時留長髮還沒有受到指責，後來姥姥在剪我的長髮時，邊剪邊心疼地嘀咕。她的長髮則留了下來，因為她盤成髻，而且很少出門。

成都著名的茶館也因「腐朽」受到了攻擊。我不明白為什麼，但也沒有問。一九六六年夏，我學會了遇事不問為什麼，許多中國人早就這樣做了。四川的茶館是個獨特的去處，通常位於竹林叢中或一棵大樹的華蓋下，圍著低矮的方木桌是一圈竹椅，用了多年後仍散發出淡淡的清香。沏茶時，一撮茶葉投入茶杯裡，開水傾注進去後，茶碟鬆鬆地蓋在上面，蒸氣透過縫隙飄逸而出，帶來茉莉花或其他花的芳香。四川有很多種茶，僅茉莉花茶一種就有五級。

四川的茶館猶如英國人的酒吧。特別是老人，他們愛到這裡消磨時間，一口一口吸著長菸袋，面前擺上一杯茶和一碟瓜子。提著開水壺的服務員奔忙於座位之間，從一兩呎外準確無誤地往客人杯中加開水。高手可以把水加到高於杯緣而不溢出來。當我還是個孩子時，總是著迷地看著水從壺嘴畫出一條弧線落入杯中。但是我很少被帶去茶館，因為它有一種安閒享樂的氣氛，是我父母不贊成的。

就像歐洲的咖啡館一樣，四川茶館也提供報紙，它們通常放在竹框內。有些顧客到茶館閱讀，但茶館主要是一個會友、談天、交流訊息以及閒言碎語的去處，有時也有合著竹板節拍說書的。

可能正是因為它的悠閒氣息，坐茶館的人沒在搞革命，所以茶館得關門。一天，我和幾十個初中學生（大多數是紅衛兵）來到一個坐落在錦江河畔的小茶館。竹椅、方桌散布在一棵大槐樹下，夏日微風吹來一股股花香。當我們沿著河岸高低不平的卵石路走近茶館時，顧客紛紛從棋盤上抬起頭來。我們在樹下停住，幾個同學開始喊道：「起來！都起來！別在這個資產階級的地方鬼混！」一同年級的一位男孩子抓起就近桌子上的棋盤紙一角，猛然一扯，棋子撒了一地。

下棋的是兩個年輕人，其中一個往前一衝，拳頭也捏了起來。他的朋友忙拉了下他的衣角，止住了他，兩人默默俯下身去揀棋子。扯棋盤的男孩繼續喊：「不許再下棋了！你們不知道這是資產階級的東西？」他彎腰抓起一把棋子就朝河裡扔。

我以前所受的教育是要對年長者有禮貌，但現在的革命好像要我們殺氣騰騰。溫文爾雅被認為是「資產階級」，我受的批評裡就有這一條，這也是不讓我入紅衛兵的理由之一。在文化大革命年代，我目睹了人們因說「謝謝您」而遭受攻擊，說是「資產階級的虛偽」，文明禮貌就快絕滅了。

當時在茶館外，我可以看到大多數同學都對這種橫蠻無理的時髦說話方式感到羞愧不安，所以沒有幾個人跟著吵吵嚷嚷。一些人默默地在茶館牆上和槐樹幹上張貼長方形標語。

顧客開始靜靜地沿河岸散去。看著他們離開的身影，一種失落感籠罩了我。幾個月之前，這些成年人可能會擺擺手把這幫小孩子趕走，但現在他們知道毛澤東賦予紅衛兵無上權力。後來我回想，才明白好多孩子一定是因為能指揮大人而興奮。不過，紅衛兵並未享受到自我表達的真正自由，從一開始，他們就只是暴君的工具，一條口號說得再清楚不過了：「我們紅衛兵天不怕、地不怕，因為偉大領袖毛主席是我們的紅司令！」

當然，一九六六年八月，站在河岸旁的我並沒有想到這許多，只是感到迷惑。我和同學一起走進茶館，有的要經理關門，有的貼標語，顧客紛紛悄然離去。但在一個角落裡，一位老人仍兀自坐在桌子旁，平靜地呷茶。我走到他身邊，感到很窘，因為此刻我應按照紅衛兵的規矩用一種權威式的口吻說話。他看了看我，又繼續發出呷茶的聲音。他有一張滿是皺紋的臉，像宣傳畫上典型的「工人階級」。他的手使我想起一課短文裡描繪的老農民的手：它們可以抓起多刺的木柴而不感到痛。

可能因這位老人自信而無可挑剔的背景，或因他的高齡，或者他不把我放在眼裡，反正他就是坐在那兒，不理會我。我鼓起勇氣，小聲地請求他：「請您離開，行嗎？」他看也不看我就回答說：「去哪裡？」「當然是回家。」我說。

這回他轉過臉來看我了，聲音有點激動，儘管話說得很輕：「家？什麼家？我和兩個孫子合住一間小屋子，我只有一個竹簾圍起來的角落，只夠放一張床。就這麼大點。當孩子們回到家時，我就來這裡找點清靜。為什麼你們連這個也不准？」他的話使我既震驚又慚愧，我第一次聽到有人竟然有這樣狹小的家。我沒再說什麼，轉身走開了。

這家茶館像四川其他茶館一樣關閉了十五年，一直到一九八一年鄧小平的改革政策使它重新開了門。一九八五年，我和一位英國朋友去到那裡，坐在那棵老槐樹下。一位老服務員過來用開水壺從兩呎外給我們加水。周圍的人們在下棋、聊天。這是那次回中國旅行時最愉快的時刻。

當林彪號召「破四舊」時，我們學校的一些學生也開始砸學校了。我們學校有兩千多年歷史，到處是古物，這些成了狂熱分子攻擊的目標。雕花屋簷的古老房頂被敲破，已成為乒乓球室的孔廟大殿琉璃瓦屋頂也遭到同樣命運。大廟前的那對大銅香爐被掀翻，一些男孩子朝裡面撒尿。學生拿著榔頭和鐵棒走上後花園的小石橋，打碎石欄杆上的小雕像尋開心。大操場一側有一對長方形巨大石碑，約二十呎高，上面用漂亮的書法刻著孔子生平。現在，一根粗繩把它們捆了起來，兩隊學生使勁拉，要把它們拉倒。一兩天也沒拉動，因為地基太深，紅衛兵只好從外面請來工人沿著基座四周挖了兩個大坑。當這兩塊碑終於在歡呼聲中倒下時，後面的小路也被掀翻了。

所有我喜愛的東西都消失了。對我來說，最心疼的是圖書館：那些金色琉璃瓦屋頂、精緻的雕花窗框、漆成藍色的飛來椅……都被打得稀爛，書架也被推倒了。一些學生著了魔似地撕書取樂。然後，寫上黑字的白紙條以×形貼在門上、窗上，以示查封。

書籍是毛澤東「破」的主要目標。由於那些書籍不是在最近幾個月寫的，沒有在每頁引用他老人家的語錄，紅衛兵宣布它們都是「毒草」。除了馬、恩、列、史、毛的著作，以及已故魯迅的作品外，大多數的書都付之一炬。魯迅的書倖存的一個原因是江青覺得可以藉他的名字來攻擊她的私敵。焚書使中國失去了一大筆珍貴的文化遺產，即使有的書逃過紅衛兵的手，後來也因為「讀書無用」而成了人們爐裡的燃料。

但是，我們學校沒有點燃焚書的火把。因為學校紅衛兵頭頭是一位好學的學生，一位溫文爾雅的十七歲男孩子。他當上紅衛兵領袖是因為他父親的地位，而不是他本人的野心。雖然他無法阻止普遍的破壞情形，但盡力保護了書籍。

雖然照規矩我應該參加「革命行動」，但跟大多數學生一樣，我躲避開了。之所以能逃過是由於這些破壞行為不是有組織的，沒有人強迫我們必須參加。我可以看得出來，許多學生不願意做，但也沒有人敢站出來勸阻。一些同學可能和我一樣在壓抑自己離經叛道的意識，安慰自己要改造思想，但我們心裡也都有數，任何異議都會給自己惹來大禍。

這時「批鬥大會」已成了文化大革命的一大現象，多由情緒激昂的人參加，會中少不了肉體折磨。在毛澤東親自支持下，北京大學的學生帶頭於一九六六年六月十八日批鬥了六十多位教授、系主任、校長。他們戴著塗寫侮辱性口號的高帽子，臉上塗著黑墨，表示「黑幫」，身上也貼著標語，在地上一跪就是幾個小時。批鬥時，這些人由兩名學生從後面揪住頭髮，狠狠地反扭雙臂，好像要把骨頭折斷，這叫做「坐噴氣式飛機」。此模式很快傳遍全國，大大小小的批鬥會都非有不可。

一次，我被我們班的紅衛兵叫去參加一個批鬥大會。當我看見十幾個老師被押上操場的台子，低著頭，手臂被扭成「坐噴氣式飛機」時，那種恐怖氣氛使我在盛夏的午後也感到渾身冰涼。不久，一些人被踢得跪在地上。另一些人，包括我的英文老師，一位年長、學者味十足的男子，被迫站在一條長而窄的板凳上。我的老師年齡大了，開始顫抖，重心不能保持平衡，終於摔了下來，前額被板凳的尖角劃破了。一個站在他旁邊的紅衛兵本能地伸手去扶他，但那位紅衛兵大概馬上發現自己「失態」，於是立即站直了身子，努力做出一副嚴厲的樣子，握緊拳頭，吼叫道：「滾上板凳去！」他不想讓別人看到他對一名「階級敵人」軟弱。血順著老師的前額往下流，在臉側凝成血塊。這些老師被指控犯有各種稀奇古怪的罪，但他們被押上台批鬥的真正原因是他們都是高級教師，屬「反動資產階級學術權威」，要不然就是有些學生對他們懷有怨氣。

在後來的年月裡，我才得知我們學校的學生表現還算溫和，因為四中是明星學校，學生多是用功讀書和成績優秀的。在一些性情較野的孩子集中的學校，有的老師被活活打死。在我的學校，我只親眼見過一次打老師的情形。我的哲學老師對成績較差的學生有時有點太嚴厲。有些學生恨她，就說她「道德敗壞」，理由是她和她丈夫是在公共汽車上認識的，婚姻源自偶然一面。「一見鍾情」也成了罪，這說明文化大革命的統治其實是最封建、最「舊」的統治。男孩子把老師帶到一間辦公室，說要對她「採取革命行動」——一種打人的代名詞。他們動手前，特別要我到場，他們說：「當她看到妳這個得意門生也來了，那才好呢！」我之所以被稱作是她的得意門生，是因為她經常讚揚我。同學也覺得我太軟弱，需要接受「革命教育」。

那天小辦公室裡擠滿了人，我縮在外圍。一開始打老師時，有人用臂肘輕碰我，要我到前排去打，我沒理會。我的老師被前排的男孩子用腳猛踢，躺在地上痛苦地翻滾，頭髮散亂著，哭著求他們住手。打她的男孩子則用冷冰冰的語調對她說：「現在妳知道求饒了，妳過去不是凶得很嗎？現在好好求饒！」他們一邊踢她，一邊令她向大家磕頭，並喊：「請革命小將饒我一命！」磕頭求饒是一個人最大的恥辱。老師坐了起來，茫然地看著前面。我從她披散在臉上的亂髮中，看到她的眼裡有著極度痛苦、絕望而木然的神情。她急促地喘氣，臉色像死人一樣鉛灰。我轉身溜了出去，好幾位同學也離開了。背後傳來口號聲，但聲音有點兒勉強，想必是大家都害怕才喊口號壯膽，我加快步子逃走，一顆心怦怦亂跳，擔心自己會被抓去挨打。但沒有人追我，後來也沒有受到懲罰。

在那些瘋狂的日子裡，儘管我明顯地缺乏熱情，經常躲在家裡，我也沒有遇到麻煩。原因除了紅衛兵本身組織鬆散外，還因為我父親是個高級幹部，根據「血統論」，我是「自來紅」。雖然有些好鬥的紅衛兵對我不滿，但我只是挨批評，沒有人對我採取什麼「革命行動」。

紅衛兵把學生分為三大類：「紅五類」、「黑五類」、「麻灰類」。「紅五類」的人出身「工人、農民、革命幹部、革命軍人、革命烈士」；「黑五類」出身「地主、富農、反革命分子、壞分子、右派」；「麻灰類」介於兩者之間，是那些劃不進兩邊的人。我那個年級本已按毛澤東的「階級路線」招生了，所有學生理應是「紅五類」。但文革使得每個年級好像都得有些「壞人」作為革命對象，結果我的年級有十多個人成了「黑五類」或「麻灰類」。

當時我有個好朋友叫艾玲。我經常到她家去玩，和她家很熟。她的祖父是位著名的經濟學家，全家在共產黨統治下過著優越的生活。他們的住宅寬大，有一個精巧的小花園，雅致又奢華——比我家的住所好得多。我特別為她家收藏的古董所吸引，尤其是一套鼻煙壺，那是艾玲祖父二〇年代在牛津大學留學時從英國帶回來的。

現在艾玲突然成了「黑五類」。我聽說她同學抄了她家，砸爛了所有的古董，包括那些鼻煙壺，還用銅頭皮帶打她的父母和祖父。我第二天見到她時，她頭上圍著頭巾：同學給她剃了個「陰陽頭」，她只好把頭髮都剃光。她見到我時低頭流淚，我覺得無能為力，找不到半句話來安慰她。

在我們班上，紅衛兵召開會議，要大家自報家庭出身，以供分類。我說出「革命幹部」時，大大鬆了口氣。有三、四個學生說他們的出身是「職員」，這其實也是「幹部」。但按當時紅衛兵規定，只有高幹才算「革幹」，一般幹部不算。結果所有出身「職員」的孩子和一個父親是營業員的女孩一塊被班上的紅衛兵劃成「麻灰類」。會上宣布將監督他們打掃學校操場、廁所，他們得隨時保持低頭狀，聽從紅衛兵的管教，還必須每天彙報思想和行動。

這些同學情緒一下子落了千丈，滿臉頹喪，平素的激動和熱情已消失得無影無蹤。我的一位女同學低著頭，眼淚一個勁兒地流，我們曾是朋友。會後，我走過去，想說點什麼。她卻抬起頭來，滿眼盡是怨恨。我一句話也沒說出來就走開了。我在校園內若有所失地走著，已是八月底了，梔子花開了，但是香味好像來自另外一個世界，與周圍的氣氛完全不協調。

黃昏降臨時，我朝宿舍走去。突然看見四十碼外教學大樓二樓一扇窗外有東西在晃動，緊接著傳來沉悶的一響。由於面前柚子樹杈擋住了視線，我看不清到底發生了什麼事，只見一大群人開始朝那個方向跑。從混亂的騷動和驚叫聲中，我猜是有人跳樓了！

我下意識地用手捂住眼睛，飛快跑回宿舍。我怕極了！腦裡浮現出空中那一具模糊、扭曲的人形。我趕緊關上窗戶，但人們緊張的嘈雜聲仍透過薄薄的玻璃窗傳進來。

一名十七歲的女孩企圖跳樓自殺。文化大革命之前，她是學校共青團的負責人，是學習毛主席著作和雷鋒的模範。她常做「好事」，為同學洗衣服、打掃廁所，還不斷在學校裡演講，說她如何「聽毛主席的話」。我常看見她和同學散步、談話，顯然是在對那些想入團的人「談心」，臉上總是一副認真極了的表情。但是現在她突然成了「黑五類」。其實，她的父親是黨員幹部，在市政府裡工作。但是在她班上有些父親職務較高的同學向來嫌她多事，討厭她，眼下有了權，決定把她算成「黑五類」。幾天來，她一直和其他「黑」、「麻」學生在一起，由紅衛兵看管在操場除草。同學為了羞辱她，剪掉了她美麗的黑髮，把她的頭剃成怪誕的禿子。那天晚上，她班上的「紅五類」又訓斥她和其他「黑五類」、「麻灰類」，她嚥不下這口氣，反駁他們說：她更忠於毛主席。有個男孩子甩了她一耳光，說她根本不配提忠於毛主席的話，因為她現在是階級敵人了。於是她跑到窗口，跳了下去。紅衛兵在震驚之餘，趕緊把她送到醫院。她沒有死，但終身殘廢。好幾個月後，我在街上看到她時，她腋下夾著枴杖，雙眼茫然。

在她跳樓那天晚上，我整夜無法入睡。一閉上眼，一個巨大、模糊的人形就在眼前晃動，渾身上下都是血，我嚇得發抖。第二天，我跑去請病假，被批准了。現在似乎只有家是唯一安全的地方，我只想永遠不出門。

17 你要我們的孩子變成黑五類嗎？

父母進退兩難（一九六六年八月～十月）

但是家已不再是避風港。父母顯得心事重重，幾乎沒注意到我。父親不是在房間裡踱來踱去，就是把自己關在書房裡。母親不時地走進廚房，拿著塞得滿滿的字紙簍，把成團的稿紙往爐裡塞。姥姥看上去好像預感到大禍臨頭，焦慮的眼神直跟著他們轉。我提心吊膽地觀察著大人的情緒，又不敢問。

父母親沒有告訴我幾天前他們的一次談話。他們坐在臨街的窗前，不遠處的電線桿上架著擴音器，不停地呼喊毛澤東語錄，特別是那句：「革命是暴動，是一個階級推翻另一個階級的暴烈的行動。」這些翻來覆去的尖銳叫聲令人害怕，也掀起了某些人興奮的情緒。擴音器還不時宣傳紅衛兵的勝利成果：他們又抄了多少「階級敵人」的家，砸爛了多少「反革命狗頭」。

父親當時若有所思地望著窗外血紅的夕陽，良久，他才轉身對著母親慢慢地說：「我無法理解文化大革命，但我相信現在所發生的事完全是錯的，這不是馬克思主義，人們連最基本的權利和保障都沒有了，簡直不堪設想。我是個共產黨員，我有責任阻止這場災難，我要寫信給黨中央，給毛主席。」在中國，除了向領導者上訴外，幾乎沒有其他影響政策的管道。現在又只有毛澤東可以改變局勢，父親只能向毛澤東上書。

母親的經驗告訴她，這樣做非常危險。過去上書的人大多受到打擊報復，還累及全家。但她一聲不響，兩眼盯著遠處被夕陽染紅的天空，竭力壓抑自己既擔心又生氣又有怨說不清的複雜情感。最後，她說：「你這不是飛蛾撲火，自取滅亡嗎？」

父親答道：「這是場不尋常的整人害人的大火，不知又會有多少人要遭殃，我不能眼睜睜地看著火燒。」

母親提高了嗓門，滿是怨氣地說：「好吧，好吧！你不要你的命了，你也不管你的妻子，這我知道。但是，你想過我們的孩子沒有？你要是倒了楣，他們就是『狗崽子』。你要我們的孩子變成『黑五類』嗎？」

父親沉思了一會兒，說話了，像在對自己說：「沒有人不愛自己的子女，『知否興風狂嘯者，回眸時看小於菟。』吃人的野獸尚且如此，何況人呢？但是共產黨員不比一般人，還要想想別人的孩子。這麼多被整的人，他們的孩子怎麼辦呢？」

母親站起來，走開了。她知道父親已打定主意，再勸也沒用。當她獨處時，才抽泣起來。

父親開始寫信。他一遍遍地打草稿，又揉成團重寫。他平時就認真得很，一個字、一個標點都要推敲半天，現在寫這封信給毛澤東，更是非同小可，不僅要準確地表達他想說的話，還得小心翼翼地措辭，盡可能減少潛在的，特別是可能禍及全家的後果。換句話說，他的批評不能教人看出是批評，他得罪不起毛澤東。

父親早在六月份就開始考慮寫這封信，那時省裡拋替罪羊的浪潮已經掀翻了幾位他的同事，從那時起，愈來愈多的跡象顯示，他自己也將要成為替罪羊。一天，我母親在市中心一個顯眼處看到一張大字報，上面指名道姓說我父親是四川省文化大革命的頭號反對派。大字報上面主要批評的是兩件事：一是去年冬天他抵制發表姚文元的「評新編歷史劇《海瑞罷官》」，而此文是毛澤東發動文革的號角；二是他起草《四月意見》，力圖把文革局限在純學術討論範圍裡。

當我母親告訴父親這張大字報時，他馬上說這一定是省委領導指使的，因為這兩件事只有省上少數幾個領導知道。我父親據此相信這些人已打定主意拋他出來做替罪羊了，而且他還清楚被整的原因。當時成都各大學的學生開始把鬥爭矛頭指向省上的領導人，中央文革小組轉達給大學生的訊息比中學生多，他們告訴大學生說毛澤東真正目的是「打倒黨內走資本主義道路的當權派」——共產黨內握有權力的幹部。大學生中高幹子弟少，因為大多數共產黨幹部是在人民共和國成立後才結婚的，他們的孩子此時還不到上大學的年齡；大學生不必「保爹保娘」，樂意把矛頭指向共產黨幹部。

四川當局雖然已被中學生無法無天的暴力行動弄得昏頭轉向，但大學生的進攻才真正使他們心驚膽顫。他們覺得必須拋出一個夠分量的替罪羊來安撫大學生。我父親是四川文化領域負責人之一，這個領域是文化大革命的主要攻擊目標，而且他向來以剛正不阿聞名。此刻正逢大家最需要全體一致服從時，他們覺得最好能把這個不聽話的人打啞。

父親的預感很快得到證實。一九六六年八月二十六日，他被召去參加四川省最有聲望的大學——四川大學學生所召開的一個大會。這次大會名義上是省領導聽取學生的批評意見，在成都市最大的「錦江大禮堂」（那時改名「東方紅」）召開。李政委和高級幹部齊齊一排坐在台上，台下擠得滿滿的。

學生是來找碴的，大廳裡的氣氛不久就沸騰了起來。他們一邊喊口號，揮旗幟，一邊往台上衝，要搶麥克風控制會場。雖然我父親並不是會議主持人，但是省領導卻指定他控制混亂局面。當他和學生對峙時，別的領導人都一溜煙地走了。

一般說來，中國官吏必須保持一種不動聲色、居高臨下的所謂威嚴。但我父親卻像個學生一樣跟年輕人對吵，「你們到底是受過教育的學生，還是流氓？你們講不講道理？」可惜他的真誠、無官氣並不為學生所欣賞，反而招來更多反對的口號聲。事後，大字報、大標語馬上攻擊他是「死硬頑固地鎮壓學生運動」。

這次大會成了四川省文化大革命的里程碑。四川大學紅衛兵組織因此得名「川大八・二六」。以後，「八・二六派」成了四川省文革兩支主要勢力之一，徒眾有數百萬之多。

就在這次會議後，省上領導規定我父親在任何情況下都不得離家，理由是要保護他。我父親明白他是先被故意拋給學生當靶子打，後又被軟禁在家。他馬上把這些遭遇加進給毛澤東的信裡，一天夜晚，他流著眼淚，請求我母親把信交到北京去，因為他已失去了自由。

我母親原先並不贊成他寫信，現在卻改變了主意，原因是我父親就要成了替罪羊，孩子們也要變成「黑五類」，將來要吃苦受罪了。不管希望有多麼渺茫，到北京去申訴是救丈夫和孩子的唯一辦法，她答應父親去送信。

八月的最後一天，父母房內的喧雜聲使我從心神不定的午睡中驚醒。我踮著腳尖，悄悄走到父親的書房門口，透過虛掩的門，我看見父親站在正中央，幾個人圍著他。我認識這些人，他們是父親宣傳部裡的工作人員，此刻看上去個個表情嚴厲，失去了平時的笑臉。我聽見父親說：「請代我感謝省委領導，感謝他們的關心。但是我不想躲起來，共產黨不怕學生。」

他的語調雖然平靜，但話裡深藏的激動卻使我害怕。這時一個男人大聲說：「不過，張部長，你應該相信黨組織。大學生會攻擊你，他們不講道理，還可能打你，黨認為你應該轉移到安全地方。這是黨的決定，你知道共產黨員要無條件服從。」

一陣沉默後，才聽見父親說：「好吧！我服從黨的決定，我跟你們走。」此時，母親問：「去哪裡？」一個男人不耐煩地說：「黨指示，不讓其他人知道。」當父親走出書房時，他看見我，就拉起我的手說：「爸爸要外出一段時間，聽媽媽的話，做個好孩子。」

我和母親隨父親走到樓下，朝大院門口走，沿途站著省委宣傳部的幹部。我的心怦怦亂跳，雙腳就像踩在棉花堆上。父親看上去激動不安，他握著我的手，我感覺到他在顫動。我伸出另一隻手撫摩他的手背。門外停著一輛汽車，車門打開著，顯然是在等他。車裡坐著兩個人，一個坐前排，一個坐後排。母親的臉緊繃著，但看起來並不慌亂。她注視著父親的眼睛說：「我一定去北京。」父親沒有摟我，也沒有擁抱母親，就上車去了。中國人通常不在公共場合擁抱、親吻，即使是在非常時刻。

當時我不知道父親被隔離了，只聽說這次行動是保護他。我那時才十四歲，還不懂得洞識這個政權的虛偽手法。他們需要虛偽，是因為沒打定主意拿我父親怎麼辦。大多數像這樣的帶走人都不是由警察辦的，來的人都是父親部裡的下屬，憑的是省領導的一句口頭命令。

父親剛一離開，母親就把幾件衣服塞進一只提包，說她要到北京去。父親的信還是草稿，寫得很潦草，滿是塗改處。看見來人時，他加了幾句話，就把信匆匆忙忙塞到母親手裡。

姥姥緊摟著四歲的弟弟小方哭了起來，我說我陪母親去火車站，我們已沒時間等公共汽車，於是跳上一輛腳蹬三輪車。我又害怕又慌亂，母親也沒向我解釋前因後果。她看上去很緊張、心事重重。當我小心翼翼地問她發生了什麼事時，她只簡短回答：到時就會明白。我想她一定是覺得太難解釋清楚了，我也習慣了大人說我太小，有的事理解不了。母親似乎在集中精神思索下一步該幹什麼，我也就不打擾她了。我沒有看出來的是：她自己也正努力想從這團亂麻中理出頭緒來。

就這樣，我們沉默而緊張地坐在三輪車上，手握著手。母親不斷回頭張望。她知道省當局是不准她到北京去的，母親讓我陪她，就是擔心可能出事，我好做個見證。到了車站，她買了張硬座票，乘下一班車赴北京。由於第二天凌晨才發車，我們就坐在一間大棚子似的候車室的板凳上過夜。

我蜷成一團靠著她，靜靜捱過這漫長的一夜。在車站前的水泥地廣場上，有幾盞沒有燈罩的路燈掛在木燈桿上，發出黯淡的光，映出地面上的一灘灘積水。那天上午剛下了一場雷雨，我只穿了件襯衫，現在冷了，母親就用她的雨衣把我包起來。夜深了，她要我睡一會兒，我因太睏，頭倒在她膝上就迷迷糊糊地睡著了。朦朧中我感覺到她膝蓋在抖動，把我搖醒了。抬起頭來，只見兩個身穿帶帽雨衣的人站在我們面前，正低聲說什麼。我仍睡意朦朧，聽不清楚他們的話，也看不出他們是男是女。只聽見母親平靜、克制的聲音，「那我就喊紅衛兵。」那兩人沉默了，相互低語一陣才走開，顯然不想引起別人的注意。

天矇矇亮時，母親乘上了去北京的火車。幾年以後，母親告訴我，那兩人都是她認識的婦女——父親部裡的工作人員。她們對她說，省委命令她回去。我母親引用黨章反駁，黨員有權到中央申訴。兩位使者則說，還來了別的人，車子就在站外等候，暗示她如果勸說不聽，就要強行抓她回去。我母親說：要是他們敢動手，她就向車站一帶的紅衛兵喊救命，說他們阻止她去北京見毛澤東。我問她何以確信紅衛兵會幫她，而不會幫那些人來捉她，「要是這些人對紅衛兵說妳是逃跑的『階級敵人』怎麼辦？」母親笑說：「我算準他們不敢冒這個險，但這個險我非冒不可。」

到了北京，她拿著我父親寫的信來到「上訪接待站」。中國自古以來都沒有獨立於政權之外的法律體系，所以歷代統治者都設有專門機構，讓老百姓投訴上告。共產黨繼承了這個傳統。文革期間，一度看上去共產黨官員好像要失去權力了，於是成千上萬曾被迫害的人湧入北京。但中央文革小組很快宣布，「階級敵人」不准翻案，告走資派也不行，膽敢這樣做的人罪加一等。

「上訪接待站」很少接受像我父親這樣的高幹案子，又極少有妻子像我母親這樣大膽來京替丈夫伸冤，於是母親引起特別關注。很快，副總理陶鑄接見了她，他當時管中央宣傳部，又是文化大革命的領導人之一。我母親把父親的信交給他，請求他下令讓四川省委放我父親回家。

兩個星期後，陶鑄又見了她，給她一封信，說我父親沒有做錯事，應該放回家，指責他的那兩件事應該由四川省委負責。陶鑄接受了我母親的說法，因為找替罪羊來保自己這種事在當時全中國太普遍了。陶鑄表示對我父親信中所擔憂的抓替罪羊和暴力混亂的情形深有同感。我母親看得出他也想控制這種混亂局面，正因為如此，不久他自己也被打倒，成了劉少奇、鄧小平之後的「中國第三號走資派」。

我母親手抄下陶鑄給她的信，寄給我姥姥，要她把此信交給宣傳部，並告訴他們，不放我父親回家，她就不回成都。她擔心回去後省上可能控制她，仍不放我父親。權衡利弊後，她決定待在北京，以便透過繼續上訪向四川當局施加壓力。

姥姥按母親的話辦了，但省委領導說整件事是場誤會，他們只想保護我父親。他們堅持要我母親馬上回川，停止這種「干擾四川文化大革命的行動」。幹部頻頻到我家來勸說，要我姥姥上京把我母親接回來。一位幹部這樣對她說：「我是替妳女兒擔心，為什麼她一定要和黨鬧誤會呢？黨只想保護妳女婿。妳女兒不聽黨的話，跑去北京，再不回來，就是反黨。妳知道反黨有多嚴重嗎？妳是她母親，妳要為她著想。黨現在已經答應，只要她回來就沒事了。」

姥姥一想到女兒惹出了這麼大的麻煩，就坐立不安。如此幾次談話後，她生了去北京的念頭。一天，來人告訴她，我父親的精神已經有點不正常了，只有我母親回家才能送他進醫院，於是姥姥下決心去北京。省委宣傳部給了我姥姥兩張火車票，一張給她，一張給小方。他兩人坐了三十六小時火車到了北京。母親一聽父親生病了，就馬上發電報給宣傳部，說她正要搭車返回。十月份的第二個星期，她、姥姥和小方都回到成都。

＊

母親赴京這段時間，九月一整個月，我一直待在家裡陪伴姥姥。她日夜焦慮，整夜睡不著覺。我不知道出了什麼事，父親在哪裡？被逮捕了嗎？還是被保護起來了？我的家倒楣了嗎？這些問題我都得不到回答——也沒人肯告訴我。

我之所以能逃避學校，待在家裡這麼長一段時間而平安無事，原因是紅衛兵組織從來沒有像共產黨那樣嚴密控制。另外，我在紅衛兵裡有個「保護人」，就是那個靦腆的十五歲上司耿姓男孩，他沒有召喚我回校。九月下旬的某一天，耿打電話要我在十月一日國慶日前一定要回去，否則，我就不可能加入紅衛兵了。

沒有人強迫我加入紅衛兵，我自己非常想加入。儘管這幾個月來在學校、家裡所發生的事使我覺得厭惡和恐懼，但我從來不曾想到要怪文化大革命和紅衛兵，文革和紅衛兵是毛主席領導的，而毛主席在我心中是個神，我想也不敢想他會是錯的。

就像當時千千萬萬其他的中國人一樣，我沒有理性的思維能力。我們已被恐懼和長期灌輸的觀念所扭曲，以致認為偏離毛所設下的軌道簡直不可想像。另外，我們周圍到處是虛偽、欺騙性的高調與假訊息，使我們幾乎不可能看清事實，正確判斷。

回到學校後，我得知一些沒能加入紅衛兵的「紅五類」發了很多牢騷，埋怨他們被拒於紅衛兵之外。學校紅衛兵只好讓大家都在國慶日前一古腦兒全加入，耿因而要我在那時趕回學校。就這樣，在文化大革命帶給我家災難時，我反倒成了紅衛兵。

當我的手臂套上印著金黃大字「紅衛兵」的紅袖章時，我異常興奮。當時最時髦的打扮是穿舊軍裝，就像毛澤東接見紅衛兵時的裝束。我也想趕時髦，等一戴上紅袖章，就飛跑回家，從一只舊箱底層翻出一件已洗成灰白的列寧裝，這是母親五〇年代的制服。衣服有點不合身，稍大，不過我請姥姥為我改小，再配上一條從父親褲子上抽出的舊皮帶，就打扮整齊了。走上街時，我渾身不是滋味，覺得自己看起來太咄咄逼人了。儘管如此，我照舊穿它。

一兩天後，姥姥去了北京。我因剛加入紅衛兵，得待在學校。家裡發生的劇變，如今令我終日膽顫心驚。當我看見「黑五類」和「麻灰類」成天低著頭打掃廁所、操場時，恐懼感就爬遍全身，好像我也是他們其中的一員。當紅衛兵夜晚外出抄家時，我的兩腿也不禁顫抖，好像他們是去抄我的家。一看見同學在附近交頭接耳，我的心就怦怦亂跳，忍不住心想他們是在議論我，說我已變成了「黑五類」，說我父親已被捉起來了。

不久，我發現了一個避風港——「紅衛兵串聯接待站」。從一九六六年九月起，毛澤東鼓動年輕人在全國各地「串聯」，煽風點火，要他們起來「造反」。為此，交通工具、食物和住宿都免費提供。學校於是來了許多「串聯者」。我們學校的接待站是以前一個演講廳，成天晃蕩的串聯者來到這裡喝茶、談天。如果他們聲稱有重要公務，接待人員就為他們安排一個時間會見學校紅衛兵頭頭。在這裡工作的人不必去看守「黑五類」、「麻灰類」，也不必去抄家。另外，那五個女工作人員看上去一點也不狂熱，和她們在一起有種溫暖的感覺，使我不會老是緊張兮兮，於是我費盡心思地加入了。接待站裡人來人往，絡繹不絕，有時還排著隊。有的人成了熟面孔，現在回想起來，才明白有些男孩子不過是想找女孩子閒扯，並非一心來鬧革命的。我記得自己當時卻認真得不得了，把他們言不由衷的公事話都當了真，一個勁兒地把那些廢話做成筆記，從不迴避他們的注視，也不理會他們的眉來眼去。

一個悶熱的夜晚，接待站像平常一樣滿是人，一片吵吵嚷嚷聲。兩名有點粗俗的中年婦女出現，自我介紹是學校附近一個街道居委會的正、副主任。她們壓低嗓門，表情神祕，好像在報告什麼重大機密。我一向很討厭這樣故弄玄虛，所以走開了。但看得出來她們一定是說出了什麼爆炸性消息，因為接待站馬上沸騰起來，不少人高聲喊叫：「上卡車！上卡車！」「都去！都去！」我還沒搞清楚出了什麼事，就被捲出房間，湧上了一輛卡車。當時毛澤東下令工人要支持紅衛兵，所以有的卡車司機到學校來聽候我們的調遣。我和那位居委會主任被擠到一起，她又開始重複說她的故事，眼睛裡盡是忙不迭地逢迎周圍紅衛兵的神氣。她說她的轄區內有一個國民黨官太太，丈夫逃到台灣去了，她在家裡藏了張蔣介石的像。

這個居委會主任令我十分反感，特別是她那張諂媚的笑臉，我也恨她弄得我第一次去抄家。很快，卡車停在一條狹窄的巷口，我們大夥兒跟著那兩個女人走進泥石子地的巷子。四下一片漆黑，只有連簷屋拼牆的木板之間透出燈光。我高一腳低一腳地走，盡量落在後面。那位被告發的女人家有兩個房間，都很小，容不下我們一卡車人。我自然樂得躲在門外，但好景不常，有人在房間裡高聲嚷嚷，要房裡的人擠出地方，讓外面的人都進去「接受階級鬥爭教育」。

我一擠進屋，大糞臭、尿臊味和長久不洗澡發出的汗漬味馬上撲鼻而來，房裡已被翻了個底朝天。一個大約四十好幾的女人，跪在屋子中間，半裸著身體。屋裡吊了盞昏暗的電燈，在陰影下，她跪著的人形顯得奇形怪狀。她頭髮蓬亂，有些似乎被血黏在一塊兒，兩眼絕望地張大，嘴裡不斷尖叫：「紅衛兵小將，我沒有藏蔣介石的像！我沒有！」她又朝地上使勁地磕頭，響極了！血從前額滲出來，裸露的背上布滿鞭打的血痕。當她蹶起屁股磕頭時，褲子上屎尿染成的污跡隱約可見，臭氣一陣陣升起。我嚇壞了，趕快移開視線。這時我瞥見了打她的人，一個姓錢的十七歲男孩子，此刻他懶洋洋地半躺在一張椅子上，一隻手拿著皮帶，另一隻手玩弄著皮帶上的銅釦頭，一邊緩緩地說：「講實話，不然，我還要打妳。」

錢同學的父親是駐西藏的一名軍官，因為漢人常把西藏想成是高山惡水，不適合漢人生活，絕大多數赴藏軍官就把家眷留在距西藏最近的大城市、入藏的門戶成都。以前，我很喜歡錢同學，特別是他那種略帶倦意的味道，使我覺得他很文雅。此時，我禁不住喃喃地說，一邊竭力控制不要顫抖，「毛主席不是教導我們要文鬥不要武鬥嗎？是不是……」

我的細弱聲音在房間裡引起幾個人的共鳴。但錢同學蔑視地掃了我們一眼，狠狠地說：「你們要和階級敵人畫清界線！毛主席教導我們，『對敵人仁慈就是對人民殘忍！』怕流血就不要當紅衛兵！」他的臉因狂熱而扭曲成醜惡的面目。我們大家都沉默了，雖然我們十分厭惡他的作為，但我們沒法和他爭辯。我們所受的教育，是不得同情「階級敵人」，不然，我們也會變成「階級敵人」。我轉過身，迅速退出房間，來到後花園，那裡已被紅衛兵用鐵鏟亂刨過了，一些人還在弓著腰挖，想發現點什麼。房間裡又傳來抽打聲，混合著那女人的哭叫聲，使我頭皮發麻。別的人想必也感到不可忍耐，他們於是停止了挖掘，直起身來，一邊走，一邊說：「什麼都沒有，走了！走了！」當人們擠出房門時，錢同學還漫不經心地站在那位婦人面前。我又看見那位告密的居委會主任，還是那種討好的眼神，但現在加上了害怕的神情。她半張著嘴，好像想說什麼，但又沒說出來。瞥了瞥她的臉，我明白了：這裡其實根本沒有什麼蔣介石的像。她是假紅衛兵之手整那個可憐的女人，紅衛兵被利用來算舊帳、洩私憤。我爬上卡車，滿心是厭惡和狂怒。

18 特大喜訊

進京朝聖（一九六六年十月～十二月）

我找了個藉口請假，第二天上午從學校回到家。家裡空無一人：父親仍被隔離；母親、姥姥、小方在北京；另外兩個弟弟和姊姊都待在各自的學校裡。

京明和我在同一所中學，他剛讀一年級，進校不久就遇到文化大革命。他的志向是成為一名科學家，但文革譴責科學家是「資產階級」，又來勢凶猛，把社會翻了個底朝天。看來他要當科學家是當不成了，失望之餘，他從一開始就對文革深懷不滿。文革前，他和班上幾位要好的同學就互稱「鐵哥兒們」。像大多數青少年一樣，他們渴望一種冒險生活，到神祕的高山、原始森林去探險。京明算是「大哥」，他個子大，學業成績好，常利用自己的化學知識在班上表演魔術，對沒興趣或早已自學過的課程就公然曠課。京明為人正直，講公道，這些都使他的夥伴對他頗為欽佩。

當學校的紅衛兵組織於八月十六日成立時，京明和他的鐵哥兒們被併了進去。他們的工作是油印傳單，拿到街上去散發。傳單是由高年級紅衛兵寫的，內容不外是：「成都第四中學紅衛兵司令部第一軍第一師成立宣言」（所有紅衛兵組織都有類似的大招牌）、「嚴正聲名」（某同學宣布改名為「黃衛東」——姓黃的要保衛毛澤東）、「特大喜訊」（中央文革小組某成員在北京接見紅衛兵時說：「經科學檢查，毛主席身體十分、十分健康，至少能活到一百六十歲。」）以及「最新最高的指示」（由中央文革小組洩漏出來的毛澤東的一、兩句話）。

京明很快就厭倦了這種生活。他開始逃避這些活動，把注意力轉向一位同齡的女同學。她在他心目中算得上是十足的窈窕淑女——美麗、溫柔、未語面先紅，臉上卻又略帶高傲的神氣，像個冰山美人。不過京明是在單相思，僅止於崇拜她，從沒有想過找機會和她接近。

一天，京明所屬的紅衛兵支隊被召集到一家宅院抄家。高年級紅衛兵說這家主人是「資產階級知識分子」。當紅衛兵開始到各房間翻箱倒櫃時，這一家子全被集中到一間房裡看管。京明被指派為看守，他暗自欣喜，因為另一名看守是他的意中人。

「犯人」有三名：一位上了年紀的男子、他的兒子和媳婦。這次抄家顯然早在他們預料之中。他們平靜地坐在板凳上，臉上露出聽天由命的神情，淡漠地盯著京明看時，像是在看一片空白。京明在他們這種注目下變得侷促不安，而意中人在場更使他覺得很彆扭。她看上去很不耐煩，不時地轉頭朝門外望。一會兒，幾個男孩子抬著一大箱瓷器走出院子。她嘴裡咕咕嚕嚕對京明說了些話，大約是說她要去看一看，隨之就消失了。一個人面對「犯人」，京明覺得愈來愈不舒服。

當那位兒媳婦站起身來，說她想到隔壁房間去奶孩子時，京明馬上同意了。就在那女人離開後不久，京明的意中人衝進房間，問京明「犯人」為何不見了。當京明回答說是他允許時，她一下子狂怒地衝著京明破口大罵，罵他「對階級敵人發慈悲」、「喪失階級立場」，一面從纖細的腰上解下軍用寬皮帶，捲成個圈，一隻手握著，晃動著指點京明的鼻子——紅衛兵標準的姿勢。京明驚呆了：平素如此嫻雅端莊的姑娘一下子竟變成了凶神潑婦，他心目中美好的女神粉碎了，初戀就這樣破滅。

當他從失魂落魄中醒轉過來，想回嘴時，女孩子已跑出房間，稍後和一位高年級紅衛兵隊長一起回來。他也用皮帶指著京明大罵，不過他很快就住口了，因為意識到在「階級敵人」面前爭吵太不合適，紅衛兵家醜不可外揚，於是下令京明回校，「聽候處置」。

那天晚上，京明所屬的紅衛兵支隊開會，沒有要他參加，鐵哥兒們回宿舍時都迴避了他的眼神，不和他說話。這種反常情況持續了好幾天，他們才告訴京明發生的事。那天會上，那位女孩激烈地指責京明心慈手軟，堅持給他一個嚴厲處分，開除出紅衛兵，關押起來。但鐵哥兒們決心保護「大哥」，拒絕表態，並替京明說好話。他們說這個女孩對「革命同志」態度粗暴，而且也曾如此對待其他同學，引起公憤。

京明仍被處分了：他和「黑五類」、「麻灰類」一起去拔草。毛澤東不喜歡草，所以中國人就得不斷拔草。草難根治，總會重新長出來，這就提供了一種不斷懲罰「階級敵人」的方式。京明只拔了幾天草，他的鐵哥兒們實在不忍心看著他受罪。但他已被定為同情分子，不再被派去做「抄家」這樣的大事了。京明求之不得，不久便和鐵哥兒們乘火車外出「雲遊天下」——旅遊去了。京明和大多數紅衛兵不同，竟沒想過要進京朝聖——去見毛澤東。他在一九六六年底才回成都。

我的姊姊小鴻那年十六歲。她是她們學校紅衛兵首批加入者之一，不過首批加入者有幾百人之多，因為這所學校有許多幹部子弟。她厭惡、害怕暴力的作為，很快變得恍恍惚惚不知所措，於是她在九月初跑回家，想從父母處得到幫助。但家裡空空如也，只有焦慮不安的姥姥在，這使她更加緊張。她又回去學校，自願去看管圖書館。那裡和我們學校圖書館一樣，先被洗劫，然後封存。她在一片狼藉的書堆中翻閱，貪婪地啃讀所有能揀到的「禁書」。正是書占據了她的思想和生活，使她免於精神崩潰。九月中旬，她和幾位朋友去全國旅行，也是到一九六六年底才回成都。

我的另一位弟弟小黑那年才十二歲。他就讀的是我曾讀過的實驗小學。當紅衛兵在中學風起雲湧時，小黑和他的朋友也急於參加。對他們來說，加入紅衛兵意味著天天可以住在學校裡，不必回家受家長管束，還可以欺壓、指揮成人。他們來到我的中學，要求加入紅衛兵。一個紅衛兵為了擺脫他們的糾纏，就隨口說道：「你們可以自己組成紅衛兵四九六九部隊第一軍嘛！」他們馬上拿著雞毛當令箭，成立了一支軍隊，有二十名小學生，小黑成了宣傳部頭領，其他孩子也全有官做，諸如「司令」、「政委」，沒有一個「兵」。

小黑參加了兩次打老師的行動。一位犧牲品是體育老師，被定罪為「壞分子」，因為一些和小黑年紀相仿的女學生聲稱這位老師在體育課上摸她們的乳房和大腿：為了討得姑娘的歡心，男孩子揍了這個老師一頓。另一位挨打的是班主任，因為她常去學生家裡拜訪，把學生在學校裡的淘氣惡行報告給家長，所以學生都很恨她。由於學校嚴格禁止體罰，老師有時不得不請家長管孩子，有的家長就痛打兒子一頓。

小黑的「部隊」也搞過一次抄家。有人告訴他們，說有一戶居民以前是國民黨。孩子們完全不清楚抄家該做什麼，只模糊地覺得，應該去找日記一類的東西，上面記著「盼望蔣介石回來」及「仇恨共產黨」的內容。這家人共有五個兒子，個個生得虎背熊腰。他們一字排開，雙手叉腰，一言不發地站在門口，瞪眼盯著小黑的「部隊」。小鬼們此刻全傻了眼，圍聚在門外裹足不前。終於有一個孩子鼓足勇氣，躡手躡腳想進去。一個兒子走出陣來，用一隻手提起他的後衣領，一把拋回「部隊」裡。從此，再也沒人提起要採取類似的「革命行動」了。

＊

就這樣，到了十月第二個星期，小黑仍待在他的學校，京明、姊姊在外旅行，母親和姥姥還在北京，我獨自一人在家。一天，父親突然不聲不響地出現在門口。

父親這次回家顯得怕人地平靜，完全變成另外一個人。他不搭理我，既沒說他一直在哪裡，也沒說發生了什麼事，只深陷在冥想中。他把自己關在書房裡，整夜不眠地踱來踱去。夜深了，我聽著他的腳步聲，感到非常擔憂、害怕，睡不著覺。兩天後，當我看見母親、姥姥和小方從北京回來時，終於大大鬆了一口氣。

母親馬上去父親的省委宣傳部，把陶鑄的信交給一位副部長。父親很快被送進療養院，母親獲准去陪伴他。療養院位於幽靜、秀麗的鄉下，兩邊都是綠色的小溪。父親有一間套房，會客室裡擺著一排空蕩蕩的書架，臥室裡有一張大雙人床，盥洗間嵌著發亮的白瓷磚。陽台外面是幾棵桂花樹，正散發著醉人香氣。秋風吹來，一點點桂花瓣輕輕飄落在無草的泥地上。

我去探望他們時，父親看上去很平靜。母親告訴我，他們每天到門外小溪去釣魚。我覺得他們都平安無事了，於是告訴他們我想到北京去見毛主席。和所有人一樣，這是我一直最渴望做的事，可是我到現在還沒去，原因是我感到父母需要我，我應該在他們身邊。

紅衛兵進京朝聖並沒有組織，但受到極大的鼓勵，享受免費提供的食物、住宿和交通工具。兩天後，我和學校「接待站」的另外五位姑娘就乘火車離開了成都。當火車噓噓地噴著白煙駛向北方時，我的心情既興奮，又擺脫不開為父親擔憂的陰影。窗外是廣闊的成都平原，一些稻子還是金黃金黃的，另一些已收割，露出一塊塊黑色泥土，好像一大幅拼花織錦。城裡的動亂對農村的影響很小，儘管毛夫人江青領導的中央文革小組不斷煽風點火，但是毛並未全力支持她，因為他很清楚：老百姓得先有飯吃，才可能去「鬧革命」。而且，農民也都明白，如果他們像城裡人那樣停止生產跑去鬧革命，第一個挨餓的就是他們自己，幾年前的大饑荒就是前車之鑑。綠竹環繞的農舍看上去仍然十分安寧，像田園牧歌。綠竹叢頂端隱約可見的煙囪上，縷縷炊煙纏綿著，由微風輕輕地搖散。文革開始還不到五個月時間，我的世界已經完全變了樣！我凝視著靜靜的田野，讓憂鬱籠罩著我。慶幸的是，此刻我不必擔憂被批評為「小資產階級情調」，和我同行的五位女孩子都沒有挑剔別人的嗜好，和她們在一起，我感到很輕鬆。

富庶的成都平原景色很快就被連綿起伏的低丘所取代，西邊的雪山頂在遠方閃閃發亮。過了一段時間，我們開始在秦嶺隧道裡進進出出，秦嶺像一座天然屏障把四川與中國北部隔開。西藏在四川西面，險峻的長江三峽在東部，南面被長期視為蠻夷之地。所以自古以來，四川總是自成一體，四川人也素以獨立精神著稱。毛澤東擔心四川成為「獨立王國」，所以用各種辦法來牢牢控制這個省分。

過了秦嶺，窗外驟然是另一番風情：柔和的綠野變成了蒼涼的黃土地。成都平原的草屋也變成一排排山邊掘出的窯洞。就是在這樣的窯洞裡，父親度過了五年青春歲月。火車距延安只有一百哩，毛澤東長征後在那裡建立了他的指揮中心。在延安，父親編織了他的夢，變成了忠實的共產黨員。想到他，我的眼睛濕潤了。

火車連續行駛了兩天一夜，列車員不斷跑來對我們說：他們很羨慕我們就要見到毛主席了。北京站前是一幅巨大的標語：「歡迎你們，毛主席的客人！」這時雖然已是午夜，站前廣場仍被照得如同白晝。探照燈在密密麻麻的人群中掃來掃去，大家都戴著紅袖章，說著相互不懂的方言，又笑又叫又吵。背景是北京站，它是一所巨大敦實的蘇聯式建築，唯一的中國特色是兩邊鐘樓上的仿古大屋頂。

我半醒半睡、跌跌撞撞地走入探照燈下的人群裡，一面對這棟由閃亮的大理石構造而成的宏大建築物感到驚嘆。我過去常見的是傳統暗色的木柱和粗糙的磚牆。出站後，我回過頭來，一股激動的情緒霍然湧起：我看到一幅巨大的毛澤東畫像掛在建築物的中心，下面是毛手書的三個金色大字「北京站」。

擴音器引導我們來到站前廣場一角的「接待站」。就像其他中國城市一樣，北京幹部被派來為串聯的紅衛兵安排食宿。住宿安排在大學、中學、招待所裡，甚至機關辦公室也騰出來。在排了好幾個小時的隊後，我們被分配到清華大學。公共汽車載我們過去，到達後，通知我們在學校食堂吃飯。安頓數百萬年輕人的工作是由周恩來親自負責，他還得處理國家繁雜的日常工作，毛澤東是不耐煩管這些事的。要是當時沒有周恩來或其他這樣的人物來管理國家，中國經濟及文化大革命都可能會垮掉。毛澤東很清楚周恩來的重要性，所以明令大家不准攻擊周。

我們六位姑娘都很嚴肅，來北京的唯一目的是見毛澤東。不幸的是，我們剛好錯過了他第五次在天安門廣場檢閱紅衛兵。怎麼辦呢？觀光遊覽是不算革命的，所以我們把全部時間都花在清華校園裡抄大字報。毛澤東說旅行是串聯，目的是「交流文化大革命經驗」，我們得把北京紅衛兵的大字報抄下來帶回成都。

事實上，客觀條件也使我們無法觀光：大學遠在郊區，離市中心有十哩之遙。而每輛公共汽車都擠得滿滿的，門上吊著、頂上爬著都是人。儘管如此，我們還得為不出去玩樂找革命的理由。

校園的生活極不舒服，時至今日我似乎仍能聞到當年我們的房間來自走廊那頭廁所的臭味，由於下水道不通，洗臉槽流不下去的髒水和便池的屎尿都溢出來，淌滿了瓷磚地。多虧廁所有個門檻，污水屎尿不致流到走廊上。學校管理機關陷於癱瘓，沒人來修理。有的學生還在使用這些廁所，當他們走出廁所後，過道、房間便留下一串臭哄哄的污跡。

一個星期過去了，毛澤東似乎沒有再發動另一次檢閱的跡象。下意識裡我們都急於擺脫這個骯髒的環境，於是決定先去上海，參觀中國共產黨一九二一年的誕生地，然後再赴湖南，瞻仰毛澤東的出生地。這都是「革命聖地」，不算遊山玩水。

沒想到旅程艱難萬分，火車老是大爆滿。在這段時期，高幹子弟控制紅衛兵的時代已結束了，因為他們自己的父輩已被攻擊為「黑幫」、「走資派」。過去一直受欺壓的「黑」、「灰」學生開始組成自己的紅衛兵，也參加了串聯。「紅」變「黑」了，「黑」又變「紅」了。我記得有一次在火車上碰到一位美麗苗條、年約十八歲的姑娘，有雙非常大的黑眼珠，長長的眼睫毛。一如慣例，我們見面就互相通報「家庭出身」。當我聽見那位可愛的女孩子毫無窘態地報出自己出身「黑五類」時，我簡直驚呆了，她似乎完全確信我們這些「紅」姑娘會友好待她。

當然，我們六個人原本就毫無鬥氣。我們的座位總是車上嘰嘰喳喳聊天的中心。我們之中最年長的姑娘是十八歲，也是最受歡迎的人物，大家稱她「小胖子」，因為她實在是胖嘟嘟的。她笑得最多、最開心，具有一種深沉渾厚的歌劇般嗓音。她也愛唱歌，當然只唱毛主席語錄歌和一些歌頌毛的歌曲。除此之外，所有的歌曲幾乎都在十年文革中被禁止了。

這是我自文化大革命開始以來最愉快的日子。但是我心裡仍掛念著父親，也時時感到旅途不適。火車上每一寸地都被占滿了，行李架上、座位下都是人，廁所裡也塞得滿滿的，根本無法擠進去，只有朝聖的虔誠信念支撐著我們。

有一次，我急於小便。當時我靠窗坐著，被擠得緊貼著車壁，原為三個人的座位現在擠了五個人。經過一番不可思議的拚搏，我終於到了廁所，但馬上發現根本不可能使用。就算坐在水箱蓋上的男孩子願意把他的腳從便桶蓋子上抬起來一會兒，就算坐在他雙腳之間的女孩子能被人抱起來讓出便桶，我也不可能在眾目睽睽下方便。他們不可能讓出廁所到過道上去，因為那裡也滿是人。於是我又折騰一番擠回到座位，急得幾乎掉出眼淚。結果愈急就愈憋不住，我嚇得兩腿發抖，決定到了下一站，無論如何得下到月台去上廁所。時間和火車行駛都好像是蝸行牛步，終於我們停在一個薄暮籠罩的小站上。在朋友的幫助下，我打開窗戶，爬了出去。但返回時，我發現進不去了。

我可能是六個人當中最缺乏運動神經的一個。以往當我必須由窗戶爬進火車時，一位朋友得在月台把我托起來，別的人在車裡全力拉我。這一次，雖然有四個人合力在車上拉我，我仍無法把頭和手肘伸入車窗。儘管當時是嚴冬季節，我還一個勁兒流汗。就在此時，火車緩緩啟動了，恐慌萬分的我四下張望，想找找有沒有人可以托我一把。我的眼光落到一個瘦小、黑臉的男孩子身上，他正偷偷挨近我，但是他的目的卻不是想幫我。

我的錢包放在外衣口袋裡，在爬窗戶時露了出來。那個男孩子用兩根指頭把它一夾就夾出來了，顯然，他先前一直在等火車啟動這個時機。我一下子哭了起來，那個男孩子愣住了，他看著我，露出躊躇的神色。然後，他很快把錢包又塞回我的衣袋，雙手托起我的右腿，把我舉起來。火車開始加速了，而我已爬上了車內桌面。

有了這次經歷後，我對小扒手總心懷同情。文革期間，當經濟一團糟時，小偷到處都是。有一次，我全年的糧票被扒光，即使如此，每當我看到警察或別的人打小偷時，我就覺得難過。原因大概是那個冬季月台上的男孩子比偽善的「社會棟梁」表現了更多的人性。

我們一共旅行了兩千多哩，我從來沒有這麼疲憊不堪過。我們去了韶山，參觀了毛澤東的老宅，修得像座博物館。使我十分驚奇的是，毛家住宅看上去很寬大，一點兒也不像我想像中的「受剝削」的貧苦農家。一幅巨大的毛澤東母親照片下有一行注腳，說她很仁慈，因為毛家富有，她經常把糧食分給貧苦農民。這樣說來，我們偉大領袖的父母原來竟是富農！但富農是「階級敵人」呀！為何偉大領袖的富農父母是英雄，而其他富農是仇恨的對象？一連串閃現的問題把我嚇壞了，我不敢往下想。

當我們於十一月中旬回到北京時，這裡已是冰天雪地了。接待站已不再設在車站，站外面積太小，不足以容納四面八方湧來、日益增加的年輕人。一輛卡車把我們載到一個公園。整整一個晚上我們站在霜地上不斷跺腳，排隊等待分配住宿。地上全是冰霜，坐也不能坐。我又累又倦，站著站著就打起盹來。我這個四川人是第一次見識到北方嚴寒氣候，而且我是秋天離家的，沒帶任何冬衣。此時此刻，我真正體會到北風刺骨的滋味了。黑夜彷彿無止盡地漫長，隊伍也一圈又一圈地繞著公園中心那個冰凍的湖。

拂曉來了又去，我們仍在排隊，我已筋疲力盡。天又黑了，我們才挪到接待窗口，分到了住處：中央戲劇學校。我們的房間以前是歌唱教室，現在地上鋪著兩排草墊，既沒有床單，也沒有枕頭。一些空軍軍官來接待我們，說他們是「毛主席派來照料紅衛兵的親人」，並指導我們軍訓。我們對毛主席的這份關心感動得痛哭流涕。

軍訓對紅衛兵來說是個新發展。毛澤東此刻已決定煞住他一手製造的混亂局面。住在中央戲劇學校的紅衛兵被空軍軍官編成了班、排、連、營，由他們指揮操練。我們幾個姑娘和軍官關係處得很好，特別喜歡兩位直接指揮我們的軍官。按慣例，我們立即得知他倆的家庭背景：連長是位北方農民，政治指導員生長在著名的園林城市——蘇州，出身知識分子家庭。一天，他們提議帶我們六個人到動物園去，但要我們不告訴其他人，因為他們的吉普車裝不下太多人。他們也暗示說他們不想製造一種壞印象：帶我們去玩耍，偏離了「文化大革命」。由於不想給他們惹麻煩，我們謝絕了，說「要一心一意鬧革命」。結果那兩位軍官帶來大包成都少見的大紅蘋果，還有冰糖葫蘆——早有所聞的北京一大名產。為了報答他們的盛情，我們偷偷溜進他們的臥室，把他們的髒衣服收集起來，清洗乾淨。我至今仍然清晰地記得自己是如何使盡全身力氣對付在冰冷的水裡又硬又重的卡其布軍服。姑娘幫忙戰士洗衣服是許多書籍、文章、歌曲和舞蹈的題材。原因是毛澤東要「全國人民學解放軍」，上上下下都要像軍隊那樣服從他，於是學習軍人與愛軍宣傳齊頭並進。

我甚至洗了他們的內褲，但我的腦子裡從來沒有過絲毫性的念頭。大概很多我這一代的中國姑娘都已被政治激變所支配，無從發展青春性意識。當然，並非人人如此。沒有家長的管束，有些少男少女便自由放縱。回到成都時，我聽說以前的一位同學自殺了。她是位俊俏的十五歲女孩子，和一些來自北京的紅衛兵一起去各地串聯。她和同伴在途中發生了性關係，回家後發現懷了孕。她被父親毒打一頓，左鄰右舍以鄙夷的目光看待她，紅衛兵戰友也在背後說長道短。她無法忍受，上吊自殺了，留下一張字條，說她「沒臉見人」。這種封建的羞恥觀本應是文化革命的真正目標，但毛澤東對此毫無興趣，也沒有把這列在要紅衛兵破除的「四舊」之中。

文化大革命也產生了許許多多咄咄逼人的道學先生，大多數是年輕姑娘。我的一位同班女孩曾收到一封情書，來自一個十六歲的男孩子。她大筆一揮，回信指斥那個落入情網者是「革命的叛徒」。

「當階級敵人仍猖獗一時，資本主義世界的人民仍生活在水深火熱之中時，你卻盡在想些不知羞恥的事！」當時這種風氣流行一時。毛澤東號召「不愛紅妝愛武裝」，女性溫柔成了指責對象，不少姑娘說話行事都努力像個粗野的男人，誰不這麼做誰就被看不起。當然那些日子也沒有表現女性特徵的機會，我們只准穿沒有體型的藍色、灰色或軍綠色的衣褲。

在中央戲劇學校裡，空軍軍官天天指揮我們圍著籃球場一圈又一圈地操練。操場旁邊是食堂，一列上隊，我的雙眼就不斷朝那個方向瞟，即使是剛吃了早飯也如此。我每天腦子裡想的都是吃飯，不知是由於肚裡缺少油水，還是太冷，或是操練太枯燥。我不斷想著各種四川菜：香酥鴨、糖醋魚、醉雞，還有數不盡的小吃。

我們六個姑娘沒有一人有花錢的習慣，再加上覺得買東西好像跟資產階級有某種關聯，所以我儘管一個勁兒想吃東西，也只買過一串冰糖葫蘆。起因是軍官們給了我們一些，引得我大饞起來，決定去買一串。要買之前，還經過一段長時間痛苦的煎熬，和別的姑娘反覆討論。後來我回家時，一口氣就吞食了一盒走了味的餅乾，一邊把姥姥在我出發前給我的零花錢幾乎原封不動地退還她。姥姥一把將我摟在懷裡，不停地說：「真是傻丫頭！傻丫頭！」

我是帶著風濕病回家的。北京冷得水管裡的水都結冰了，可我們得在露天操場上頂著刺骨寒風訓練，又沒有大衣穿，一天下來沒有熱水暖暖腳。我們剛到時，每人分到一床毯子。幾天後，更多的姑娘到了，毯子就不夠用了。我們六人一起商量，分給新來者三條，我們合用三條。因為大家長久以來受的教育是要義不容辭幫助同志。軍官們曾告訴我們，毛毯是戰備物資，是毛主席下令拿出來給他的紅衛兵用的，那時我們都不禁感謝毛主席。現在，毯子沒有了，我們得知應該更加感謝毛主席，因為他傾其所有地都給了我們。

毛毯太小，不足以蓋住兩人，除非緊緊擠在一起，可我無法靜臥在一處。自從目睹學校那樁自殺事件後，我便常做噩夢。父親被帶走，母親去了北京之後，噩夢更加頻繁。於是我老是睡得不安穩，翻來翻去的，不時翻出毯子外，房間暖氣供應有氣無力，一旦要睡著了，冰冷的涼氣就襲來。離開北京時，我的膝關節紅腫得幾乎沒法蹲下。

一天，我走進房間，看見我的一位朋友在哭，原來她在內衣的腋窩處發現一串細小、白色發亮的虱子卵。我怕極了！因為虱子會引起無法忍耐的奇癢，而且使我覺得自己很髒。從此以後，我無時不感到身上有地方在發癢，一天有好幾次仔細檢查內衣。所有的折磨使我天天祈盼毛主席快點檢閱我們，這樣我就能回家了。

十一月二十四日下午，我們照常在男孩子的房間裡學習《毛語錄》（軍官和男孩子出於男女界限不進姑娘的房間）。我們和藹的連長邁著不尋常的輕快步伐走進來，馬上提出打拍子指揮大家唱當時最流行的歌曲《大海航行靠舵手》。他從來不曾有過這樣的舉動，令我們十分驚喜。他揮舞著手臂打拍子時，兩眼閃閃發光，臉上喜氣洋洋。當他示意大家安靜，說要宣布一項好消息時，我們馬上就猜到了。

「明天我們要見毛主席了！」他語音未落，我們便歡呼起來。一陣無辭的大叫後，我們的興奮便由口號的形式來表現：「毛主席萬歲！」「跟著毛主席，永遠鬧革命！」

連長告訴我們，從現在起任何人都不得離開校園，大家得互相監督。「互相監督」在當時是很正常的事，更何況現在是要保護毛主席的安全，我們當然樂意從命。飯後，連長找到我們六位姑娘，壓低嗓門，一本正經地說：「妳們願不願意為保衛毛主席的安全而出力？」

「當然願意！」我們齊聲回答。他做了個「噓」聲手勢，要我們保持安靜，又低聲問：「明天早上出發前，妳們提議大家互相檢查以確保沒有人攜帶違反規定的物品，好不好？妳們知道，年輕人容易疏忽……」他早先已宣布過規定——不准攜帶任何金屬物品進入會場，甚至不准帶鑰匙。

當晚，我們無法入睡，整夜大家都在興奮地交談。早上四點鐘，我們起了床，排列整齊，步行一個半鐘頭到天安門廣場去。隊伍開拔前，連長使了個眼色，小胖子就站出隊列，提議互相搜身。我看得出一些人覺得她在浪費大家的時間，但連長笑瞇瞇地讚許，讓我們先搜他。一個男孩走出隊列來執行，在連長口袋裡發現一大串鑰匙。我們的連長做出一副恍然醒悟、懊惱自己不夠細心的樣子，對小胖子眨眨眼，笑了笑。接著，大家互相搜身。整個成功的表演反映了毛澤東統治下的一種做事方式：本來是命令，但做得要像是老百姓自發的。

清晨時，北京大街在沸騰，紅衛兵從四面八方列隊向天安門廣場進發，震耳欲聾的口號聲就像大海的浪濤聲。每喊一句口號，小紅書就舉上頭，在黎明前的黑暗中形成道道紅光。天亮時，我們到達廣場，被安排在天安門東頭、寬闊的長安街北面，沿著慢車道和街沿整齊排列成行。我站在第七排，後面還有許多排。列隊完畢，大家原地盤腿坐在冰涼堅硬的水泥地上。我的關節紅腫，很痛，坐了一陣，屁股就麻木了。又冷、又睏、又無法打盹，就更累了。軍官們不停地打拍子，指揮大家唱歌，要不同的紅衛兵連隊互相挑戰，讓大家保持高昂的情緒。

接近正午時，只聽得一片片狂熱的「毛主席萬歲！」的歡呼聲，自東面呼嘯而來。我此時已因筋疲力盡而反應遲鈍，好一會兒，才意識到毛澤東站在敞篷車上向我們這個方向開過來。突然，雷鳴般的歡呼聲在我四周爆發：「毛主席萬歲！毛主席萬歲！」坐在我前面的紅衛兵一下子都跳了起來，不斷發狂地跳躍，拚命舞動小紅書。「坐下！坐下！」我大叫，但徒勞無益。我們連長曾反覆交代過，整個檢閱過程都必須坐著，但現在極少有人遵守這條紀律了，大家爭著看毛主席。

因為盤腿坐在地上的時間太長，我的下肢麻木了。有好幾秒鐘，我看到的只是一片上下起伏的後腦勺。當我終於趔趔趄趄地站起來時，只看見汽車長蛇陣的最後幾輛，其中一輛上站著劉少奇——國家主席，他的臉正好朝著我這個方向。

那時，大字報已經在指名道姓地說他是「中國的赫魯雪夫」，反對毛主席。雖然他還沒有被正式打倒，但人人都清楚：他倒台的日子已不遠了。在歷次檢閱紅衛兵的新聞報導中，看得出他的地位無足輕重。這次檢閱，他沒有以中國的第二號人物身分站在毛澤東身邊，而是被安排在後面，幾乎在最後一輛車上。

劉少奇看上去心事重重，情緒低沉，此刻，我對他沒有任何感情。雖然他是國家主席，但他對我這代人來說沒有什麼意義，我們是在崇拜毛澤東的環境中長大的。如果劉要反對毛，他當然該被打倒。

目睹青年們正狂熱地表達對毛澤東的忠誠，劉少奇一定感覺到他的處境是何等沒有希望。諷刺的是：正是他本人長期倡導對毛澤東的神化崇拜，在一個很少有宗教意識的國家裡引發了青年人對毛澤東的宗教狂。劉少奇和他的同事之所以助長神化毛澤東運動，可能只是想安撫毛，以為毛會滿足於當上帝而讓他們去管塵世俗務，沒想到毛澤東要的是絕對權力，既要天上的，也要地上的。當然，不管是劉少奇還是別的人都可能無法阻擋崇拜毛澤東的澎湃潮流，毛就有那樣的威力。

一九六六年十一月二十五日上午，我腦子裡並沒有想到這麼多，我全心全意想的是看毛澤東。我把目光飛快地從劉少奇身上移開，掃向車隊前列。我看見了毛澤東寬大結實的背影，右手正穩穩地揮動著。一眨眼間，他就從我的視野中消失了。這就是我朝聖的全部？這麼久的艱苦等候換來的就只是瞥見他的背影？太陽似乎失去了光輝，周圍呢，紅衛兵還在又跳又叫。我注意到身旁的一位姑娘正在刺破右手食指，擠出鮮血在一張整整齊齊摺疊的手帕上寫字。我知道她在寫什麼，千千萬萬紅衛兵都做過這樣的事，報上也不厭其煩地報導：「今天我是世界上最幸福的人，我見到了偉大領袖毛主席！」看看她，我更絕望了，生命彷彿失去了意義，一個念頭閃過腦海：也許我該自殺？

這個念頭一閃而過。現在回想起來，大概是我在下意識地衡量自己對多年夢想的破滅到底有多失望，特別是為了追求這個夢想，我受了很多苦：爆滿的火車、紅腫的關節、饑餓寒冷、虱子咬的奇癢、臭水四溢的廁所、終日筋疲力竭。所有這一切換來的只是一眼背影而已。

朝聖就這樣完結了，幾天後，我們動身回家。我算受夠了，一心只想溫暖、舒適，洗個熱水澡。但是，「家」籠罩在陰影中。我記得臨行前那段不安的日子。不管旅行有多麼不舒服，但它不使人擔驚受怕。我與成千上萬的紅衛兵共同生活了一個多月，從未眼見任何暴力，也不感到恐怖。大家雖然如醉如癡般狂熱，但井然有序，和平無事，彼此都十分友善。

離京前，我接到母親的來信，上面說，父親已經康復，全家都很好。不過她最後加了句話，說她和父親都成了「走資派」，得接受批判。我的心為之一沉，當時我已明白：「走資派」——共產黨幹部——是文化大革命真正的靶子。我就要看到這會帶給我家和我本人什麼命運了。

19 欲加之罪，何患無辭

父母受折磨（一九六六年十二月～一九六七）

毛澤東所說的「走資派」，是「走資本主義道路的當權派」的簡稱。這是毛澤東給他要清洗的中共幹部安的罪名。毛利用他們本單位的人來整他們。

每個單位總有一些人很活躍，他們稱為「造反派」。造反派到處張貼大字報、大標語，宣稱「打倒走資派！」召開批鬥大會鬥爭上司。這些大會往往聲勢浩大，而內容空泛，因為被鬥的人總是辯說，他們是遵照黨的命令行事。各個單位的領導也有許多支持者組織起來保護他們，這些人被稱為「保皇派」。結果兩派互相指責，有時還動起手來。由於毛澤東從來沒有明說過要打倒所有的共產黨領導，於是有些造反派也猶豫了：如果他們鬥爭的領導最後又變成不是走資派，到時該怎麼辦呢？除了寫寫大字報、大標語、參加批鬥大會外，一般群眾根本就不知道究竟該做些什麼。

當我於一九六六年十二月回到成都時，我感覺到四周充滿茫然的氣氛。我父母現在回家裡住了，因為療養院要父親這種走資派離開，不得再享受特權，住院醫療。省委大院的小食堂也關了門，我們得到還在正常營運的大食堂去搭伙。儘管共產黨的機構已經癱瘓，我父母也不需要再上班了，他們卻照常按月領工資。

我父親的省委宣傳部開批鬥會鬥爭他，朝他喊口號。和大多數政治鬥爭一樣，真正動力其實來自個人怨恨。鬥爭我父親最積極的要算姚女士，一個看上去正經得要命，「革命」得了不得的副處長。

她一直渴望有扶「正」的一天，認定是我父親擋了她的路，眼下報復的機會終於來了。她在一次批鬥會上，朝父親吐口水，還抽他耳光。但一般說來，憤怒的程度有限。許多我父親的下屬喜歡他、敬重他的為人，所以對他並不凶狠。那些屬他管轄範圍但非直接領導的單位，如《四川日報》，也鬥爭他，但那裡的幹部對他沒有個人恩怨，批鬥會只是形式。

我母親的東城區委宣傳部根本就沒有開過批鬥她的會。一般來說，身居此位的人難免都會挨鬥，但沒人鬥她。因為她平素待人和善，又總努力幫助下屬解決像住房、調換單位這樣的切身問題。在過去歷次運動中，她總是盡力避免整人。大家都喜歡她，也不願意整她。

我從北京回來的第一晚，姥姥忙著給我做餛飩、蒸八寶飯。飯桌上母親樂觀地述說她和父親的遭遇。她說他倆商量好了，文革之後不再當官，要當一般老百姓，享享天倫之樂。我以後才了解到這只是他們自我安慰的幻想，他們不會不知道，一旦加入共產黨就沒有退出的餘地。但在當時，他們得抱點希望才能支持下去。

我父親也說：「資本主義國家的總統都可以在一夕之間變成普通公民，更何況在社會主義國家！一輩子當官不是好現象，因為這會造成濫用權力。」他還向我道歉，說他一直在家搞「一言堂」，「把你們搞得噤若寒蟬，現在，你們青年人起來造我們老一輩的反，我看是件好事。」他接著說，彷彿是一半對我，一半對他自己，「我覺得我們這些幹部挨批、挨鬥沒什麼了不起，就算狠了一點，讓我們威風掃地，又有什麼關係？」

我的父母是在竭力想理解文化大革命。他們對丟官、丟特權毫無怨言。但是，不久文革摧毀了他們最後一絲幻想。一九六七年到了，文化大革命突然加大了馬力，毛要造反派向走資派奪權。劉少奇、鄧小平，還有陶鑄，都被批判並關押。

造反派的士氣一下子高漲起來。各種各樣的人：工人、教師、營業員，甚至政府機關的幹部，都當上了造反派。造反派對失勢的保皇派大打出手，逼他們投降。全國早期的紅衛兵組織（包括我學校裡的）也在此時解散了，因為它們以高幹子弟為核心，而現在高級幹部成了文革的主要攻擊對象。

省委宣傳部那些把我父親從家裡帶走的人現在搖身一變，成了造反派，姚女士是他們的領袖，她也當上了整個省級機關的造反派頭頭。造反派一出現就分裂成若干派系，為爭奪每個工作單位的權力而混戰，他們互相指責對方「反文化大革命」或者是「保皇派」。在成都，多如牛毛的派系很快在兩所大學的大旗下匯聚成兩大派：即四川大學的「八・二六」和成都大學較溫和的「紅成」（紅衛兵成都部隊）。它們在全省各自指揮數以百萬計的群眾。姚女士的組織依附於「八・二六」，而她的反對派則和「紅成」掛鉤，後者的成員多敬重父親。

我們省委大院圍牆外的樹木和電線桿上，「八・二六」、「紅成」各自安裝了擴音器，每天不分晝夜地謾罵對方。一天晚上，我聽到廣播說「八・二六」聚集了幾百名支持者武裝攻下了一家「紅成」控制的工廠，他們抓住了「紅成」派的工人，用各種刑法折磨他們，有「噴泉」（打破頭顱，血噴湧而出），還有「風景畫」（用刀亂割受害人的臉）。「紅成」的廣播說有幾名工人從屋頂上跳下來成了烈士。我猜想他們是不堪折磨而自殺的。

造反派的鬥爭目標之一是各單位拔尖的業務人才，不僅包括傑出的醫生、作家、藝術家和科學家，還有工程師、熟練工人，甚至掏大糞的模範。造反派指責他們是走資派的紅人，但當然仇恨的真實原因往往是嫉妒。還有人假革命的名義要踩著別人頭頂爬上去。

造反派如今肆無忌憚地折磨走資派，那些過去仇恨共產黨上司的人抓住這個機會進行報復。當然，歷次政治運動的受害人沒機會這樣做，因為中央明文規定不准他們造反。野心勃勃的投機分子都忙於表現好鬥精神，以便成為新當權者。對立的派別也爭著比狠。人們紛紛捲進這場運動：或是懼於形勢，或是隨波逐流，或是對毛澤東忠誠，或是期望清算個人宿仇，或者就是出出悶氣。

我母親開始受罪了，打她的人並非她的下屬，而多是些刑滿釋放的盜竊犯、強姦犯、毒品走私犯，還有鴇母。他們重返社會後，被分配到街道工廠裡。過去的政治犯現在也還是文革的靶子，這些刑事犯卻不受限制盡情打走資派。雖然他們對我母親沒有個人恩怨，但是她是這個區的高級領導，這一點就足夠了。

在批鬥她的大會上，這些刑事犯最活躍。一天，她挨鬥後回到家，臉部痛苦地抽搐著，原來在批鬥會上她被迫跪在碎玻璃上。整個晚上，姥姥用鑷子和大針一點一點挑出陷進她膝蓋肉裡的玻璃渣。第二天，姥姥給母親做了一對厚厚的護膝、一個護腰，因為打人的人最愛打腰部，引起內傷。

好幾次，我母親被押著遊街示眾，頭上戴一頂醜化她的高帽子，脖子上掛一塊沉重的牌子，上面用粗黑字歪歪扭扭寫著她的名字，還打了一個大×，表示她是「罪該萬死」。每走幾步，她和她的同事就被迫跪在地上向圍觀群眾磕頭，孩子朝他們扔石子、吐口水，有些高喊他們的頭磕得不夠響，要重新來。我母親和她的同事只得在石頭路面上使勁再磕。

那年冬季的一天，街頭一家工廠開批鬥會，開會前，參加者在食堂裡吃午飯，要我母親和她的同事在露天的粗砂礫地面上跪一個半小時。當時下著雨，她的衣服全濕透了，貼在身體上，寒風吹透濕衣，凍得她渾身發抖。會議開始後，他們命令她把腰弓成九十度，站在台上。她的雙腿因刺骨的冷而不斷打顫，得用盡全力才忍得住。當空洞粗野的口號呼喊得震天價響時，她的腰部和脖頸痠痛難忍，於是稍稍扭動了一下身體，想抬頭減輕一下痛苦，突然，有人從背後一掌將她打倒在地。

她後來才知道出了什麼事：當她抬頭的那一瞬間，一個坐在台下前排的女人霍地跳起來，舉起一把長錐子，向她左眼猛刺過來。這人過去是妓院老鴇，共產黨取締妓院，判了她的刑。現在她盯上了報仇的目標——我母親，大概是因為我母親是挨鬥的人中唯一的婦女。眼看錐子就要刺到時，站在母親身後的造反派看守趕快把她打倒，躲過迎面而來的錐子。要是沒他，母親的一隻眼就瞎了。

母親沒有告訴我們這件驚險的事，她很少講述挨鬥的經過。當她不得不提到跪碎玻璃渣這樣的事時，也總是小心翼翼地盡可能輕描淡寫。她從來不給我們看身上的傷痕，始終顯得沉著，甚至樂觀。她不想讓我們為她擔憂。但是，姥姥看得出來女兒受了多少罪，她焦慮的目光總跟著我母親轉，一面還得盡力掩飾自己的痛苦。

一天，我們以前的保母和她丈夫來看我們。在整個文革期間，很少有人像他們這樣做。我很感激他們給我們帶來的安慰，特別是他們得冒著被指責為「同情走資派」的危險。交談中，保母不小心說漏了嘴，對姥姥提到她剛看到我母親遊街示眾的情景。姥姥頓時神色大變，抓起她的手催她往下講，結果還沒等她開口，就一下失去了知覺，身子直挺挺地往後一倒，頭「砰」地一聲碰在地板上。待她慢慢醒轉過來時，眼淚就順著臉頰往下淌，嘴裡說：「我女兒到底犯了什麼法？要受這種罪？」

我母親在不斷的折磨下得了子宮出血症，以後的六年時間裡，幾乎是天天淌血，直到一九七三年做了子宮切除手術才根治。有時她昏倒了，被送進醫院，醫生開的處方是用荷爾蒙來控制流血，我和姊姊輪流替她注射。母親深知依賴荷爾蒙很危險，但她沒有選擇的餘地，這是她能熬過批鬥會的唯一辦法。

同時，省委宣傳部的造反派對父親的攻擊也變得野蠻了。宣傳部是省級機關最重要的部門之一，野心勃勃的人多。以前共產黨的馴服工具現在變成了激進的造反派，屬於「八・二六」，由姚女士領導。一天，他們和一些年輕的紅衛兵闖入我家，直奔我父親的書房。他們指著書架大罵我父親「頑固不化」，竟然還收藏著這麼多的「反動書籍」。早些時候，當十幾歲的紅衛兵掀起燒書狂潮時，許多人出於害怕，都把自己的藏書付之一炬，但我父親沒有這麼做。在這個節骨眼兒，他為了保住藏書，就指指成套的馬列主義精裝書，但姚女士吼道：「不要想愚弄我們紅衛兵，看你藏了多少『毒草』！」她抓起幾本中國古典線裝書揮舞著。「什麼『我們紅衛兵』？」我父親反唇相譏，「妳夠當紅衛兵的媽了——妳也該懂點道理。」

姚女士跳上前狠狠抽了我父親一記耳光，人群跟著憤慨地咆哮，當然也有幾個人閃在一邊想忍住笑。隨後他們從書架上扒下書來，胡亂塞進預先準備好的大麻袋裡。拖著裝滿書的麻袋下樓時，他們對我父親說，這些書將在第二天的批鬥會後燒掉。他們「勒令」他觀看整個燒書過程，以「接受教育」。同時他們要他必須自行燒掉沒拿走的書。

我下午回到家時，看見父親站在廚房的一個大水泥槽前，槽裡燃燒著熊熊的火，他正把藏書一本本扔進火裡。我有生以來第一次看見他落淚，他的哭聲好像不能痛痛快快地放出來。不時，在狂烈的抽泣聲中，他用力跺腳，以頭撞牆。

又驚又怕的我好一陣子不敢說一句話來安慰他。最後我伸出胳膊從後面摟住他，但仍不知該說什麼才好，他也一言不發。我父親把所有的積蓄都花在買書上，書等於是他的命。水泥槽裡的火慢慢熄滅了，我看得出他的腦子也發生了變化。

父親無數次在批鬥會上挨鬥。姚女士和她的造反派每次都從其他地方請來戰友以壯聲勢。批鬥會的開場白總是千篇一律地呼口號：「我們偉大的領袖、偉大的導師、偉大的統帥、偉大的舵手毛主席萬壽無疆！萬壽無疆！萬壽無疆！」這時，每個人都舉起小紅書邊喊邊從胸前向空中畫弧形。我父親拒絕這樣做，他說「萬壽無疆」是對封建帝王喊的，不適合毛主席——一位共產黨員。

結果招來的是歇斯底里的狂叫和一頓毒打。在一次大會上，造反派命令所有挨鬥的人跪在一幅毛澤東大畫像前磕頭。別的人都服從了，我父親卻拒絕。他說下跪和磕頭是封建禮節，共產黨不搞這一套。台下一陣大喊大叫，台上的造反派則狠狠地踢他的腿，狠命往下扯他的頭髮，要他下跪。他竭力掙扎，一邊喊：「老子就是不下跪，就是不磕頭！」造反派更被激怒了，要他「低頭認罪」。父親回答說：「我不低頭，也沒有犯罪！」

幾個壯漢強壓下他的頭，但一鬆手，他便昂起頭來，挑戰似地盯著台下。造反派又一擁而上，拽他的頭髮，按他的脖子。我父親於是和他們扭在一起，台下鬧成一團，罵他「反對文化大革命」。我父親憤怒地說：「這算什麼文化大革命?!哪有半點『文化』在裡面?簡直是『武化大革命』!」

打他的人喊道：「你好大膽，竟敢反對文化大革命!文化大革命是毛主席發動的!」父親提高了嗓門：「我就是要反對，毛主席發動的我也要反對!」

全場一下子鴉雀無聲。「反對毛主席」是犯死罪的。就是沒有反，別人說你反你也得死。造反派目瞪口呆，因為我父親似乎毫不害怕。他們從驚愕中恢復過來，又狠命地打他，要他認錯。他又拒絕了。狂怒的造反派把他捆起來連拖帶拉地送往公安局，要求逮捕他。可是，公安局不收他。警察喜歡法律、秩序，頗同情領導幹部，討厭造反派。他們說逮捕像我父親這樣的高級幹部需經上級批准，而當時沒人發出這一道命令。

父親不斷挨打，但不肯悔改。在我所知道的人中，他是唯一敢在批鬥會上和造反派硬頂而不肯低頭的人。許多人，包括造反派成員，私下都說很佩服他。有時，陌生人在街上遇見我們，會壓低聲音說他們十分敬佩我父親。一些男孩子曾告訴我弟弟，說希望有我父親一樣的硬骨頭。

每次挨鬥後，父母回家都受到姥姥的精心照料。她此時已把對女婿的怨氣擱在一邊，父親對她也溫和多了。她在他的傷口上貼藥膏以減輕傷痛，還給他服雲南白藥治他的內傷。

我父母被「勒令」在家，隨時等待被架去批鬥。逃跑、躲藏都是不可能的，那時候中國就像一座大監獄，每個家庭、每條街道都由人民自己監視著，在這麼一塊大地上，沒有地方可以藏身。我父母也不可能輕鬆輕鬆地出門。「娛樂」這個概念已不復存在：書、畫、樂器、體育、撲克牌、棋類、茶館、酒館統統都被掃蕩。公園荒蕪了，裡面的花、草一塌糊塗，籠鳥、金魚也都死光。舞台、戲院、電影院只准上演毛夫人江青參加製作的八個「革命樣板戲」。但有的地方，連「樣板戲」也不敢演，一位導演被關進監獄就是因為江青說他把戲裡面英雄人物受拷打後的妝化得太淒慘了，「誇大了革命鬥爭的殘酷性」。我父母更不敢想上街散步，街頭時有遊街示眾的場面，到處是殺氣騰騰的大字報、大標語，街上的人像行屍走肉，個個表情不是生硬就是恐懼。另外，我父母是走資派，被認出來會有被羞辱、謾罵甚至毆打的危險。

當時恐怖到什麼地步呢？沒有人敢燒掉或扔掉報紙：因為張張報紙的頭版都有毛的畫像，版面內容都有《毛語錄》，都得妥善保存起來。如果有人發現你燒毀或撕掉的話，就大難臨頭了，保存這麼多的報紙也是個大問題：偉大領袖的面孔可能被老鼠咬，也可能腐爛。兩者都會被說成是有意侮辱毛澤東，都是殺頭之罪。成都第一次大規模的派系戰鬥就是因這種事觸發的：一次開大會時，有些紅衛兵不小心用有毛澤東像的舊報紙墊在屁股下坐，另一派就指責他們褻瀆偉大領袖。我母親的一個朋友在寫大標語時，把「衷心熱愛毛主席」的「衷」字寫得有點像「哀」字，結果受到殘酷的折磨而自殺。

一九六七年二月的一天，在恐怖氣氛最濃時，我父母曾有過一次長談。當時母親坐在床邊，父親則坐在一張籐椅上，兩人面對面。他告訴母親，他現在總算明白了「文化大革命」究竟是怎麼回事。這不是真的要搞「大民主」，讓一般群眾說話；也不是打倒幹部的驕氣，取消他們的特權。「文革」是用血腥的手段來擴增毛澤東個人的權力。

我父親說這番話時說得很慢，字字斟酌。我母親問：「毛主席不是很寬宏大量嗎？他都能容納得下溥儀，為何要把那些與他一起出生入死、打下江山的戰友置之死地呢？為什麼他對這些人就如此狠心呢？」

父親很激動，但卻平靜地說：「溥儀嗎？他是個罪人，早已被老百姓唾棄了，留下他，他能復辟嗎？但是……」他停住了，意味深長地看著母親。母親理解他的意思：毛澤東不可能忍受任何潛在的挑戰。不過她仍不解地問：「為什麼讓我們這些下面的人受大罪呢？為什麼要害這麼多無辜的人呢？又為什麼要造成這麼大的混亂呢？」

父親說：「可能毛主席覺得他不把整個世界翻個底朝天就達不到目的。他辦事從來就喜歡徹底，而且他不是說過嗎？搞革命就是要有犧牲，就是要付出代價。」

父親沉默了一會兒又說：「這不能叫革命，跟馬克思主義一點兒邊也沾不上。他為了個人權力，讓國家和人民遭受這麼大的災難，肯定是錯的，簡直就是犯罪！」

母親一陣揪心，感覺到大難臨頭，她的丈夫既然這麼說，一定會有所行動。果然，他說：「我要寫信給毛主席。」

母親頭一下垂到手裡，叫出聲來：「有什麼用呢？毛主席能聽你的話？你這不是明明白白以卵擊石，自取滅亡嗎？你這次別指望我去北京幫你送信了！」

父親彎下身來吻吻她，說：「我沒有要妳去送信，我用郵寄。」他雙手捧起她的頭，望著她的眼睛，無可奈何地說：「除此之外，我有什麼辦法？還有哪條路好走呢？我一定要說話，我想總會有點用，至少我問心無愧。」

「你的心就這麼重要？」母親說：「比孩子還重要？你要他們當『黑五類』、『狗崽子』嗎？」

一段沉默後，父親才猶猶豫豫地說：「那麼妳就和我離婚吧！帶大孩子。」他不再往下說了，這使我母親揣測到，他可能還沒有打定主意寫信，他很清楚後果實在太嚴重了。

＊

奪權之後，毛澤東派來四川的竟是我父母的熟人——宜賓的劉、張二挺：劉結挺、張西挺夫婦。

在我家離開宜賓後，他夫妻兩人完全控制了這一地區，挺先生當上了地委第一書記，挺夫人任宜賓地區首府宜賓市委書記。

「二挺」利用職權不斷製造冤案，迫害了一大批人。其中一個是挺夫人五〇年代初期的警衛。她數次勾引這位年輕人，有一天，她佯裝肚子痛，要他替她按摩腹部，慢慢拉著他的手去摸她的下身，警衛馬上抽回手，走出了房間。事後挺夫人對丈夫說警衛要強姦她，這位無辜的年輕人於是被判了三年勞改。

有人寄一封匿名信到四川省委揭發此冤案，省委下令進行調查。「二挺」身為被揭發的人，本來無權看這封信，但他們的一個密友私自將此信交給他倆。「二挺」利用權力把宜賓政府上上下下都召集起來「開會」，要每人寫一份報告，藉此鑑別筆跡，但也沒能抓住寫匿名信的人。

在宜賓，幹部和群眾都被「二挺」的淫威所懾服，不斷的政治運動不斷需要有犧牲品，為「二挺」提供了整人的機會。一九五九年，「二挺」整掉了宜賓地區專員李鵬。李鵬是在一九五三年接替我父親任專員的，是一位長征老紅軍，外號「李草鞋」，因為他總穿一雙農民的草鞋——以示自己不忘本。「李草鞋」在宜賓深受愛戴，使「二挺」妒火中燒。在大躍進期間，脾氣耿直的「李草鞋」不願強迫農民去煉鋼，一九五九年又直言不諱地警告農村正發生饑荒。「二挺」把他定為「右傾機會主義分子」，解除職務，開除出黨，下放到一家釀酒廠的食堂當採購員。大饑荒中他餓死了，本來他的老紅軍資格和職務可以比別人更可能吃飽肚子，但解剖醫生切開他的胃時，發現裡面只有稻草。他至死是一位廉潔的人。

一九五九年還發生了另一樁案件。一名醫生被「二挺」定罪為「階級敵人」，理由是他說了有的病人是餓死的——那時誰也不敢這麼說。「二挺」製造的冤案有數十個，許多人冒著生命危險寫信給省委控告他倆。一九六二年，溫和派在中央占上風，在全國各地為以前政治運動的受害者平反。四川省委也組織專門的人調查「二挺」，結論是兩人濫用職權、陷害無辜。「二挺」被解除了職務，軟禁起來。一九六五年，當時任共產黨中央總書記的鄧小平簽署一項決定，把他倆開除出黨。

文化大革命開始時，「二挺」設法逃到北京，向中央文革小組告狀。他們說自己是狠抓階級鬥爭的英雄，說正是由於勇於和階級敵人鬥爭，他們才被舊的共產黨當權派所迫害。當時我母親也在北京，與他倆在「上訪接待站」巧遇。他們很熱情地問她在北京的住址，但我母親沒有給。

中央文革小組組長陳伯達發現了「二挺」（陳是我父親在延安時期的上司）。透過陳伯達的關係，毛夫人接見了他們，結果一拍即合。江青熱中文化大革命，與其說是出自政策使然，毋寧說是報私仇——而且常常為了一些極瑣碎的小事。她操縱鬥爭劉少奇夫人就是典型一例。她對紅衛兵說，她非常憤恨劉夫人常陪著丈夫出國訪問。毛澤東只出過兩次國，都是去蘇聯，而且沒有帶她去。這還不算，在出訪中，劉夫人身穿美麗合身的旗袍，還戴著項鍊。在毛澤東治下的中國，人人像苦行僧似的，沒人敢這樣穿戴。江青數次找到紅衛兵訴說對劉夫人的妒恨，說到傷心處還聲淚俱下。紅衛兵心領神會，在鬥爭劉夫人時，逼她穿上過去出訪時穿過的衣服，戴上乒乓球串成的「項鍊」。劉夫人被定罪為美國中央情報局特務，逮捕入獄，差點沒被整死。

江青還整那些在上海時期她所嫉妒的演員。一名女演員叫王瑩，三〇年代與江青爭演《賽金花》的女主角而取勝。三十年後，江青把王瑩和她的丈夫弄成死囚。王瑩於一九七四年三月死於獄中。另一名著名演員叫孫維世，延安時期曾與江青同台在毛澤東面前演過戲，顯然比江青更像個明星，包括毛澤東在內的共產黨高層人物都喜歡她。孫是周恩來的養女，不覺得自己有必要去巴結毛夫人。一九六八年，她和她哥哥都被逮捕。她死在獄中的酷刑下，甚至周恩來的勢力也不足以保護她。

毛夫人的心狠手辣逐漸被小道消息廣泛傳播開來，從大字報登載她自己的言論中也可以看出她的秉性，她後來幾乎成了人人痛恨的對象，但在一九六七年年初，她的惡行仍然很少有人知曉。

毛夫人和「二挺」是同一類人，在毛澤東治下的中國，他們的行為有個專有名詞：「整人」。他們整起人來從不知疲倦，手段之毒辣血腥，實在是登峰造極。一九六七年三月，毛澤東簽署了一項文件，宣布平反「二挺」，並授權他倆到四川省組建新的權力機構：「革命委員會。」

四川省革命委員會由四個人負責：除了「二挺」，還有成都軍區（中國八大軍區之一）政委張國華、司令員梁興初。毛澤東說，每個革命委員會都要由三種人組成：軍隊代表、造反派代表和「革命幹部」代表。革命幹部代表從以前的共產黨幹部中選擇，完全取決於「二挺」的好惡。

一九六七年三月下旬，「二挺」來看我父親，他們想拉他合作。我父親一向享有正直、公正的聲譽，甚至「二挺」這樣的人也讚賞他的品德，特別是他們知道當他們被罷官軟禁時，我父親並沒有落井下石。當然，他們也需要像他這樣能幹的人。

我父親以應有的禮貌接待他們，我姥姥則十分熱情，她對他倆害人的事不知道，只記得在我母親懷我時，是挺夫人下令把寶貴的美國藥物都給了我母親，治好她的肺病。

當「二挺」走進父親書房時，姥姥就在廚房裡忙開了，準備包餃子招待客人。她忙著揉麵、剁肉餡、切香蔥、拌調料、做辣椒油。廚房裡一片抑揚頓挫聲。

「二挺」告訴我父親，他們現在平反了，回四川來主持工作。他們已去過宣傳部，從造反派那裡聽說了他給自己惹的麻煩。儘管如此，他們念在宜賓同事一場，現在仍很看重他，希望和他一起工作。他們許諾他只要願意合作，他說的那些話可以一筆勾銷。他們還暗示他甚至可能官加一等。

我母親先前已從街頭大字報上看到了有關「二挺」出任的事，她告訴了我父親，但父親說：「千萬不要相信這種謠言，這是不可能的事！」他完全不敢相信毛澤東會把這麼重要的職務讓這兩人來擔任。現在他竭力壓抑對來者的厭惡，說他很抱歉，無法接受他們的好意。

挺夫人衝口而出：「我們是在幫你的忙，換了別人，求都求不來。你知不知道你現在是什麼人？我們又是什麼人？」

我父親生了氣，高聲說：「不管我是什麼人，我自己做事自己當，不和你們攪在一起！」隨後他們發生了激烈的爭吵，我父親說他認為過去共產黨組織給「二挺」的處罰是對的，他們根本不配擔任重要的職務。「二挺」被這些意外的話弄得目瞪口呆，警告他說話要小心，是毛主席親自給他們平的反，還稱他倆是「好幹部」。

我父親的憤怒一發不可收拾，他說：「毛主席怎麼可能知道你們兩人的全部作為呢？你們算什麼好幹部？你們犯了嚴重的錯誤！」他好不容易才忍住了沒說「犯罪」這兩個字。

挺夫人厲聲喊叫起來：「你膽子也太大了！毛主席的話你也敢反對！林副主席說：『毛主席的話句句是真理，一句頂一萬句！』你難道不知道？」

我父親說：「如果一個人能說一句頂一句，就不錯了，怎可能一句頂一萬句呢？通都不通。」

「二挺」後來對造反派說，他們當時簡直不敢相信自己的耳朵。他們警告我父親，說他的思維方式、言論都是反對文化大革命的，而文化大革命是毛主席領導的。父親說有機會的話他要找毛主席辯論。這些話在當時聽上去不啻是自殺，「二挺」無言以對，沉默了一會兒，站起身就走。

我姥姥聽見憤憤的腳步聲，就跑出了廚房，雙手因為忙著包餃子而滿是麵粉。她迎面碰上挺夫人，笑著請他們留下來吃飯。挺夫人沒理睬，一扭頭登登的走出了我家。下到樓梯轉彎處，她停下來，轉身生氣地對站在樓上的我父親說：「你是不是瘋了？我最後一次問你：你後不後悔？想好沒有，還拒不拒絕我的幫助？你要明白，我現在要怎麼處置你都行！」

我父親回答：「我不和你們打交道，我和你們不是同一路人。」

姥姥還站在樓梯口，驚慌失措，父親逕自進了他的書房。他幾乎馬上又出來了，手上拿著硯台走進了盥洗間。他往硯台上滴了幾滴水，沉思著返回書房。他在寫字枱前坐下，一圈一圈地磨墨，磨好後，把一張紙攤在桌上。不一會兒，就寫出了給毛澤東的第二封信，信的開頭是：「毛主席，我以一名共產黨員的身分，請求您停止文化大革命。」他接著寫了文化大革命給中國帶來的種種災難，信的結尾說：「像劉結挺、張西挺這樣的人居然被授以要職，掌握千百萬人民的生殺大權，我實在為我們的黨和國家感到十分擔憂。」

他寫好了信封「北京：毛澤東主席收」，便拿著這封信去了街口郵局。在那裡，他對櫃台後面的營業員說寄掛號信。營業員接過信，瞥了一眼，竭力不動聲色。我父親接過掛號信收據後，走回家——等待大禍臨頭。

20 我不出賣靈魂

父親被捕（一九六七～一九六八）

我父親寄出那封信後第三天下午，我家響起一陣敲門聲。母親打開門，進來三個人，穿著清一色肥大的藍色制服，這是那時中國人的標準打扮。我父親認識其中一人，他是宣傳部的公務人員，是個造反派。一個不認識的、臉上疙里疙瘩的高個子開腔了，說他們是公安局的造反派，奉令逮捕我父親，理由是我父親是「砲打毛主席、文化大革命的現行反革命分子」。他和另一位個頭短小的人走到父親兩側，抓住他的胳膊示意他走。

他們既沒有出示身分證，也沒有逮捕令。但是毫無疑問，他們是奪了公安局大權的造反派便衣警察，顯然有權命令我父親，因為他們是和我父親部裡的造反派一塊兒來的。

雖然來者並沒有提到那封寫給毛澤東的信，但我父親知道這封信一定是被截了下來——這是不可避免的。他已有心理準備，因為這封信不僅是對毛澤東、對文革大不敬，而且「二挺」現在有了權，可以下令逮捕他。他還是寄了信，不願放過一線希望。眼下，他壓制著激動的情緒，一言不發隨來人走出去。出家門時，他住了腳，輕聲對母親說：「不要和黨記仇，無論錯誤有多嚴重，相信將來黨會改錯。和我離婚，把我們的孩子帶大，不要告訴他們。」

我下午回家時，發現父母都不見了。姥姥只說父親被造反派抓走了，母親到北京為他申訴去了。她沒有說是公安局來抓的，那樣的話對孩子來說太可怕了，公安局出面逮捕比造反派帶走要嚴重多了。

我跑到省委宣傳部去問他在哪兒，回答我的是一陣訓斥聲。姚女士最厲害：「妳要和妳的現行反革命老子畫清界線！」「不管他在哪裡，都是他應得的下場！」我忍住憤怒的淚水，對這些所謂有知識的成人感到無比厭惡。他們何須如此冷酷無情！即使在那種年月，一個和善些的臉色、一種溫和點的口氣或沉默不語都不是不可能的呀！

從那以後，我開始把中國人分成兩種：一種是有人性的，另一種是無人性的。不管他們是十幾歲的紅衛兵，還是成年的造反派、走資派。文革大動盪使人的本性全露了出來。

當我跑來跑去找父親時，母親正在火車站等火車，準備第二次赴京。比起六個月前的那一回，她的情緒要低落得多。那時，還有一點伸張正義的希望，而這次卻十分渺茫。但我母親並不甘心如此作罷，她要爭取。

她意識到此次赴京只能找一個人——總理周恩來，別人都不行，反而可能葬送她丈夫、她自己和全家人。她清楚周恩來比毛夫人和她的中央文革小組溫和得多。他還有權指揮造反派：他幾乎每天都在下令給造反派。

但是，要見周恩來就好比走進白宮或單獨覲見教皇那樣難。就算她順利到了北京，到了「上訪接待站」，她也不可能指名道姓地說她想見哪位中央領導，因為這會被看作是對別的領導不敬，甚至是侮辱他們。她逐漸焦慮了起來，特別是想到她離家出走可能已被造反派發現了。他們是不准她任意出門的，只許待在家裡等著挨鬥。但她僥倖希望：要是造反派找不著她，會以為她落入另一個造反派手中了。

我母親在火車站徘徊。突然，她看見一面大旗，上面寫著幾個大字「紅衛兵成都部隊赴京告狀團」。大旗下聚集著兩百名左右二十來歲的年輕人，舉著標語，說明他們是大學生，要去北京向中央控告「二挺」。還有標語說他們到京後會受到周恩來的接見。

與對敵「八・二六」相比，「紅成」算是溫和派。「二挺」明顯地偏袒「八・二六」。但儘管「二挺」背後有毛澤東和中央文革小組撐腰，他們倆也沒能樹起絕對權威，「紅成」不願甘拜下風。

此時文化大革命已被造反派各派之間激烈的派系鬥爭所支配。毛澤東一號召從走資派手裡奪權，這些鬥爭就爆發了。三個月後的今天，絕大多數造反派頭頭表現出的作風完全不同於被趕下台的共產黨幹部：他們要的是自己的權力，並非什麼理想、主義，他們甚至不是毛澤東的狂熱信徒。毛澤東不斷指示他們聯合起來分享權力，但他們個個只想獨吞。他們「打語錄仗」——引用毛澤東模稜兩可的語錄來互相攻擊。《毛語錄》裡很容易找到適用於各種情況或雙方各執一詞的話。毛澤東知道他的那些「哲理」勢必會給他帶來麻煩，但又不能把話挑明了說，因為一旦如此，他那莫測高深的神祕光環也就消失了。

「紅成」很清楚，要想打倒「八・二六」，就得先打倒「二挺」。他們也知道「二挺」濫用職權報復陷害的惡名。當時這兩人的惡行人盡皆知，有的人不敢明說，但仍有不少人公開議論，甚至毛澤東本人對他們的支持也不足以使人們俯首聽命。就是在這樣的背景下，「紅成」派人赴京告狀。因為「紅成」是四川的兩大造反派之一，人數約數百萬，勢力龐大，所以周恩來答應接見他們。

我母親跟在「紅成」隊伍後面通過檢票口進入車站，只見開往北京的特別快車噴著白煙，停在月台。我母親正想隨學生登上車廂，卻被一個男學生擋住了。那人大聲問：「妳是誰？妳不是和我們一起的吧？快下去！」我母親那時三十五歲，看上去當然不像學生。

她緊抓住車門把手不放，喊了起來：「我也要去北京，去告劉、張二挺的狀，我以前就認識他們，讓我上車！」男學生看著她，一臉不相信。這時，從他背後傳來一男一女的聲音：「讓她上來吧，先聽聽她說些什麼。」

我母親擠進了滿滿的車廂，坐在那一男一女之間。他們自我介紹說是「紅成」的參謀人員，男的姓翁，女的姓顏，兩人都是成都大學的學生。

從他們的言談裡，我母親看得出學生對劉、張知之甚少。於是她講了一些文化大革命前宜賓的冤案，也提到一九五三年挺夫人勾引我父親的事。她告訴他們，最近「二挺」來我家拉我父親和他倆合作，他嚴詞拒絕了。母親還說，「二挺」現在把我父親逮捕了，原因是他寫信給毛澤東，反對任命他倆擔任四川省新領導。

翁和顏答應讓她和他們一起去見周恩來。我母親整晚都在盤算該對周恩來說些什麼、怎麼說。

到了北京站，一位總理辦公室的人已在等待他們。代表團被送到一家政府招待所住，周恩來第二天晚上要接見他們。第二天白天，當學生外出時，我母親待在房間裡寫信給周恩來。她可能沒有機會說話，而且不管怎麼說都需要有書面材料。晚上九點，她和學生一起到了位於天安門廣場西邊的人民大會堂，這次接見是在四川廳，我父親曾於一九五九年負責該廳的裝飾。學生圍成一個弧形坐下，面對著周恩來。椅子不夠，有些人就坐在鋪著地毯的地板上，我母親坐在後排。

母親很清楚她的話必須簡明扼要有分量。接見過程中，她腦子裡一直在轉著自己的話，以致沒有留意學生都說了些什麼。她只注意到總理的反應：間或點點頭，表示聽明白了。他從不表示支持或不支持，只是聽，偶爾說些普通的應酬話，如：「按毛主席指示辦」或「要大聯合」。他的一位助手在一旁做筆記。冷不防地，她聽見總理像是要結束會見：「還有沒有別的事？」我母親立即從座位上站了起來，說：「總理，我有話要說。」

周恩來抬頭望著我母親，她顯然不是一名學生。周問道：「妳是誰？」我母親通報了自己的名字和職務，緊接著報了我父親的名字和職務，說：「我丈夫現在被打成『現行反革命』，抓起來了，我到這裡來是為他伸冤的。」

從周恩來的眼神裡可以看得出他很留心這件事，因為我父親是個高級幹部。他說：「學生現在可以走了，妳留下來談。」

我母親非常希望和周恩來單獨詳談，但她覺得不能讓學生走。她說：「總理，我希望留下學生在場做見證。」她邊說邊把寫好的信請前面的學生傳遞給周。

總理點點頭說：「好吧！妳說。」

我母親迅速清晰地說我父親是因寫給毛主席一封信而被逮捕，信中提到不同意任命「二挺」做四川省的新領導，因為這兩人濫用職權，這是他在宜賓親身體會的。除此之外，我母親還含混地說信中包含了對文化大革命的錯誤意見。

她無數次仔細推敲過怎麼說這番話，對周恩來她得實說，但是她害怕在場的造反派學生，所以不敢一五一十地重複我父親的信。她得盡可能地輕描淡寫：「我丈夫有一些十分嚴重的錯誤觀點，但是他並沒有在群眾中散布這些觀點，他是按照黨章向毛主席陳述。黨章規定，這是共產黨員的合法權利，不應該據此作為逮捕他的理由，請總理維護黨章。」

從周恩來的眼睛裡，我母親看出他已經完全明白了我父親信裡的實際內容，也明白我母親不能講出來的苦衷。他低頭看了看我母親寫的信，然後轉身對坐在身後的一位助手耳語了幾句。這時，整個大廳鴉雀無聲，所有人的眼睛都看著周恩來。

助手遞給周恩來一些紙，上面有國務院的抬頭。他開始以稍微費勁的方式寫起來——他的右手在延安時期從馬背上跌落下來時摔斷過。寫完後，他把字條遞給助手，由這人向大家宣讀。

字條說：第一，張守愚身為一名共產黨員，有權給黨中央寫信，不管信的內容有什麼錯誤，都不能作為定反革命的根據；第二，張守愚身為四川省委宣傳部副部長，必須接受群眾的審查和批判；第三，張守愚的所有問題都在文化大革命後期處理。最後署名：「周恩來」。

我母親大為鬆了口氣，不知說什麼好。這條子上沒有照一般情況寫明給誰，也就是沒有寫明要給四川省新領導。因此，我母親不必把字條交給他們或其他任何人。周恩來的意思很明白，他要她保留這張條子，把它拿給任何有幫助的人看。

顏和翁兩位大學生就坐在我母親左邊，當她轉身看他們時，兩人都笑容滿面，為她高興。兩天後，母親乘火車回成都。她一直和顏、翁待在一起，他們擔心「二挺」會得知周恩來給字條的消息，派人搶走它並把她抓走。顏和翁也認為和她待在一起是他們的責任，說：「八．二六可能會來綁架妳！」到成都後，他們堅持把我母親送回家。我姥姥熱情招待兩人吃豬肉香蔥烙餅，他倆吃得狼吞虎嚥。

我馬上就喜歡上顏、翁。他們也是造反派，但對我家是這樣和善、這樣友好、這樣溫暖！我簡直不敢相信。我也從他們對看的眼神裡，從他們忍不住在人前互相開玩笑、打打逗逗的舉動中，看出他們在談戀愛。我聽見姥姥悄悄嘆著氣對母親說，應該送給他倆一些結婚禮物。母親說不可能，別人知道了會給他們惹麻煩，接受走資派的「賄賂」可是一樁不小的罪過。

顏二十四歲，在成都大學讀三年級。她生動的臉上架著一副顯眼的厚眼鏡，她很愛笑，笑時不斷把頭向後仰，令人暖洋洋的。在那些日子裡，深藍和鐵灰色的中山裝、軍便服是男人、女人和孩子一律的服裝。有些女人穿上這些還顯得刻意打扮。顏就不同了，她看上去馬馬虎虎、不修邊幅，好像鈕釦老會扣錯位置。短髮像是不耐煩地向後拉到一起，束成亂亂的一把。甚至熱戀也沒能使她更留意自己的外貌。

翁顯然可就有點時髦的意識了。他穿著一雙草鞋，褲腳總是挽起，以為襯托。穿草鞋在當時學生中很流行，以示「農民化」。翁非常機智又善解人意，我覺得他很不平凡。

這餐豬肉香蔥烙餅吃得很愉快。飯後，顏、翁兩人起身告辭。我母親送他們下樓。他們對她低聲耳語，要她一定要把周恩來給的字條藏到安全地方。那時我母親沒有對我們幾個孩子提及見周恩來的事。

就在那天晚上，母親去看她的老同事陳洙，給他看了周恩來的字條。陳先生在五〇年代初曾在宜賓和我父母共事過，關係融洽。他也和「二挺」過從甚密，「二挺」平反後，他投靠了他們。我母親流著淚求他看在共事多年的份上，解救我父親。陳先生答應在「二挺」面前說好話。

到了四月，我父親突然出現了。我鬆了口氣，興奮極了！但喜悅馬上變成了恐懼，父親的眼神很奇怪，他沒說他一直都在哪裡，開口說話時，我幾乎不懂得他在說什麼。他整夜不睡覺，在房間裡走來走去，大聲地自言自語。一天，他強迫全家人站到院子裡，當時正下著傾盆大雨，他說這是「經受革命風暴」。又一天，他收到工資袋時，一把將它扔進廚房的火爐裡，說是「與私有制決裂」。我們意識到可怕的事發生了：父親精神失常。

母親成了他發狂的對象。他罵她「不知廉恥」、「是個懦夫」、「出賣靈魂」。但不一會兒，又對她異常親熱，當著我們的面一遍遍說他是多麼愛她，他配不上她，懇求她「原諒我，回到我身邊來吧！」

他第一天回到家時，曾用懷疑的目光審視母親，盤問她前一陣都做了些什麼。母親說她去北京告狀，要求釋放他。他搖著頭，不相信她，要她拿出證據來。母親決定不告訴他周恩來字條之事，她看得出他的頭腦已不清醒了，擔心如果「黨」下命令，他就會把字條交出去，甚至交給「二挺」。她甚至不敢提顏和翁做她的證人，我父親絕不會同意她和紅衛兵造反派有關係。

他反反覆覆盤問母親上京這件事，每問一遍，母親的「供詞」就出現新的漏洞，父親的懷疑和紊亂思緒就加劇一層，他對母親的怒氣近乎暴力的邊緣。我們幾個孩子想幫母親說話，努力解釋一件我們也不清楚的事。當然，父親一開始追問我們，事情就更一塌糊塗了。

原來在父親被關押期間，審訊他的人不斷對他說，如果他拒絕寫「認罪書」，他的妻子和孩子就會和他脫離關係，唾棄他。要人「認罪」是標準的整人作法，使犧牲品承認自己「有罪」，在摧毀他們的精神方面占有極重要的分量。但我父親說他無罪可認，也沒什麼可寫的。

於是審訊者告訴他，我母親和他「畫清界線」，不要他了。他要求見她一面，他們說她拒絕來。當審訊者意識到他已經出現幻聽現象——一種精神分裂症的徵兆時，他們引他注意隔壁傳來的微弱嘰嘰喳喳聲，說我母親就在那裡，但不會來看他，除非他寫認罪書。他們的戲演得如此活靈活現，我父親覺得自己真的聽到我母親的聲音。他的精神終於崩潰，不過，他仍是一字未寫。

審訊者通知他可回家時，對他說，允許他回家是讓他的妻子監視他：「她是黨派來監視你的。」還說他的家就是座新監獄。由於父親完全不知道突然被釋放的原因，加上精神已經分裂，這個解釋就深植在他的腦子裡。

我母親一點兒也不知道監獄裡發生的事，當父親問她為什麼他會被釋放時，她無法給他滿意的答案。她不僅不能告訴他周恩來干預此事，也不能提到她去找過陳洙。陳是「二挺」的左右手，我父親不可能容忍他的妻子向「二挺」求情。於是，惡性循環形成了：母親進退維谷和父親精神失常都在加重。

母親東奔西走，想給他治病。她去了省委門診部，去了精神病醫院。但是掛號室的護士一聽到我父親的名字就搖頭。沒經過新的權力機構批准，他們不敢收他，而他們也不能代我家申請。

母親找到省委宣傳部的主要造反派，要求他們批准送父親就醫。他們是姚女士領導的，牢牢地掌握在「二挺」手裡。姚女士對我母親惡狠狠地說我父親是在裝瘋以逃避懲罰，還說我母親利用從繼父夏瑞堂處學來的醫學知識幫他演戲。造反派引用一句流行的標榜文化大革命冷酷無情的口號，說我父親是「落水狗」，決不能留情，要痛打。

在「二挺」的指使下，造反派的批鬥會變得更加野蠻了。一天，父親回到家，一隻眼睛又青又腫。另一天，我看見他被狠狠地反扭著雙臂架在一輛緩慢行駛的大卡車上遊街示眾。一塊巨大、沉重的牌子用一根細鐵絲吊在他的脖子上，鐵絲深深陷進他的肉裡。他拚命掙扎，想抬起頭來，造反派則從後面使勁往下壓。這樣的摧殘，他看上去卻沒一點痛的感覺。我看著萬分難過，精神病似乎使他的心靈和肉體分開了。

父親把家裡相冊中和「二挺」合拍的照片都翻出來撕個粉碎，他還燒掉了他的被套、床單及家裡的許多衣服，並把桌椅腿折斷，再放火燒掉。

一天下午，母親正在床上休息，父親躺在書房內他喜歡的那張籐椅上。猛地，他跳起來，登登登地重步走進臥室。我們聽見腳步聲，衝了進去，只見他正掐著母親的脖子。我們驚叫起來，撲上去想把他拉開，又拉不動。母親看上去快要窒息了。幸而，父親鬆了手，一轉身大步離開了房間。

母親臉色像死灰一樣，她慢慢坐起來，手捂著左耳，父親剛才一拳打了她的耳朵，把她痛醒了。她對站在一旁抽泣的姥姥說：「別擔心，我沒事兒。」她的聲音微弱，但是很平靜。她轉向我們說：「去看看你爸爸怎麼了，然後回自己房間去。」她半靠在嵌在樟木床頭的橢圓形鏡子上，從鏡子裡我看見她的右手緊緊抓著枕頭。那天晚上，姥姥整夜守在父母的房門口，我也無法入睡，如果父親把他們的房間鎖起來打母親，該怎麼辦呢？

我母親的左耳耳膜破了，幾乎全聾，她覺得待在家裡太危險，第二天便到她的部裡找房子要搬過去。區委的造反派很同情她，把花園一角的花匠住房撥給她一間。房子很小，只有八呎寬、十呎長，放進一張床和一張書桌，就連走路的地方也沒有了。

那天晚上，我和母親、姥姥、小方睡在這裡，大家擠在一張床上，伸伸腳翻個身也不行。母親的子宮出血情況惡化了，我們非常驚慌，剛搬到一處新地方，沒有爐子，不能消毒注射器和針頭，因此不能給她注射藥物。到後來，我疲倦已極，迷迷糊糊睡著了，但是我知道母親和姥姥整夜都沒有闔眼。

我們搬走後，留下京明陪父親住。我待在母親的新住所照料她。我們的隔壁鄰居是區委造反派頭頭，很年輕。遇見他時，我沒有主動跟他打招呼，因為我不敢肯定他是否願意和走資派的家裡人說話。出乎意料，每次相遇，他總是自然地招呼我們。他待我母親也很有禮貌，雖然態度有點生硬。見慣了省委宣傳部造反派凶神惡煞的樣子，我覺得在這裡非常輕鬆自在。

幾天後的一個早晨，母親正在屋簷下洗臉，這人走出他的房門招呼她，問她願不願意交換房間。他的房間有我們的兩倍大，下午我們就搬進去了。他還幫我們找來另一張床，這樣我們就能睡得舒服點了。我們非常感激他。

這位年輕人眼略斜視，他的女朋友長得很美，晚上總在他房間裡長久地說笑。這種事在那個時代極少見，他們似乎並不在意我們知道。當然走資派也無權搬弄是非。當我早晨與他們碰面時，他們總給我一個愉快而和善的微笑，看得出來他倆很幸福。從這裡我發現人們只要心情愉快，就會變得很和善。

一俟母親健康好轉，我就回家看望父親。家裡糟得不成樣子，窗戶被打碎，到處是砸爛、燒焦殘留下來的家具碎片，滿地都是衣服。父親似乎對我在不在家反應冷漠，只是不停地一圈圈地走。

晚上我反扣上臥室的門，怕他不能入睡，一個勁兒找我反來覆去地說話。但是門上面有一扇小窗戶無法上鎖，一天夜裡，我驚醒過來，看見他正靈活地從那扇窗戶爬進來，敏捷地一跳就跳到地板上。他並沒注意到我，只漫無目的地隨手舉起沉重的桃木家具，毫不費力地把它們摔回地上。精神病使他變得超乎常人地靈敏和有力。待在家裡像場噩夢，我無數次想逃到母親那裡去，但又下不了決心離開父親。

有一、兩次他打我耳光，這是從來沒有過的事。遇到這種情況，我就逃到後院裡，躲到陽台下，瑟縮在春夜的寒風裡，聽著樓上父親的動靜，全心盼著一切歸於沉寂，這意味父親睡著了。

一天，我發現他不見了，心裡霍然升起一種不祥的預感。我跑到門外，迎面碰見頂樓的鄰居往下走。我們早已不打招呼了，以免飛來橫禍。但是這次他開了口，說他看見我父親到樓頂平台上去了。

我們住的那幢公寓有五層，相連的大樓只有四層。我們的樓梯頂左面有一扇小窗戶通往隔壁的樓頂平台，上面鋪著砂礫、塗著瀝青，邊緣圍著一圈低矮的鐵欄杆。我跑到頂樓，試著攀越那扇窗戶時，一眼就看見父親正站在樓頂邊緣。我看見他的左腳好像正往上抬，要跨過欄杆。

「爸爸！」我顫聲地喊，竭力想使聲音聽上去平靜自然。我的本能告訴我：不能讓他受驚。

他停住了，轉身朝著我：「妳來這裡幹什麼？」

「爸爸，快來幫我鑽過窗戶。」

我總算使他離開了樓頂邊緣。我抓緊他的手，拉他進到樓裡，一邊渾身哆嗦著，眼裡含著淚。他似乎受到感動，一向漠然的臉上恢復了一種接近正常的表情，眼睛也不像往日那樣只瞪著沉思。他把我抱下樓，放在沙發上，甚至拿來一條毛巾為我擦去淚水。但是這種正常跡象只維持了很短的時間，我還來不及從驚恐中恢復過來，他舉起手掌又要打我了，我只得逃跑。

省委宣傳部造反派不但不讓我父親治病，反拿他的瘋來取樂。他們出了一系列大字報連載故事，配以花花綠綠的漫畫刊頭，標題是：「張瘋內史」，內容多是嘲笑、戲弄我父親。大字報就張貼在省委大門對面最顯眼的位置上，吸引了一大群人。我強迫自己去讀這些「故事」，我可以感覺得到四周人的異樣眼光，許多人認識我。我聽得見交頭接耳聲，那是在告訴那些不認識我的人。我內心充滿憤怒，也為父親萬分難過。我清楚我的反應會傳到迫害父親的那些人耳裡，所以竭力保持平靜，我要讓那些人知道他們不可能摧毀我們。我心裡沒有恐懼，也不感到羞辱，只充滿蔑視。

是什麼把人變成了魔鬼？為什麼人們會這樣盲目地殘忍？就是在這段時間，我對毛澤東的忠誠開始動搖了。以前，當別人受迫害時，我不能絕對肯定他們是無辜的，但我清楚我父母的為人。毛澤東不再是個十全十美的偶像了，但是在此階段，和許多人一樣，我詛咒的是他的夫人和中央文革小組，我仍然不敢懷疑毛澤東這位神一般的皇帝。

眼看著我父親的身體和精神日漸惡化，我母親只得再去見陳洙，懇求他幫助，他也答應盡力一試。我們耐心等待著，但沒有回音，他的沉默說明他碰了釘子。絕望之餘，我母親來到「紅成」指揮部找顏和翁。

控制著四川醫學院的造反派「川醫九．一五」隸屬於「紅成」。這家醫學院有個附屬精神病院，只要「紅成」指揮部開個口，就會收下我父親。顏和翁同情我們，但他們還得說服其他人。

那時人道主義已被毛澤東譴責為「資產階級的虛偽」，對「階級敵人」更不能發慈悲。顏和翁得為治療我父親找出個政治理由來。他們有個好理由：我父親是受「二挺」迫害而致病的，他了解「二挺」，能夠為「紅成」提供攻擊「二挺」的有力證據，甚至可能幫他們打倒這兩人，從而使「紅成」的對手「八．二六」垮台。

另一個理由是：毛澤東說新的革命委員會要包含革命幹部、造反派和軍人三種勢力。「紅成」和「八．二六」此刻都在過去的共產黨幹部中尋找「自己人」，以代表他們的利益加入四川省革命委員會。此外，造反派也開始發現政治鬥爭太複雜了，他們需要有能力的官員充當顧問。「紅成」認為我父親是個理想人選。

「紅成」當然也知道我父親說過反對毛澤東和文化大革命的話，但是這些都是在他們對手的大字報上看到的，而大字報是個大雜燴，既有事實又有謠言，他們可以不予理會。最後「紅成」准許替我父親治病。

父親於是被送進了四川醫學院附屬精神病院。醫院坐落在成都郊區，周圍是稻田。一叢叢竹子從高牆和鐵門上探出輕輕搖曳。進去後是診病室，然後又是一道鐵門和磚牆，圍著醫生、護士居住的內院，內院滿地是綠茸茸的青苔，盡頭是一段紅砂石台階，伸向一座沒有窗戶的兩層樓房，它的兩側是堅固的高牆。那道石階是唯一入口，通往精神病房。

兩位男護士身著普通衣服從家裡帶走父親，說是押送他去參加批鬥會。到達精神病院時，父親拚命反抗著要離開。他們把他架上樓梯，拖進一間空著的小屋子，然後關上了門，這樣我和母親就不會看見他們強行給我父親穿上緊身衣了。我看見父親被又拉又拖，心裡非常難過，但我知道這是為他好。

精神病科的醫生蘇先生，年約三十，有一張文雅的臉，和一種教病人一望便生信賴之感的氣質。他告訴我母親，在診斷之前，他得花一週的時間觀察我父親。一週後，他得出結論：精神分裂症。他用電療和胰島素注射治療我父親，每次治療時得把他緊緊綁在床上。幾天後，他開始恢復正常了。一天，他流著淚懇求母親要醫生換一種療法，「太難受了！做一次就死一次！」他說。但是蘇醫生說除此之外別無他法。

過一陣子，我去看父親時，他正坐在床上和母親、顏、翁交談。他們都在笑，父親甚至時時開心地大笑，他看上去已完全復原了。我心裡非常激動，藉口上廁所去擦掉眼淚。

由於有「紅成」指揮部的命令，我父親受到很好的待遇，有特別的飯菜和專門護士。顏和翁常來看他，並帶來父親部裡那些同情他，也遭到姚女士迫害的善良、正直的人。父親很喜歡顏和翁，雖然他平素不留心個人私事，但他看出兩人在談戀愛，風趣地跟他們開玩笑。我看得出顏和翁跟他在一起很快樂。我心想，噩夢終於結束了，父親現在恢復正常，我們可以在一起頂住任何災難了。

在醫院治療了四十天後，已是七月中旬，父親康復出院了，他和母親一起被載到成都大學，住進一座小小的獨立院落。院門口有學生把守，「紅成」還給父親取了個假名字，他們請他不要在白天走出院子，說是為了他的安全。母親從一個特別的食堂取來飯菜給他吃。顏和翁每天都來看他，「紅成」的頭頭也來，他們對他都十分殷勤、周到。

我也常去看望父母，借了輛腳踏車在坑坑窪窪的鄉間道路上騎一個鐘頭。父親看上去似乎很平靜，他一再向學生們道謝，感謝他們替他治好了精神病。

天黑後，他可以出小院，我們就在校園裡慢慢散步。身後不遠處跟著兩名學生。我們沿著彎曲的小道走去，路邊拳頭般大小的梔子花在夏日黃昏的涼風中散發著濃濃的香氣。這種安寧好像是一場夢，遠離暴力和恐怖。我知道這裡是父親的監獄，但我希望他永遠待在這裡。

一九六七年夏天，全中國的造反派之間的派系鬥爭變成小型內戰。他們敵對的情緒遠遠超過了對走資派的仇恨，因為他們棋逢對手，現在才是真正在為自己爭奪權力。以毛澤東的情報首腦康生和毛夫人江青為首的中央文革小組火上加油，稱兩派的派系鬥爭是「共產黨和國民黨鬥爭的延續」，卻又不說明哪派是共產黨，哪派是國民黨。中央文革小組下令軍隊武裝造反派，讓造反派「文攻武衛」，但又沒有告訴軍隊應該支持哪一派，結果各個部隊紛紛武裝自己偏愛的那一派。

軍隊此刻已處在大動盪中，林彪正忙於清洗軍隊裡的對敵，安插他的親信。毛澤東逐漸意識到軍隊不能亂，便約束了林彪的行動。不過，他對造反派之間的派系鬥爭態度曖昧。一方面，他希望各派大聯合，建立他個人的權力結構。另一方面，他似乎難以抑制自己對打仗的熱愛——當鮮血在中國到處流淌時，他說：讓青少年有機會練習一下玩槍是件好事，我們已經有好久沒有打過仗了。

在四川，武鬥格外激烈。部分原因是這個省是中國軍火工業的基地。坦克車、裝甲車和大砲被造反派從裝配線、軍火庫裡調出來武裝自己。另一個原因是「二挺」利用武鬥來消滅自己的反對派「紅成」。在「二挺」發源地宜賓，殘酷的武鬥還用上了步槍、手榴彈、迫擊砲和機關槍，僅宜賓城裡就有一百多人被打死。「紅成」被迫放棄這座城市。

許多「紅成」成員撤到宜賓附近仍在「紅成」掌握中的城市瀘州。「二挺」派遣了一支五千多人的「八·二六」槍打砲轟，最後奪占了這座城市，打死了近三百人，受傷的更是不計其數。

成都的派系武鬥是零零星星，只有最瘋狂的人才被捲了進去。即使如此，我仍親眼目睹過多次有數萬人之眾的「抬屍遊行」，抬著在武鬥中喪生渾身是血的屍體，邊走邊對空鳴槍。就是在這種形勢下，「紅成」向我父親提出了三點要求：第一，宣布支持他們；第二，揭發「二挺」；第三，當他們的顧問，代表他們參加四川省革命委員會。

我父親拒絕了。他說他不能捲進造反派之間的爭鬥，也不能提供反「二挺」的材料，因為這只會惡化情勢，製造更多的仇恨。他說他不會代表任何一派參加四川省革委會，他根本就不想進去。

友好的氣氛於是變成了不快的爭執。「紅成」指揮部在此事上發生了分裂，一部分人說，他們從來沒有遇到過如此不識好歹和固執的人，他幾乎被「二挺」迫害致死，卻拒絕讓別人替他報仇，還膽敢對強大的造反派說「不」字，而正是這個造反派救了他的命；更奇怪的是，他還拒絕平反和重新掌權。「紅成」領導愈來愈生氣，一些人大叫說：「狠狠揍他一頓，打斷他幾根骨頭，教訓教訓他！」

顏、翁及其他一些人替他說話。翁說：「有他這樣品德的人太少了，不能打他，而且，就是打死他，他也不會屈服，只會是我們的羞恥。他是一個有原則的人！」

不管怎麼威脅他，不管他多感激「紅成」，父親仍不願違背自己的原則。一九六七年九月底的一天夜晚，一輛車把他跟母親送回了家。顏、翁保護不了他，他們送他到家，依依不捨地說再見。

我父母馬上又落到「二挺」和姚女士的造反派手裡。「二挺」向姚女士承諾，她可以在即將成立的四川省革命委員會中擔任我父親那一職位，條件是「徹底打倒」我父親。「二挺」還把話說得很清楚，誰對我父親好，誰就會自毀前程。省委宣傳部中同情我父親、不肯隨波逐流的人也遭到批鬥。

一天，姚女士的兩名部下到我家抓走了父親，說是要他參加批鬥會。不久，他們又來我家，通知我和弟弟去把他領回來。

父親斜倚在宣傳部院子內的一堵牆邊，正掙扎著想站起來。他的臉上青一塊、紫一塊，腫得奇大，頭髮被胡亂剪成了陰陽頭。

原來那天並沒有什麼批鬥會。他一到宣傳部，就被推進一間小屋子裡，裡面站著幾個不認識的大漢正在等他。他們一看到他就揮拳猛打，專打他的臉部和腰部，還用腳狠踢他的下身。他們還用水灌入他的鼻子和嘴裡，然後踩他的肚子，把水、血和糞便強壓出來，父親昏迷了過去。

當他醒過來時，暴徒不見了。他口渴難忍，就爬出房間，從院子的髒水坑裡用手舀水喝。他想站，卻站不起來。院子裡滿是姚女士的造反派，沒有一個人伸出一根指頭幫他。

打我父親的暴徒是「八．二六」在重慶的夥伴「反到底」的成員。重慶是座距成都一百五十哩的山城，這裡爆發了大規模武鬥，甚至重砲轟過長江。「反到底」被趕出山城，許多成員流落到成都，有些人就住進省委大院。這些人怒氣無處發洩，找到了姚女士等人，說他們的手心「發癢」，想「開齋」，嘗嘗血肉的滋味，於是父親被抓過來「貢獻」給他們。

那天夜裡，父親不斷發出一陣陣不由自主的呻吟聲。他是個很堅強的人，以前多次挨打，回家後從來沒有哼過一聲。第二天清晨，十四歲的弟弟京明跑到食堂門口守候，門一開就進去借了輛手推車，拉父親去醫院。行前，十三歲的小黑借來一把髮剪理光了父親的陰陽頭。父親從鏡子裡看見自己的光頭時，露出一絲苦笑說：「這也好，下次批鬥會，我就用不著擔心被揪頭髮了。」

我們把父親放在手推車上，送到最近的骨科醫院。這次不像治精神病，不需要批准，骨頭沒有意識形態的色彩，跟頭腦沒關係。當我看見那醫生怎樣滿臉同情地輕輕觸摸父親，怎麼小心翼翼地為他檢查時，我的喉嚨哽住了。仇恨、打鬥我已見得太多了，而愛心、溫柔卻太少太少。

醫生說我父親有兩根肋骨被打斷了，但不能收他住院，住院要特別批准。另外，醫院也是人滿為患，因為天天有批鬥大會，派系武鬥也是家常便飯，受重傷的人實在太多了。我曾看見一個青年人躺在擔架上，頭有三分之一不見了，抬他的人說是被手榴彈炸的。

我母親又去見陳沫，懇求他向「二挺」求情，不要再毒打她的丈夫了。幾天後，陳帶來答覆：「二挺」打算「原諒」我父親，只是他必須寫份大字報，讚揚「好幹部劉結挺、張西挺」。陳沫還強調說：「二挺」近來不僅獲得中央文革小組的全力支持，而且周恩來還特別稱讚他們是「好幹部」。陳沫告訴我母親，繼續和「二挺」作對等於是拿雞蛋碰石頭。當母親把這番話轉告父親時，他說：「我不寫，他倆沒有幹過好事。」母親流著淚求他：「你不要當官，也不要平反，這都算了。但你總要保住一條命嘛！」父親回答說：「我不出賣靈魂。」

一直到一九六八年年底的這一年多，我父親和大多數以前的四川省委領導幹部一樣，不斷地被拘留、釋放，我們的家也不斷地被抄來砸去。拘留幹部現在有了個時髦的名字：毛澤東思想學習班。在學習班上，「二挺」對那些膽敢反對他們的幹部施加了強大的壓力，有些人自殺了。但是我父親抗住了壓力，拒不答應跟「二挺」合作。他後來說，多虧他有一個溫暖的家庭，沒有家人的愛，他也會走上絕路。當時我們全家的心思都關注在父親身上，父親被拘留時，一准探視，我們就去看望他。他每次短暫回家，我們都盡力安慰他，使他感到家裡充滿愛。

「二挺」知道我父親很愛他的妻子，所以想透過我母親來摧毀他的意志。他們派人給我母親施加壓力，要她揭發他。我母親本來有很多理由埋怨我父親：他不邀請她母親參加婚禮；讓她艱苦步行了數百哩；在她處境困難時沒有給她多少同情；當她難產時，不送她到更好的醫院救治。他總是把黨和革命看得比她重要。然而，我母親了解他、敬重他，從來沒有停止過愛他。現在他身陷困境，她更覺得自己要跟他同生共死。不管受到多大壓力，她絕不跟他「畫清界線」。

我母親的東城區委宣傳部對「二挺」命令置若罔聞，但姚女士的手下很願意效勞，一些跟我母親毫無關係的組織也出來幫忙整她，數不清有多少次她被揪去批鬥。有一次是在成都市中心的人民公園，那裡聚集了上萬人，絕大多數人根本不知她是何許人，她的官還沒有大到那種程度。我母親被套上各種各樣的罪名，包括她有個軍閥爸爸，儘管薛之珩在她不到兩歲時就死了。

文革期間，每個走資派最少有一個專案組，蒐集他們的資料，調查他們的過去。毛澤東想把每個為他工作的人的底細查個一清二楚。先後曾有四個專案組專門審查我母親，最後那組有十五人，被派到各地去調查。正是透過他們，我母親才得知失去聯絡多年的老朋友和親戚的下落。當然，大多數調查者都是遊山玩水，回來時兩手空空，只有一個小組帶回驚人的「收穫」。

四〇年代後期，在錦州時，夏瑞堂曾租了幾間屋子給地下共產黨員毓武居住。毓武負責蒐集錦州城內國民黨的軍事情報，並偷送出城，他一度是我母親的上司。毓武本人的上司當時潛伏在國民黨內。文革期間，這人被酷刑逼供，要他坦白是「國民黨特務」。最後他受不了酷刑而交出一個「特務網」，其中包括毓武。

毓武也受到嚴刑折磨，最後無法忍受時，為避免牽連無辜，他割腕自殺，他至死也沒提到我母親。但是專案組卻發現了他們的關係，硬說她是「特務網」的一員。

她十幾歲時和國民黨的關係都被翻了出來，所有曾在一九五五年審查過的問題現在又被翻出來查。這一次不再是提問題要她回答了，而是簡單地命令她承認自己是國民黨特務。她爭辯說這段歷史在一九五五年已經交代了，沒有問題。但她被告知她那時的專案組組長匡先生本身就是「叛徒」。

匡先生年輕時曾被國民黨抓進監獄。國民黨對被捕的共產黨員承諾，只要他們簽下悔過書，刊登在地方報紙上，就釋放他們。起初匡先生和他的同志都拒絕了，但共產黨組織指示他們接受這個條件，說是黨需要他們出來工作，不在意簽署那份並非真心實意的「反共聲明」。匡先生執行了指示，被釋放了。

這類事在當時極為普遍，許多共產黨員都是這樣出獄的。最有名的一次是在一九三六年，六十一名被捕的共產黨員遵照當時的中央指示，在國民黨擬好的「反共啟事」上按手印出了獄，這六十一人後來大都成了共產黨的高級幹部。文革期間，他們被打成「六十一人叛徒集團」，由毛澤東親自批准，殘酷折磨這些人，跟他們稍有關係的人都陷入了苦難的深淵。

以「六十一人叛徒集團案」為先導，幾十萬以前的共產黨地下黨員及跟他們有關係的人，包括那些最勇敢、捨身為共產黨打天下的人，都被冠上內奸、叛徒和特務的罪名，受野蠻地批鬥、拷打和關押。根據後來公開的官方文件，與四川相鄰的雲南省有一萬四千人死亡。在河北省，八萬四千人遭受酷刑，數千人致死。我母親後來才得知，她青梅竹馬的男朋友胡表哥就是其中之一。她原先還以為他早已被國民黨抓去槍斃，實際上他父親用金條把他贖了出來，共產黨掌權後，他一直在河北省政府工作，沒有人肯告訴我母親他是怎樣死的。

匡先生的「叛徒」罪名就是和這些人一樣得來的，他歷盡折磨不堪忍受而自殺，但被救活。由於是他在一九五六年為我母親做了「無罪」的結論，如今這成了她有罪的證據。我母親在各種名義下被關押了近兩年：從一九六七年底到一九六九年十月。她的處境好壞完全取決於看守的良心，有好幾個看守暗地裡待她很好，有位看守還為我母親搞來了治子宮出血的藥，還要她當軍官的丈夫利用軍隊特別的食物補助，每星期給我母親帶來牛奶、雞蛋和雞。

多虧有像她這樣的好心看守，我母親才獲准回了幾次家，每次待幾天。不久，此事讓「二挺」發現了，好心腸的看守被換成一名酸黃瓜臉的婦女。這人是誰？從哪裡來的？我母親一概不知。她用折磨我母親來取樂——心血來潮就命令我母親在院子裡彎著腰站上幾個鐘頭。冬天，她強迫我母親跪在冷水裡，直到昏迷過去。有兩次，她還強迫我母親坐在一根長條板凳上，兩腳直直地伸向前，不能彎曲，她在我母親的腳後跟下塞磚頭，目的是折斷膝蓋或坐骨。這種刑罰叫老虎凳，二十年前，在錦州時，我母親曾在國民黨刑訊室裡見過。那次是嚇唬她的，這次卻來真的，不過只坐了兩次。原因是每次用刑時，女看守一人做不來，得找男看守幫忙，男看守很不情願地幫了兩次，就拒絕再做了。文化大革命結束後，這名女看守被診斷是個虐待狂患者，進了精神病院。

關押期間，我母親簽了許多「認罪書」，說她同情資本主義路線，但她拒絕譴責我父親，也不肯承認是「特務」，因為她知道一旦承認就會牽連別人。

那時，我們有好幾個月見不到母親，也不知道她被關在哪裡。我常常在可能的拘留處大門外晃來晃去，希望能僥倖看到她。

有一陣子，她被關在成都的主要商業區春熙路上的大華電影院裡。我們間或獲准送包裹給她，交給看守，由她們轉。有時也可以在看守在場時，跟她說幾句話。如果碰上一個較凶狠的看守，我們就只能在敵意的目光監視下交談。一九六八年秋季的一天，我給她送去一些食物，看守簡單地對我說不要再送東西來了，問她為什麼，她又不說，回家後，我姥姥一聽就昏過去，以為女兒已離開人世。

我不知道母親到底怎麼樣了，坐臥不安，拉著六歲的弟弟小方的手又去了那家已沒有電影好演的電影院。我們在門前的大街上來來回回地走，兩眼搜索樓上的一排排窗戶。我們看不見母親，絕望地大喊起來：「媽媽！媽媽！」行人都盯著我們看，我也不管，一心只想看到她。弟弟哭了起來，母親還是沒有出現。

多年後，母親告訴我，那天她聽見了我們的喊聲。事實上，那個虐待狂看守還有意稍稍打開窗戶，讓我們的聲音傳進去。她告訴我母親，只要同意與父親畫清界線，承認自己是國民黨特務，就能馬上和我們團聚。「否則，」那看守加強了語氣，「妳就別想活著從這幢樓出去！」我母親仍說「不」，一邊用指甲戳進掌心，不讓眼淚掉下來。

21 雪中送炭

姊弟們、朋友們（一九六七～一九六八）

一九六七年和一九六八年，毛澤東努力建立他個人的權力體系，把所有像我父母這樣的犧牲品置於一種前途未卜的狀況下和不斷的折磨中。毛澤東是不管受害人有多痛苦的，人民不過是他棋盤上的車馬砲卒。不過毛的目標不是滅種屠殺，我家像許多其他受害者一樣，並沒有被蓄意餓死。我的父母仍然按月領工資，儘管他們不僅沒有工作做，而且是鬥爭折磨的對象。省委大食堂還是照常營業，一方面讓造反派吃飽以搞革命，一方面也給我們這些走資派家庭飯吃。我們和所有城市居民一樣，也有配給的東西。

城市裡的人大都什麼工作也不做，只搞革命，但毛既要中國人互相打鬥，也要他們活下去。他保護了精明能幹的總理周恩來，使經濟能夠運行。他也清楚得儲備另一位第一流的治國人才，以防周恩來有何不測，所以他也保證了鄧小平的安全。毛澤東不想讓中國分崩離析。

但是，當他的革命沒完沒了時，經濟大部分陷於癱瘓。城市人口增加了好幾千萬，卻很少蓋新住宅，公共設施更別提了。幾乎所有的東西，從食鹽、牙膏、衛生紙、布匹到各種食品，不是憑票供應，就是完全從貨架上消失。整整一年內，在成都買不到食糖，半年裡竟買不到一塊肥皂。

從一九六六年六月起，學生不再上課。教師不是被批鬥，就是也組成了自己的造反派。不上課就表示沒有人管，但是年輕人能利用這種自由幹些什麼事呢？沒有書、音樂、電影、戲劇、博物館、茶館，幾乎沒有什麼路子可以消磨時間——人們只能偷偷打撲克牌，當然官方沒有明說可以打。跟絕大多數革命不一樣，毛澤東的革命教人無所事事。結果，當紅衛兵就成了許多年輕人唯一可做的事。暴力批鬥、寫標語、喊口號、武鬥等成了他們唯一能發洩青春活力的方式。

加入紅衛兵並不是強迫性的，隨著舊共產黨體制的土崩瓦解，政權對個人的控制鬆弛了，人們有獨自行事的機會，許多人只是懶懶散散待在家裡做「消遙派」。精力無處發洩的後果之一是瑣碎無聊的爭鬥，街上到處有人吵架；另一個後果是，沒有人管計畫生育，文革中人口猛增兩億多。

一九六六年還沒完，我們姊弟就結束了當紅衛兵的日子。那時，父母當了「階級敵人」，兒女被要求畫清界線，有不少人確實這樣做了。劉少奇的一個女兒寫了大字報揭發她父親。我認識的人中，有人改了姓，以示與父親脫離關係；有人從來不去看望被關的雙親；還有人甚至在大會上批鬥自己的父母。

一天，當母親處在巨大壓力之下，逼迫她和父親離婚時，她問我們的看法。繼續和父親在一起意味著我們會變成「狗崽子」，我們親眼目睹過這類孩子受到的歧視和虐待。但是我們說，不管怎麼樣，我們要跟父親。母親說她很高興，為我們感到驕傲。我們對父母的愛戴在他們遭受迫害時變得更加強烈。我們心痛他們受的苦，欽佩他們的骨氣，厭惡迫害他們的人。在文革這場大動亂中，我們對父母滋生了一種新感情。我們也迅速脫離童稚，姊弟間沒有嫉妒、競爭、口角，沒有一般十幾歲孩子通常的麻煩也沒有他們的歡樂。文化大革命摧毀了我們正常的青春期，使我們早熟。

在十四歲時，我對父母的愛是超乎尋常地強烈，我的整個生活都圍繞著他們。每當他們短暫在家時，我總是小心注意他們的情緒，盡力讓他們開心。在他們被拘留起來時，我不斷去見那些惡狠狠的造反派，要求見父母親。見不見得到，我都設法讓他們知道我是多麼愛他們。我因此在父母親部門的造反派中出了點名，引起迫害我父母的那些人惱怒。他們恨我，還因為我有意顯得不怕他們。一次，姚女士對我咆哮說，我不把造反派放在眼裡，進省委宣傳部如入無人之境。他們的憤怒使他們在一張大字報上造謠，說「紅成」為我父親治病是因為我引誘了翁。

除了父母，我大部分的自由時間都和朋友一起度過，一九六六年十二月從北京回來後，我和小胖子、她的朋友青青一塊去了成都郊外一家飛機維修廠，在那裡待了一個月。那時我們沒事幹，正好毛澤東又因為文革在工廠開展不起來而要年輕學生去「煽風點火」。

我們三個姑娘在工廠唯一煽起來的風、點起來的火是惹起一群小伙子的注意。他們屬於該廠正陷於癱瘓的籃球隊，我們一起到郊外散步，享受大片早春葫豆花的濃香。很快我父母的情況惡化，我回了家，把毛澤東的命令和參加文革的義務都一古腦兒抛開了。我和小胖子、青青及籃球隊員的友誼保持了下來，在我們這個圈子裡，還有我姊姊小鴻和我們學校的幾個女孩子，她們都比我年長。我們經常在各自家裡聚會，一待就是一整天，有時乾脆留宿。除此之外，我們無事可做。

我們對哪個籃球隊員喜歡哪個姑娘談了又談。焦點是隊長，一位長得很帥的十九歲男孩，叫「山」，他不愛開口，姑娘們就猜他到底是不是喜歡青青。青青非常喜歡他，每次見他之前，總是緊緊張張地把她那頭垂肩的黑髮洗了又洗，梳了又梳，仔仔細細地又熨又拉她的衣服，好看上去漂亮些。她甚至還撲了一點粉，擦了一點口紅，用炭筆輕輕畫眉毛。我們大家都友善地跟她開玩笑。

我也被山先生吸引，一想起他就心跳加速，有時夜裡醒來會看見他的臉，感到渾身發熱。時不時，我還喃喃地叫他的名字，害怕或擔心時，會自言自語地同他說話。但是我從來沒有對他、對朋友，甚至對自己表露過這種感情，只是羞澀地想著他。我父母的遭遇支配了我的生活，支配了我的思想，我不允許自己想一點自己的事，把這看作是對不起爸爸媽媽。文化大革命剝奪了我正常的少年生活，使我沒有過拌嘴、耍脾氣和交男朋友的少女生活。

但我並不是沒有虛榮心。我把幾大塊蠟染的抽象派圖案式的藍布片補到已褪色成灰白的褲子膝蓋和臀部，教朋友一看見就笑。我姥姥也莫名其妙地說：「誰家女孩子像妳這身打扮的。」但是我堅持要穿，我不是想把自己打扮漂亮，只是想跟別人不一樣。

一位朋友的父母都是名演員，一天，她告訴我們：他們雙雙自殺了，因為無法忍受批鬥。不久之後，另一位姑娘的哥哥也自殺了。他是北京航空學院的學生，和一些同學被指控組織反對毛澤東的政黨。警察來抓他時，他跳出三樓窗戶。他的夥伴有的被處死，有的被判處終身或長期監禁——這是對付任何想組織反對黨者的通常處罰。極嚴的懲罰使組織反對黨的情形很少發生。悲劇成了我們日常生活的一部分。

小胖子、青青和其他一些朋友的家庭沒有遭殃，可他們一直是我的朋友。迫害我父母的人權力沒大到無孔不入，沒有給他們施加壓力。但是，朋友們仍因不隨波逐流而得承擔風險。像千百萬人一樣，他們奉行中國傳統道德：「雪中送炭」。他們的友誼使我熬過了文化大革命最黑暗的歲月。

他們也給了我很多實際的幫助。一九六七年底，「紅成」開始進攻由「八・二六」派控制的省委大院，我們那座公寓大樓被改建成碉堡。我們奉令從三樓住宅搬到隔壁那幢樓底層的一套房間。

我父母當時正被拘留。照例我父親的單位本應負責這次搬家，但是現在他們只是簡單下令要我們走。那時根本沒有搬家公司，要不是朋友幫助，我們就連床也沒有了。即使如此，我們也僅搬走最必需的家具，父親那個笨重的書櫃只好放棄了，我們挪都挪不動，更不用說抬下三樓了。我們的新家原屬另一個走資派，他家原占有兩套房間，現在得讓出一套給我們。大院的房子就這樣重新安排，騰空樓上的房子做制高點。我姊姊和我合用一個房間，我們總是死死關著那面對著荒廢後花園的窗戶，因為一打開，淤塞的下水道惡臭味就會充滿屋子。夜裡我們躺在床上常聽院牆外面高喊投降的聲音，還有不時的槍響聲。一天晚上，我被玻璃破碎聲驚醒，原來一粒子彈射穿窗戶，嵌入對面的牆壁。奇怪的是，我並沒感到害怕。由於經歷過太多的恐怖事情，子彈已經失去威懾力。

我開始在閒暇時寫古體詩。第一首令我滿意的詩是一九六八年三月二十五日，我十六歲生日那天寫成的。當時的氣氛照常是很黯淡，沒有人幫我慶生，我父母都在拘留中。晚上，我躺在床上，聽著遠處的槍聲、造反派的擴音器聲及令人毛骨悚然的叫罵聲。對我而言，此刻是個轉捩點：過去的教育使我相信生活在人間天堂——社會主義中國，而資本主義世界是黑暗的地獄；現在我問自己：如果這是天堂，地獄又是什麼樣子呢？我真想看一看還有什麼地方比這裡更痛苦。第一次，我自覺憎惡自己的社會，渴望能有另一種選擇。

不過，我在潛意識裡仍然避免指責毛澤東。從我孩提時代起，他就是我生命的一部分，他是神，是偶像，是主宰，我活在世上的意義和他息息相關。幾年前我還會高高興興地為他犧牲，現在雖然他的魔力已大不如前，但他仍然是神聖的，不容置疑的，甚至在此刻我也沒有想到要反對他。

就是在這種黑暗中摸索、探尋的心情下，我想好了我的詩，描寫過去那種被灌輸、單純的日子已消逝了，譬如一樹黃葉被颶風吹落，捲向天邊，一去不返。我描繪新世界所帶給我的迷惘，因為我不知道該想什麼，怎麼去想。我寫好這首詩後，躺在床上開始推敲。突然一陣急促的敲門聲，我馬上反應過來：又是抄家。姚女士的造反派已光顧我家好幾次了，搜尋整我父親的證據。他們拿走了所有「資產階級奢侈品」，像我姥姥在共產黨建立政權之前所穿的雅致綢緞衣服、我母親的狐皮大衣，以及我父親的毛料制服——即使是道道地地的毛裝。他們甚至把我的禦寒毛褲也抄走了。我已經對家被翻個底朝天習以為常了。

這次我卻一下緊張起來：他們發現我的詩怎麼辦？記得我父親開始被批鬥時，叫我母親把他的詩都燒掉。他很清楚，任何作品都可能被斷章取義地歪曲，用以陷害作者。但是我母親捨不得把所有的詩都燒完，保留了一些寫給她的。結果造反派以這些詩為「罪證」，專門開了幾次批鬥會折磨我父親。父親在一首詩裡，曾自嘲沒登上四川峨嵋山頂峰：「雖無壯志攀金頂，卻有閒情涉玉溪。」姚女士和她的同夥於是據此硬說他有野心，要篡奪最高領導權。

此外，父親在另一首詩裡，描繪自己熬夜工作的情形：「燈隨深夜白，走筆到天明。」造反派說他把社會主義中國描繪成「漫長的黑夜」，說他用自己的筆迎接天邊發白——國民黨反攻回來（白色是象徵反革命的顏色）。諸如此類歪曲文學作品荒唐可笑的解釋，當時比比皆是。毛澤東雖然喜歡古典詩詞，但仍免不了要大興文字獄。寫詩成了一種危險的消遣，我太清楚這種危險性了，一聽到敲門聲，就飛快跑進廁所，門上門。姥姥去開門時，我努力控制住顫抖的雙手，把詩稿撕得粉碎，拋進便池內，放水沖掉。我仔細搜索地面以確保沒有碎片落下，但是沖一次水並沒把碎片沖乾淨，我只得等著再沖一次。造反派已經來到廁所門邊了，敲著門命令我馬上出來，我沒有答理。

我弟弟京明這晚也受了驚。從文革一開始，他就常去專門買賣書籍的黑市。中國人做生意的天賦是如此強烈，毛澤東的眼中釘——「自由市場」，居然還能在文化大革命的狂風暴雨中存活。

在成都市中心區最繁華的春熙路邊，豎立著一尊孫逸仙先生的銅像，這是共產黨掌權以前立起來的。雖然毛澤東不喜歡承認在他之前還有任何革命領袖，包括孫先生，但是出於政治考慮，表明自己是繼續孫先生的道統，他保留了孫先生的銅像。周圍的草地成了一個苗圃，買賣花卉。文化大革命開始後，紅衛兵鬧鬧嚷嚷要砸爛全中國所有的孫逸仙先生的紀念物，只因周恩來出面發出一道保護令，孫先生的銅像才倖存下來；而苗圃荒廢了，說這是腐朽的資產階級愛好的玩意兒。當紅衛兵開始抄家焚書時，一群人聚在這塊地方買賣那些逃過大火的書籍。來這裡露臉的，各色各樣的人都有：有紅衛兵，他們想轉手賣沒收來的書籍賺零花錢；有不甘寂寞的生意人，他們嗅到了錢的氣味；還有教師、研究人員這樣的學者，他們不想使自己的藏書付之一炬，又怕繼續保存它們惹來大禍；當然還加上那些熱愛讀書的普通人。上市交易的書一般是在一九四九年共產黨奪權後至文革開始這段時間出版的。除了中國古典文學之外，還有：莎士比亞、狄更斯、拜倫、雪萊、蕭伯納、薩克萊、托爾斯泰、杜斯妥也夫斯基、屠格涅夫、契訶夫、易卜生、巴爾札克、莫泊桑、福婁拜、大仲馬、小仲馬、左拉等許多作家的名著，還有柯南・道爾筆下的福爾摩斯，在中國非常受歡迎。

書的價格取決於多種因素。如果書上有圖書館的印章，價格就會大跌。大多數買主那時仍然對公家財產敬而遠之。共產黨多年的鐵腕統治已樹立了控制和秩序的威望，如果被捉到「盜竊國家財產」的罪證，將受到嚴厲懲處，大家寧願買私人藏書。色情小說由於在共產黨掌權後發行量非常少，所以賣價最高，當然買這種書也要冒很大的風險。斯湯達爾的《紅與黑》被認為有情愛描述，能賣到極高價，相當於一般人兩星期的工資。

京明經常出入這個書籍黑市。他最初的資金來源是一捆捆從廢舊物資收購站買來的書。有些嚇怕了的市民把自己的藏書當作廢紙賣給廢品收購站，京明和一位收購站店員拉上關係，成捆地用廢紙價買下這些書籍。然後他再分門別類地以高價賣到黑市。在他很快通曉各種書籍的價格之後，就在黑市上買書轉賣。他先自己看，看完後再賣掉，再買更多的書。

從文化大革命開始到一九六八年底，幾千冊書流經他的手。他抓到機會，每天以兩本的速度貪婪地閱讀。每次從黑市交易下來，他只敢在手邊保存十幾本書，帶回省委大院後小心翼翼地藏好。他的一處藏書地點是省委大院內一座廢棄的水塔後面。一天，下大雨，毀掉了他藏在這裡的心愛書籍，包括傑克・倫敦的《野性的呼喚》。他也把一些書偷偷帶回家，藏在床上的草墊下面或貯藏室的黑暗角落裡。就在抄家那天晚上，他正好有本《紅與黑》藏在他的床裡。不過他耍了個花招：把藏在家裡的書都包上了《毛澤東選集》書皮，姚女士和她的同夥沒有想到要檢查。

京明也在別的黑市進進出出。他對科學的熱愛並沒有因文革而降溫。那時，成都唯一一處科學器材的黑市交易無線電零件、半導體材料，因為當時半導體、無線電工業可以「傳播毛主席的聲音」而得以大為發達。京明買了零件，自己安裝成收音機後，再以高價賣出。這樣他就有錢買更多的零件來達成他真正的目的：實驗種種一直困擾著他的物理理論。

為了賺錢維持自己的科學實驗，他甚至買賣毛澤東徽章。這段時間，許多工廠都停止正常生產，轉而製造各式有毛澤東頭像的鋁質徽章，優劣精粗，觸目皆是。那時，各種收藏如集郵、蒐集繪畫等都被禁止，說是「資產階級惡習」。人們嗜好收藏的本能就集中到了這個被欽准的玩意兒上——當然他們只敢暗地裡交易。京明靠這項交易發了一筆小財。偉大舵手恐怕做夢也沒想到他的光輝形象竟然也成了投機商品。

黑市不斷被取締，常是幾輛滿載造反派的卡車突然風馳電掣般開來，截斷整條街，捉拿看似可疑的人。有時派來許多暗探，假扮買賣人模樣，混到正熱心交易的目標身邊，一聲哨子響，立即抓住這些人。他們的所有物品、錢財統統被沒收，還被毒打。一般懲罰是「放血」——用刀子戳屁股。釋放前都受到警告：下次再犯，懲罰加倍。但人們照來不誤，黑市上仍有做交易的熟面孔。

我的二弟小黑在一九六七年初時十二歲，因為無所事事，加入街頭兄弟夥。這類集團在文革之前幾乎不存在，現在盛行起來了。一個兄弟夥稱為一個「碼頭」，領頭的叫「舵爺」。夥內每個成員都是「兄弟」，都有一個綽號，一般和動物有關係。如果男孩子很瘦，就叫「瘦狗」；有一撮灰髮叫「灰狼」。小黑的綽號是「黑蹄」，原因是他的名字有個「黑」字，皮膚又黑，此外，幫夥內跑腿做事也十分敏捷，他是他那個兄弟夥中最年少的。

起初，兄弟夥待小黑像客人似的客氣，因為這些人很少能和高幹子弟交朋友。他們多來自貧困家庭，在文革前常因種種理由離開學校。他們的家庭不是文革的鬥爭對象，他們自己也無心捲進這場運動。儘管高幹現已倒了楣，看上去大有永世不得翻身之勢，兄弟夥的一些孩子還是愛模仿高幹子弟的派頭。文革初期紅衛兵運動時，高幹子弟嗜愛共產黨綠軍服，因為只有他們才有可能透過父母的關係得到這些裝束。有些街頭男孩子就設法透過黑市搞來一些看上去不太走樣的舊衣服，染成綠色。但是他們還是缺乏那股子神氣，而且染的顏色也不是很正確，一看就是冒牌貨。這些可憐的孩子成了他們的朋友和高幹子弟雙方嘲笑的對象，譏諷他們是「業餘高幹」。

突然之間，高幹子弟轉了風向，都穿清一色的深藍色軍便裝和中山服。雖然在文革期間，絕大多數人都穿藍色，但高幹子弟的「藍」藍得很特殊：顏色很深，從頭到腳清一色。腳上的鞋也有特殊樣式：黑燈芯絨面配上白色塑膠鞋底，鞋底和鞋面之間嵌著一條黑塑膠帶。在他們選擇、定下這種打扮後，別的階層的孩子要不想被嘲笑成「業餘高幹」的話，就得避免了。

一些街頭孩子於是創造了自己的時髦風格：在一件外套內穿上許多層襯衫或運動衫，把領子一層層翻出來，翻出來的領子愈多愈時髦愈瀟灑。小黑經常在夾克下面穿六、七件襯衫或運動衫，即使是炎炎夏日也要穿兩件以上。穿在裡面的運動褲則從有意裁短的外褲下面露出來。他們穿白色或藍色的橡皮底、帆布面運動鞋，但不繫鞋帶。他們也戴軍帽，用硬紙板墊在裡面，使周邊挺起來，希望能看上去儀表堂堂，像個大人物模樣。

小黑的兄弟夥終日四處遊蕩，消磨時光的方式之一是偷東西。不管偷到什麼，都得拿出來，上交給舵爺，由他平均分配。小黑膽小，不敢偷，他的「兄弟夥」沒有表示異議就分給他一份。在文化大革命期間，小偷到處都是，特別多的是摸錢和偷腳踏車。我認識的大多數人都有皮包被扒的經驗。我每次上街買東西，不是自己的錢失竊，就是見到有人在尖叫哭喊抓扒手。警察已分裂成幾派，對盜竊無人執法。

外國人於七〇年代大批來到中國時，許多人都稱讚中國人社會道德好。一隻被扔棄的短襪會緊跟它的主人跨越千山萬水，從北京追到廣州，洗得乾乾淨淨，摺得整整齊齊，重新放到主人的旅館房間裡。外國來訪者沒有意識到只有外國人和受到密切監視的中國人才會享受到這種照料。他們也不知道，沒人敢偷外國人的東西，因為即使是只偷了一條手帕也會有被判死刑的危險。那隻洗淨摺好的襪子並沒反映社會的真實情況，只是在演戲。

小黑的兄弟夥也以追逐女孩子為樂。像小黑這樣的小男孩因為太害羞，是不敢跟姑娘正面交鋒的，於是成了大男孩的信差，負責傳遞錯別字連篇、語法混亂的情書。小黑扮演的角色是去敲女孩子的家門，那時他總是祈禱：來開門的是女孩子本人而不是她父母或是兄弟，後者肯定會迎頭就是一巴掌。有時，他實在太害怕，就把信從門縫裡塞進去。

當女孩拒絕求愛時，失戀的人會想辦法報復，小黑和別的少年就成了工具，不是去姑娘家門口大吵大鬧，就是用彈弓打碎她家的玻璃窗。姑娘一出門，小男孩就一擁而上朝她吐口水，叫罵他們自己也不全懂的髒話。中國語言裡罵女人的話是極有聲有色的，如「梭葉子」——婦女的生殖器；「馬鞍」——即騎上去的形象；「漏燈盞」——性交次數太多；「破鞋」——「用」得太舊。

有些女孩子只得在兄弟夥裡找保護人，更能幹的，自己就成了女舵爺。那些捲進這種男性世界的姑娘給自己取了些生動的綽號，如「黑牡丹」、「破酒壺」、「女蛇妖」。

兄弟夥的第三大消遣是打群架，只要稍稍受人挑釁就會大打出手。小黑對打群架非常興奮，遺憾的是，他的膽子實在算不得大，每當有惡鬥徵兆出現時，他的辦法是拔腿就跑。多虧他缺乏所謂大丈夫氣概，他沒缺胳膊、斷腿。當時許多孩子在這些毫無意義的打鬥中受傷，甚至死亡。

一天下午，他和一些兄弟夥像往常一樣四下閒逛，一個兄弟飛快跑來報信，說一個兄弟的家被另一個碼頭的人抄砸了，這個兄弟本人也被放了血。大家一聽，群情激昂，馬上跑回自己碼頭的「倉庫」取武器：木棍、磚頭、刀子、鋼鞭及鐵棒，小黑把一根三節棍掖在腰帶裡。他們迅速跑到出事地點，發現「敵人」已經撤走了，受傷的兄弟已被父母送往醫院。小黑的舵爺寫了一封錯字連篇的挑戰書，由小黑負責送到對方的碼頭去。信中提出到空曠的人民體育場決鬥。體育場此刻已不再用來舉行體育比賽了，毛澤東說那是「錦標主義」，而且運動員也得全心投入文化大革命。

在約定的那天，小黑的兄弟夥邀約了七、八十個男孩子，在跑道上等待，眼巴巴地等了兩個多小時，才見一個二十歲剛出頭的小伙子一瘸一拐出現了。他是成都市黑社會有名的唐跛子，雖然還很年輕，但已享有「德高望重」的聲譽。唐跛子是因小兒麻痺症變瘸的。由於他父親曾是國民黨官員，他只能被分配在一家小工廠裡做那種無人肯幹的活兒。那裡的工人沒有國營工廠工人的福利待遇，如鐵飯碗、公費醫療和養老金。那家工廠就建在共產黨沒收的他家的老住宅裡。

唐跛子的家庭背景也使他不能接受高等教育，但此人腦袋很靈光，很快成了成都市黑社會的頭面人物。眼下他是應另外那個碼頭之邀來講和的，他先掏出幾盒最好的香菸，散發給所有在場的人，然後拿出一封道歉信：賠償一切損失，包括受傷者的醫療費。小黑的舵爺不得已地接受了：唐跛子的面子很大，很難對他說「不」字。

不久後，唐跛子就被逮捕了。一九六八年，他在一場稱為「清理階級隊伍」的運動中遭了殃，直到一九七六年文革結束時他才從監獄裡放了出來。八〇年代初，他奇蹟般地變成了一位企業家、百萬富翁，是成都市最有錢的人之一。他家被占用的住宅現在退還給了他，他把它重建成一幢頗為洋氣的兩層樓房。在成都最豪華的舞廳內常能看見他坐在顯眼處，以長者的神氣看著同來的少男少女跳舞。他不跳，只付錢：用一種故做漫不經心的姿態點厚厚一疊鈔票，支付所有在場者的花費。他在享受新獲得的權力——金錢。

*

這都是後話了。一九六八年的「清理階級隊伍」運動抓了唐跛子，也毀掉了數百萬人的生活。僅所謂「內蒙古人民黨」一案就約有十分之一的成年蒙古族人遭受迫害，至少有兩萬人致死。當時所謂「六廠二校」經驗是清理階級隊伍的典範，由毛澤東親自指揮。六廠之一的北京新華印刷廠有這麼一段報告：「在給這個女人戴上反革命分子帽子之後，在勞動時，她趁著看管她的民兵一時疏忽，就以最快的速度衝上女宿舍的四樓，跳樓摔死了。當然，反革命自殺是難免的，但是少了一個反面教員。」毛澤東在這個資料上批道：「在我看過的同類資料中，此件是寫得最好的。」

一連串以各種名目整人的大小運動，都是由全國各地紛紛建立的革命委員會指揮的。以張、梁、劉、張為首的四川省革委會於一九六八年六月二日成立，委員會包括「紅成」和「八・二六」兩大造反派的頭目，以及一些「革命幹部」。

毛澤東新權力體系的建成對我們家有重大的影響。首先是走資派的工資被扣發了，家裡每人每月只給發一定數量的生活費。現在我們家的收入少了一半多，雖然我們沒有挨餓，但是已買不起黑市上的東西了。國家供應每況愈下，例如肉每月只有半斤。我姥姥一天到晚都在操心，怎樣才能使我們這些孩子吃得好一點，怎樣才能送食物給被拘留的女兒、女婿。

省革委的另一個決定是命令所有的走資派統統得搬出省委大院，騰出房間給新當官的。我們家搬進一幢三層樓小洋房的頂層，這裡原是個雜誌社，現在關了門。頂樓沒有自來水也沒有廁所，我們洗臉刷牙，甚至倒掉一杯剩茶水都得下樓。但是我並不在意，小樓是如此之優雅，生活中我已好久沒有看到美麗的東西了。

我們在省委大院裡住的是單調無特色的水泥大樓，而新住所是一幢別致的磚木結構兩面對稱的樓宇。彎彎的八角屋簷下，精工細雕的窗櫺泛出柔和的棕紅色。後花園種滿了桑樹，前園則有一個大葡萄架、一叢夾竹桃、一棵茂密的構樹，還有棵巨大的不知名的樹，果實像胡椒籽，含在船形的褐色脆莢裡。我特別喜愛那幾棵少見的芭蕉，長長的弧形葉子，給人夢的遐想。

在那些日子裡，「美」成了受鄙視的概念，我們竟會被趕到這可愛的地方作為懲罰。我們分到的主要房間是長方形的，又大又亮，木條鑲嵌的地板，三面全是玻璃窗。每逢天晴，隱隱可見遠遠的川西雪山。陽台不像一般的是用水泥建造，而是木頭的，也漆成棕紅色，圍欄上是雲字希臘花紋。另一間朝陽台開的臥房有二十多呎高，一根褪色的猩紅房梁橫貫在半空中。我馬上愛上了我們的新住宅，後來才意識到，冬天時，那間滿是窗戶的大房間是寒風馳騁的戰場；臥房每當颳風時，塵土就像下雨一般從高高的天花板上飛下來。儘管如此，在風清夜靜時，躺在床上，看月光透過窗戶灑到床前，看高高的構樹影子在牆壁上婆娑起舞，我的心裡就充滿了歡樂。我為能搬出省委大院，逃脫那兒骯髒的政治環境而感到輕鬆。我希望我們家永遠也不要再進那個大院。

我也很喜歡我們的新街道，它的名字是「支機石街」。幾百年前，有一塊巨大的隕石落到這裡，傳說它是支撐天上織女的紡織機的石頭。這街道用碎鵝卵石鋪成，我喜歡它遠勝過省委大院外那條柏油路。只有一件事時時使我想到省委大院——我們的一些鄰居，他們在我父親部裡工作，並屬於姚女士的造反派。一看到我們，他們就鐵著個臉，當不可避免和我們交談時，用的也是訓斥的口氣。鄰居中有一位是關了門的那家雜誌社的編輯，妻子是位中學教師，他們有個男孩子，名叫小小，和我小弟小方年齡相仿。一次，一個機關幹部帶著五歲的女兒來串門，住在他家。三個孩子老湊一塊兒玩耍。我姥姥對小方和他們一起玩是說不出的憂慮，但她不敢禁止——鄰居也許會說這是仇視毛主席的造反派。

通往頂樓我家的是一圈圈暗紅色螺旋形扶梯。底部有一張很大的半月形桌子，過去上面放著一個大瓷花瓶，插著一束梅花或桃花。現在什麼都沒有了，三個孩子經常在上面玩。一天，他們玩「醫生和病人」：小小扮醫生，小方扮護士，五歲的女孩扮病人。她趴在桌上，撩起裙子準備讓小方「打針」，小方拿起一根小木棍做他的「針」。就在這時，小女孩的母親從樓外沙石梯上走了進來，她尖叫起來，從桌子上一把抓起女兒。她在女兒大腿內側發現一些擦傷，她的反應不是帶小孩子去醫院，而是跑到兩條街外的省委宣傳部召來一群造反派，吵吵嚷嚷擠了一院子。

我母親當時碰巧從拘留所回家待幾天，馬上被抓了下來，小方也被抓住，大人圍著他大吼大叫，威脅要打死他，逼他說出是誰支使他「強姦」小女孩。他們想強迫他承認是他哥哥支使的。小方卻一句話也說不出來，連哭好像也不會哭。小小看上去也嚇壞了，哭著說是他要小方打針的。小女孩也哭了起來，說並沒有真打。但是大人叫這兩個小孩閉嘴，繼續嚇唬小方。最後，在我母親建議下，人群推著我母親，拖著小方，吆三喝四地朝四川省人民醫院走去。

一進候診室，小女孩的母親和造反派就怒氣沖沖地對醫生、護士和別的病人說：「走資派的兒子強姦了造反派的女兒！一定要和這個走資派算帳！」當醫生在房內給小姑娘檢查時，一個陌生的年輕人在走廊上大聲嚷道：「為什麼你們不打死這個走資派呢？」

醫生檢查完畢，出來宣布：沒有任何跡象顯示這個女孩被強姦過，腿上的擦傷不是新傷痕，而且不可能由小方那根小木棍引起。為了證明這一點，她舉起小木棍給大家看它漆得很光滑，大腿上的傷痕可能是小孩爬樹造成的。人群不情願地散開了。那天晚上，小方發高燒滿床亂爬，臉通紅，眼睛瞪著，嘴裡不停地說胡話。第二天我母親帶他去醫院檢查，醫生給他開了大量鎮靜劑。幾天以後，他恢復了，但是他不再和別的孩子一起玩了。從此，六歲的小方就告別了童年。

*

搬到支機石街，靠的也是姥姥和我們五個孩子。但是那次我們有我姊姊小鴻的男朋友——正誼的幫助。正誼的父親曾是國民黨政府職員，一九四九年以後就找不到合適的工作，部分原因是他的背景，部分原因是他患有肺結核、胃潰瘍。他只得做些臨時工，打掃街道或在公共水管處當收費員。六○年代初的大饑荒，他和太太都又餓又病，死在重慶。

正誼在一家飛機引擎廠當工人，一九六八年初認識我姊姊。像這家工廠許多工人一樣，他也參加了廠裡的「八・二六」派，但不是積極分子。在那些完全沒有娛樂活動的日子裡，造反派大都成立了自己的唱歌、跳舞隊伍——文藝宣傳隊，以為消遣，演唱一些毛澤東的語錄歌及頌揚他的歌曲。正誼愛好音樂，參加了廠文藝宣傳隊。雖然我姊姊並不是這家工廠的工人，但她喜歡跳跳蹦蹦，於是和小胖子、青青也參加了。她很快就和正誼墜入愛河。他們的關係引起各方面的反對：正誼的姊姊和他的同事擔心他和走資派聯姻會毀了他的前程，我們的高幹子弟圈嫌正誼不是幹部子弟，而我則不近情理地把我姊姊想擁有她自己的生活看作是背棄父母。但是他們仍繼續交往，這股愛情力量支持我姊姊度過了文革的艱難歲月。我和全家人不久就都喜歡上了正誼，並十分尊重他。因為他戴眼鏡，我們都叫他「眼鏡」。

文藝宣傳隊的另一位「音樂家」是正誼的朋友，木匠，卡車司機的兒子。他是個快快活活的年輕人，有一隻奇特的大鼻子，使他看上去不太像中國人。在文革期間，我們能從照片上看到的外國朋友都是阿爾巴尼亞人，當時這個小小的、遙遠的國家是中國唯一的盟友——甚至連北韓也被認為是墮落的「修正主義」國家。於是他的朋友都稱他「阿爾」。

阿爾拉來一輛板車幫我們把家具搬到支機石街，為了不使他負擔過重，我提議放棄一些笨重的家具，但他堅持要我們帶走所有東西。他臉上掛著若無其事的微笑，握緊拳頭，得意地露出自己隆起的塊塊肌肉。我的弟弟們都羨慕地用手指戳那些硬邦邦的疙瘩。

阿爾很喜歡小胖子，那次搬家後，他邀請小胖子、青青和我到他家去吃飯。這是一個普通成都居民住的臨街連簷房，沒有窗戶，泥巴地面，我是第一次走進這種住宅。當我們到達阿爾住的街道時，我看見一群年輕人站在街角，眼光跟著我們。他們對阿爾打了個招呼，阿爾掛著有點得意的神氣，走過去和他們搭話。回來時，臉上換成了活潑的微笑，有意漫不經心地對我們說：「我告訴他們，你們是高幹子弟，我和你們交上朋友，文革完了好走後門買高級商品。」

我愣住了。他們似乎一直以為高幹子弟以前都有特權買高級消費品，而我很清楚並非如此。我也很驚訝他顯然覺得和我們交朋友很光彩，好像提升了他在朋友心目中的地位。這是怎麼回事呢？我的父母還在拘留中，我們剛被攆出了省委大院，四川省革委會剛成立，走資派被打倒了——總之，文化大革命已經勝利了。但是阿爾和他的朋友顯然相信我父母這樣的幹部還會東山再起。

我一次又一次遇到別人以類似的態度看待我們。每當我跨出我們住處那道高高的黑漆大門時，我能感覺得到支機石街居民注視的眼神，混合了好奇和敬畏的神情。我看得出來，老百姓心裡都明白，革命委員會只是過眼煙雲。

＊

一九六八年秋季，一支新隊伍接管了大、中、小學，稱做「工人、解放軍毛澤東思想宣傳隊」，由士兵或那些沒有捲入派系鬥爭的工人組成，職責是恢復秩序。和其他學校一樣，我們學校的宣傳隊馬上把所有學生叫回學校管束。查到不在成都的學生下落後，發出電報召回，很少有人敢拒不返校。回到學校裡，即使是那些沒有受迫害的教師也不敢教書。所有教材全被說成是「散布資產階級毒素」，沒有人敢寫新的。我們只好坐在教室裡一遍遍地背誦毛澤東的文章，閱讀《人民日報》社論。我們也唱毛澤東語錄歌，集體跳「忠字舞」，隨著音樂節拍，扭動身體，手裡搖晃小紅書。

要大家跳「忠字舞」是全中國所有革命委員會發布的重要命令之一，這種荒唐可笑的舞蹈在當時到處可見，學校、工廠、街道、商店裡、火車月台上，人人都在跳。甚至在醫院裡，只要能走動的病人都被叫起來舞蹈。

我們學校的宣傳隊還算寬厚，有的宣傳隊就不是這樣了。成都大學的宣傳隊是「二挺」親自選派的，因為這所大學是他們的對頭「紅成」的司令部。翁和顏這下遭了大難，「二挺」下令要宣傳隊對他倆施加壓力，要他們揭發、批判我父親，翁、顏拒絕了。後來他們告訴我母親，他們欽佩我父親的骨氣，決心也挺起腰桿子來。

一九六八年底，中國所有在校大學生一起「畢業」了，沒有通過任何考試，都分配了工作——被打發到全國四面八方。宣傳隊警告翁和顏，如果他們不揭發我父親，他們的前途就完蛋了。他們兩人沒有屈服，結果被分發到四川東部山區的一處小煤礦坑做工，這是可能分配到的最壞的工作。那裡工作環境非常差，幾乎沒有什麼安全設施，女人也得像男人一樣伏在地下爬進低矮的坑道，用人力拖著煤筐把煤炭拉出來。顏的遭遇部分是因那個時代歪曲的漂亮話：毛一直堅持說男人能做的，女人也能做。當時的口號是：「婦女能頂半邊天。」但是女人都知道，要叫妳去做重活兒時，就說是給妳平等。

把大學生都打發走後，馬上就輪到中學生了。我們很快就發現大家都得「上山下鄉」去做繁重勞累的農活，毛澤東要我一輩子當農民。

22 勞動改造

到喜馬拉雅山邊去（一九六九年一月～六月）

一九六九年，我父母、姊姊、弟弟京明和我一個接一個地被攆出成都，發配到四川偏遠地區。那時，有千百萬城市居民被下放到農村。這樣，年輕人就不會再待在城裡「遊手好閒，惹是生非」，我父母這樣的成年人也有了一個去處。過去的共產黨機構現在被毛澤東的革命委員會代替，以前當官的現在全無職無位了，讓他們到農村做體力勞動，倒是一個簡易的解決辦法。

根據毛澤東的高調，我們到農村是去「改造」。毛澤東說每個人都要「勞動改造」，但他從來不解釋兩者的關係。當然，也沒有人敢請他說清楚，甚至想一想這個問題也算「犯上」。事實上，上上下下的中國人都心知肚明：笨重的體力勞動，特別是落戶農村，是一種懲罰。最明顯不過的是：毛澤東的親信——那些新成立的革命委員會成員、軍隊裡的軍官，都不用到農村改造，他們的孩子也大都沒去。

我們家最先走的是父親。一九六九年新年剛過，他就被發配到位於喜馬拉雅山脈東面的西昌地區米易縣。那裡是很偏遠的地方，現在它是人造衛星的發射基地。它距離成都三百哩，當時不通火車，坐卡車翻山越嶺要花四天路程。在古代，此地是流放犯人的地方，據說這兒山林谷壑中瀰漫著一種神祕的「瘴氣」。

前省委的幹部在這兒建立了一所「幹校」，在中國起碼有好幾千個這樣的農場。它們並非學校，也不是專為共產黨幹部所設。作家、學者、科學家、教師、醫生、演員，在毛澤東搞的愚昧至上的秩序下，都被發配到這類地方來。

來「幹校」的人不僅有像我父親這樣的「走資派」和其他「階級敵人」，絕大部分政府裡的造反派也落到同樣的下場。四川省革命委員會容納不下他們，因為這個新的權力機構得包括工人、學生背景的造反派，外加軍人。「勞動改造」就成了處理剩餘造反派的現成方式。我父親部裡只有少數人留在成都，姚女士算一個，她準備當四川省革命委員會的宣傳部副部長。她不再當造反派頭目，此時所有造反派的組織都解散了。

「幹校」不是集中營或勞改營，但是它們與外界隔絕，成員被限制了自由，在嚴格的管理下做笨重的體力勞動。中國每塊可耕作的土地都擠滿了人，所以「幹校」只能建在荒涼地區或大山裡，「學員」得種糧養活自己。雖然他們仍拿工資，但是什麼也買不到，生活十分艱苦。

為了讓我父親收拾行裝，在去米易前幾天，他被放回家了。回來後他只想一件事：看看我母親。母親仍在關押中，父親怕自己將來再也看不到她了。他寫信給革命委員會，語氣盡可能謙卑，求他們准許讓他去見她，但是石沉大海，杳無回音。

關押我母親的那個廢棄了的電影院坐落在成都市從前最繁華的春熙路。我弟弟京明經常出入的那個半導體、收音機零件的黑市就在旁邊不遠處。他幾次看到母親和別的關押者排成一行拿著飯盒、筷子去食堂。由於電影院食堂不是天天營業，他們間或得外出到另一家食堂進餐。京明的發現意味著我們有時能在街道上看見母親。要是她沒和其他在押者一起露面，我們就焦急萬分，不知她怎麼了。後來才知道這是那個虐待狂看守在處罰她，讓她挨餓。但可能第二天我們就見到她了：在一隊十幾個沉默不語、神情黯然的男女中，低著頭，戴著白袖章，上面是四個黑色大字：牛鬼蛇神。

我和父親去守候了幾天，從凌晨等到中午，但是她始終沒有出現。我們在街上徘徊，在結霜的人行道上跺腳取暖。這天早上，當濃霧消散，毫無生氣的水泥樓房顯現時，母親出現了。她已有好幾次在這條街上看見她的孩子，所以此時兩眼飛快地尋找著我們的身影。當她的眼睛遭逢到父親時，兩人的嘴唇都微微顫抖著，但是沒有發出聲音，他們只是目不轉睛地凝視著，直到看守喝令我母親低頭。我母親轉過街口消失了，父親依然站在那裡，兩眼呆呆地望著。

兩天後，父親走了。儘管他看上去很平靜，我卻看得出他的神經繃得緊緊的。我很擔憂他的精神病會復發，特別是他要去「幹校」，必須在孤獨中承受精神和肉體的折磨，沒有家人在一旁支持、安慰。我決心盡快去看他、陪他。但怎麼去呢？通向邊遠地區的長途客車早就不開了。幾天後，當我得知我們學校的學生將去寧南縣，離我父親的幹校只有五十哩時，我很高興。

一九六九年一月，成都市所有的中學生都被送到四川農村。我們得和農民一起生活，接受他們的「再教育」。他們究竟教育我們些什麼，從來沒有明確說過。毛澤東只是一再說受過教育的人比文盲農民更愚蠢，因此需要改造得更像農民。他的一句名言是：「儘管他們手是黑的，腳上有牛屎，還是比資產階級和小資產階級知識分子都乾淨。」

我所在的四中和姊姊的中學都滿是走資派的孩子，所以自然被發配到最荒涼的地區去。革命委員會成員的孩子沒有和我們一起去「接受再教育」，他們都當了兵，這是當時唯一的、比下農村更舒適的選擇。從那時起，某人重新得勢的徵兆之一就是他的孩子參了軍。

文革中，全國約有一千五百萬青少年被送到農村，是全世界有史以來最大的一次人口遷移。這次行動組織之迅速、之井井有條，說明文革的混亂其實是在控制下的。我們每個人都有一份補助金，以買衣服、被子、床單、箱子、蚊帳以及塑膠布來包裹鋪蓋捲。連發膠鞋、水壺、手電筒這樣的細節也注意到了。大多數東西都得專門生產，因為它們在貨架空空的商店裡買不到。貧窮家庭的孩子還可以申請額外的津貼。下鄉落戶後的頭一年，由國家供給我們零花錢、定量的食物，如大米、食油和肉等。這些錢、物從落戶的公社領取。

大躍進後，農村組成了人民公社，每個公社包含許多村子，大約有兩千到兩萬農戶。一個公社管幾個生產大隊，生產大隊又分成若干生產隊。一般每個生產隊就是一個村子，是農村生活的基本單位。在我們學校裡，最多八個學生安插到一個生產隊，可以選擇同伴自願組合。我選擇了小胖子的同班同學。我姊姊決定和我一起去，而不跟她的學校走，政策允許「投親靠友」。我弟弟京明和我在同一所學校，他不到十六歲，所以留在成都，十六歲是下鄉的起碼年齡。小胖子也不用下鄉，因為她是獨生女，政策准許她留在父母身邊。

我盼望去寧南。我沒有親身體驗過體力勞動的艱苦。按我的想像，下鄉是去一個如詩如畫的世外桃源，遠離政治。一位來自寧南的公社幹部給我們講話，描述那裡的亞熱帶氣候：湛藍的晴空，碩大的紅芙蓉花，一呎長的香蕉，金沙江在明媚的陽光下閃爍，微風吹過江面，蕩起一圈圈漣漪。

長久以來，我生活在一個陰沉沉、霧濛濛、滿街白紙黑字大字報的世界裡，陽光燦爛、萬紫千紅的景色對我來說像是一場夢。我邊聽那位寧南縣幹部在台上講，邊在下面想像自己坐在奇花遍野的山坡上，腳下是金光閃閃的金沙江。那人也提到「瘴氣」，我曾在古文中讀到它，一聽更覺得這個地方古老、神祕了。我一點兒也沒想到疾病的可怕，心目中的危險東西僅限於政治運動。我急著趕快出發，另一個原因是以為距離父親很近。我沒想到寧南和不遠的米易之間，隔的是一萬呎高無路可通的重山峻嶺。對地圖我從來一竅不通。

一九六九年一月二十七日，我的學校向寧南開拔。每個學生可以帶一只箱子和一個鋪蓋捲，坐在卡車頂上，每輛卡車約裝三十個學生。只有幾條凳子，大多數人坐在自己的鋪蓋捲上。一串卡車在鄉間公路上顛簸行駛了三天，把我們送到西昌邊界。過了成都平原後，我們沿著喜馬拉雅山脈東面走，翻山時卡車得繫上鏈條。我愛靠著車尾坐，看鵝毛大雪和冰雹如何把世界刷白，又如何一下子變成了藍天和耀眼的陽光。大自然變幻無窮的美麗景色使我目瞪口呆。西邊遠處屹立著一座山峰，有兩萬五千呎高。在它之外是古老的山野，世界上許許多多植物都發源於此。我來西方後才知道每天看到的花卉，如杜鵑花、菊花、大多數的玫瑰花都發源於此。那裡也是大熊貓的生息之處。

出發後的第二天下午，我們來到一個叫石綿縣的地方，這是以該地主要的礦產石綿命名的。在山間公路上，車隊停下來讓我們上廁所。所謂廁所不過是兩個泥巴窩棚，裡面是一排挖在地上的坑，坑裡爬滿了蛆。但是，如果說廁所裡的情景令人作嘔的話，廁所外面所見的更讓人恐怖。這裡的工人臉都像死人似的鉛灰，個個表情呆滯。我嚇壞了，問負責送我們去目的地的工宣隊員東安，這些像殭屍一樣的人是怎麼回事。東安說他們是犯人，石綿礦有劇毒，主要由服苦役的犯人來採，在幾乎無任何安全保護和衛生的環境下幹活。這是我第一次，也是唯一一次，親眼看見中國的勞改營。

第五天，卡車把我們送到一座山巔的糧站，目的地到了。大吹大擂的下鄉落戶光榮的宣傳，使我以為會有一個敲鑼打鼓的大會迎接我們，給我們戴大紅花。但是，歡迎儀式只是一個公社幹部來糧站接我們，他結結巴巴說了一通報紙上面的話。還來了一群農民幫我們提行李，他們面無表情，說的方言也令我們莫名其妙。

我姊姊和我以及另外兩個女孩、四個男孩一起去新家，我們八個人組成一個小組。有四個農民幫我們提行李，一路上誰也不說話。他們似乎聽不懂我們問的問題，大家只好沉默。我們一個跟一個，走了好長時間，一步步走進墨綠色的深山。我已筋疲力盡，無心欣賞它們的美。有一次，我勉強靠在一塊巨石上喘氣時，四下望去，發現我們的隊伍在這個無窮無盡山連山、綿延起伏的世界中十分的渺小。這是山的天下，沒有道路、沒有房屋、沒有人煙，耳朵裡只聽到風在林中呼嘯，還有不知何處傳來的潺潺流水聲，我感覺到自己完全消失在這份寂靜神祕中了。

黃昏時，我們來到一個黑濛濛的山村，沒有電，煤油又太昂貴了，不到天黑是不會點上的。人們立在門口半張著嘴，瞪著眼睛看我們，表情不知是感興趣還是冷淡。大概像七〇年代中國剛開放時許多外國人在中國遇到的情景一樣。的確，我們對農民來說像外國人，他們對我們來說也是如此。

村裡已為我們安排了住所，兩個木柱泥牆的大房間，分別給了我們四個女孩和四個男孩。一條走廊通往村子裡的大廳，這裡有一個磚砌的爐灶，供我們做飯用。

進了屋，我一頭栽到一塊硬邦邦的大木板上就爬不起來了，這木板是我和姊姊合用的床。有些村裡的孩子尾隨著我們，發出興高采烈的鬧嚷聲。他們圍在我們門口拍門，我們開了門，他們又一哄而散。待我們關上門，他們又跑回來使勁敲。他們也從窗外往裡看，嘰嘰喳喳地議論，發出一些奇怪的聲音。所謂的窗戶，不過是牆壁上挖了個方形的洞，當然沒有百葉窗，也沒有裝玻璃。我們露出笑臉，請孩子們進來玩，但沒人敢進來。我非常想洗澡，於是把一件舊襯衣掛在窗洞上，權作窗簾，然後把毛巾浸在臉盆內冰冷的水中。我努力不去注意孩子們的吃吃笑聲，由於他們不斷撩起「窗簾」，我們只得穿著棉襖馬馬虎虎地擦身體。

我們之中的一位男同學是領隊，負責和村裡人聯繫。他回來轉告我們，大家有幾天空閒時間準備生活用品，如煤油、柴火，以及挑水注滿水缸。幾天後，我們就得下田幹活了。

寧南的農活全靠手工，跟兩千年前幹活的方式一樣。沒有機械——連牲畜也沒有，因為糧食太寶貴了。為了迎接我們，村民替我們擔滿了一缸水，第二天我就見識到每滴水有多寶貴了。擔水得爬三十分鐘狹窄的山路才能到達井邊。裝滿水後，每擔有八十斤重；即使是空桶，扁擔一上肩，我的肩膀也馬上痠疼難忍了。當男同學騎士般地宣布擔水的事歸他們時，我登時放了心。

男同學也負責做飯，因為四位女孩子中連我有三個從未做過飯。在這裡學做飯可不是輕鬆的事，米是沒有去殼的穀粒，必須先倒進一個石頭缽裡，用沉重的石槌使盡全力錘打。接著把打出來的殼米混合物裝在一個大竹篩子裡，以一種特殊的手膀運動托著搖，較輕的穀殼會集中在上面被划拉出去，剩下米。一上陣我的手臂就痠痛難耐，不久便抖個不停，端也端不住篩子。每一頓飯都像一場筋疲力盡的戰鬥。

我們還得上山砍柴。到森林保護規則允許砍伐的地區要走兩個鐘頭的山路。因為只許砍枝椏，我們得爬上矮松樹，用柴刀一個勁兒地亂砍。砍好的柴打成捆，背在背上。我是小組中最年輕的，所以只背了一筐松針。走回來又是兩個小時，翻山越嶺到家後，我累得心裡直想，這筐至少重一百三十斤。掛在秤上，我簡直不敢相信自己的眼睛：還不到五斤！塞進灶裡，一下子就燒光了，連一鍋水也燒不開。

頭一次砍柴時，我從樹上跳下來，把褲子的後襠撕破了。我很窘，只好躲在樹林裡，最後才走出來，心裡巴望著別的人都走在我前面，看不見我的破褲襠。但是，所有的男同學都擁有十全十美的騎士精神，死活都要我走在隊伍前面，免得他們走得太快把我拋在後頭。我只得一再解釋我不是客氣，而是真的想要走在最後。

甚至上廁所也不是易事，得爬下一個陡峭、溜滑的斜坡。廁所是一個深深的坑，坑上搭著木板，兩條腿分開蹲在兩塊板上。隔欄就是山羊圈，蹲下來時，要麼面對山羊，要麼屁股衝著山羊。這些傢伙不喜歡入侵者，總想用角把我們抵走。我一上廁所就感到神經緊張，幾天解不出大便。一旦走出來，又是一番奮鬥，才能爬上斜坡。每次回到住房，我身上總要添些新的傷口。

第一天上工時，我們和農民一起幹活，我被派去背我們廁所和羊圈裡的糞便，放到一塊剛用火燒去灌木和雜草的空地上。現在這上面覆蓋著一層草木灰，與羊糞、人糞混合在一起，就是肥料，以備春耕。

我背上沉重的簍子，手腳並用爬上斜坡。這些糞便還算乾燥，但仍有一些糞汁開始慢慢浸透進我的棉布外罩，打濕了我的內衣和背部，又從頂部濺到我的脖子上，滲入頭髮裡。當我終於走到那塊空地時，我看到背糞的農婦都十分靈巧地把腰斜著一扭，就輕輕鬆鬆地把背簍裡的糞便倒了出來。但我怎麼弄也倒不出來，我累得要命，拚命想趕快把背上的重荷扔掉，於是慌慌忙忙脫掉右肩上的背帶。就在這一瞬間，背簍重量猛一下甩向左邊，我往左一屁股跌在糞堆上。不久後，一位朋友的膝蓋就是這樣脫了臼；我還好，只是稍稍扭傷了腰。

吃苦是「思想改造」的一部分。照當時的理論，我們都應吃得津津有味，因為它使我們一步步變成新人，更像農民。在文革前，我天真地抱著這種態度，故意去做笨重的體力勞動，希望自己變成個好點兒的人。在一九六六年春的一天，我們班去幫人築路。女孩子分配到輕活：把各種石頭分開，再由男孩子砸碎。我自告奮勇做男孩子的事，搶著用我舉也舉不起的大錘砸石頭。一天下來，兩臂又紅又腫。現在，還不到三年，我所受的灌輸崩潰了。盲目信仰的心理消失後，我發現自己厭惡寧南大山裡的艱苦生活，吃苦似乎毫無意義。

我剛到這裡就患了嚴重的皮疹。以後三年，只要一到農村，這種濕疹就復發，而且沒藥可治。我日夜為奇癢所苦，忍不住要去搔它。在開始新生活的三個星期內，我身上幾處流膿，小腿感染發腫，腹瀉、嘔吐也來了，公社的醫療所遠在三十多哩外。在最需要強壯身體時，我苦於擺脫不了虛弱。這時，我也醒悟到幾乎不可能從寧南去看父親。走到最近的公路要花一天時間，就算走到了，也沒有公共汽車。途經的貨車很少，去米易的更罕見。幸好，工宣隊東安來我們村子檢查安置工作，當他看見我病了時，就好心提議我回成都治療，他正好要乘最後一輛送學生到寧南的卡車回去。這樣，我剛到寧南二十六天後，就又動身回成都了。

要走了，我才發現自己還不認得村裡的農民。我只認識會計，他是這裡識字最多的，常常來拜訪我們，顯然是因為大家都是「讀書人」。他的家是我唯一去過的農家，記得最清楚的是他年輕妻子那張經過日曬雨淋的臉上所表露的猜疑神情。她當時正在清洗血淋淋的豬內臟，背上背著個一聲不吭的嬰兒。當我對她打招呼時，她冷漠地看了我一眼，也沒開腔。我覺得和整個環境格格不入，不知如何是好，很快就離開了。

在和村民一起勞動的那幾天，我沒有多餘的精力，也就沒有和他們交談。他們似乎遠在天邊，與我無關，我們之間隔著難以翻越的寧南大山。我清楚我應該努力去接近他們，就像朋友和我姊姊那樣，晚上下工後去拜訪他們。但是我每天又累又癢又渾身不舒服。另外，去拜訪農民對我來說，意味著好像我要在那兒待一輩子。而我已在下意識裡拒絕了當農民，拒絕了毛澤東為我安排的一生。

三個星期的為生存而奮鬥，使我無心欣賞寧南大山。臨別時，我才突然愛上了這裡非同一般的自然美景。春天來得早，二月份金黃的迎春花就在掛著冰凌的松樹旁怒放了。山澗裡，溪水形成一個接一個冰晶透明的水塘，奇形怪狀的岩石散布在周圍。水裡的倒影是多采多姿的雲朵和大樹儀態萬方的華蓋。無名的小花從岩石縫裡掙扎著冒出來，亭亭玉立地開著。我們在這仙境般的水池裡洗衣服，洗完了在岩石上攤開。當艷陽和爽風帶走水氣時，我們躺在草地上聽松林在山風中呼呼地響。我對遠山滿坡的野桃樹總是不勝驚嘆，想像在幾個星期後，那裡將是粉紅色桃花的海洋。

*

我踏上了歸途，在空蕩蕩的卡車尾部被拋上拋下，忍受著胃痛、腹瀉的折磨。漫長的四天旅程後，我終於回到成都，逕直去了省委附屬的門診部。打針吃藥使我很快恢復了。省委門診部像省委大食堂一樣，仍然對我家開放。四川省革委會力不從心，你爭我鬥，沒法形成有效的行政機構，甚至沒能制定出一套管理日常生活、工作的規章制度。結果是，舊規定還是起作用，新舊夾雜充滿漏洞，人們大半還是可以自行其是。大食堂和門診部沒有把我們拒之門外，我們仍然享受便利。

除了門診部開的西藥和針劑外，姥姥說我需要中藥調理。一天她回到家，提著一隻雞和一些當歸、黃耆，說燉雞吃是「大補」。湯裡她還灑了些切得細細的小蔥，這些東西在商店裡買不到，她是顫著小腳走了好遠到農村集市上去買的。

姥姥自己也病了。過去她總是精力充沛，忙個不停，很少見她坐一坐。現在我有時見她躺著，兩眼緊閉，狠狠咬著自己的嘴唇，像是在忍受巨大痛楚。我小心翼翼地問她哪兒不舒服，她卻總是簡單地說沒事，仍去為我揀藥，排隊買東西，回來做給我吃。

我病好之後，沒有人命令我回寧南，我開始計畫去看父親。正在這時，一封電報從宜賓發來，說俊英孃孃患了重病。她一直在照料我最小的弟弟小方，我馬上啟程去服侍她。

我父親在宜賓的親戚對我家一直非常好，儘管我父親沒能好好照顧他們。中國歷來兒子孝順的表現是為母親準備一口上好木料、油漆多層的棺材，並在她去世後不拘財力鋪張排場地辦喪事。但我父親不但沒有做到這一點，相反地，我祖母一九五八年去世時，親戚在葬禮後才告訴他。原因是共產黨政府提倡喪事從簡，推行用火葬以節省土地。親戚因此擔心我父親會反對他母親土葬和隆重的葬禮。自我家搬家到成都後，親戚很少來拜訪。

然而，當我父親在文革中倒楣時，他們卻常來看我們，盡力幫助。俊英孃孃不斷往來於成都和宜賓之間，後來乾脆把小方帶到宜賓去照料，以減輕姥姥的負擔。她和我父親最小的妹妹「八孃」各住一半從前祖母的房子，她無私地再把自己的一半分了一部分給一門遠親，因為那家的房子舊得不能住了。

我到宜賓那天，俊英孃孃坐在堂屋正門邊的一張籐椅上。堂屋中放著一口黑紅色上等木料大棺材，這是她自己的棺材，是她僅有的「奢侈品」。看見她時，我不禁悲從中來。她剛中了風，腿已經半癱瘓了。那時醫院斷斷續續地開診，醫療設備沒有人保養、修理，大都壞了，藥物供應也時有時無。醫院說對她的病無能為力，她只得待在家裡。

俊英孃孃最痛苦的是排便。吃完飯後，她會感到無法忍受地脹痛，每次都得經歷一番掙扎才能排出大便。親戚的偏方有時有用，有時沒用。我常給她按摩肚子，一次，她脹痛得忍耐不住，叫我用手指伸進她的肛門把大便摳出來。所有的這些方法只能暫時讓她解脫一下，結果是她只敢吃一點點東西，變得很虛弱，只好常常坐在客廳的籐椅上望著後院的番木瓜和芭蕉樹。她從不訴苦，只有一次輕言細語對我說：「我好餓，要能吃就好了……」

她得有人扶著才能走動，漸漸地，甚至連坐著也很困難了。但她不能老躺著，怕得褥瘡。我就坐在她身邊，讓她靠著我。她說我是個好護士，又說我一定累了，一定厭煩老坐著陪她。不管我怎麼堅持，她每天只坐一會兒，以便我能到外面散散心。

當然，外面沒有什麼可散心的。我渴望看書，但是除了四卷《毛澤東選集》外，房子裡只剩一本字典，別的書都燒掉了。我靠研究字典裡的一萬五千個字消遣，努力記住那些不認識的字。

剩下的時間都花在照料七歲的小方身上。我常帶他出去散步，有時他覺得沒味道了，就鬧著要玩具槍或炭塊模樣的糖果——商店裡只有這些可憐巴巴的東西陳列著。但是我沒有錢，我們連基本的生活費都很少。小方才七歲，不懂這些，常常一屁股坐在滿是灰塵的大街上又踢又叫，扯我的外衣。我蹲下來，好話相哄，在智窮計盡時也跟著哭起來。每當這時，小方就不哭了，和我言歸於好，兩人都筋疲力盡地回家去。

甚至在文革中，宜賓也是個充滿詩意的小城。波濤起伏的江水和寧靜的山峰外是模糊的天邊，給我一種無窮無盡的永恆感覺，使我在悲劇中得到短暫的紓解。每當黃昏降臨時，刺目的大字報、擴音器都朦朧隱去，沒有街燈的小巷子包裹在霧氣中，只見街道兩邊木板房的縫隙中透出一閃一閃的燈光。不時有一處明亮的小天地：臨街的小吃店，總有一張木桌擺在人行道上，四條窄板凳圍在周圍。桌、凳都因年長日久和人來人往而磨得油光閃亮，桌上放著一盞小小如豆的菜油燈。儘管從沒有人坐在桌邊交談，店主仍把小吃店開著。在過去的歲月，一到黃昏，這樣的小店就會擠滿了人，七嘴八舌「擺龍門陣」，一口口地呷著當地名酒「五糧液」，面前放一盤佐酒的醃豬舌頭或滷牛肉，要不就是麻辣花生。那時，生活還沒有完全被政治所支配。而現在只剩空空的小吃店，喚起我恍若隔世的遐想。

一走出漆黑的小巷子，擴音器的聲音就從四面八方襲來。市中心每天廣播十八個小時以上，除了頌歌就是聲討。內容且不說了，光是音量就大得無法忍受，我不得不強迫自己充耳不聞，以保持精神健全。

四月份的一天傍晚，廣播卻吸引了我的注意：共產黨代表大會在北京召開了。和往常一樣，中國人不知道他們的代表在這個最重要的大會上幹些什麼。廣播說將宣讀新的中央委員會名單，我的心頓時一沉，這意味著文革的新組織機構將被確定下來。

這次代表大會是中共第九次代表大會，象徵毛澤東個人權力機構正式建立。一九五六年「八大」上的最高領導沒幾個還留著：當時的十七位政治局委員中只有四個——毛澤東、林彪、周恩來、李先念——進了新的政治局。其他的除了去世的，都已被批判、鬥爭和清除掉了，有些人也來日不長了。

國家主席劉少奇，共產黨「八大」的第二號人物，從一九六七年起一直被監禁，在批鬥會上被毒打。他生病了，也得不到治療。毛的命令是只讓他活著看到被開除出黨，給「九大」留個活靶子。劉少奇的判決書上稱他是：「一個埋藏在黨內的叛徒、內奸、工賊，是罪名累累的帝國主義、現代修正主義和國民黨反動派的走狗。」這個判決書是由周恩來宣讀的。「九大」後，才准許劉少奇死，他死得很慘。

賀龍元帥是另一位政治局委員、共產黨軍隊的奠基人之一，他是「九大」後兩個月去世的。在兩年半的時間裡，打手慢慢折磨他。用他對他夫人說的話就是：「他們硬是想把我拖死，殺人不見血。」折磨他的辦法有：大熱天每天只給一小壺水；在嚴寒的北方冬季，幾個月溫度都在攝氏零度之下，關掉了暖氣；不給他藥治他的糖尿病。最後，當他的糖尿病惡化時，一夜之間給他輸了兩千多毫升葡萄糖，注入幾個小時後，賀龍就去世了。

文革初期曾幫助過我母親的政治局委員陶鑄，也被慘無人道地關押了三年。不斷的精神和肉體折磨摧垮了他的健康。他患上了膽囊癌，卻不給他治療，捱到癌細胞擴散全身的末期，才由周恩來出面批准給他動手術。他病房裡的玻璃窗全都用報紙糊上，透不進光來。當他快斷氣時或終於去世後，都不准家屬來看他。

彭德懷元帥也是被類似的殘酷折磨整死的，他的苦難持續了八年時間，從一九六六年到一九七四年。他的病房窗戶也是被報紙貼得密密實實的，他最後的要求是看一眼外面的樹枝和陽光，但仍被拒絕了。

這些和其他千千萬萬的殘害事件體現了毛澤東在文化大革命中使用的典型手法。毛並不簽署死刑判決書，他只是發話或暗示，就有人心領神會，變著法折磨。他們的辦法包括精神壓力、肉體摧殘、不給治病，甚至以藥殺人。這種整死人的辦法在中國有個特殊名詞，叫「迫害致死」。毛的罪行毋容置疑，但執行者也有份兒。毛澤東的打手會察顏觀色，揣摩他的意向，想討他歡心。當然，他們喜愛施虐的天性也得以盡情發揮。

這種令人毛骨悚然地折磨共產黨高層領導人的內情，直到多年後才逐漸為人知曉。說出來後，沒有人感到驚愕，人們的親身經歷使大家對這類事已經是司空見慣了。

當我站在宜賓廣場的人群中聽廣播念「九大」中央委員會名單時，我提心吊膽地等著「二挺」的名字出現。果然有他們，我感到我家已永世不得翻身了。

不久後，我收到電報，說姥姥病了，她以前從沒有這樣過。俊英孃孃催我回家照料她，我帶著小方馬上乘火車回了成都。

*

我姥姥快滿六十歲了，無法忍耐的奇痛終於壓倒了她。她感到有千萬根針扎在身上，擴散著，最後集中到耳朵裡。門診部的醫生說這可能是神經性的病痛，他們沒有辦法，唯一的建議是盡量保持心情愉快。我帶她去另一家醫院，從支機石街走路得半個多小時。

新當權派根本不關心小老百姓出門的交通，因為他們出門有專門司機開小汽車接送。公共汽車對革命並非生死攸關，他們就由它停開。人力三輪車又被禁止，說是壓迫勞動人民。我姥姥因劇烈疼痛不能行走，我只好借了輛腳踏車，在後面的行李架上放一塊軟墊，扶她坐上去。她手抓住車座，我推自行車，小黑扶著她，小方則坐在自行車的橫槓上。

多虧一些醫生、護士保持了職業道德和獻身精神，醫院還沒有關門。但醫院牆壁上有大標語，指責他們「以工作壓革命」——這是堅持工作者的標準「罪名」。那位替姥姥檢查的女醫生眼圈發黑，眼皮時不時地抖動。我想她一定是被大群大群的病人搞得疲憊不堪了，而且她還得忍受那些政治攻擊。醫院裡擠得滿滿的，到處是陰沉沉的男女，有些人臉部青腫，有的斷了肋骨躺在擔架上，他們都是批鬥會上的犧牲品。

醫生仍說不出我姥姥患了什麼病。X光和其他臨床診斷設施都壞了，所以沒法給她檢查，只給了她各種止痛藥。當這些藥都不管用時，醫院就收她住院。病房爆滿，病床一張挨著一張，連走廊也排滿了床。護士們從這間病房跑到那間，無法細心照料如此多的病人。我於是決定陪姥姥住院。

我回家拿來一些廚房用具，以便在醫院裡為她燒飯。把一張竹蓆鋪在她病床下，就是我的床。整夜，我不斷被她的呻吟聲驚醒，從薄被子下面鑽出來給她按摩，暫時減輕她的痛苦。病房裡，到處是濃濃的尿臊臭，每個病人的尿壺就放在病床旁邊。我姥姥很講究清潔，一定要自己起身到廁所去大小便，甚至夜間也如此。但別的病人並沒這樣做，他們的便盂有時幾天也不倒掉、不刷洗，幾個護士忙得團團轉，顧不上這些細節。

姥姥的病床緊靠著窗戶，可以看到醫院的前園。現在這裡長滿了雜草，木凳也被砸壞了。我第一次透過窗戶看出去時，見到幾個小孩正圍著一棵瘦小的玉蘭樹，扯它所剩無幾的枝椏，要摘上面開著的幾朵孤伶伶的花。成年人從旁經過，也不干涉，破壞樹木的行為已屢見不鮮了。

一天，從開著的窗戶外，我一眼看見我的朋友平先生正從腳踏車上跳下來。我的心也跟著蹦跳了，臉一下子發了燒。我飛快地把玻璃窗當鏡子，照了照自己。在公共場合照真鏡子會召來指責，有「資產階級生活方式」之嫌。那天我穿了一件白底粉紅格子外衣，當時剛允許年輕婦女穿這類圖案的衣服。頭髮也可以留長了，但只能梳成兩條辮子。我經常左思右想：兩根辮子應該靠近一點呢？還是分開一點呢？梳得直挺挺的呢？還是辮梢微微曲翹呢？辮子部分比鬆散部分長一點呢？還是短一點呢？這類差別雖然細小，卻無窮無盡。政府並沒有規定頭髮該怎麼梳或衣服的樣式、色調如何，但是大家怎麼打扮你也就得怎麼打扮。因為大家差不多都一樣，如果稍稍有點變化，也會引人注意，所以看上去既要吸引人，又要跟別人沒什麼大的不同，使人無可挑剔，就成了一門真正的學問。

我還在翻來覆去不滿自己的形象時，平已經走進病房來了。他樣子很平常，但有某種氣質使他與眾不同。那是一種玩世不恭的味道，在當時毫無幽默感的時代裡可算得鳳毛麟角。他父親是文化大革命前共產黨省委某個部的部長，但平和絕大多數高幹子弟不同。「為什麼我要下農村？」他說，而且說到做到，為自己搞了一張「病情證明」，留在成都。他是我見到的第一個思想自由、不以任何事為神授皇頒而不可懷疑的人。他是第一個打開我頭腦裡的禁區的人。

至此為止，我一直想避開談戀愛，因逆境而變得更強烈的對家人全心的愛，蓋過了其他情感。雖然在我的內心一直有另外一種性愛的感覺存在，渴望衝出禁忌，但是我成功地把它鎖了起來。認識平使我內心交戰不已。

這天平出現在我姥姥病房裡，一隻眼睛青腫，說剛被溫先生打了一拳。溫是我就讀四中的高中學生，不久前護送一位在寧南大山裡摔斷腿的姑娘回成都就醫。平故意滿不在乎地描繪他兩人打架的情形，暗示說溫不高興他與我過從甚密。後來我聽溫說他打平的原因是他不能忍受：「這傢伙在我面前自鳴得意、齜牙咧嘴的笑。」

溫生得短小粗壯，大手、大腳、大板牙。和平一樣，他也是一個高幹子弟。但他總是捲起袖子、挽起褲腳、穿雙草鞋，打扮得像個農民——完全是宣傳畫裡的模範青年形象。一天，他告訴我他要回寧南去繼續接受改造。我問他為什麼，他隨口回答：「為了緊跟毛主席呀！我是毛主席的紅衛兵嘛！」我一下子愣住了，無言以對，還以為人們只在公開場合才說這種官話。然而他並非故作正經，他是脫口而出，使我覺得他是認真的。

溫的思維方式並沒有使我對他敬而遠之，文化大革命教育了我不要按人們的信仰來區分他們，而該看他們是否心術不正，是否殘酷。我知道溫是個正派人，當我想永遠脫離寧南時，就是請他幫的忙。

我離開寧南已經兩個多月了，雖然沒有規定不准這樣做，但是國家有辦法使我遲早必須回大山裡去。我的戶口已由成都遷到寧南去了，待在城裡就沒有糧食和其他配給。這段時間我是靠家裡人的定量配給過活的，維持不了多久。我意識到必須趕快把戶口遷移回成都附近某個地區，因為農村戶口是不准遷進城鎮的，所以把戶口重新遷回成都根本不行。把戶口從偏僻的山區遷移到像成都平原這樣富庶的地區也不行，除非有親戚在那兒願意接納我們。「發明」個親戚是容易辦到的，因為中國人七大姑八大姨太多，沒有人弄得清。

我有個好朋友南南剛從寧南回來找路子，我跟她計畫一塊轉，還加上我此刻仍在寧南的妹妹。遷移戶口首先得搞到三張證明：第一張是親戚所在的公社，說明他們願意接納我們；第二張是這個公社所在的縣政府，批准公社的請示；第三張是四川「上山下鄉知識青年辦公室」，批准這次遷移。有了這三張證明，我們還得回寧南生產隊，獲取他們的批准，然後再到縣城找管戶口的，最後由他同意放我們走。只有到那時候，我們才可拿到那份對每個中國公民都至關緊要的文件——戶口簿。到了新地方，再把它交給當地政府。

只要你想從政府畫死的框框裡走開一小步，哪怕是小小的一步，生活總是變得這樣複雜，困難重重。這還不算，節外生枝是家常便飯。當我們正在計畫遷移時，猶如晴天霹靂，中央政府發出一項新規定，從六月二十一日起凍結戶口。現在已經是五月的第三個星期了，在那之前，能找到一個真正願意接納我們的親戚，然後再把所有關卡打通，幾乎是不可能。

我們找溫求助，他沒有半點猶豫就同意為我們製造這三張證明。仿造官方文件是嚴重的犯罪行為，可能會坐很久的牢。但是這位忠於毛澤東的紅衛兵對我們的告誡只是聳聳肩。

關鍵是印章。在中國，所有的官方文件都得有印章蓋在上面。溫寫得一手好字，也會仿官印的字體刻章。他用一塊肥皂來刻，一個晚上的時間，我們三個人所需的全部證明就都有了。沒有他，就算運氣好，這些至少也要花好幾個月才能搞到。溫還提議和我、南南一起回寧南，幫助我們處理剩下的手續。

快走了，我又不想走，放不下心，因為姥姥還在醫院。她極力催我動身，說她要出院回家，以照看年幼的弟弟。我沒勸阻她，因為醫院實在是個令人壓抑的場所，不僅氣味不好聞，而且還吵得不得了。每日每夜不是呻吟聲就是過道上的喧譁聲，還有叫個不停的擴音器廣播，每天清晨六點鐘就把每個人都吵醒了。最糟的是不斷有病人在眾目睽睽下去世。

姥姥出院的那天傍晚，她說覺得尾椎骨在刺痛，不能坐在腳踏車的行李架上。小黑騎上車，帶走她的衣物、毛巾、洗臉盆、熱水瓶和碗筷，我扶著她慢慢走回家。那天黃昏天氣悶熱，姥姥邊走邊咬著嘴唇，身子有時抖著，顯然在竭力抑制痛得忍不住的呻吟聲。我對她說些閒話想分散她的注意力。街旁的梧桐樹曾經綠蓋成蔭，現在只剩下稀疏的枝葉——三年文革無人管理的結果。建築物傷痕累累，這是造反派武鬥所留下的。

我們走了一個鐘頭，才走一半，天色突然變了，狂風捲起塵土和大字報碎片撲面而來。姥姥踉蹌了幾步，我緊緊扶著她。接著下起大雨來了，我倆頓時全身都淋透了，附近又沒有地方可以躲，只好一步步艱難地向前挨。濕漉漉的衣服貼在身上，妨礙我們行走。我覺得透不過氣來，姥姥瘦小的身體在我手臂裡愈來愈重。雨乘風勢密集得像大幕似地擋在我們面前，抽打著我們已經濕透的身體。我感到非常冷，姥姥啜泣起來：「老天！讓我死了吧！死了吧！」我也想哭，但只是說：「姥姥，馬上就到家了……」

忽然我聽見一陣車鈴聲，有人問：「喂！要搭車嗎？」原來身後來了一輛三輪貨車，一個年輕人身穿襯衣，敞開胸，蹬著車，雨水順著臉頰小溪似地往下淌。他走過來，抱我姥姥上了車，上面已有個老人蜷成一團低頭坐著，這時點點頭向我們打招呼。年輕人說這是他的父親，他剛從醫院接他回家。他把我們一直送到家門口，揮手說了聲：「不用謝！」就消失在雨幕中了。由於雨水嗆得我張不開嘴，我沒問他的姓名。

兩天後，姥姥起床了，下廚給我們做烙餅，又像往常一樣忙忙碌碌打掃房間。我看得出她是強撐著，我要她休息，但她不聽。已經是六月初了，姥姥不斷催我快走，並要京明和我一起去，說我上次在寧南病得很重，沒人照料不行。京明剛滿十六歲，暫時還未被送下鄉。我發了封電報，要姊姊回成都照顧姥姥。十四歲的小黑自告奮勇地說可以信得過他，七歲的小方也鄭重其事做了保證。

當我向姥姥告別時，她哭了，說她不知道這輩子還能不能再見到我。我撫摸著她瘦骨嶙峋、青筋凸起的手背，把它貼在我臉上，強抑制住要奪眶而出的眼淚，說我很快就會回來的。

*

我好不容易才找到一輛要去西昌的卡車。從六〇年代中期以來，毛澤東命令許多重要工廠（包括我姊姊男朋友「眼鏡」工作的那家工廠）遷移到四川，還特別在西昌地區建設了一個新的工業基地。毛澤東的理論是四川的大山是最好的掩體，可防美國或蘇聯的攻擊。從五個不同省分調來的卡車組成了車隊，不停地向西昌的工業基地運輸物資。透過一位朋友介紹，一個北京車隊的司機答應讓我們——京明、南南、溫和我——搭便車。我們得坐在卡車尾部，因為駕駛室裡坐了一位副駕駛員，以換班駕車。每輛卡車屬於一個車隊，每天黃昏時會合。

這些司機跟他們在全世界的同行差不多，樂意載姑娘而不願帶小伙子。因為卡車是唯一的交通工具，所以男孩子很憤怒。沿途都可以看到貼在樹幹上的標語：「強烈抗議五省車隊搭女不搭男！」有些膽大的男孩擋在路中間想強迫司機停車，我們學校就有個男同學因沒及時跳開而被輾死。

偶爾也聽說幸運搭上便車的姑娘被強姦的事，不過，更多的卻是浪漫的戀愛故事，這些旅途造成了不少眷屬。參加戰略基地建設的卡車司機享有一些特權，其中包括允許把他妻子的農村戶口遷到他所住的城裡，有些姑娘就利用了這種機會。

載我們的司機很善良，行為無可指責。當黃昏停車住宿時，他們總是先幫我們找個好住處，才去專門接待他們的招待所，還請我們一起吃晚飯，使我們能免費享受豐盛的飯菜。

只有一次我覺得他們腦裡或許有點兒與性相關的念頭。一次停車時，另外一輛車的司機邀請我和南南下一段坐他們的卡車。當我們告訴我們那位司機時，他的臉馬上拉長了，酸溜溜地說：「那好，你們去好了，反正你們更喜歡他們。」南南和我面面相覷，喃喃地說：「我們沒有說過喜歡他們，你們對我們都很好……」結果我們沒有去。

溫表現得好似南南和我的監護人，不斷要我們小心司機，小心男人，小心小偷，小心吃東西，晚上不要出門……他幫我們提東西，給我們送熱水，吃飯時間總是要京明、南南和我隨司機一起去吃飯，而他待在旅館裡替我們看行李，當時小偷遍地都是。我們吃完後再帶些東西回旅館給他。

溫對我們沒有任何不恭的地方。進入西昌地界後的那天黃昏，南南和我想去河裡洗個澡，天氣很熱，而西昌的月夜又是那麼美。溫替我們找到一個僻靜的河灣，我和南南在彎彎的蘆葦叢邊，在野鴨的陪伴下洗澡。月光灑在河面上，散成千千萬萬個閃閃的銀環。溫坐在路邊，一絲不苟地背對著我們，為我們放哨。像許多小伙子一樣，文革前的教養使他們覺得要有騎士風度。

住旅店得有證明。溫、南南和我的證明是各自的寧南生產隊開的，京明的是四中開的。住旅館很便宜，但我們的錢不多，因為父親的大部分工資被扣發。南南和我同睡一張床，溫和京明則在另一個房間擠一張床。旅店很髒，設備又簡陋。上床前，南南和我總要一遍又一遍仔細地檢查被單，看有沒有跳蚤和虱子。旅店的洗臉盆上是一圈圈黑灰色或深黃色的污垢，極容易染上砂眼，我們就用自己隨身攜帶的臉盆。

一天晚上，大約十二點鐘，我們被一陣咚咚的敲門聲驚醒。每個人都得起來「向毛主席做晚彙報」。這種滑稽的表演和跳「忠字舞」是孿生兄弟，表演方式是晚上聚集在毛澤東畫像或塑像前朗誦語錄，一遍遍有節奏地揮舞著小紅書，高喊：「祝毛主席萬壽無疆！萬壽無疆！萬壽無疆！」睡眼朦朧的南南和我跌跌撞撞地走出房間，別的旅客也三三兩兩出現了，用手揉著眼睛，扣著衣扣，拉著鞋後跟。沒有一個人抱怨，沒人敢。早上五點鐘，我們又得起來，「向毛主席做早請示」。

當我們重新上路時，京明說：「這個城裡的革委會主任一定是神經衰弱，晚上睡不著覺。」唱頌歌、背語錄、戴毛澤東徽章、揮舞小紅書，早已是我們生活的一部分。當全國各地革委會在一九六八年末先後成立後，這類荒誕可笑的對毛澤東頂禮膜拜的儀式便強制舉行。新上任的革命委員會成員認識到：最安全、最划算的行動就是什麼工作也不做，除了整人，就是使勁搞毛澤東個人崇拜。一次，我在成都一家藥店買藥，一個老營業員從他的灰邊老花眼鏡後面無動於衷地瞄了我一眼，嘴裡吶吶地說：「大海航行靠舵手……」他意味深長地停住了。我愣了一下，才醒悟過來，我應該接下句：「幹革命靠毛澤東思想。」這是一段林彪討好毛澤東的話，這樣的對答成了打招呼用語。

全中國大大小小的革命委員會忙於修建毛澤東塑像，成都市中心就豎立了一尊巨大的白色大理石毛澤東站像。為了容納它和興建所謂的「毛澤東思想萬歲展覽館」，炸掉了成都市雄偉的古城樓。幾年前，我才站在這個城樓上興高采烈地觀看國慶煙火。大理石取材於西昌，由專門稱為「忠字車」的載重卡車運來。那種車隊每輛都插滿小旗，披上紅綢彩帶，還有朵大大的紅綢花束在車頭。車隊從成都只能空車出發，去載大理石，而往西昌運物資的卡車也是要空車返回，不准載大理石，因為做毛澤東身體的石頭得專車專用。

我們和那位載我們到西昌的司機揮手告別後，搭的就是這樣一輛「忠字車」去寧南。路上，我們在一個大理石採石場停下來休息。一群汗流浹背的工人光著膀子、蹲在地上喝茶，抽幾呎長的細菸桿。有個人告訴我們，他們沒有用任何機器採石，全靠一雙手，以表示對毛主席的忠心。他赤裸的胸膛上別著一個毛澤東徽章，使我又吃驚又為他痛。當我們又上車時，京明說那個徽章可能是用膠布黏上去的。至於他們赤手空拳採石，他說他們可能本來就沒有機器。

京明總愛用這樣不敬的幽默使我們大家笑個不停。幽默在那些年月很危險。毛澤東雖然偽善地鼓勵大家「造反」，但並不想要任何人真正犯上。沒有忌諱地想問題，是我啟蒙的第一步。就像平一樣，京明幫助我解脫了腦裡的桎梏。

我們進了海拔約五千呎的寧南，我的腸胃病又犯了，一吃東西就吐，眼前天旋地轉。但是我們不能停下來，必須盡快到生產隊，以在六月二十一日前辦完遷移手續。由於南南的生產隊較近，我們決定先去那裡。我們在大山裡爬上爬下，走了一整天。夏季的山洪咆哮而下，山澗裡的水面上沒有橋梁，溫走在前面探水的深淺，京明把我背在他瘦骨嶙峋的背上。我們常常得在兩呎寬的羊腸小道上走，一面是陡峭的石壁，一面是萬丈深淵。學校裡有幾個同學就是在夜間行走時跌落懸崖摔死的。太陽火辣辣地照在頭頂，我們都脫了皮。我渴得忍不住，很快就喝光了每個人水壺裡的水。但還是渴，每到一個山澗，就一下子撲在地上大口大口喝冰涼的山水。南南想阻止我，說甚至當地人也不喝這種沒煮沸的水。但我顧不得許多，當然，緊接著是翻腸倒胃的嘔吐。

終於，我們看到了人家。門前是幾棵大的板栗樹，四下伸展著威風凜凜的華蓋。農民請我們進去歇腳。我一眼看見灶台上放著一個大陶缽，就舔著乾裂的嘴唇不知不覺走了過去。陶缽裡可能盛著米湯，在這樣的大山裡，是最可口的飲料。主人很客氣地請我喝，米湯本應是白色的，但我看到的卻是一片暗黑。突然一陣嗡嗡聲爆發了，一群蒼蠅從米湯表面飛起，再往裡看，還有些被淹了。平時我見蒼蠅就噁心，此刻卻視若無睹，把蒼蠅吹開，大口大口吞下米湯。

到南南村子天已經黑了。第二天，她的生產隊長十分樂意地在三張證明上簽字蓋章，巴望她快離開。幾個月來，農民明白了，他們得到的並不是額外的勞動力，而是額外要供養的嘴巴。他們沒法把這些城裡人攆走，現在有人自願離開，自然求之不得。

我病倒在床，無法去自己的生產隊。溫就獨自前往辦理姊姊和我的手續。南南和她隊上的女伴盡力照料我，給我吃喝反覆煮沸的東西。但我仍躺在床上渾身難受，想念姥姥和她美味的雞湯。在那些年月，雞是珍品，南南開玩笑說，我的腸胃病害得妙，只想吃最好的東西。她和別的女孩及京明都四下為我買雞。但當地農民既不吃雞，也不賣雞，他們養雞是為了下蛋，說這是祖宗的規矩。朋友卻聽說原因是這裡的雞帶痲瘋病菌，這種可怕的疾病在這些山區相當普遍。這一說嚇得我們連雞蛋也不敢吃了。

京明決心為我做姥姥那樣的湯。在這裡，他愛發明些小玩意的長處派上用場了。房前是一個曬穀場，周圍麻雀很多，他用棍子支起一個大圓簸箕，下面灑上穀子，一根繩子一頭繫在棍上，他握著另一頭，躲在屋裡，從一面擺好的鏡子裡觀察動向。只見麻雀蜂擁而至搶食，偶然還會來一隻大模大樣的斑鳩。京明把握好時機拉繩子，我就有鮮美的野味湯可喝了。屋後的山坡上長滿了桃樹，現在結實纍纍。京明和姑娘們每天上山大簍大簍地背桃子。京明說我生吃不行，於是為我做果醬。

我就這樣給「嬌慣」著。每天坐在門廳裡看遠處一重重的山，讀京明帶來的屠格涅夫和契訶夫。我對屠格涅夫的小說情有獨鍾，看了一遍又一遍，甚至能背下《初戀》的許多段落。

夜晚，蜿蜒的遠山輪廓就像一條神話中的火龍出現在黑沉沉的天邊。由於西昌的氣候十分乾燥，森林保護法又沒有施行，沒有防火設施。因此，許多山天天在燃燒，只有當一道峽谷擋路或一場大雨自天而降時，山火才會熄滅。

幾天後，溫回來了，帶來蓋好章的文件：我們生產隊同意放我和姊姊，我們於是立刻上路去找縣裡管戶口的李安辦。雖然我仍然十分衰弱，走幾步就兩眼金星亂冒，但沒法子，離六月二十一日只有一個星期了。

我們到了寧南縣城，發現這裡的氣氛就像在打仗。此時，中國大部分地區的大規模武鬥已經被制止了。但是在寧南這樣的邊遠山區，武鬥還在繼續。打輸的一派躲到了山裡，不時襲擊。縣城裡到處是武裝人員在把守，大多數是彝族人。這些少數民族生活在西昌地區的深山老林中，傳說他們睡覺的姿勢不是躺著，而是蹲坐著，雙手抱膝，頭枕在膝上手臂裡。武鬥派的頭頭都是漢人，指使彝人在前面衝鋒或幹持槍站崗這些危險的事。我們到縣政府找李安辦時，得和彝人守衛用手勢比比畫畫解釋個老半天，因為我們不懂彝語，他們不懂漢語。一接近，他們就舉起槍對著我們，還把指頭扣在扳機上，我們嚇得要命，卻又不得不做出滿不在乎的樣子，因為據說他們把任何害怕的神色看作是心虛的表現，並會據此行動。

最後我們終於找到李安辦的辦公室，但他不在。那時我們遇到一位朋友，他告訴我們李安辦躲起來了。因為一大群成都來的「知識青年」都來找他解決問題，忙得他不可開交。那位朋友也不知道他躲到哪裡去了，不過他建議我們去找一隊「老知青」，說他們可能知道。

「老知青」是指文革前下鄉的那些青年人，共產黨一直在動員大學考試落榜的青年到農村去，說他們可以「在社會主義新農村的建設中大顯身手」。這鼓舞了青年的浪漫熱情，於是有許多人響應共產黨的號召下鄉落戶。農村生活的嚴峻，去了就出不來，眼見幹部子弟即使應考落榜也不下鄉的現實，使不少人由理想破滅而轉為玩世不恭。

這群「老知青」對我們十分友好，招待我們吃了一餐豐盛的野味，又去幫我們問李安辦在哪兒。我們在等答覆時，坐在寬敞的松木陽台上，面對一條叫做黑水河的咆哮河水談天。河中高高的礁石上，有鷺鷥用一隻細長的腿獨立著，一隻展伸著，好像在擺出優美的芭蕾舞姿。有些鷺鷥在飛翔，優雅地揮動白雪般的翅膀，我還從沒見過這樣自然而千姿百態的舞者。

主人熱心建議我們見到李安辦時向他暗示父親的職務。一位樂呵呵的小伙子說：「他一聽就會馬上掏出大印來給你們蓋上。」因為我們學校頗有名氣，他們都知道我們是高幹子弟。我對他們的提議半信半疑，有點猶豫地說：「但是我們的父母都成了走資派了……」

幾人齊聲回答掃除了我的顧慮。「這有什麼關係？他是老共產黨員吧？」

「是。」我喃喃地回答。

「是高幹吧？」

「也算是，」我含糊地說，「但這是文革前的事了，現在……」

「那有什麼關係，有人宣布撤他職了嗎？沒有？那就對了呀！妳看，事情明明白白，共產黨老幹部氣數未盡……」那位樂呵呵的小伙子說。那時我還沒有意識到，中國老百姓似乎從來沒有真正認為毛澤東的個人權力體系足以取代文革前的共產黨體制，他們似乎都相信被撵下台的共產黨幹部還會東山再起。小伙子搖著頭加強語氣：「這裡的幹部誰敢得罪你們，將來給自己惹麻煩！」

我想起「二挺」駭人聽聞的報復性迫害。中國人總得防著有權勢或可能有權勢的人哪天報復。

在幾天焦慮地滿山轉後，我們終於在六月二十日找到了李安辦。我一直在腦裡演練該怎樣說出父親的職務，但和他一對話，就發現原來完全沒有必要。李安辦主動問我：「妳父親文革前幹什麼？」他又問了好多個問題，與其說是必要，毋寧說是好奇。問完後，他從外衣口袋裡掏出一個骯髒的手帕包，打開露出一個木頭印，還有一個扁平的小盒子，裝的是印泥。他慎重其事地把章戳在印泥裡。然後在我們的三張證明上一一蓋上了大印。

在戶口凍結二十四小時前，我們總算蓋到這個非同小可的最後一章，當然我們還得去找管理戶口簿的辦事員拿戶口簿，不過這只是手續而已。我一下子鬆懈了下來，結果是劇烈的胃疼和腹瀉。

我掙扎著返回縣城，到達時天已大黑。我們找到了縣委招待所，這是一幢單調的兩層樓房，在一個四面有圍牆的院子裡。招待所登記處沒有人，整個大院也空空如也。大多數房間的門緊閉著，但頂樓上有些房門虛掩著。

敲了敲，裡面沒人，我就進了一間。窗戶開著。可以看到一處後院牆半塌，之外是一片田野，走廊對面是另一排房間，四下似乎連個鬼也沒有。從房間裡一些私人物品和喝了一半的剩茶，我猜出有人剛在這裡，走了沒多久。我實在太疲倦了，沒有精力去想這人是什麼人，為何離開。我甚至沒有力氣把門關上，就一頭栽在床上和衣睡著了。

擴音器聲把我驚醒，大聲播放毛澤東語錄，特別震耳的一條是：「敵人不投降，就叫它滅亡！」

憑經驗，我馬上意識到有人在攻打這座樓了。

接著我聽到近旁子彈的呼嘯聲和玻璃窗的破碎聲。擴音器在叫喚一個造反派組織的名字，警告他們趕快投降，不然的話，他們就要炸樓了。

京明衝了進來。一些端著槍、戴著籐帽的人跑進走廊對面面向大門的房間，其中有一個滿臉稚氣的少年，背的槍比他還高。他們什麼也沒說，就衝到窗戶邊用槍托砸碎玻璃，端起槍往外打。一個人看上去是這夥人的頭領，要我們趕快離開大樓，原來這是他們這一派的司令部，現在反對派攻來了。我們當然愈快逃離愈好。但現在從樓梯下去已經不可能了，樓梯面對大門，出去就挨打，怎麼辦？

我們瘋狂地把被單撕成條，結在一起，好像根繩子，一頭拴在窗框上，另一頭拋下樓。當我們手抓著被單兩腿亂蹬到地時，子彈颼颼打在四周的硬土上。我們弓著腰跑，跳過倒塌的圍牆，一路飛奔，奔得像快斷了氣，直到覺得安全後才停下來。此時天色和玉米地都開始泛白，我們前往附近一個公社的朋友處歇口氣，以決定下一步怎麼辦。路上，聽一些農民說那個招待所已被炸飛了。

在朋友處，有一個消息正等著我。我姊姊從成都發來電報，電報到時我們剛好離開南南的村子去縣城找李安辦。因為沒人知道我在哪裡，朋友便把它拆開，並逢人就告訴電報的內容，使得不管誰看見我都能把話帶到。

我就是這樣得知姥姥去世的。

23 書讀得越多越蠢

我當農民，也當赤腳醫生（一九六九年六月～一九七一）

我和京明坐在金沙江邊等渡船。我雙手托著頭，凝視著野馬般奔騰的江水翻滾著從我面前流過，急匆匆地要走完它漫長的旅程——從喜馬拉雅山到大海。它在下游三百哩處的宜賓城，與岷江會合，成為中國最長的江——長江。長江在下游舒展開來，蜿蜒平緩，把周圍大片的田園變成「魚米之鄉」。但是在上游的大山裡，它卻凶猛湍急，以致無法在江上架橋，只能靠渡船連接四川省和雲南省東部的交通。每到夏季，融化的雪水奔騰咆哮而下時，常會淹死人。就在幾天前，它還吞沒了一條渡船，上面有我三個同學。

黃昏降臨，我感到渾身難受。京明把自己的外套鋪在地上，使我不必直接坐在暮氣打濕的草上。我們的目的是渡江到雲南省去，設法搭便車返回成都。穿越西昌的公路已因造反派武鬥而中斷，我們只得繞路而行。南南和瀘已去我的生產隊替我去拿我和姊姊的戶口簿，還將把我們的行李運回成都。

十幾個健壯的男子划著渡船逆流而上，齊聲唱著號子。划到江心，他們停了下來，任江水把船順流而下沖到對岸。巨浪幾次劈頭蓋臉撲過來，船孤弱無援地顛簸起來，我緊緊抓住船舷。要是在平時，我準會嚇得要死，但現在我只有麻木的感覺，腦子裡全是姥姥去世的消息。

一輛孤伶伶的卡車停在雲南岸邊巧家鎮的籃球場上，司機樂意載我們一程。當卡車在凹凸不平的路面上下抖動行進時，我不停地苦思我當初該怎樣做就可以救了姥姥。我們經過了雲遮霧障的群山，在它們的懷抱裡有許多泥巴房屋，背後總是一叢叢芭蕉樹。看到那些頎長的芭蕉葉，我想起姥姥病房樓門口的那兩盆小小的、不結果實的觀賞芭蕉。當平來看我時，我總和他坐在這些芭蕉旁邊，交談到深夜。姥姥不喜歡他，見不得他玩世不恭的神態和目無尊長的樣子。有兩次，她蹣蹣跚跚走下樓來，生氣地把我叫上去。雖然當時我也恨自己讓她著急，但是卻無法控制自己，忍不住想見平。現在我只希望一切能重新開始！我再也不會做任何惹她生氣的事了，我會一心一意守護著她，使她恢復健康——可怎樣做她才能活下來呢？我一點兒也不知道。

我們經過了宜賓，道路曲折地環繞著城邊的翠屏山。看著山上優雅的紅杉翠竹，我又想起了四月份從宜賓回到支機石街的一樁事。我告訴姥姥，在春光明媚的一天，我去過翠屏山山邊為夏瑞堂掃墓。俊英孃孃還給了我一些紙錢，到墓前去燒，天曉得她是從哪裡搞來這些「封建東西」的。我在山上轉來轉去也找不到墳，墓地已被摧殘得七零八落。紅衛兵說土葬是封建風俗，夷平了墓地，砸爛了墓碑。我忘不了當我開始提起這次掃墓時，姥姥眼睛裡頓時燃起的激動火焰，忘不了那火焰陡然熄滅，因為我傻里傻氣地又加上一句沒找到墳。她的失望神色一直緊揪著我的心，一想起就恨自己為什麼不撒個謊。現在太遲了！

在路上折騰了一個星期之後，我和京明到了家，家裡只有姥姥的空床。我還記得她躺在上面的樣子，渾身繃緊，頭髮蓬鬆但仍整潔，緊閉著嘴，臉頰凹陷下去。她總是靜靜地忍受無比的痛苦，從不哭叫，也不翻滾，只有忍。因為她的堅忍，我當時竟沒有意識到她的病有多麼嚴重。

母親仍在拘留中。小黑和姊姊對我講述姥姥臨終前的情形時，我痛苦得聽不下去，只好叫他們不要講了，幾年後我才知道我走後發生的事。每天姥姥做一陣家事後就在床上躺一陣，緊閉著眼睛忍痛。她不斷喃喃自語，為我的長途跋涉擔憂，為弟弟們擔憂。不時她嘆著氣說：「這些孩子將來做什麼好呀？書也沒讀上！」

有一天，她終於爬不起來了，沒有醫生會來我家。我姊姊的男朋友「眼鏡」背她去醫院，姊姊走在一邊支撐著她。幾次這樣送醫院後，醫生叫他們不要再來了，說他們診斷不出她身體哪裡出了毛病，一點兒辦法也沒有。

就這樣，姥姥只得躺在床上等死。她的身子一點一點變得僵硬，嘴唇時不時地動著，顯然在說話，但是我姊姊和弟弟什麼也聽不見。他們不斷去母親的拘留地，請求准許讓她回家，但是每次都被拒絕了。

逐漸地，姥姥的整個身體似乎都已死去，只有她的眼睛仍然張開著，像是在期待什麼，她不肯閉上眼睛，因為她還沒見到心愛的女兒。終於我母親獲准能回家了，之後的兩天時間，她沒有離開姥姥的床邊。姥姥時時對她輕輕說話，告訴母親她是怎麼病的。

她說屬於姚女士造反派的那些鄰居在院子裡開會批鬥她。她在韓戰期間捐獻珠寶得來的收條在抄家時被造反派發現了。他們說她是一個「大剝削階級分子」，不然哪裡會有這麼多珠寶。姥姥說造反派令她站在一張小桌子上，地面高低不平，桌子搖搖晃晃，她頭暈。鄰居圍著她罵，那個指責小方強姦她女兒的女人用棍子敲桌腿。她沒辦法保持平衡，從桌上背朝下跌到水泥地上。她說從此以後身子就痛起來了。

實際上，院子裡並沒有開過批鬥會。但就是這樣的幻覺纏繞著她，直到她嚥了氣。母親回家第三天，姥姥去世了，兩天後，一火化完，母親馬上得回拘留地去。多年來，我常常夢見姥姥，從睡夢中哭醒過來。她充滿個性——生氣勃勃，多才多藝，非常能幹，但她從來沒有機會發揮她的才華。無論是生活在她父親那個野心勃勃的小城警員家裡，還是做軍閥姨太太；無論是做一個滿族大家庭的繼母，還是一對共產黨人的母親——在她的一生裡，幸福對她都是可望而不可即。就是跟夏醫生一起的日子也籠罩在夏家破裂的陰影下，忍受著貧窮、日本人的占領和內戰。她本來可以從照看外孫兒女中得到歡樂，但她又總在為我們操心。她的一生中大部分時間都在恐懼中度過，還多次面對死亡。她是個堅強的女人，挺過了一個又一個磨難。但是，最後她支持不住了。災難降臨到我父母身上，外孫兒女沒有著落，周圍充滿醜惡與敵意。所有這些合在一起，終於壓垮了她。對她來說，最無法忍受的還是女兒受罪，我母親挨的每一次鬥、每一次打，都痛在她心裡，她是被這種累積起來的痛苦所殺。

還有一個更直接的因素導致了她的死亡：她沒得到適當的治療，而且在她病入膏肓之際，甚至不准女兒來照料她。這都是文化大革命造成的。我問自己：這樣的革命有哪點稱得上好呢？平白無故給我們帶來這麼多苦難！我一遍又一遍地對自己說我恨文化大革命。但我又無能為力。

我也責備自己沒能照顧好姥姥。當她在醫院裡時，我認識了平和溫。他們的情誼好像是一堆軟軟的棉花把我包起來，使外界的悲慘和姥姥的痛苦對我的刺激不那麼強烈。現在我告訴自己，當時的任何歡樂是多麼不應該，特別是姥姥原來病已垂危！我決心不再交男朋友，我想只有這樣才能贖罪。

在以後的兩個月時間裡，我一直待在成都，和南南、姊姊一起忙於尋找個家在成都附近公社的「親戚」，以收容我們。我們必須在秋收結算分配糧食之前找到這個人，否則下一年我們就沒飯吃了——國家只供應我們一年，下一年一月就到期停止了。

平來看我，但我不理他，叫他不要再來了。他給我寫了許多信，我拆也不拆開就扔進火爐裡——這種方式我可能是從俄國小說裡學來的。溫從寧南回成都，帶來了我的戶口簿和行李，但我卻拒絕見他。有一次，我在街上遇見他，裝出不認識的樣子，我只看見他迷惘的一瞥，好像深深受到傷害。

溫回到了寧南。一九七〇年夏季的一天，他的村子附近發生森林火災。溫和一個朋友拿起掃帚就衝出去救火。風捲起一團火向他朋友迎面撲來，使這個年輕人的臉部留下一道道疤痕。此後不久，這兩個朋友離開了寧南，越過邊界進入緬甸，去參加緬共游擊隊，「支援世界革命」。這些年輕人對文化大革命的幻想破滅了，希望從「世界革命」中重新找到自己的青春理想。

到緬甸後不久，有一天，溫聽到警報聲。他第一個跳起來，拿槍向外衝。但是他沒有戰鬥經驗，剛到又不熟悉地形，一腳踏上自己人埋的地雷，頓時被炸得粉身碎骨。我對他最後的記憶就是他在成都一條泥濘的小巷口望著我的那雙困惑、受傷的眼睛。

*

一九六九年十月，由於那年早些時間在中蘇邊界上發生武裝衝突，全國緊急戰備疏散。各地革命委員會也利用這個機會加速驅逐他們不要的人。東城區的五百多名幹部被逐出成都，下放到西昌地區一個稱為「牛郎壩」的偏遠山鄉。我母親也在被趕之列，臨行前允許她回家十天安排子女、收拾行李。她把小黑和小方送去宜賓，雖然俊英孃孃半身已癱瘓，但是宜賓還有別的親戚可以照料他們。京明則被下放到成都東北方五十哩外的一個公社落戶。

南南、我姊姊和我終於找到了一個德陽縣的公社願意接納我們，此地離京明落戶的公社不太遠。我姊姊男朋友「眼鏡」的一位同事是這裡的人，他樂意把我們算作他的姪女。雖我們沒有證明證實親戚關係，但沒有人想查個究竟，只要我們是勞動力就行。這個地區的一些公社極缺人手。因為每個隊最多只能接納兩個人，我們被分配到了兩個生產隊，我和南南同屬一個生產隊，我姊姊獨自去了三哩外的另一個隊。這裡不通火車，需在鄉間田埂小路上步行約五小時才能到達火車站。

就這樣，我家天南海北，七口人分散在六個地方。小黑倒很高興離開成都，他正在讀中學，用的語文教材是一些老師和工宣隊員編的，裡面有課文指名道姓譴責我父親。小黑因此成了同學歧視、欺侮的對象。

一九六九年初夏，他的學校被派往成都郊區農村幫忙收割麥子。男孩和女孩分別在兩間大倉庫裡打地鋪。一到晚上，滿天繁星的蒼穹下，田埂小路上是一對對漫步的少年少女。愛情的蓓蕾萌發了，我十四歲的弟弟愛上了同組的一位姑娘，幾經躊躇後，他終於鼓足勇氣，利用在田裡割麥子的機會，很緊張地接近那個女孩，約她晚上出來散步。她低著頭，什麼也沒說，小黑以為她默許了。

那天夜晚，在迷人的月光下，小黑倚著乾草堆，帶著初戀的激動心情，焦急地等待意中人。突然一聲口哨，一群班上的男孩子跳了出來，把他圍在中央，像皮球似地推來攘去，用粗話罵他，然後把一件外衣蒙在他的頭上，拳打腳踢。小黑好不容易才逃脫，踉踉蹌蹌跑去敲一個老師住處的門，大聲喊救命。老師開了門，一掌把他推了出來，說他管不了，不許小黑再打攪他。

小黑不敢回住處，只好在乾草堆裡躲了一夜。這時他才明白是意中人叫來那些打手，她感到自己受了侮辱：一個「走資派」的兒子居然敢厚著臉皮向她求愛。

回成都後，小黑向他的兄弟夥求援。他們來到他的學校「走一轉」，耀武揚威一番，還牽著一隻大狼狗。他們把帶頭打小黑的那個學生從教室裡拖了出來。那人渾身發抖，臉色死灰。但在兄弟夥要動手「教訓」他時，小黑發了憐憫心，要他的舵爺饒了那人。

憐憫已成了一種陌生的觀念，被看作是愚蠢的表現，結果小黑受到變本加厲的欺負。他想再請他的兄弟夥幫忙，但是這些人對他說他們不會幫助一個心軟的「蝦子」。

到宜賓後，小黑對又要上學憂心忡忡，擔心再受氣。結果卻大出他的意料：他甚至可以說是受到了熱烈的歡迎。教師、管理學校的工宣隊和學生似乎都聽說過我父親，公開表示敬佩。小黑馬上被另眼相看，學校裡最漂亮的女孩子成了他的女朋友，甚至最霸道的男孩子都讓他三分。小黑看得出來，儘管人人都知道我父親現在倒了楣，知道「二挺」大權在握，但他在宜賓是個傳奇英雄人物。在「二挺」統治下的宜賓，民眾過著恐怖的生活，數以千計的人在武鬥或私刑拷打下身殘、死去。我家的一位朋友僥倖逃生：當他的孩子到停屍房為他收屍時，發現他還有一口氣。

宜賓老百姓嚮往過安定的生活，渴望有一個不濫用權力的共產黨幹部，於是懷舊的情緒全集中在我父親當專員的五〇年代初期。那是共產黨最得人心的時期——他們剛取代了國民黨，致力於建設，還沒有發動一個接一個的政治運動，也還沒有發生毛澤東人為的饑荒。在民間，我父親和過去的美好時光等同起來，成了與「二挺」成鮮明對比的好官。

由於父親的緣故，小黑在宜賓過得很愜意——雖然他從學校裡什麼也沒學到。新編教材除了《毛澤東選集》就是《人民日報》社論；而且誰也管不了學生。毛澤東還沒有收回他鄙視正規教育的「最高指示」。

教師和工宣隊想要小黑幫忙維持秩序，但在這裡甚至我父親的威望也無濟於事。小黑漸漸被一些男孩子稱為老師的「走狗」。有關他的流言蜚語傳播開來，說他在街燈柱下摟抱他的女友——這在當時可是一種「資產階級罪惡」。小黑失去了他的特殊地位，被責令寫檢討，還發誓要思想改造。那姑娘的母親到學校來大吵大鬧，要學校送她女兒去做檢查，證實女兒的貞操。在這幕鬧劇後，她帶著女兒退了學。

小黑在班上有個好友，一個人人喜歡的十七歲少年。他有個很敏感的痛點：他母親從未結過婚，但卻生了五個孩子，每人有不同的、不知名的父親。在一次政治運動浪潮中，這個少年的母親被戴上「壞分子」的帽子批鬥。男孩對有這樣的母親感到十分恥辱，他私下告訴小黑說他恨她。一天，學校頒發最佳游泳者獎（因為毛澤東喜歡游泳），學生一致推選了這個少年，可是審定會後卻沒有他。原來一個青年女教師反對說：「我們怎麼能選這種人，他媽媽是個『破鞋』呀！」

那位男孩一聽說，抓起一把菜刀就衝進這個教師的辦公室，要和她拚命。同學把他拉住了，那老師嚇得躲了起來。小黑看得出這件事使他的朋友受到很大的傷害：他第一次失聲痛哭。晚上，小黑和一些同學來陪他。第二天，他不見了，直到後來屍體被沖上金沙江岸。投江之前，他先緊緊捆住了自己的雙手。

文化大革命的對象不是中國文化中的封建東西。封建道德反而與現代專制相得益彰，封建道德的罪人現在變成了政治上的犧牲品。

*

德陽新公社是一片丘陵，小山上長著灌木叢和桉樹。大部分的農田都是良田，一年兩季收穫：一季小麥，一季水稻。也大量栽種蔬菜、油菜籽、番薯。來此地對我最大的解脫是不必爬山了可以正常呼吸，不必整天氣喘吁吁。我一點兒也不在乎在這裡老得走狹窄泥濘的田埂小路。我總是走得搖搖晃晃的，不時一屁股滑坐在地上。有時在摔倒前，我本能地一把去抓前面的人，結果總把南南一掌推倒在田裡。我也不在意另一種危險：走夜路可能會被狗咬傷，有些狗還有狂犬病。

剛到時，我們住在豬圈旁邊，晚上在豬的哼吱哼吱聲、蚊的哀訴聲和狗的叫聲組成的交響樂中睡著。房間裡總有股豬糞臭、蚊香味。不久，生產隊為我和南南蓋了一所小屋子，有兩個房間，在一塊過去取土造磚的泥地上。這塊地比一埂之隔的稻田還低，春季和夏天，當稻田灌上水後，或一場大雨之後，房間裡的泥巴地就變成沼澤。我和南南只得脫下鞋子，挽上褲腳，蹚著泥水在屋裡走來走去。幸好我們兩人合睡的雙人床床腳高，使我們可以在泥水的兩呎之上睡覺。上床前，我們把一盆清水放在一張板凳上洗腳。生活在這樣潮濕的環境中，我的骨頭、肌肉老是痠痛。

但是小屋子也不是沒有樂趣。水退下之後，床下和房間角落處會長出蘑菇來，我就想像自己生活在童話故事裡。一次，我不小心把一勺豌豆灑在地上，水退下後，一叢纖細的豆芽頂著瓣冒出來，陽光從木框的牆洞——我們的窗戶——照進來，豆瓣伸著腰張開，好像在陽光下剛剛醒過來。

小小山村的景色永遠對我充滿魔力。門外正對著村子的水塘，滿池的睡蓮和荷花。房前小道向左爬上一座約三百五十呎高的小山，太陽在山背後、在黑色的岩石群中落下。天黑之前，銀色的薄霧輕輕懸浮在山腳下的田野上。男人、女人和孩子在一天勞動後乘著暮色回家，他們挑著筐，扛著鋤，拿著鐮刀，看上去就像在雲中飄。他們的狗搖頭擺尾地跑出來接他們，在主人的周圍歡跳。炊煙從草屋頂上冉冉上升，木水桶碰著石頭井沿卡嗒卡嗒地響，人們在挑水點火做晚飯了。竹叢旁是高聲交談的人群，男人蹲著，一口口吸著細長的旱菸桿。女人既不吸菸也不蹲著閒談，因為傳統認為女人這樣有失體統，而革命的中國沒有人提出要改變這類風俗。

正是在德陽，我了解到中國農民是怎樣生活的。每天一早，隊長分配農活。所有農民都得幹活，每人每天掙一份固定的「工分」。工分積總和是決定年終分配的要素。農民從生產隊分得糧食、燃料和其他日常生活用品，外加一點現款。收穫後，生產隊向國家上交公糧，剩下的每人先分基本口糧。基本口糧每個男人都一樣，女人則比男人少四分之一；三歲以下的孩子分男人基本口糧的一半，三歲以上算成人。

分完基本口糧之後，剩下的收穫按每人掙得的工分分配。每年兩次農民聚集在一起，評定每人每天掙多少工分，沒人會錯過這種聚會。評來評去，大多數青年、中年男子最後都是一天十分，女人都是八分。村裡公認最強壯的一、兩個人則多一、兩分。以前的地主這種「階級敵人」和他們的家屬一般則比別人低兩分，儘管他們並不比別人做得少，還常常做最重的活。南南和我算是沒有經驗的「知識青年」，只評了四分——和十來歲的孩子一樣。他們說這只是「開始」，然而我的工分從來沒有提高過。

因為同樣性別的人與人之間工分相差甚少，工分總值實際上取決於這人出了多少天工，而不管這人怎麼工作，賣不賣力，成果如何。於是不但使勞動沒有效率，還成了村裡人彼此不滿的原因。沒有人想比掙相同工分的人多幹活，大家兩眼總盯著別人，生怕多做，被人占了便宜。女人忿忿不平，認為有時男人和她們做同樣的活，卻多掙兩分，爭吵不時發生。

我們經常在田裡磨磨蹭蹭待上十個小時，幹五個小時就能完成的活，我們不得不磨夠十個小時，因為這才算一個整天。我一到田裡就兩眼盯著太陽，一心指望它快點下山，度時如年地計算離收工哨還有多久。我很快就發現無聊與繁重的農活同樣令人筋疲力盡。

這裡就像寧南和四川大部分地區，完全沒有機械。作業情況和兩千年前差不多，只是有了點兒從政府那裡用糧食換來的化肥。除了水牛拉犁外，也沒有牲畜代勞。所有的東西，包括水、糞、柴、蔬菜、穀物、番薯等等，都得用肩挑。我對挑東西最感頭痛，只挑水做飯這一樁事就使我的右肩終日紅腫痠痛。一有喜歡上我的小伙子來玩，我就顯得可憐巴巴的，他們當然也就自告奮勇，把水缸給我裝滿。我還乘機把罐子、臉盆，甚至大碗統統拿出來讓他們裝。

過了一陣子，好心的生產隊長不再讓我挑東西，派我去和孩子、老人、孕婦一起幹「輕活」，可是這樣的活對我來說並不輕。舀大糞很快使我雙臂痠痛，更不用說看見肥大的蛆蟲在糞上蠕動時所挑起的噁心感。在一片白得耀眼的棉海中採棉花似乎充滿詩意，但是我很快就發覺並不是那麼愜意：無情的烈日，高達攝氏三十度的濕熱，更不用說東戳西捅的棉枝扎得我渾身是傷。

我寧願插秧，這被看作是重活，因為得整天彎著腰。一天下來，最能吃苦的人也在抱怨中伸不直腰。但是我喜歡在無法忍耐的炎熱中把雙腳浸在涼水裡，看著面前一排排纖細、翠綠的秧苗，踩著軟軟的稀泥。我只怕螞蟥。有一次，我感到小腿肚癢癢的，抬起腳來正要搔，只見一條肥胖、滑溜溜的東西一頭正扎在我的皮膚上，似乎拚命要鑽進去。我尖叫了一聲，旁邊的農家姑娘吃吃地笑了起來，覺得我大驚小怪。儘管如此，她還是蹚著水過來，衝著螞蟥上方我的腿部就是一巴掌，螞蟥撲通一聲掉進水裡。

在冬天，早飯前得幹兩小時的工。我和體弱的婦女爬上山坡去砍柴。山上光禿禿的，幾乎沒有樹木，甚至灌木叢也稀稀疏疏的。我們經常得走很遠的路才會有點斬獲。我們一手抓，一手用鐮刀割，多刺的灌木叢每天都在我的手心和手腕裡留下幾根刺。開始時我花很多時間想把它們挑出來，後來挑不勝挑，只好乾脆讓它們留在肉裡，發炎化膿後，自己鑽出來。

我們砍來的都是一些「毛毛柴」，意思是頂不了用，一下子就燒光了。有一次，我禁不住說：這些山怎麼連一點兒樹也沒有。和我一起的農婦告訴我，以前不是這樣，大躍進前，山上盡是松樹、桉樹和柏樹，它們已統統被砍倒塞進土高爐煉鋼去了。農婦說著這番話時，顯得無動於衷，好像這與她們每日為柴火拚命的悲劇毫不相干，好像生活本來就是如此，不是天災，就是人禍，無可奈何。我吃驚極了！在此之前，我一直認為大躍進是「輝煌的勝利」！這是我第一次親眼看到它的惡果。

我還發現了許多其他的事。農村經常召開「訴苦會」，讓農民訴說國民黨統治下的苦難，激發對毛澤東的愛戴，讓年輕人「受教育」。

農民講到一次大饑荒，說當時他們只有番薯葉吃，要不就在田埂上挖來挖去希望找到草根充饑，村裡死了好多人。我為他們的故事難過得流淚。在說完他們多麼仇恨國民黨和多麼熱愛毛主席後，農民提到饑荒發生在「公社那年」。突然我醒悟了。原來這次饑荒是在共產黨領導下！他們顯然是把兩個政權搞混了。我問道：「那段時間是不是發生了空前的自然災害？是不是自然災害引起了饑荒？」「才不是這麼回事！」他們異口同聲答道，「天氣好得不能再好了，田裡的穀子很多很多，但是那個人——」他們指著一個畏畏縮縮的四十來歲男子說：「他下令我們都得去煉鋼，結果是到手的莊稼好些爛在地裡了。他對我們說：『沒關係，我們已經進入共產主義天堂，再也不用擔心沒糧食吃了。』以前我們總是控制著吃，但是那陣子大家吃公社大食堂，敞開肚子吃，剩飯不吃，拿來餵豬。後來，食堂沒有糧了，倉庫裡糧食堆成山，他卻命令民兵把守倉庫，不准開倉，說糧食要運到北京、上海去，那兒有外國人。」

就這樣，一點一點地，大饑荒的真相顯現出來了。那個灰頭灰腦的人在大躍進時期是這個村子的生產隊隊長，他帶頭砸了農民的鍋灶、鐵鍋拿去煉鋼，不准農民在家開伙。他又浮誇收成，結果國家收購糧像天文數字，農民傾其所有也交不夠。村裡餓死了幾十個人。在大饑荒後，所有罪責都歸他，公社讓村民把他「選」下台，戴上「階級敵人」的帽子。

就像大多數「階級敵人」一樣，他沒有進監獄，而是由村民監督，這是毛澤東的一個法子：使老百姓總有個近在眼前的仇恨對象。一有政治運動，這個人就和其他「階級敵人」一起拉出來當靶子打。他分的是最重的農活，得的只是一天七工分，比同等勞力要少三分。我從來沒見過任何人和他交談，倒是看見過好幾次村裡的小孩朝他的兒子扔石頭。

農民感謝毛澤東懲辦了他。沒有人問他到底有沒有罪，沒有人懷疑細究，他應負多大的責任。一次，我找到機會單獨向他問起往事。他顯得受寵若驚，對我說：「我只是執行上級指示，我只是執行呀！……」隨後他又嘆息著說開了。「當然我不想扔了官，我不當，別人就會當，我和我的孩子怎麼辦？可能早就餓死了。生產隊長官不大，但起碼可以死在全村的最後。」

他的話和農民的故事深深震撼了我。第一次，我無意中發現了共產黨中國在文革之前的醜惡一面。事實和漂亮的官方說法相距太遠！正是在德陽的山野田間，我對共產黨政權的懷疑加深了。

我有時在想，毛澤東把城裡學生娃娃趕到鄉下去，讓他們接觸現實，睜開眼睛，他到底知不知道這會產生什麼後果呢？我又想，他也許十分有把握大多數人不可能根據支離破碎的訊息來推斷出合理的結論。確實如此，十八歲的我只有模模糊糊的懷疑，並不能理性地分析這個制度。不管我多麼恨文化大革命，懷疑毛澤東的念頭仍然沒有進入我的腦子裡。

德陽也像寧南一樣，很少有農民能閱讀報上最簡單的文章，能寫最起碼的信，許多人連自己的名字也不會寫。共產黨早期致力於掃盲的激情已被接連不斷的政治運動擠掉了。

這個村子有所公社補貼辦的小學，文革一開始，孩子們就把老師弄來鬥爭、遊村，頭上頂一個沉重的鐵鍋，臉用油煙塗得漆黑。有一次，他們差一點打裂了老師的頭骨。從此之後，不管怎麼勸，沒有人敢當老師了。

大多數農民也不關心學校教育。他們說：「上學有啥子用？你花錢讀書，一讀就是好幾年，最後還是個農民，靠出力吃飯。會讀書也多掙不了一口，為啥要浪費錢、浪費時間呢？不如早早掙點工分。」一旦生為農民，就得一輩子當農民，幾乎沒有別的前途，這個制度使得農民喪失了受教育的動機。學齡兒童待在家幫忙做家事，照看年幼的弟妹，十歲出頭就下田幹活了。女孩子呢，農民覺得上學更是徹頭徹尾的浪費，他們說：「出了嫁就是人家的人了，嫁出去的女兒，潑出去的水。」

當時，「夜校」被鼓吹成是文化大革命的豐碩成果，「把教育帶到鄉村」。有一天，我們生產隊宣布要辦夜校，並要我和南南當老師。我很高興，然而，上了頭一堂課後，我便看出這裡根本沒有教育可言。

千篇一律，一上課，生產隊長總要我和南南給大家讀《毛澤東選集》或《人民日報》社論。然後他開始講話了，一講就是一個鐘頭，都是報上最新的政治術語，毫不連貫地串在一起，不知所云。不時地，他也發些具體的指示，而且以毛澤東的名義：「毛主席教導我們：一天要吃兩頓稀的，一頓乾的。」「毛主席教導我們不要浪費番薯去餵豬。」如此等等。

經過一天田裡筋疲力盡的勞動後，農民一心只盼回家做自己的事，夜晚的時間對他們來說很寶貴。但是沒有人敢「逃學」，他們只是坐在這裡打瞌睡。漸漸地，夜校不了了之。這種「教育」不是讓人變聰明，而是變蠢，我對它的消失一點兒也不惋惜。

由於缺乏教育，農民的世界狹小得令人傷心。他們的談話集中在極瑣碎的日常生活小事上。一個農婦花了一上午時間抱怨她的小姑子用十把「毛毛柴」煮早飯，她說本來只要九把就夠了。另一個則喋喋不休地用幾個小時數落婆婆，說她在米飯裡放了太多的番薯（米比番薯寶貴得多）。我知道她們天地狹窄並不是她們的過錯，但仍覺得這類聊天令人難以忍受。

另一個百談不厭的話題是「性」。有一位來自德陽縣城、雙十年華的梅姑娘，落戶在鄰村隊上。風言風語說她與不少城市青年、農民都睡過覺。我在田裡勞動時不時聽到人們用粗話談論她。不久，傳來消息說她懷孕了，但把肚子勒得緊緊的。為了證明自己沒有懷「野種」，梅姑娘故意做所有孕婦不適宜做的活，像挑擔子等。後來在她村子裡的一條小溪邊上的灌木叢裡發現了一具死嬰，大家都說是她的，但沒有人知道是不是一生下來就是死的。她的生產隊長命令挖個坑把孩子埋了，就此了事，可是有關她的流言蜚語說得更起勁了。

梅姑娘的故事使我寒心，但還有別的事更可怕。我的鄰居有四個女孩，全是黑皮膚、圓眼睛的美人。不過村民覺得她們不美，說她們太黑了。在大多數中國農村，白皮膚是美的標準，「一白掩百醜」。當這家大女兒到了該出嫁的年齡時，她父親決定招個女婿上門。這樣他不僅能保住他女兒的工分，而且還能多個勞力。農村風俗是女人嫁進男人家，入贅對男人是一大羞恥。我的鄰居總算從貧窮山區找到了一個青年，這人拚命要擺脫山區，只有結婚一途可幫他了。新女婿於是在人前地位很低，成了岳父的出氣包。我經常聽見他岳父高聲罵他，時不時禁止女兒跟他同房。女兒不敢違抗，怕被說成不孝，又怕別人譏笑她太想和男人睡覺。女人要求享受性生活，甚至和自己的丈夫做愛都被認為是件可恥的事。一天早上，我被窗外的喧鬧聲驚醒，原來這個青年灌了好幾瓶酒精濃度很高的番薯酒，第二天一早，他的岳父使勁踢他的房門，要他下田幹活，等破門而入時，才發現女婿已死在床上了。

一天，我們生產隊做豌豆麵，借我的搪瓷臉盆裝水。那天，麵沒做成，變成一灘稀糊。圍在製麵大桶周圍焦急地等著分麵的人群變了臉色，當他們看見我走過來時，都大聲抱怨起來，恨恨地瞧著我。我感到很害怕。後來，一些女人告訴我，村民把製麵失敗歸罪到我頭上，說我必定是在來月經時用過臉盆，害得他們「倒了灶」。女人還說，因為我是城市來的，所以還算運氣。要是換上她們，家裡的男人一定把她們痛打一頓。

另一次，一群小伙子擔著番薯經過我們村子，在狹窄的路邊休息。他們的扁擔放在地上，擋住了路。我沒有留意，抬腳跨過了一根。忽地一聲，一個小伙子跳了起來，一把抓起扁擔，衝到我面前，兩眼冒火地瞪著我，就像要一扁擔打過來似的。從別的農民議論中，我才明白女人跨過男人的扁擔，男人肩上要長瘡。我只得又跨回來，以示「清毒」。我在農村全部時間裡，從來沒有看過掃除這類迷信的努力。人人習以為常，提也不提。

我們生產隊裡受過最高教育的人是從前的地主。由於宣傳的結果，我以為地主就是惡人。現在我才發現，我其實和這家地主最合得來，儘管一開始我有些侷促不安。他們和那些深深印在我腦海中的宣傳機器所鑄造的形象沒有任何相似之處。丈夫沒有一雙殘忍、貪婪的眼睛，妻子也不扭動屁股、甜言蜜語地勾引幹部。

有時，我們單獨在一起，他會開始訴苦。「張戎，」他有一次說，「我知道妳是個好人，妳看了這麼多書，知書識禮。妳來評評這個理，這事公道不公道！」他講起他怎麼會弄上一頂地主帽子。一九四八年，他在成都一家餐館當跑堂的，千辛萬苦攢下點錢。那時一些有遠見的地主已意識到共產黨就要到四川了，到了就會搞土改，所以他們賤價賣地。跑堂先生沒有政治眼光，買了些地，還滿心歡喜，以為占了便宜。他不僅很快就在土改中喪失了這些土地，而且還一下子成了「階級敵人」。說到這裡，他長嘆一聲：「一失足成千古恨啊！」

村民似乎對這家地主沒什麼仇恨，只是保持距離。但是，像所有「階級敵人」一樣，這家人總被分派沒人願意幹的活。他家的兩個兒子儘管是村子裡幹活最賣勁的人，卻比其他男人每天少掙一個工分。在我看來，他倆又聰明、又能幹，是遠近最溫文爾雅的人，看上去與眾不同。在村裡所有的年輕人中，我本能地跟他倆最接近。然而，儘管他們有種種美德，也沒有姑娘願意嫁給他們。他們的母親嘮嘮叨叨地告訴我，說她為少數幾個好不容易由媒婆引見來的姑娘不知花了多少錢買禮物，這些姑娘總是接下衣服和錢後就不來往了。換上別的農民，會把禮物要回來，但這位地主只好自認倒楣。當母親的常感嘆道，兒子們沒有希望結上一門好親事，又告訴我他們倒處之泰然，每次失望之餘，總盡力使她開心，說要放棄趕集來掙工分，把失去的禮物錢掙回來。

所有這些不幸都是以平淡的口氣敘述的，沒有多少戲劇情節，也不怎麼動感情。在這鄉野，甚至死亡消息也只像石頭投進了水池，濺起一陣浪花後，波紋很快散成了平靜的水面。

就在這沉靜的小村子裡，在無數個萬籟俱寂的深夜，我在那間潮濕的小屋子中看了很多書，想了很多事。剛到德陽時，京明給了我幾大箱子他在黑市上買來的書。那時他敢在家裡藏書了，因為被抄家的人和抄家的人都一塊兒被趕到米易縣幹校去了。每天我一下田幹活，心裡就巴望能早點收工回房看書。

我也貪婪地閱讀父親收藏的還沒有被燒掉的書，包括一套《魯迅全集》。魯迅是中國二、三〇年代最偉大的作家，他早在一九三六年就去世了，遠在共產黨掌權之前，所以他逃脫了毛澤東迫害的劫難，甚至變成了毛澤東所推崇的英雄。而魯迅最得意的門生胡風，卻被毛澤東親自點名為「反革命分子」，關押了幾十年。迫害胡風是一九五五年「肅反運動」的導火線，我母親就是在那次運動被隔離。

《魯迅全集》一直是父親最心愛的藏書，當我還是個孩子時，他便常常給我們讀魯迅的雜文。那時，即使父親解釋我也似懂非懂。而現在我完全被迷住了，我發現這些雜文筆鋒銳利，既可以用來刻畫國民黨，也可以用來諷刺共產黨。魯迅沒有意識形態，只有強烈的人道主義。他以懷疑的天才向所有被奉若神明的觀念挑戰。他是另一位用他自由的才智把我從教條主義的桎梏中解放出來的人。

我父親的馬克思主義經典文獻對我也不無幫助。我是挑著讀的，用手指跟著那些晦澀的詞句一字一字啃，心裡納悶：究竟十九世紀德國的論戰與毛的中國有什麼關係？但是有一個東西吸引了我，是我很少在中國見到的，那就是論證的邏輯，讀馬克思幫助我理性地分析問題。

第一次用新方法組織我的思維，使我不勝快樂！其他時間，我則讓思維滑到朦朧的意境裡，寫我的古體詩。在田裡勞動時，我也往往沉浸在詩的構思中，繁重的勞動變得可以忍受，甚至還有了樂趣。因為寫詩，我喜歡孤獨，不願和別人閒扯。

有一天，我整整忙了一個早上，用鐮刀砍甘蔗。一邊砍一邊吃靠近根部最甜的那段。甘蔗要送到公社糖廠去。我們得交出一定數量，但不管品質如何，所以我們總把最好的部分先自己吃了。大家回家吃午飯時，得留個人在田裡看守以防偷竊。我主動要求留下來，這樣我就有些自己獨處的時間。農民回來了，我再回家吃飯，於是又可以有更多的時間。

我仰面躺在甘蔗堆上，一頂草帽半遮著臉，透過草帽是一望無涯的深藍天空。一片葉子從甘蔗堆上伸出來，伸到我的頭上，看上去和天不成比例的大。我半閉上眼，感到沐浴在涼悠悠的綠中。

這片葉子使我想起多年前的一叢綠竹。也是這樣一個夏季中午，天氣也是這麼炎熱，父親坐在陰影裡垂釣，作了一首帶幾分惆悵的詞。如今和著他的格律，我寫著自己的詞。天地一切好像都不復存在，只有微風吹過甘蔗葉子發出沙沙聲。那一刻，生活也似乎變得很美好。

那時，我抓住每一個機會獨處，明顯地表現出不想和外界有任何關係，這必定使我看上去顯得清高。當時官方要我以農民為榜樣，我就偏偏看他們的缺點，不想努力去結交他們。這一切都使我在村子裡不大討人喜歡。

農民還不滿意我做事不賣力。勞動是他們整個生命，也是他們判斷其他人的主要標準。他們對哪個人勞動努不努力，看得一清二楚。他們看得出我討厭體力勞動，一有機會就躲到屋裡看自己的書。其實，我在寧南患上的腸胃病和皮疹一到達德陽就立即復發了，幾乎每天都拉肚子，腿也因搔破皮膚感染而流膿發炎。我時常虛弱頭暈，但是向農民訴苦也沒有用，他們的艱辛生活使他們認為所有死不了人的病痛都微不足道。

農民最不高興的事就是我經常不在村裡幹活。三分之二的時間我都在父母的幹校陪著他們或在宜賓照料俊英孃孃。每次一走就是好幾個月。我顯然沒有掙夠我基本口糧的工分，但我卻照樣在村裡分糧食。農民擺脫不了這種平均主義的分糧制度，也擺脫不了我，他們無法把我趕出生產隊。他們很自然怪罪於我，我也覺得對不起他們。但我也擺脫不了他們，我想走也走不了。

生產隊怨聲不斷，農民卻仍讓我來去自由，部分原因是我和他們保持了距離。我學會了最好的處世辦法是當一個略顯高傲的外人。一旦你變成了「群眾的一員」，馬上就會被別人干涉控制了。

這時，我姊姊小鴻在鄰村幹得不錯。雖然她和我一樣，也被跳蚤咬得渾身是傷，兩腿被糞毒感染得紅腫，還經常發燒，但是她仍然堅持賣力幹活，評上了一天八個工分——女人的最高級別。「眼鏡」經常從成都來看望她，幫她出工，讓她能休息一會兒。有時，他也和她一起做。村民喜笑顏開地說：「好划得來，我們收了一個女子，結果得了兩個勞力。」

南南、姊姊和我常在一週一次的逢場天去趕集。我喜愛喧喧嚷嚷的小巷，擠滿了背簍、扁擔，摩肩接踵，熱鬧非凡。農民會走上好幾個小時去賣一隻雞或十幾個雞蛋，要麼一捆竹子。絕大多數賺錢的營生，如種經濟作物、編竹筐、養豬賣錢等，都被禁止個體搞，說是資本主義。這樣，農民只有很少東西可以賣錢。沒有錢，他們不可能進城去，所以趕場幾乎是他們唯一的消遣。他們利用這個日子探望親戚、看朋友，男人一群群地蹲在泥濘的道路邊上一口口抽旱菸。

一九七〇年春季，我姊姊和「眼鏡」結婚了。在那種氣氛裡，他們沒有心思舉辦婚禮。他們只是一同到公社辦結婚證書，然後走回我姊姊的村子請村民吃喜糖、抽喜菸。農民都很興奮：糖、菸可是難得的款待。

對於農民來說，婚禮是一件大事。一旦得知結婚的消息，他們就紛紛湧進我姊姊的茅草屋，向新婚夫婦祝賀。他們也帶來禮物：一把乾麵、一斤大豆、幾個雞蛋，仔仔細細地包在紅草紙裡面，用草繩在上面紮成花結。這些禮物分量可不輕，是農民自己捨不得吃捨不得用省下的，我姊姊和「眼鏡」深受感動。當我和南南來看這對新人時，他們正在教村裡的孩子跳「忠字舞」，逗大家開心。

結婚沒能使我姊姊脫離農村，她不能回成都與「眼鏡」住在一起。當然，「眼鏡」如果願意放棄他的城市戶口，就很容易到農村和我姊姊住，我姊姊的農村戶口卻去不了成都。就像幾千萬中國夫婦一樣。他們兩地分居，一年享受十二天法定的探親假。幸運的是，「眼鏡」的工廠停了產，他有很多時間待在鄉下。

到德陽一年之後，我的生活發生了變化：我加入了醫生行列！我們生產隊隸屬的生產大隊有一個醫療站，醫治小傷小病。它的經費由大隊下屬的所有生產隊共同分擔，免費提供有限的醫療服務。站裡有兩個醫生，一個是青年人，有張文雅、聰明的面孔；他五〇年代從德陽縣衛生學校畢業，回到家鄉工作。另一個是中年人，留著山羊鬍子，最初從師學中醫，一九六四年，公社送他去讀了一個西醫速成班。

一九七一年初，公社下達命令要醫療站設一名「赤腳醫生」，這個新鮮名稱的意思是：醫生要和農民打成一片，像珍惜鞋子的農民一樣打赤腳。當時「赤腳醫生」被捧為文化大革命的新生事物。我們生產隊趕緊抓住這個機會來擺脫我。到了醫療站，我的口糧和其他收入就由大隊而不是生產隊供給了。

我一直想當醫生，家人的病，姥姥的死，都使我痛感醫生的重要。來德陽之前，我已向一個朋友學針灸，也讀了一本名叫《赤腳醫生手冊》的書。這是很少的幾本准許出版的書之一。

宣傳赤腳醫生是毛澤東的政治策略，他指責文化大革命以前的衛生部是「城市老爺衛生部」，說它不去照顧農民，只關心城裡人，特別是只關心共產黨幹部。他還譴責醫生不願意到農村去工作，尤其是不願意去偏遠的山區。但是毛澤東身為這個政權的頭號人物，並不為這種局面承擔責任，也不下令採取任何實際步驟來改善，例如多建醫院和培訓更多的合格醫生。在他的文化大革命中，醫療狀況變得更糟。毛的指責不為別的，只為挑起對文革前共產黨體系和醫生、護士這樣的知識分子的仇恨。

毛澤東像玩魔術似地為農民想出個「高招」，大量製造醫生——「赤腳醫生」。他說：「主要在實踐中學習提高。」又說：「書可以讀一點，但讀多了害人，的確害人。」一九六五年六月二十六日他還講了句名言，變成了衛生、教育領域的指導方針：「書讀得越多越蠢。」我於是沒有半點培訓就走馬上任當醫生了。

醫療站在一座小山頂上，離我的生產隊有一個小時路程。隔壁是大隊小賣店，賣火柴、食鹽和豆油，全憑票供應。醫療站的一間小屋子成了我的住處。

我的醫療職責不清不楚。迄今為止，我摸過的醫書只有那本《赤腳醫生手冊》，現在我一頭鑽了進去。這本書沒有什麼醫療理論，只是羅列症狀和處方。每天我和那兩個醫生都穿著日常服裝坐在診斷室裡，我的桌子在最前面。患病的農民一個個繞過我的桌子，去見後面兩個醫生，顯然對我這個十八歲的不時翻書的姑娘放心不下。我與其說被得罪了，毋寧說感到鬆了口氣。我要是病人，也不想看這種醫生；你給她講病狀，她翻書，再抄處方！有時我想：是否我們推崇赤腳醫生的新領導人——不包括毛主席，我仍然不敢懷疑他——會請我當他們的醫生呢？當然他們不要。赤腳醫生本來就是為「人民」服務，而不是為「當官的」服務。我很高興只當了一名護士：按處方單發藥、打針。我早就因治母親的子宮出血學會了打針。

人人都要找的醫生是那個讀過衛生學校的年輕人，他的中藥處方治好了許多人。他也勤勤懇懇，不是東村來西村去地看病，就是種草藥。另外那位有山羊鬍子的醫生，把我嚇壞了。他用同一根針給若干病人注射而不消毒，打青黴素還不做皮試——這很危險，中國的青黴素不純，會引起嚴重的過敏反應，甚至死亡。當我客氣地接管了他的消毒和皮試工作時，他笑了，沒有被我的干涉所得罪，又寬慰我說，從來沒有發生過醫療事故：「農民不像你們城裡人那麼嬌氣。」

我喜歡這兩個醫生，他們對我很好，對我的問題有問必答，不厭其煩。他們自然不把我看作一個潛在的對手。在農村，大家看重的是職業技能，而我顯然還沒入門。

我愛這山巔遠離村落的生活。每天早上，我早早起身，踱到山邊，迎接初升的太陽，背誦講解針灸的古詩。腳下，田野和農舍在雄雞的啼鳴中甦醒，一顆孤單單的太白星靜靜地閃著微光，天空每分鐘都變得更加明亮。我愛晨風中忍冬的芳香，愛天仙子大花瓣抖落一串串珍珠般的露水。小鳥在四處嘰嘰喳喳地歡叫，使我從吟誦中分心。我徘徊再三，才回去點燃爐灶做早飯。

靠一張人體解剖圖和針灸詩歌的幫助，我大致知道了身上哪個地方可以插根針進去，治什麼病。我急切切地盼望有病人給我治。也有一些同樣急切切的病人來找我——從成都下鄉到附近村子裡喜歡我的男孩子。他們常常走幾小時來讓我扎上幾針。一個小伙子捲起衣袖露出肘部的針灸穴位時，擺出勇敢的面孔說：「來扎吧！不然要男孩子當朋友幹什麼！」

我沒有愛上他們當中的任何人。姥姥去世後，我曾下決心不交男朋友，以全心全意照顧父母。現在這個決心正在減弱，但是我發現很難傾心於誰，而我從小受的教育使我不傾心就不會以身相許。在我周圍，城裡來的很多小伙子和女孩子過著相當隨便的生活，但是我卻孤獨地坐在一個可望而不可即的位子上。大家還傳說我會寫詩，這就使我顯得更加遙遠了。

所有的年輕男孩子都表現得像十全十美的騎士。有一個送了我一把三弦，還花了好幾天教我彈。獲准可唱的曲調都是歌頌毛澤東的，而且少得可憐。但是對我來說，沒什麼關係：我的演奏技能更加有限。

在那些溫暖的夜晚裡，我坐在芬芳撲鼻爬滿凌霄花的草藥園旁，彈我的三弦。一旦隔壁的小賣店關了門，我便孑然一身。夜色茫茫，只有柔和的月亮和遠處農舍透出來的眨著眼的燈火。螢火蟲一閃一閃地，好像是無數小隱形人舉著火燭追逐嬉戲。草藥園的花香使我沉醉，雖然我的音樂完全不能和高歌的青蛙與低吟的蟋蟀組成的鄉間合唱隊比美，但我從樂聲中尋得了慰藉。

24 容我朝暮謝過，以贖前譴

父母在幹校（一九六九～一九七二）

從成都出發乘三天卡車，到了西昌北部的牛郎壩。這裡南去的路分了岔，一條去西南面，通米易——我父親的幹校就在那裡；另一條往東南，通寧南。

著名的牛郎織女神話就發生在這兒。王母娘娘的小女兒織女（落在我家所住的支機石街的那塊隕石據說就是支撐她織機的石頭）從天庭下凡到這裡的邛海中洗澡，被一位放牛郎看見了，兩人很快墜入愛河，結了婚，生了一兒一女。王母娘娘認為織女下嫁凡人觸犯了「天條」，於是派天兵天將捉拿她回去。牛郎在後面緊追不捨，在他快要趕上時，王母娘娘從頭上拔出一支玉簪在他們兩人中間一劃，劃出了一條巨大的河流——銀河。銀河把牛郎織女永遠隔開，只在每年七月初七，普天下的喜鵲飛來搭橋，兩人才得以團聚一天。

在西昌格外晴朗的夜空中，銀河這億萬顆星組成的洪流顯得分外蒼莽浩瀚。明亮的織女星在銀河一岸，牛郎和兩個孩子的牛郎星座則在另外一岸。多少世紀以來，這個神話故事一直口口相傳，因為中國人的家庭老是被戰爭、土匪、貧窮及冷酷無情的政府所拆散。諷刺的是，我母親就是被送到這裡。

她是在一九六九年十一月到達這裡的。同行者是約五百名以前的東城區同事，既有走資派，也有造反派。他們從成都被匆匆攆走，到了沒有住處，只有幾間曾在這兒建築成都—昆明鐵路的工程兵留下的土屋。一些人搬進了這些土屋，另一些人則擠進當地農民的家。建築新居的材料只有泥土和茅草。泥土得從山上挖出，擔下來，混合著水做成泥磚。沒有機械，沒有電，沒有牲畜代工。牛郎壩高達海拔五千呎，一年沒有明顯的四季之分，一天卻有四季。早上七點，當我母親開始勞動時，氣溫在零度以下，中午驟升，熱旋風捲起小石子往人臉上打，身上熱得想剝層皮。晚上七點鐘收工時，溫度又往下跌。在這種惡劣的條件下，我母親和其他人每天得勞動十二個小時，只有中午短暫的吃頓飯才算休息一會兒。開始的那幾個月，吃的只有米和水煮白菜。

我母親的幹校是按照軍隊編制，由一些軍官管理，受成都市革命委員會直接控制。最初我母親被當作「階級敵人」，中午吃飯時不准坐下，得低著頭站在一旁「認罪」。宣傳媒體說這種懲罰方式可以提醒人們不忘階級鬥爭，休息時還得留出一份精力來仇恨。我母親向她的軍官連長抗議，說她總不能一天到晚幹活不歇口氣。這人是文革前東城區武裝部的軍官，和我母親關係甚好，他於是下令停止這種處罰。不過我母親仍被分配去做最笨重的活，也不像別人那樣有星期日可休息。結果她的子宮出血情況又惡化了，隨即還得了肝炎，又黃又腫，站起來都很困難。

幹校倒不乏醫生，東城區醫院的一部分醫務人員也下放到這裡。只有革命委員會成員最需要的醫生才准留在成都。為我母親治病的醫生告訴她，他和同事都非常感謝她，因為她在文革前的政治運動中保護了他們，否則他早在一九五七年就被劃成右派了。因為缺乏西藥，這個醫生就走很遠的路為她採集草藥，像車前草、半枝蓮、魚腥菜、仙鶴草等。

那位醫生還向幹校的當權者誇大她的肝炎傳染性，這一下他們怕了，把她搬到半哩外一處廢棄了的豬圈裡，讓她單獨住。一些好心的同事幫她把豬圈打掃乾淨，鋪上乾草，睡上去簡直就像豪華的床墊。折磨她的人不敢沾邊，醫生卻天天來看她，悄悄替她向當地農民訂了份羊奶，逐日送來；一位同情她的炊事員為她每天送飯，當四下無人時，她就會偷偷往菜裡打個雞蛋。幹校有肉吃了後，我母親每天都能吃到肉，而其他人只能每星期吃一回。她還有水果吃——梨子和桃子，是朋友在市場上買的。害肝炎對我母親來說真是「天賜良機」。

大約四十天後，她不無惋惜地恢復了健康，搬回幹校營地，此時大家都搬進新土屋了。牛郎壩的氣候很奇特，「雷在中間打，雨在團轉下」，也就是說盆地四周的丘陵下雨，盆地中央卻無雨，只乾打雷閃電。因為盆地裡土壤太乾，而且一打雷就危險，當地農民不在這裡種莊稼。但這卻是幹校唯一可以弄到的土地。他們種上抗旱玉米，從山凹低地擔水過來。由於大家都很想吃大米，於是提出幫農民收割稻子，以工換米。

農民答應了。當地風俗是女人不准擔水，男人不准插秧，而且插秧的婦女必須是生過兒女的，最好是兒子。農民相信多子的女人插的秧「結子多」，產量高。我母親成了這個風俗下的首選對象，她生了五個孩子，有三個是兒子，比大多數女同事都多。這下她可慘了！她得整天彎著腰在水田裡做十五個小時，子宮不時地出血。

晚上，她和其他人輪流守夜看守豬圈，防止狼來偷豬。茅草土屋背後是連綿大山，叫「二狼窩」，可是名副其實的狼窩。農民告訴他們：狼很精，偷偷鑽進豬圈後，對豬是又用舌頭舔，又用爪搔，特別是搔豬耳朵後面，使豬舒服得迷迷糊糊，不發一點聲音。然後狼輕輕咬住豬耳朵，牽牠走，邊走邊用尾巴輕輕拍打豬身，此時的豬還以為是情人在愛撫牠，會乖乖地跟著狼，把自己送入狼口。

農民還告訴城裡人，有時還會出現豹子。這些野獸都害怕火光。因而每到夜晚豬圈外都得點起篝火，有人守夜。就在這些火堆邊上，我母親度過了許多個不眠的夜晚，坐在火堆邊上望著流星閃著白光劃過繁星滿布的蒼穹，二狼窩山的黑色輪廓映在天邊，狼嚎聲時隱時現，時遠時近。

一天傍晚，她蹲在一個小池塘邊洗衣服。洗完直起腰來時，她看見對岸二十多碼外有一隻狼瞪著眼睛望著她。她頭髮一下子豎起來，但馬上，她記起了童年時大老李告訴她的故事，遇到狼時得退著慢慢走，不要露出驚慌失措的神色來，不要回身，不要跑。她照這樣倒退著一步步往營地走，面總朝著狼，狼也跟著她。翻過山坡她到了營地邊，狼站住了。這裡可以看見火光，聽見人聲。這時她才猛地轉過身飛快跑進一扇門裡。

在西昌的夜裡，篝火幾乎是唯一的光明。這裡沒有電，蠟燭是有，但貴得嚇人，煤油很少。不過有燈也沒有什麼東西可讀，不像我在德陽比較自由，可以看京明從黑市上買來的書。幹校控制得很嚴，能閱讀的只有《毛澤東選集》和《人民日報》。偶爾，幾哩外的駐軍兵營放映電影，卻總是毛夫人江青的樣板戲。

一天天、一月月過去了，繁重艱苦的勞動、單調枯燥的生活變得令人難以忍耐。每個人都想念家人和孩子，造反派也不例外。他們的怨聲可能更大，因為他們意識到過去自己賣命給政府是白費了，什麼也沒得到，更不用說再回去當官，革命委員會的缺已經占得滿滿的了。就這樣，在來到牛郎壩的幾個月後，消沉代替了大批判，造反派的沮喪有時還得靠我母親的說笑來驅散。她由此得了個綽號：「觀音大士」。

我母親常在夜裡，躺在稻草床墊上，回想自己孩子的童年。她發現自己想不起多少家庭生活。在我們長大成人的過程中，她是一位忙於工作、經常不在家的母親。現在我母親悔恨地想她的一片忠心似乎毫無意義，她以一種無法忍耐的心疼想念著孩子。

一九七〇年二月，我母親到牛郎壩已三個月了。在春節的十天前，她的連隊列隊在營地前面準備歡迎一位來幹校視察的「首長」。等了老半天，只見土路上遠遠走過來一個人，大家都盯著看，低聲議論，說這不可能是首長吧？他應該是乘小汽車來的，而且還應有隨行人員。來人也不像當地農民：那種用長長的黑毛圍巾包著頭的樣子太洋氣了。等再近一點兒看，才發現這是個年輕姑娘，背上背著一個大背簍。看著她一點點走近，我母親的心怦怦直跳，覺得來人像是我。她心想：「這要真是我的女兒該多好啊！」突然，周圍的人興奮地用手肘碰她說：「是妳女兒來了，夏德鴻，妳女兒來看妳了，是二鴻！」

這是我母親後來告訴我的，當時她的心情好像是隔了好長的世紀，突然見我自天而降。我是第一個兒女來幹校探親的，激起了大夥兒對我母親的羨慕和對我的親熱。上次六月從成都載我來西昌辦戶口的那輛卡車，這回又把我送到這裡。我背上的大背簍裡裝滿了香腸、雞蛋、糖果、蛋糕、掛麵、白糖和罐頭，全是我們五個孩子和「眼鏡」從我們的配給及生產隊分配的東西中節省下來的，為的是好好孝敬一下父母。背簍沉重得好像要把我壓垮。

有兩件事使我又吃驚又放心。第一，母親看上去很好。她後來告訴我她剛從肝炎中康復。第二，她四周已沒有敵意氣氛，不少人還叫她「觀音大士」，這簡直使我不敢想像，她還算是個「階級敵人」啊！

我母親用一塊深藍色的頭巾包著她的頭，在下巴打了個結。她的臉不再細嫩了，在酷熱的陽光和狂暴的風沙下變得十分粗糙，皮膚看上去像西昌當地的農民一樣，比她實際年齡三十八歲要蒼老十歲。當她撫摩我的臉時，我感到她的手像是塊龜裂的老樹皮。

我待了十天，在大年初一那天去我父親的幹校。那位送我到這裡的好心卡車司機將在我下車的那個地點來接我。母親的眼睛濕潤了，雖然父親離這裡不遠，但是卻不准她兩人互相探望。我把原封不動裝滿食品的背簍重新背在背上，母親堅持把所有的東西都帶給我父親。母親對我即將離去顯得很悲傷，不斷地說可惜她沒能給我吃上傳統的春節早餐——象徵闔家團聚的湯圓。但是我不能等，擔心會誤了車。

我和母親步行了半小時來到公路邊，坐在高高的茅草旁等候。周圍的山嶺像大海一樣起伏著，厚厚的茅草就是海中的波濤。太陽變得耀眼溫暖了。母親摟著我，整個身體似乎都在說她捨不得讓我走，擔心再也看不見我了。當時我們並不知道她的幹校和我的公社都有結束的一天，還以為這些地方就是我們的終老之地，有成百上千的可能性使我們將天人永隔。母親的悲哀感染了我，我想起姥姥，我去了一趟寧南回來就失去了她。

太陽愈爬愈高，仍然不見卡車的蹤影，遠處幹校的煙囪冒出的股股炊煙漸漸稀疏了。沒給我湯圓吃的遺憾情緒占據著母親的心，她一定要回去拿。

她離開後，卡車開來了。我往幹校方向望去，遠遠見她正朝我跑來，白金色的乾草在她藍頭巾四周飄，她手捧著一個彩色瓷碗，小心翼翼地跑著，看得出不想讓湯圓的湯灑出來。但距離還很遠，約莫二十分鐘才能到。我不能讓卡車司機等那麼長的時間，他已經幫了我很大的忙。我爬上卡車，回頭看見母親還在跑，只是那個碗好像不見了。

幾年之後，她告訴我當她看見我爬上卡車時，碗從手上落下來了。但是她依然跑著，想弄清真的是我上了車，雖然上卡車的不會是別人，在這灰黃的世界裡沒有一點人跡。她一連好幾天神志恍惚地走來轉去，心裡若有所失。

*

經過好幾個小時的顛簸後，我到了父親的幹校，它坐落在大山之間，過去曾是勞改農場，犯人在荒山野嶺中開拓出這片可耕之地，然後遷移到別的處女地去，把這裡讓給比他們處境好一點的被貶人士。幹校很大，容納了幾千名以前省級機關的幹部。

從公路上我得步行一、兩個小時才能到達父親的「連隊」。途中有座鐵索橋架在深河谷上，我一走上去就搖個不停，使我幾乎失去平衡。背簍很沉，我已筋疲力盡，但仍禁不住驚嘆群山的壯美。雖然此時只是初春，鮮豔的山花已在木棉樹旁，番木瓜叢下。終於走近父親的營地時，我看見幾隻五彩繽紛的野雞在梨、李、杏的花枝下大模大樣地漫步。幾星期後，樹上抖落下來的粉紅、潔白的花瓣將淹沒這些泥巴小路。

已有一年沒有看見父親了，看到他的第一眼使我翻腸倒肚地心酸。他挑著一擔磚一路小跑著進了院子，舊藍外套空蕩蕩地掛在身上，挽起來的褲腳露出一雙青筋凸起的腿。風吹日曬的臉上滿是皺紋，頭髮灰白斑斑。待他看見了我，一陣手忙腳亂地放下擔子，顯然是興奮得不知如何是好。我跑向他，由於按中國傳統父女不便擁抱，他用眼睛告訴我他是多麼高興。他的眼神裡都是愛和溫情。我也從中看見了磨難留下來的痕跡，他昔日的朝氣和活力變成了一種衰老的茫然，雖然其中猶帶有一絲不屈。他才四十幾歲啊！應是年富力強的時候。我的喉嚨哽住了，馬上又緊張地審視他的眼睛，擔心他的精神病是不是復發了。不過他看上去還好，我心裡一塊大石頭落了地。

他和省委宣傳部的另外七個人同住一間小屋子，牆上只有很小的一扇窗戶，門總得開著，以透氣透亮，甚至晚上有時也得開著門睡覺。屋子裡的人互不打招呼，根本沒有人理會我的到來。我馬上感到這裡的氣氛比起我母親的幹校要緊張得多。看得出來，這地方是在四川省革命委員會——也就是在「二挺」的直接控制下。院子裡的牆壁上貼滿了一層層大標語和大字報：「打倒×××！」「×××不投降就叫他滅亡！」大字報下靠著些用破的鋤頭、鏟、鍬。很快，我就發現父親在一天繁重體力勞動之後，還得在晚上挨批判鬥爭。既然只有一個法子可離開幹校，這就是回去為革命委員會工作，而要做到這一點又只有討「二挺」的歡心，於是一些造反派就競相比賽誰最狠。我父親成了當然的犧牲品。

他不准進廚房，因為身為一名「攻擊毛主席的現行反革命」，他是危險分子，可能在飯菜裡下毒。這種事有沒有人相信並不重要，關鍵是要凌辱他。我父親默默隱忍了種種折磨，只有一次按捺不住怒火。他剛到幹校時，造反派要他戴白袖章，上面寫著幾個黑字：「現行反革命分子」。他一把把袖章甩開，咬緊牙說：「來！來把我打死算了，我不戴！」造反派只得罷休，他們深知他說話算話，而上面又沒有下令要打死他。

「二挺」在幹校盡情地整治他們的敵人。有位官員曾於一九六二年參加過調查他兩人的專案組。這人在一九四九年以前從事共產黨地下工作，被國民黨抓進監獄受嚴刑拷打，摧毀了健康。在幹校他已病得很重，但還得去幹活，不能有一天休息。因為他做得慢，就強迫他晚上接著做。大字報說他「裝病偷懶」。我看見一張大字報是這樣開頭的：「同志們，你們可曾注意到這個面目猙獰的活死屍？……」在西昌無情的陽光下，他的皮膚曬乾了，大塊大塊褪皮。他也餓得不成人形：他的胃切除了三分之二，得少食多餐，但他無法多次進餐，所以總是挨餓。一天，他餓得受不了，就走進廚房找些泡菜水喝，結果被人說是他想下毒。他預感死之將至，於是寫了封信給幹校領導，說自己快死了，可不可以減少點重活，結果唯一的答覆是更狠毒的大字報浪潮。不久後的一天，他正在田裡施肥時，在灼熱的陽光下一頭栽倒了。他被送到幹校醫院，兩天後去世。臨終前沒有人在他的身邊，他的妻子已經自殺了。

在幹校被迫害的人不光是走資派，那些與國民黨有些微關聯的人、那些私仇的目標、妒恨的對象——連失了寵的造反派頭頭，都在挨整。有好幾十個人死了，不少人跳進那條切過叢山、奔騰咆哮的安寧河。夜靜更深時，河水在山谷中激起陣陣回聲，很遠之外都能聽見。幹校的人不寒而慄，都說這聲音聽上去就像是冤死的鬼魂在嗚咽。

每聽到一件自殺的事，我就多一分緊迫感，決心減輕父親精神和身體的壓力，要他感到自己被愛，生活中有值得為之生存的東西。批鬥他的會上——現在已變得非暴力了，因為幹校的人已沒有那麼大的勁頭了——我總坐在他能看見我的地方，使他感到有人陪伴而安心。會一結束，我們就一起去散步，我東拉西扯地說些閒話，讓他忘卻醜惡的批鬥會。我讓他坐下來給他按摩頭、脖子、肩膀，他則背誦古詩給我聽。白天我和他一起勞動，自然是幹那些最髒最累的活。有時我幫他挑擔子，擔子有一百多斤重，我盡量顯得若無其事，儘管在沉重的負荷下，我站都站不住。

我待了三個多月。幹校當局准許我在食堂裡吃飯，在一間有五個女人的屋子裡分給了我一張床。同室人自然不理我，非跟我說話不可時，也只是幾個字。大多數幹校的人見到我都露出「橫眉冷對」的敵意，我也報以如入無人之境的樣子。但是這裡也有好心人，或者說是有勇氣表現他們好心的人。

其中有個叫「永」，二十幾歲，有張善良細膩的臉，兩隻大耳朵。他是個大學畢業生，文革快開始時，分配到省委宣傳部工作。在幹校他是我父親所在「班」的班長。儘管他得服從命令，把最重的活分給我父親，但一有可能，他就悄悄減輕我父親的農活。有一次，我跟他簡短對話時，說我帶來的爐子沒有煤油燒，沒法為父親弄熟帶來的食物。

幾天後，永繃著張毫無表情的臉，做出閒蕩的樣子從我身邊走過，我感覺到有件金屬製品塞到我手上：是一個鐵絲做成的爐子，高八吋，直徑四吋，這是他自己做的，可以燒捲成小團的舊報紙。報紙現在可以燒掉了，毛澤東的像已從上面消失了。是毛澤東自己不要報上老登他的像，因為登人像的目的——「大樹特樹毛主席的絕對權威」——已經達到了，繼續登只會適得其反。我在這個燒廢紙的爐子上所燒的菜勝過幹校伙食千倍萬倍。當誘人的香氣從小鍋裡冒出來時，我注意到父親同室的七個人都不知不覺地吞嚥。我很遺憾不能給永一點，因為如果被同事聽到風聲，我們大家都要倒楣。

多虧有永先生和其他正直的人，我家姊弟才得以到幹校看望父親。也是永先生允許我父親在下雨時歇工，這成了他唯一的休息日，星期日別的人不幹活，但父親必須幹。下雨天雨一停，父親和我就到松林裡去採蘑菇，找野豆子。回到營地，我把這些收穫和一個鴨罐頭或別的肉煮在一起，跟他享受一餐美味佳餚。

晚飯後，我們常蹓躂到我最喜歡的「動物園」。這是十多個奇形怪狀的石頭，散開在草地上，像一群稀奇古怪的動物在曬太陽。石頭上有些凹坑，正好可把身體靠上去，我們就坐在石頭上凝視遠方。不遠處的斜坡下面是一排巨大的木棉樹，外面是安寧河，再往遠處就是無邊無際的山嶺了。木棉樹猩紅色的花樣子像玉蘭，但是大得多，直接從赤裸裸的、無葉的、筆直的枝椏上冒出來。我在幹校的那幾個月裡，眼看著這些碩大的花開放，大團大團的紅花浮在烏黑的枝條上。花謝了就結出拳頭大小的果實，爆開後吐出絲般的絨毛，隨著溫暖的山風滿山遍野地飄，就像在飄雪花。

一天，當我們正在「動物園」裡休息時，一個農民路過，嚇了我一跳。他像個侏儒，又怪模怪樣。父親告訴我這地方與世隔絕，近親結婚十分普遍。然後他嘆息著說：「這個山區裡邊要做的事太多了！我真想來這裡當個公社社長，或者生產大隊長，做些實際工作，做些有益的事，要麼就當個普通農民。我當官是當夠了。要是全家搬到這裡來，過農民的單純生活多好啊！」從他的眼睛裡，我看到了一個有能力、想幹事的人渴望有個發揮的地方。我也看出他有點像歷史上的士大夫，受迫害後對田園生活充滿幻想。我還能體諒到父親的另一層苦衷：因為一旦進了共產黨就出不去了，只能做做世外桃源的夢。

我去看了父親三次，每次都待上幾個月。我們幾個孩子輪流去，所以父親一直都有家人陪伴，享受家庭溫暖。他經常自豪地說：他是幹校人人羨慕的對象，別的人沒有一個總有孩子來陪伴，連來探望的人也少。文化大革命惡化了人與人的關係，使無數個家庭親情淡薄。

我家卻變得更親密了。小時候常挨父親打的小黑現在更愛父親了。他第一次去幹校時，當權者對父親總有孩子來陪很不舒服，於是不分給小黑住處。他只得和父親合睡一張單人床。為了讓父親睡好一點——睡眠對他的精神非常重要——小黑從來不讓自己熟睡，擔心會伸腿伸手碰醒了父親。

父親則自責過去對小黑太嚴厲。他常摸著小黑的頭，歉然地說：「簡直不可想像我過去那樣打你，對你委實太粗暴了。」他又說：「我這段時間想了很多往事，過去對你們太嚴厲了。文化大革命反而讓我變了個人。」

幹校的伙食老是水煮白菜。由於長期欠缺油水，大家一天到晚都覺得餓，每次吃肉都翹首以待，好像過節，甚至最狠的造反派也有了笑模樣。這時父親會把肉從自己碗裡夾出來，塞到孩子的碗裡，於是你讓我，我讓你，筷子和碗打起仗來。

父親常常反省自己的過去。他告訴我他怎麼沒邀請姥姥參加他的婚禮，又怎麼在她千里迢迢從東北到宜賓的一個月後就打發她走。我聽見他多次責備自己，說過去對他母親照料不周，又太死板，結果連母親喪事也是事後才知道。他搖著頭說：「唉！太遲了！」他還責備自己五〇年代對俊英孃孃的作法。當時他曾努力勸她放棄佛教信仰，守著要她這位素食者開齋吃葷。

俊英孃孃於一九七〇年夏天去世，她的癱瘓情況逐漸侵襲了全身，而始終沒有得到適當的治療。她死時鎮靜自若，就像她的一生。我們對父親封鎖消息，因為知道他對她的愛與尊敬有多深。

那年秋天，我弟弟小黑和小方在幹校陪父親。一天吃完晚飯後他們正在散步，八歲的小方脫口說出俊英孃孃去世的消息。父親臉色頓時變了，一動不動，像發傻似地站了很長時間，然後他轉向路旁，蹲下身去，雙手捧著頭，肩膀因抽泣而抖動。弟弟們從來沒見過父親哭，一下子都驚呆了，不知如何是好。

＊

一九七一年初，消息傳出：「二挺」遭到罷免。我父母，特別是父親，情況很快有了明顯的改善。他們星期日可以休息，幹的活也輕了些，有人和我父親說話了，儘管態度仍然很冷淡。說明形勢真的變了的證據是，一個新「學員」來了幹校──姚女士，那個過去折磨我父親最起勁的人，隨「二挺」垮台被攆了下來。隨後，我母親獲准探望父親兩個星期，這是他們幾年來第一次團聚，也是兩年來第一次見面。上一次是父親臨去幹校前跟我在成都大街上看了母親一眼。

但是我父母受的罪還沒有結束，文化大革命仍在繼續。「二挺」下台並不是因為他們幹了太多壞事，而是由於毛澤東懷疑他們與陳伯達關係密切。陳伯達是中央文革小組組長，現在毛澤東要整掉他了。這次運動製造了很多犧牲品，「二挺」的左右手陳沫自殺了，他曾幫忙我父親從監獄中釋放出來。

一九七一年夏季的一天，我母親發生嚴重的子宮出血，昏了過去，被抬進醫院。當權者不准我父親去看望她，雖然他倆都在西昌。母親病情穩定後，獲准回成都治療。在成都，子宮出血是止住了，但醫生發現她得了「硬皮病」，右耳後面的一塊皮膚變硬，並且開始收縮，右下顎變得比左邊小，右耳聽力逐漸消失，右邊的脖子變得僵直，右手右膀也感覺麻木，動作不靈活。皮膚病專家告訴她，皮膚硬化最後會擴散到內臟器官，那時她全身和內臟都會萎縮，在三、四年內死亡。他們說西醫沒有辦法治這種病，只有試試靠口服「可的松」，同時在脖子上注射「可的松」控制。

我當時正在父親的幹校，接到母親來信說她患病，父親馬上就去請假要回家去看她。永先生很同情他，但是幹校領導拒絕了。父親當著滿院的人痛哭失聲，他部裡的造反派都愣住了，在他們眼裡，他一向是個鐵人。第二天一早，他就趕到郵局，等了幾個小時，開了門，他發了一份三頁紙長的電報，開頭是：「聞君病重，輾轉不能成眠。待罪之身，不容榻前相伴。不知今生今世能否再見一面！我深知自己『不是個好丈夫』，萬望君勿撒手而去，容我朝暮謝過，以贖前譭。」

*

一九七一年十月二十五日，「眼鏡」來德陽看我，帶來一則爆炸性新聞：林彪死了！「眼鏡」聽了正式文件傳達，說是林彪想暗殺毛澤東，未遂後逃往蘇聯，飛機在蒙古境內墜毀。

我的村子聽公社傳達了這件事的官方說法。這個消息對農民沒有任何意義，他們連林彪是誰也不知道，但我卻欣喜若狂。那時我還不敢懷疑毛澤東，對文革我是恨林彪。我還把他和毛澤東的分裂當作是毛決心與文革決裂，要結束這場災難了。林彪之死重新激起我對毛澤東的忠誠，很多人和我一樣樂觀，因為當時有種種跡象表明文革正在扭轉。果真如此，緊接著林彪事件，走資派開始平反，離開幹校。

十一月中旬，我父親聽到林彪事件的文件傳達。馬上，一些造反派就對他面帶微笑了。會議上他們史無前例地讓他坐下，要他「揭發葉群」——林彪的夫人，她和我父親是四〇年代初延安時期的同事。我父親一聲不吭。

此時，儘管他的同事紛紛平反，準備回家，當權者卻對父親說：「你不要以為自己沒事了。」我父親對毛澤東的批評仍是不赦之罪。

父親的健康狀況一直在惡化，因為巨大的精神壓力，幾年的野蠻批鬥、毒打，再加上惡劣條件下的繁重體力勞動。五年時間裡，他一直靠服用大量鎮靜劑來控制自己。有時，他要服用二十倍於常人的劑量，如此必然毀壞了他的身體。他每時每刻都感到身上某處在劇痛著，後來開始咳血，氣喘心跳，一陣陣頭暈。他剛滿五十歲，看上去就像七十歲的人了。有的醫生板著臉，不耐煩地給他開藥，不給他好好檢查，也不聽他細說病症。去看一次病回來總要聽一些造反派的訓斥：「不要以為裝病就可以躲掉了！」

一九七一年冬天，京明在幹校陪父親。他很擔憂父親的身體，於是一直待到一九七二年春天。這時，他接到他落戶的生產隊的一封信，告訴他如果不立即歸隊，秋收結算就不給他分口糧。他離開的那天，父親送他去火車站，當時鐵路已從成都修到米易。去火車站的路很遠，一路上兩人沉默著。突然父親劇咳了起來，京明忙把他扶到路邊坐下，給他捶背。過了好半天，父親才緩過氣來。他抬起頭，長嘆口氣說：「唉！可能活不長了，人的一輩子好像一場夢啊！」京明從未聽他議論過生死，很吃驚，忙說些話安慰他。父親繼續說：「我問自己怕不怕死，我現在這個樣子哪點比死了好？苦海無邊，看不到個了結。有時我也很軟弱，站在安寧河邊心裡想往下一跳了事。但我又想，死不得，我這樣問題沒說清楚就死了，你們大家就沒有出頭的日子了……」他停頓了片刻，接著說：「我這些日子一直在想過去。我是學徒出身，童年很苦，眼看著社會有那麼多不公平，我參加共產黨，就是想建立一個公正的社會。結果這個社會有多公正呢？這麼多年來走南闖北，沒日沒夜地工作，從來沒有想過為自己、為家庭謀私利，到頭來還是落得這麼個下場，累及妻兒。老百姓說：落壞下場一定是做了虧心事，得了老天的報應。我想著我這輩子所做過的事，我是判過幾個人的死刑……」

父親向京明說起朝陽的惡霸和宜賓的土匪頭，然後說：「這些人血債累累，老天有眼也會要他們死呀！我想來想去也想不出我這輩子到底做錯過什麼，要受這種罪。」

沉默了好一會兒，他才又慢慢地說：「如果我就這樣不明不白地死了，你也就不要相信共產黨了。」

25 香風味

與《電工手冊》、《六次危機》為伴的新生活（一九七二～一九七三）

一九六九、一九七〇、一九七一年過去了，生活是死，是愛，是折磨，是喘息。在米易，旱季來，雨季去；雨季來，旱季去。牛郎壩上在風聲和狼嚎中，月亮圓了又缺，缺了又圓。在德陽的草藥園裡，草藥花一年年地開。我奔走於父母的幹校、俊英孃孃的病床和我的村子之間。我在稻田裡灑糞，對著蓮花作詩。

我母親是在成都家裡聽到林彪摔死的消息。她於一九七一年十一月平反，獲通知不必返回西昌勞動了。雖然她可領取全額工資，但沒有復職，她原先的職位已被別人占去。東城區委宣傳部現在有了六、七個部長——革命委員會剩餘的成員再加上新平反的、從幹校返回的幹部，生病也是沒給她工作的原因之一。但更重要的是我父親沒有像大多數走資派那樣平反「解放」。

大規模「解放」幹部是毛澤東批准的，這並不是因為他突然良心發現，而是因為隨著林彪的死和對林彪同夥的清洗，毛澤東喪失了掌握軍權的手。除林彪外，別的老帥都反對文革，毛不是清洗就是疏遠了他們，毛澤東沒有別的選擇，只好重新啟用老幹部幫他維持政權。

我父親依舊在米易，但是自一九六八年六月以來扣發的工資全部補發了。我們突然有了天文數字般的銀行存款。抄家時造反派拿走的東西也都退給了我們，唯一未還的是兩瓶人人愛喝的茅台酒。還有其他一些鼓舞人心的跡象：周恩來現在權力增加了，著手致力經濟建設。舊的管理體系大部分恢復了，強調生產和秩序，重新引進了如獎金這類物質獎勵，以刺激生產，農民可以搞點副業賺錢，科研恢復了。在六年的空白後，學校也開始正常上課，小方在十歲才開始讀小學。

伴隨著經濟復甦，工廠開始招新工人，為鼓勵大家好好幹活，工廠職工在農村落戶的子女有優先權招進工廠。雖然我父母不是工廠職工，但是一家以前屬東城區管轄，後來劃歸成都市二輕局的工廠樂意收我。就這樣，我在二十歲生日前幾個月，離開了德陽。我姊姊走不了，因為城市青年在下鄉後結了婚的，禁止被招工回城，即使他們的配偶是城市戶口也不行。

當工人是我唯一的出路，絕大多數大學還沒有招生，也沒有其他職業供選擇。當工人一天只工作八小時，不像農民得從黎明做到天黑。工人也不必挑重擔，我還可以住在家裡。最重要的是我變成了城市戶口，這意味著保證有糧食供應及其他配給。

工廠位於成都東郊，從家騎腳踏車到那裡要四十五分鐘。一半的路沿著錦江河岸騎，隨後穿行油菜、小麥地間的泥巴路，最後到了一個破舊大院，裡面是一堆磚頭和廢鐵——這就是我的工廠「手工機具廠」。它是個相當老的企業，一些機器是本世紀初的產品。五年的批判鬥爭、大標語、大字報和派系武鬥後，廠長和工程技術人員重新被起用，廠裡開始又生產機具。工人們歡迎我，一半是衝著我的父母：文化大革命的災難使人們懷念昔日的共產黨體系，那時至少廠裡沒有充滿恐怖的暴力。

我被分派到翻砂車間當學徒，一個人人叫她「韋孃」的女人是我的師傅。她童年貧苦，十幾歲時還沒有一條像樣的褲子穿，共產黨給她帶來了新生活，所以她很感激共產黨。她入了黨，在文革初期參加了忠於共產黨幹部的「保皇派」。毛澤東公開支持造反派後，她的組織被打垮了，她也落到被拷打折磨的地步。她的一位好朋友，也是同樣感謝共產黨的老工人，被手腳倒綁在一起，吊起來折磨致死。這種酷刑稱為「鴨子浮水」。韋孃含著眼淚向我講述她苦難的過去，說她的命運是和共產黨連在一起的，她恨林彪這樣的「反黨分子」。她待我像親生女兒，主要原因是我出身共產黨幹部家庭。我跟她在一起有點不自在，因為我愛黨的程度實在趕不上她。

車間裡有約三十名男、女翻砂工，把砂土夯實在鑄模箱裡。熾熱的、冒著氣泡的鐵水被絞車吊起往鑄模裡倒時，會濺起火花飛舞。絞車開起來吱吱嘎嘎地響，使我提心吊膽，生怕那滿鍋鐵水會一下子掉下來潑到下面幹活的人身上。

我的翻砂工作又髒又累，猛夯模子裡的砂土很快就使我手膀紅腫了。不過我的情緒很高昂，天真地以為文革快結束了。我一頭栽在工作裡，那股幹勁一定會使德陽縣的農民目瞪口呆。

雖然我很賣力，但是在一個月後聽說要調換工作時，我還是鬆了一口氣。我實在有點兒支撐不住一天打八小時的夯錘。廠裡出於對我父母的好意，提出幾個工作機會讓我選擇——車工、絞車工、電話接線員、木匠或電工。我想當木匠，卻又想當電工。當木匠能造出可愛的木頭玩意兒，滿有意思的，但我明白自己沒有一雙巧手。如果當電工，我就成了廠裡唯一的女電工。電工班還有個姑娘，但此刻她要調去做別的差事。她一直是大家讚美的對象，當她爬到高高的電線桿頂端時，過往的人都會停下來舉頭欣賞她，我跟她一見如故，她告訴我當電工最大的好處是不必在機床旁邊一站就是八個小時，只需坐在電工房裡等人召喚，這意味著我有機會在上班時間看書，我於是拿定了主意。

就和當赤腳醫生一樣，當電工也完全沒有正式訓練：這都是毛澤東藐視教育的結果。頭一個月，我觸了五次電。電工班的六位師傅耐心教我，但我連最基本的常識都沒有，甚至不知道什麼是保險絲。那位過去的女電工送給我一本《電工手冊》，我廢寢忘食地閱讀，看來看去還是把電流、電壓混在一起。最後，我覺得自己實在不可救藥，浪費其他電工的時間，於是決定不再學理論，他們怎麼做，我就跟著怎麼幹。我居然幹得不錯，逐漸能單獨做些零活了。

一天，一個工人來報告說有個配電盤出了毛病。我轉到板子後面去查線路，第一眼就認定是一顆螺絲鬆了。我的反應不是先去切斷電源，而是冒失地一手把試電筆螺絲刀捅了進去，想擰緊那顆螺絲釘。配電板背面是一團密如蛛網的電線，布滿了三百八十伏電壓的接頭。我把螺絲刀伸入這片「雷區」，小心翼翼地在間隙中推進。總算插上去了，但螺絲釘其實沒有鬆。此時我的手因緊張而輕抖著，我憋住氣把螺絲刀退出來，快抽回到邊上，正要鬆口大氣時，一陣強烈的電流，流經我的右手傳到我的腳，彈得我跳了起來，螺絲刀從手上打飛了出去。原來它碰上了一個帶電的接頭。我一屁股坐在地上，心想好險，要是螺絲刀在電網裡邊碰上了接頭，我恐怕就沒命了。我沒有把這件事告訴別的電工，因為我不想使他們不放心，每次修理都得陪我去。

我對電擊很快習以為常，也沒有人對這類事大驚小怪。一位老電工告訴我一九四九年前，當工廠還是私人老闆時，他是用手背去檢測電流的，共產黨上台後才給電工買了試電筆。

我們電工班有兩間屋子，電工們一有空就在外面房間玩撲克牌，我呢，在裡面房間看書。在毛澤東治下的中國，不和大家一起玩總會受到「脫離群眾」的指責。剛開始時，我對獨自躲在裡面房間看書憂心忡忡。別的電工一進來，我就趕緊把書放下，笨拙地試圖和他閒扯，結果是他們很少進來了。我看得出他們並不反對我的不合群，相反地，他們不想打擾我，我從此放了心。他們待我這麼好，我於是主動多做點工作。

電工班裡有位戴姓年輕人，他在文革前讀過中學，算是文化水準很高的人了。他寫得一手好字，還能彈好幾種樂器，我對他很有好感。每天早上，我總看見他斜倚在電工班門邊，等著向我打招呼。我呢，也不知不覺地老和他一起下車間幹活。早春的一天，我們完成一件修理工作後，靠在鑄造車間背後的稻草堆上，吃午飯，曬太陽，享受那年的第一個艷陽天。麻雀在我們頭上嘰嘰喳喳叫個不停，又飛到稻草裡找穀粒吃。稻草堆散發著一股陽光和泥土的芳香。就在那時，我發現戴和我一樣喜愛中國古體詩，我們當即作詩酬和。我喜出望外，因為我這一代人很少有人懂得並欣賞古詩詞。下午我們很晚才回去上班，但沒有人責備我們，別的電工只是望著我倆會意地微笑。

很快，戴和我在休息日也盼著回廠待在一塊兒。在工廠裡，我倆盡量找機會彼此接近，靠近時，我們中間好像有一股特別的電流，引我們要碰碰對方的手指，使我們既興奮又緊張。半句話、一個眼色，都會引起無數的東猜西想，不是煩惱就是甜蜜。

不久，我就聽到人家議論紛紛，說戴配不上我。這種說法一半是因我在廠裡受到另眼相看，這裡只有我是唯一的高幹子弟，許多工人沒接觸過別的這類人物，只聽傳聞說高幹子弟如何妄自尊大，嬌慣壞了，我卻完全不是這麼回事，使廠裡人又驚又喜。有人似乎覺得廠裡沒人配得上我。還有一個原因是戴的父親曾是國民黨軍官，又勞改過。工人們相信我的前途遠大，不該跟著倒楣。

戴的父親是偶然成了國民黨軍官的。一九三七年，他和兩個朋友長途跋涉去延安參加共產黨打日本。快到延安時，國民黨的路卡攔住了他們，勸說他們留下。兩個同行的朋友堅持要去延安，戴的父親則留下來當了國民黨人，心想反正是中國人的部隊，打日本就行。抗戰勝利後，國共內戰時，他和那兩位朋友成了對敵。一九四九年後他去勞改，而那兩位朋友成了共產黨軍隊裡的高級軍官。

就是因這偶然的機緣，戴成了「出身不好」的人。有人說他不知天高地厚糾纏我，甚至說他想往上爬。從他黯然的臉色和苦澀的笑裡，我看得出他深受刺傷，不過他什麼也沒對我說。從前我們用詩來暗示情感。現在，他連詩也不寫給我了。從前那股自信和熱情消失了，我們單獨在一起時，他表現得自卑而沮喪。在公開場合，他則笨拙地、有點討好地竭力向別人顯示他實際上並不喜歡我。我又傷心又生氣，氣他太窩囊，太沒有尊嚴。在特殊環境裡長大的我，沒有意識到在中國尊嚴是個奢侈品，社會底層的人得不到。我當時沒有理解到戴的內心矛盾，他不能公開向我示愛，因為他生怕毀了我。就這樣，我們倆逐漸疏遠了。

在我們相識的四個月時間裡，「愛」這個字誰也沒提過，我甚至在腦子裡壓住了這個念頭。那個年月的人們不可能放任自己的感情，因為家庭出身這個生死攸關的問題，總像個巨大的陰影，籠罩在每個人的心頭上。與戴這樣的「階級敵人」家庭結親，後果實在太可怕了，所以我在下意識裡自我約束，從來沒有和戴墜入愛河。

＊

這段時間，我母親停止使用可的松，改吃中藥治她的硬皮病。我們在農村集市上到處為她搜尋中醫開的各種古怪的藥，什麼龜板、蛇膽、蜈蚣、鱉甲。醫生建議在天氣轉暖後到北京去找第一流的專家治療子宮出血和硬皮病。為了補償她過去遭受的種種磨難，東城區領導要派人陪她，我母親就讓我陪她去。

我們在一九七二年四月北上，住在朋友家。現在大家可以互相聯絡而不會帶來危險了。母親在北京和天津看了幾位婦科醫生，他們診斷出她的子宮裡有個良性腫瘤，建議她切除子宮。手術前他們說只要她注意休息，保持情緒愉快，流血就能控制住。硬皮病專家說她的硬皮病可能控制在局部，如果真能如此，她就沒有生命危險了。我母親聽從了醫生的建議，在第二年切除了子宮。硬皮病後來也穩定在局部。

我們拜訪了我父母的許多朋友，他們都已平反了。一些人剛從監獄裡放出來。大家頻頻舉杯慶祝，淚水也不斷泉湧而出。每家都有親人因文革而死，一位老朋友的八十歲母親從家裡被趕出來，睡在樓梯口上，半夜滾下來摔死了。另一位朋友看見我時，忍不住流下眼淚，因為我像他的女兒，她和我年齡差不多。她和同學一道下放到氣候惡劣的西伯利亞邊界落戶，在那裡懷了孕，心裡害怕，就私下向一個產婆求助。那人把麝香拴在她的腰上，要她從牆上往下跳墮胎，結果她大出血去世。每家每戶都有悲劇，但是我們也談到希望，談到好一點的將來。

一天，我們去看望童先生，他是我父母的老朋友，此時剛釋放出獄。從東北到四川的「長征」途中，他是我母親的上司，後來當上了公安部一個局的局長。文革開始時，人家說他是蘇聯間諜，又說他主持了在毛澤東房間裡安錄音機，搞「竊聽」——這件事他是受命做的，因為當時毛澤東說的話「句句是真理，一句頂一萬句」，寶貴得無以復加，必須加以保存，而毛澤東說話的湖南口音太重，祕書們很難全懂，有時他們還不在場，所以得把毛的話錄下來。一九六七年初，童先生被捕，關在專關共產黨高層人物的秦城監獄。他在單身牢房裡戴著手銬腳鐐關了五年，腿變得像木棍般細，上身則腫大得像木桶。他的妻子兒女被逼著和他「畫清界限」，家裡的大部分東西，包括所有的衣物，都在抄家時被沒收。林彪垮台後，由周恩來批准，童先生從監獄裡放了出來，他的妻子也從東北邊界幹校被召回來與他團圓。釋放他的那天，妻子給他帶了些新衣服，他劈頭第一句話卻是：「妳不應該只給我帶物質東西，應該給我帶精神糧食（《毛澤東選集》）。」一套《毛澤東選集》是童先生五年單獨囚禁期間的唯一讀物。我那時住在他家，看見他每天召集全家學《毛選》，認真得使我覺得悲傷而不是可笑。

幾個月後，童先生被派往一個南方港口城市去執行公務。長期的監禁使他身體無法承擔繁重工作，他很快就心臟病發作了。政府派一架專機把他送往廣州大醫院，醫院裡的電梯沒開，他堅持自己走上四樓，因為他覺得被人抬上去不合共產黨員的道德。結果他死在手術台上，死前留下話，不讓家裡人去看他，因為：「他們不應該停下手上的工作。」

一九七二年五月，當我們還住在童先生家裡時，母親和我收到電報，說准許我父親離開幹校了。林彪垮台後，幹校醫生終於為我父親檢查了身體，結論是他的血壓高得可怕，還患有嚴重的心臟病、肝硬化及動脈硬化等疾病。醫生建議他到北京徹底檢查身體。

他乘火車到成都，然後飛來北京。因為到飛機場沒有公共汽車，非乘機人又不能坐民航的大汽車，我和母親只能在北京城內的民航大樓等他。父親顯得又黑又瘦又蒼老。這是他三年半來第一次走出米易的大山。最初幾天，他好像被這個大城市弄糊塗了，說「過街」是「過河」，「上車」是「上船」。在擠滿人的大街上他猶猶豫豫地走，顯得很迷惘。我是又笑又流淚，拉起他的手做他的嚮導。我們住在他在宜賓一塊工作過的老朋友家裡，這人在文革中也受了很多折磨。

除了這人和童先生外，我父親沒去看任何人——因為他還沒有平反。和我充滿樂觀的心情相反，他心事重重。為了使他高興，我纏著他和母親在攝氏三十八度的高溫下遊覽全城。有一次，我硬拉著他和我去爬長城，我們乘上一輛擠滿人的長途汽車，車裡汗臭熏天，塵土又嗆得人透不過氣來。我不停地東說西說，他呢，掛著抑鬱的微笑聽。突然，坐在我們面前的農婦抱著的一個小孩大哭起來，農婦一巴掌打下去。父親忽地從座位上跳了起來，朝她大喊：「妳怎麼這樣打孩子！」我連忙拉他的袖子要他坐下，車裡乘客都在看我們，因為公開干涉他人的這類事很不尋常。我嘆了口氣，想起父親從前怎麼打京明和小黑。他變多了！

在北京我也看到了做夢也不敢企望的新書。那年二月，尼克森總統訪問了中國，中國官方說他是「打著白旗來的」。美國人是頭號敵人的這種想法和我所受的一些別的灌輸一樣，早已從我頭腦裡消失了。我很高興尼克森訪華，因為隨著他的訪問，中國出現了一種新氣氛。在這種氣氛裡，一些外國書籍翻譯本出版了。這些書都是「內部發行」，但「內部」是什麼，沒有明確規定。結果是只要有一個人透過職務、身分得到一本書，他的朋友就都能看到。

我也看到幾本，有尼克森的《六次危機》（*Six Crisis*），當然經過一點刪節，特別是那段反共歷史；胡伯斯坦（David Halberstam）的《出類拔萃之輩》（*The Best And Brightest*）；夏伊勒（William L. Shirer）的《第三帝國興亡史》（*The Rise and Fall of The Third Reich*）；以及沃克（Herman Wouk）的《戰爭風雲》（*The Winds of War*）。這些書使我看到了外面世界的最新動態，使我喜不自勝。《出類拔萃之輩》對甘迺迪政府的描寫讓我對美國政府的鬆弛氣氛驚嘆不止。我想到自己的政府，如此之遙遠、可怕，什麼都保密。我對寫實作品的筆調大為折服，它們是多麼冷靜、超然！對照中國宣傳媒體的說教、譴責和斷言，甚至尼克森的《六次危機》也成了平和文風的典範。對《戰爭風雲》，與其說我是為其氣勢雄偉的時代描述而傾倒，不如說是被它偶然提到的西方婦女穿著多采多姿多選擇所吸引。我當時二十歲，只有幾件衣服，式樣跟大家一模一樣，不是藍的、灰的，就是白的。我閤上眼，在想像中撫摸那些我從來沒有見過、穿過的漂亮衣服。

這些新鮮空氣自然是林彪垮台後整個政治風氣的一部分，但尼克森的訪華也給鬆「緊箍咒」帶來了冠冕堂皇的理由。增加國外的資訊說是因為中國人不能顯得對美國一無所知而丟了面子。學習英語不再是大逆不道，而是革命事業的需要，為了「在全世界廣交朋友」。儘管尼克森沒有去成都，為了避免嚇壞了尊貴的外賓，文革初期被紅衛兵改成殺氣騰騰名字的街道和餐館，都恢復了舊名。「火藥味」改回「香風味」。

就是在這種氣氛裡，我在北京待了五個月。我一個人獨處時，總想到戴。我們沒有通信，我給他寫了詩，但都沒有寄出去。慢慢地，我對前途的嚮往戰勝了對舊情的眷念。特別是一則消息使所有別的想法都黯淡無光：自十四歲以來，我第一次看見了一個從不敢夢想的前途：上大學。在北京有很少數的學生已於前一兩年入學了，看來全國大學不久就要統統開學。周恩來強調了毛澤東的一條語錄，「大學還是要辦的」，以使重開大學合法化。我焦躁地等著回成都去準備功課考大學。

一九七二年九月，我回到工廠，看見了戴。我的悲傷心情已變淡了，他也顯得平靜，只是偶爾露出一絲憂鬱。我們再次成了好朋友，但不再談詩了。我埋頭學習，準備上大學，雖然不知道上大學要念什麼。這可由不得我，毛澤東說過「教育要革命」，內容之一是大學讀什麼專業由國家分配，而不是由個人興趣——個人興趣是個人主義，是資產階級的罪惡。我只得開始學習所有主要的課程：語文、數學、物理、化學、生物和英語。

毛澤東還指示大學生不得來自傳統管道——中學畢業生，而必須從工人、農民和士兵中選拔。這對我倒正合適，我是真資格的農民，而且現在又是工人。周恩來決定舉行入學考試，雖然他得把「考試」這個詞改成：了解考生「掌握基礎知識的狀況和分析問題、解決問題的能力」。這是根據毛澤東的另一條語錄，毛不喜歡考試。上大學的新程序是：首先由申請者的工作單位推薦，然後參加入學考試，最後招生單位權衡考試結果和申請人的「政治表現」來做決定。

近十個月時間，我把傍晚、週末及在工廠裡的大部分時間都花在細心啃教科書上。這些書是朋友們的，僥倖逃脫了紅衛兵焚書的大火。我還有好幾個教師，他們熱心樂意地放棄傍晚和假日休息時間幫我補習。高度發達的中華文化在文革中面臨滅絕的危險，使熱愛這個文化的人們都感到有一條紐帶把他們聯繫在一起。

一九七三年春天，鄧小平平了反，升為副總理，實際是代理患病的周恩來。我高興極了！這對我來說是一個明確無疑的信號：文革搞的那一套要改變了。大家普遍認為鄧小平是致力於經濟建設的人，是出色的治國人才。文革中毛澤東沒有把他整死，而是把他送到一家拖拉機廠保護起來，以在周恩來出意外時派上用場。不管毛澤東多麼瘋狂，他總是很實際，不會斷了後路。

我很高興鄧小平復出也是有個人原因。當我是孩子時，他的繼母鄧奶奶對我很好，他妹妹是我家在省委大院裡多年的鄰居。鄧阿姨和她丈夫因為是鄧小平的親戚而被批判鬥爭，省委裡那些在文革前討好奉承她的人，在文革中都極力避開她，有的在批鬥會上大罵她，但是我家像以往一樣對她。她呢，也是省委大院少有的幾個在我父親被迫害時，偷偷對我們表示佩服我父親的人。在那些日子裡，一個點頭，一絲微笑，都是罕見而寶貴的，我們兩個家庭發展出彼此信賴的感情。

一九七三年夏天，大學開始招生。我感覺到自己像是在等待生死判決。四川大學外文系的一個名額分配給成都市二輕局，而這個局管理了包括我的廠在內的二十三家工廠，每個廠推薦一名候選人去參加考試。我的廠裡幾百名工人中共有六個人申請，各車間舉手表決選舉，五個車間有四個選了我。

我所屬車間裡還有另一名申請人，她是我的朋友，十九歲。我們兩個人工人都喜歡，但他們只能在我們之中選一個。選人時，她的名字先念，我看見一排排工人在不安地耳語、對看，大家顯然不知該怎麼辦。我非常難過——選她的人愈多，選我的人就愈少。突然她站起身來，笑著說：「我想放棄申請，選張戎。我比她年輕兩歲，我明年再爭取。」工人們爆發出一陣放心的笑，都答應第二年再推薦她。果然，她於一九七四年進了大學。

我為她的好心和投票結果而深受感動，工人們好像都努力在幫我實現夢想。當然，我的家庭背景也不無作用。戴很想讀書，但沒有申請，他知道自己不可能成功。

我參加了語文、數學和英語考試。考試前一天晚上我緊張得無論如何也睡不著覺。一上午考完後，我回家吃午飯，姊姊在家等著我，輕柔地按摩我的頭部，使我迷迷糊糊休息了一陣。題目都很簡單，基本上沒有涉及我拚命塞進腦子裡的幾何、三角、物理和化學。我每門考得都很好，特別是英文口試，得了全市所有考生的最高分。

我正想鬆口氣，卻遭到當頭棒喝。七月二十日《人民日報》上出現一篇關於「一張白卷」的文章。有名考生叫張鐵生，是落戶錦州附近農村的青年，他答不出大學入學考試題目，只好交了一份白卷。他在卷上寫了一封信，罵考試是資本主義復辟。他的信被主管那個省的毛澤東姪兒兼助手毛遠新發現，弄到新聞媒體大力宣揚。毛夫人和她的同夥把強調學術水準斥責為「資產階級專政」。他們說：「就算整個國家都成了文盲又算什麼？重要的是文化大革命取得了最偉大的勝利！」

結果我參加的考試被宣布無效。大學入學這下子全由「政治表現」決定了。可是「政治表現」如何衡量呢？工廠推薦我的信是在電工班的「集體鑑定會」後寫出來的，戴起的草，我從前的女電工師傅潤的色。結果我簡直成了天上難找、地下難尋的十全十美模範。我一點也不懷疑別的那二十二名候選人也有同樣的推薦信，怎麼可能靠這樣的評語判出高低來呢？

官方宣傳也幫不了多少忙。一個廣為宣傳的「英雄」喊道：「你問我憑什麼上大學，我憑的是這個！」話音一落，他舉起手，露出老繭。但是我們大家的手上都有老繭，我們全部在工廠幹過，絕大多數人還在農村待過。

只有一條路；後門。

四川省招生委員會的大多數當權者都是我父親的老同事，現在平了反。他們佩服我父親的勇氣和正直，願意幫助他。我父親非常希望我能夠上大學，但他不願去找這些老同事。他說：「這對那些無權無勢的人太不公平了。要是辦事都得這樣，這國家有什麼希望呢？」我氣得和他爭執，說著說著就大哭起來。我必定看上去傷心透了，因為父親滿臉痛苦地說：「好吧！好吧！我去。」

我攙扶著他朝一哩外的一家醫院走去，一位招生委員會負責人正在這裡住院，檢查身體：幾乎所有文革被整的人都身心交瘁。父親拄著拐杖慢慢地走著，過去的生氣勃勃和敏捷已沒有半點影子。看著他拖著艱難的步子一點一點地往前走，不時停下來喘氣，顯然內心也像手腳一樣掙扎著，我真想說：「回去吧！」但是，我又太想上大學了。

進了醫院院子，我們坐在低矮的石頭橋沿上休息，父親看上去迴腸九轉。終於他說話了：「妳能原諒我嗎，女兒？我實在不能做這事……」頓時我覺得一陣憤怒，直想衝他大喊說，我也不想做這種事，但不這樣做就沒有希望。這不是我的錯，實在是沒有更公平的路好走啊！我想告訴他我是多麼想上大學，而且我有資格上：憑我的艱苦學習，憑我的考試成績，憑我是工人大家公平選出來的。但話衝到嘴邊又吞了下去，我明白父親知道這些，正是他從小鼓勵了我對知識的渴求。然而，他有他的原則，我愛他，只好接受他這個人。我也理解他的困境，一個講道德原則的人生活在一塊道德的沙漠裡。我壓下眼淚，簡單答了一聲：「當然。」我們沉默地拖著步子回了家。

幸運的是，母親是個在死胡同中也要衝出條路來的人。她去見招生委員會主任的妻子，請她向丈夫轉述我的情形。她還去見別的招生委員會負責人，向他們強調我的考試成績，她很清楚那些以前的走資派一聽這個就會動心，結果他們都支持我。一九七三年十月，我進了四川大學外語系。

26 外國人放個屁都是香的

在毛澤東治下學英語（一九七二～一九七四）

自一九七二年秋，從北京回來後，照顧五個孩子成了我母親的主要工作。我最小的弟弟小方那時已十歲了，需要每天輔導來補上他缺的課。其他孩子的未來也大部分要仰仗她。

由於社會半癱瘓了六年多，大量社會問題出現了，並且積壓了下來。最嚴重的問題之一是幾百萬年輕人被送去了農村，現在又都削尖了腦袋想返回城市。林彪垮台後，國家開始重建經濟，城裡需要勞動力，因此一部分人有可能回城。但是政府同時也得對回城人數嚴加限制，因為在中國，國家保證城裡人的食物、住房和工作，於是爭取有限的「回城證」的奮鬥達到了白熱化程度。

國家定了若干規定，使相當多的人不能參加競爭。已婚是排除一些人的一條規定，一旦結了婚，城裡哪個單位都不要你。正是如此，我姊姊不能向城裡申請工作或上大學，而進工廠上大學又是回成都的唯一合法管道。她非常難過，因為她想和丈夫生活在一起，當時他的工廠已經正常開工，使他不能待在德陽了，除非是官方的探親假時間，一年只有十二天。她只剩一條回成都的路，那就是弄一張得了某種嚴重疾病的醫院證明，許多和她情況類似的人都是這樣回成都的。為此我母親不得不去找一位醫生朋友，幫我姊姊搞到一張肝硬化的證明。她於一九七二年底回到成都。

現在要辦什麼事都得透過私人關係，走後門。每天都有人來找我母親，有老師、醫生、護士、演員和下層幹部，都來求她幫忙把自己的孩子弄回城。她常常是他們唯一的希望。儘管她沒有工作，但她總是熱心為他們東奔西跑。我父親是不可能幫忙別人的，他已經固守在自己的原則裡永遠也學不會「靈活」了。

即使透過正式管道，為了保證不會節外生枝，私人關係仍然非常重要。我弟弟京明於一九七二年三月離開他的村子。那時有兩個單位在他所在的公社招收新工人：一家是位於德陽縣的東方電機廠，另一處是成都市西城區，但未說明是哪個企業。京明想回成都，但我母親向西城區的朋友打聽，才知道是一家屠宰場。京明馬上撤回申請，進入德陽的電機廠。這是一家在一九六六年從上海遷來的大廠，當時毛澤東把工業疏散到四川大山裡，要防美、蘇襲擊。京明以工作勤奮和正直博得工人們的好感。一九七三年，他是廠裡兩百名申請者中選出來上大學的四個人之一，他輕鬆地通過了筆試。但是由於父親還沒有平反，我母親得設法使大學在做必不可少的「政審」時，不會被京明的家庭背景嚇跑，反而會得到這樣一個印象：即我父親就要恢復名譽了。她還得確保京明不會被別的有後台的候選者擠下來。就這樣，在一九七三年十月，當我進入四川大學時，京明獲准進入位於武漢的華中工學院學習鑄造，他的愛好是物理，但不管怎麼說，他已覺得如登九重天了。

就在京明和我準備功課考大學時，我的二弟小黑很傷心，進大學的基本資格是當過工人、農民或士兵，而他一樣經歷也沒有。政府仍不斷把城裡的年輕人大批送到鄉下去，除了下鄉，他唯一的出路就是參軍了。每個名額都有幾十個人報名，要進得去只好透過關係走後門。

我父親還沒有平反，我母親幾乎是克服了各種不可逾越的障礙而使小黑於一九七二年十一月參了軍，小黑被分到中國北部一所空軍航校。三個月基本訓練後，他成了一名無線電通信士。他每天只需工作五個小時，極為輕鬆，其餘時間都花在「政治學習」和種糧食上。

在學習會上，每個人都說自己參軍是為了「聽黨的召喚，保衛人民、保衛祖國」。但是大家都有個更實際的動機：城裡的年輕人想躲避下農村，來自農村的人想利用部隊做跳板跳進城市。從窮鄉僻壞來的農民呢？參軍意味著至少能填飽肚子。

七○年代，像參軍一樣，入黨變得與思想愈來愈少有關聯。每個人都在入黨申請書中說黨是「偉大、光榮、正確的」、「入黨意味著把生命奉獻給人類最偉大的事業——全世界無產階級的解放事業」。但對大多數人來說，真正原因是為了個人利益。不是黨員就當不了軍官，軍官退役後可自動轉為「國家幹部」，有固定的工資、相應的特權和權勢，更不用說拿城市戶口了。而一名士兵退伍後得回到他的村莊再做農民。每年快退伍時，總有人自殺、發精神病或意志消沉。

一天晚上，小黑正和一千多名士兵、軍官及軍官家屬一塊看露天電影。突然之間，響起了半自動步槍的砰砰聲，接著是猛烈的爆炸聲，觀眾紛紛尖叫著四散逃開。開槍的是一名即將復員回去當農民的士兵。他由於沒能入黨，因此沒當上軍官。他先開槍打死了他連隊的指導員，因為他認為是這人不讓他入黨，然後他朝人群亂開槍，還扔了一枚手榴彈。有五人被打死，都是軍官的妻兒，還有十多個人受了傷，後來他跑進一座樓裡，戰士把樓團團圍住，用擴音器向他喊話勸降。但當這個士兵向窗外開火時，他們立即中止喊話一溜煙四散了，這使眾多激動的圍觀者樂不可支。最後，調來一支特種部隊，經過一陣激烈交戰，他們衝進了被士兵占據的房間，卻發現這個士兵已經自殺了。

像他周圍的每一個人一樣，小黑想入黨。對他來說，這倒不是像那位農民士兵那樣，是生死攸關的事。他知道他在退役後不會下鄉，因為按規定是打哪裡來就回哪裡去，所以他自然可以在成都工作，無論他是不是黨員。但是如果他是黨員，工作就會分得好些。他也可以接觸到更多的資訊，這對他極為重要，因為那時的中國是一個知識的沙漠，除了簡單的宣傳外，很少東西可讀。

除了這些實際問題外，恐懼的心理也絕非沒有。對許多人而言，入黨有點像拿保險。有黨員資格就表示會少受點懷疑，這種相對的安全感教人放心。此外，在小黑所處的那種政治氣氛極端濃厚的環境裡，如果他不努力入黨，他的檔案中準會記上可疑的一筆：「他為什麼不想入黨呢？」申請入黨沒有被接納也會產生疑問：「為什麼他沒有被吸收呢？這其中一定有點什麼問題。」

小黑因為興趣閱讀了不少馬克思主義經典著作——部隊裡少有其他書，而他總得有什麼東西來滿足對知識的渴求。黨常說學習馬列主義是黨員的首要條件，所以小黑以為自己可以一舉兩得，既能滿足興趣，又能獲得實際的好處——入黨。可惜他的上司和同志並不欣賞他學馬列，反說他是在炫耀自己。他們大多數是半文盲，看不懂馬克思的那些大部頭書。小黑受到批評，說他驕傲，脫離群眾。

想入黨，他得另找路子。很快，他意識到最重要的事是取悅他的直屬上司。還有就是跟同志搞好關係。除了隨和、幹活賣力外，他得按最字面上的「為人民服務」辦事。

和大多數軍隊不同，中國軍隊不把討厭的雜活簡單地分派給下級，而是要人們主動去做。早晨六點三十分起床集合，那些想入黨的人得提前起床去做打水、掃地這樣的「光榮任務」。這些人人數之多，以至於大家爭來爭去。為了弄到一把掃帚，人們起得愈來愈早。一天早上，凌晨四點剛過，小黑就聽到有人在掃地了。

還有其他一些雜事，最要緊的是種糧食。基本糧食供給非常少，甚至對軍官也不例外，每個星期只能吃一回肉。因此每個連隊得自己種穀物和蔬菜，為自己養豬。在收穫時，連指導員常常會做如此的精神講話：「同志們，現在是黨考驗你們的時候了！我們必須在天黑前做完整塊地！當然，我們任務很重，但是我們革命戰士一人能頂十個人！黨員要起帶頭作用。爭取入黨的同志們，這是黨考驗你們的關鍵時刻！通過這場考驗的人可以在勞動結束時火線入黨！」

黨員確實要努力起「帶頭作用」，但是，渴求的申請者才真正得竭盡全力。有一次，小黑累得筋疲力竭，倒在田裡。當「火線」入黨的新黨員舉起右手宣誓「為光榮的共產主義事業奮鬥終身」時，小黑被送進醫院，住了好多天。

通往黨大門的最直接道路是養豬。連隊裡有幾十頭豬，是全體官兵的寶貝兒。大家都喜歡圍著豬圈轉悠，左看右看，品頭論足，眼巴巴地盼望這些可愛的動物快快長大。要是豬長得好，豬倌就成了全連隊的寵兒。這個位子有許多競爭者。

小黑成了一名全日制的豬倌。這是一項又髒又累的活，更別說心理上的壓力了。每天半夜，他和同事輪流起床餵豬吃額外的飼料。當母豬產仔時，他們又一夜接一夜地值班觀察，以防母豬壓死小豬。珍貴的黃豆經過精心挑選、洗淨、磨碎、過濾後，製成豆漿，滿懷感情地餵母豬來催奶。空軍的生活和小黑想像的真正相差十萬八千里。經過一年艱苦地養豬後，小黑終於被吸收入黨。像其他許多人一樣，他算是船到碼頭車到站，可以歇口氣了。

入黨後，每個人都嚮往當軍官，所有黨員的好處，軍官都可以加倍得到。要升為軍官得由上級決定，所以決不能讓他們不高興。一天，小黑被叫去見這個航校的政委。因為吉凶未卜，他惴惴不安。那位政委五十多歲，身材肥肥的，眼睛有幾分浮腫，說話聲音宏亮。當他點燃一根香菸，問小黑家庭背景、年齡、健康狀況時，他顯得特別親切溫和。他還問小黑是否有未婚妻，小黑回答說沒有。政委這麼關心他，小黑感到是個好兆頭。政委繼續稱讚他說：「你認真學習馬列主義、毛澤東思想，工作也很勤奮，群眾對你印象很好。當然你必須保持謙虛謹慎，謙虛使人進步……」諸如此類等等。到政委捻熄菸頭時，小黑猜想他的軍官委任狀已經是囊中之物了。

孰料政委點燃了第二根菸，開始講述一家棉紡織廠失火的事：一位女紡織工衝進火海搶救國家財產，被嚴重燒傷。她的四肢不得不切除，只有頭和軀體留了下來。儘管如此，政委強調說，她的臉沒有被毀容，更重要的是她還有生育能力。政委說報上正準備大力宣傳這位女英雄，黨想滿足她的希望，她說她想和一位空軍軍官結成革命伴侶。小黑年輕、英俊、未婚，又是軍官提拔對象……

小黑是同情這位姑娘的，但談到和她結婚則是另一回事了。不過他怎麼拒絕政委呢？他找不到理由。愛情？愛情不就是「階級感情」嗎？誰能比一位共產主義女英雄更應得到階級感情呢？說他不了解她，也不行。中國許多婚姻都是黨安排的。身為黨員，特別是一名想做軍官的黨員，小黑本應說的話是：「我完全服從黨的決定！」他痛悔自己先說了沒有未婚妻。政委繼續講他當軍官是不成問題的，與女英雄結合將是一段佳話，國家自然會派護士照顧她，也會讓他們生活得很好。可是小黑一心只想找一個得體的託詞來拒絕。

政委又點了一支菸，等著小黑作答。小黑仔細地措詞，問是不是組織已經決定了。他知道黨總是喜歡人們「自願」。如他所料，政委說不是，並說：這取決於小黑。小黑決定放手一搏：他「供認」自己雖沒有未婚妻，但他的母親已為他物色了一個女朋友。他心裡明白這位女朋友必須有懾服力，本人也應「條件很好」；於是他說女朋友是某大軍區司令員的女兒，現在一家軍區醫院工作，他們剛剛開始「談戀愛」。

政委馬上說他只是徵求意見，無意包辦小黑的婚姻。小黑沒有因拒絕而受到懲罰，之後不久他也升為軍官，負責一個地區無線電通訊分隊的工作。一個出身農家的年輕人主動要求和那位殘廢女英雄結了婚。

*

在此期間，毛夫人和她的同夥又在加緊活動，阻止國家恢復正常。在工業方面，他們的口號是：「停工停產也是革命。」他們開始干擾農業，說：「寧要長社會主義的草，不栽資本主義的苗。」吸收外國技術成了：「外國人放個屁都是香的。」在教育方面：我們「寧要一個沒文化的勞動者，而不要一個有文化的精神貴族」。他們又號召中、小學生對老師造反，一九七四年一月和一九六六年一樣，北京中、小學一些教室的窗戶、桌椅被砸得稀爛。毛夫人聲稱這是「和十八世紀英國工人破壞機器一樣的革命行動」。所有的這些煽動只有一個目的：給周恩來和鄧小平製造麻煩，在全國重新引起混亂。只有害人、搗亂，毛夫人和其他文革明星才有機會生存下來，搞建設他們是一竅不通。

周恩來和鄧小平竭力使國家開放，因此毛夫人又發動了對外國文化的攻擊。一九七四年初，她在報上大規模地譴責義大利導演安東尼奧尼（Michelangelo Antonioni）執導的一部有關中國的電影。儘管在中國誰也沒有看過這部電影，連名字也沒聽說過，更不用說安東尼奧尼這個人了。無端的譴責又在費城交響樂團訪華之後，延伸到貝多芬身上。

林彪垮台已有兩年時間了，我的情緒從希望轉為絕望和憤怒。唯一使我寬慰的是現在不像文革初期那樣瘋狂至高無上、為所欲為，現在有人不斷和瘋狂鬥。毛澤東讓周恩來繼續管理國家，但他又放任夫人咬周恩來，特別是發動了一場「批林批孔」新運動。這運動表面是譴責林彪，實際上矛頭是針對周恩來的。人們普遍認為周恩來是孔教大儒的典範。儘管他一直都十分忠於毛澤東，毛澤東仍不放過他，即使他身患癌症，生命垂危。

就是在這一段時期，我開始醒悟到毛澤東應該對文化大革命負責，但我依然沒有明確地在腦子裡譴責他，就是想也沒有想過。打破一個偶像實在是太困難了！但譴責毛澤東已是一紙之隔了。

教育成了毛夫人和她的同夥搞亂的前線，因為教育對經濟建設不產生直接影響，而且教學每走一步都等於是否定文革所提倡的愚昧。我入大學後，發現自己身居戰場。

我進入的四川大學曾是「八．二六」造反派的司令部，是「二挺」依靠的力量。學校的建築物上到處是七年文革留下的傷痕，完好的窗戶寥寥無幾。校園中央原先以優美的蓮花和金魚出名的池塘現在成了臭氣沖天的蚊蠅滋生地。學校大門內的法國梧桐林蔭道也不成蔭了。

我一進校門，一場反對「走後門」的政治運動就開始了。當然，沒有人挑明一個事實：正是因為文革當權者自己堵死了「前門」，人們才不得不走「後門」。我可以看出新的「工農兵學員」中有許多人是高幹子弟，其他人多多少少也有點門路，要麼自己就是小幹部，要麼和生產隊長或公社書記或工廠頭頭有關係，「後門」是唯一的門。我的同學對這場運動都不太積極。

每天下午和一些晚上，我們必須「學習」那些望而生厭的《人民日報》文章，不是批這個就是批那個，還得進行毫無意義的「討論」，眾口一詞重複報紙上的陳腔濫調。我們得住在校園裡，只有星期六晚上和星期日才能回家，而星期日晚上就得回校。

我和另外五個女孩合住一間寢室，三張上、下鋪的床對面而立。床之間是供我們學習用的一張桌子和六把椅子。剩下的一點空地放洗臉盆。窗戶下面是惡臭的污水溝。

英語是我的專攻科目，但幾乎沒有辦法學習。四周沒有母語是英語的人，或者說根本就沒有外國人。整個四川當時都不對外國人開放，偶然有一、兩個人進四川，也總是所謂的「中國的朋友」，但即使是跟他們說幾句話也會受到懷疑。收聽BBC或美國之音可能進監獄。外國出版物一概沒有，只有微不足道的毛主義者——英國共產黨黨報《工人》（*The Worker*），就連它，也被鎖在一個特殊的房間裡。我還記得自己第一次，也是最後一次獲准看此報紙時的激動心情。當我的雙眼落到頭版支持批林批孔運動的文章時，激動頓時煙消雲散，坐在那裡發呆。這時一位我喜歡的講師走了過來，帶著微笑對我說：「這張報紙可能只在中國看得到。」

我們的教材裡盡是一些荒謬的宣傳。學習的第一個英語句子是：「Long Live Chairman Mao!」（毛主席萬歲！）但沒有人敢從語法上分析這個句子。在中文中，表達祝願或希望的語法術語叫「虛擬語氣」。一九六六年，四川大學的一位講師因膽敢說「毛主席萬歲」是虛擬（即非現實）而遭毒打。有一篇課文講的是溺水身亡的青年英雄金訓華：他跳進洪水搶救電線桿，說是電線桿載著毛主席的聲音。

有一套文革前出版的好教材，裡面節錄了珍．奧斯汀、狄更斯和王爾德等大師的作品，還有歐美歷史的故事，我讀起來津津有味。但我得千方百計從系上講師們那裡一本本地借，叫京明從他的大學圖書館裡設法為我借到寄來，兩週到了期又寄回去讓他續借。生活很大一部分精力都花在找書，找到後又想方設法要多留幾天。

在讀這些書時，一旦有什麼人來了，我就一把用報紙把書蓋起來。一部分原因是因書的「資產階級」內容。更重要的是，我不能表現得太用功，也不能顯得超越別的同學太遠而引起他們的嫉妒。儘管英語是我們的主修科目，而且政府也出錢供我們學習——「工農兵上大學的優越性」之一——但是我們都不能讓人感到太熱中學習：這叫做「白專」。在那個邏輯混亂的年代，「專」，擅長自己的專業，就一定是「白」：反革命的顏色。

不幸的是我的英語比同學好，於是招來一些「學生幹部」的不滿意。大學裡的學生幹部是最基層的當權者，主持政治學習，檢查同學的「思想狀況」。我班上的學生幹部急於學好英語，無奈底子太差。我同情他們焦慮的心理，也理解他們對我的嫉妒。但毛澤東的「白專」概念使他們對自己的學習落後感到理直氣壯——他們覺得自己是「紅」——給他們的嫉妒穿上了漂亮的革命外衣，讓他們以政治口實發洩個人的壓抑心理。

不時地總有個學生幹部找我「談心」。我們班的黨負責人姓明，以前是個農民，參過軍，又當過生產隊長。他的學習能力很差，但是老愛一本正經地對我上政治課，大講一通文化大革命的最新形勢、「工農兵學員的光榮使命」以及「思想改造的必要性」。我不斷地被叫去「談心」是因為我有「缺點」，但明先生從來不直截了當地指明，他會讓批判的利劍懸在半空中，說：「群眾對妳有意見，妳知道是什麼嗎？——」然後觀察我的反應。他最後也會洩露出一點天機：今天是老生常談的「白專」，明天又說我沒有爭著去做像打掃廁所、洗同學衣服之類的「好人好事」。有一天，我被指責說我不願把大量時間花在輔導同學身上，還給我加上一個醜惡的動機，說是我不想讓他們趕上我。

有一條批評，明先生更說得嘴唇顫抖，顯然是深深發自內心：「群眾反映妳驕傲，脫離群眾。」

在當時的中國，要是你想自己單獨待一待又沒能掩飾這種願望，人們準會說你瞧不起他們。

學生幹部之上是政治輔導員，對英語他們是知之甚少或一竅不通。他們不喜歡我，我也不喜歡他們。我不時得向一個管我們年級的政治輔導員彙報思想，每次去之前，我都在校園裡徘徊好幾個小時才能鼓足勇氣去敲他的門。儘管我相信他不是壞人，但我怕他，更討厭他千篇一律的那些乏味、話裡帶話的旁敲側擊。像許多人一樣，他喜歡弄權，玩貓捉老鼠的遊戲。我得做出一副謙卑和誠懇的模樣，保證一些我不想答應也無意去做的事。

我開始懷念我在鄉下和工廠的歲月，那時相對來說，沒人管我。大學控制得緊多了，現在我落在那些文革受益者的人群之中。沒有文革，系裡很多人不可能在大學學府裡。

有一次，我們這一年級的一些學生接受了一項編輯英文縮寫字典的「任務」。系裡認為現有的一本是「反動的」。因為書中的資本主義的縮寫詞選多於「正確的」縮寫詞。「為什麼羅斯福有FDR這個縮寫詞，而毛主席卻沒有呢？」有些學生義憤填膺地問道。他們極其嚴肅地到處去找「革命的」縮寫詞，真正是「上窮碧落下黃泉」。但最終不得不放棄「歷史使命」，說英語國家還沒有搞我們的文化革命。

我難以忍受這個環境，我可以理解無知，但不能接受對它的頌揚，更不能心甘情願地由它統治。我們經常得離開大學去做和我們學習專業毫不相干的事。毛澤東說過我們得「學工、學農、學軍」。但我們究竟學什麼呢？他又照例不講清楚。我們先「學農」，進校一個月後，一九七三年十月，整個學校都打點行裝出發到成都郊區一個叫龍泉山的地方。這裡是副總理陳永貴一次訪問的犧牲品，陳以前是山西省山溝裡一個叫大寨的生產大隊的隊長。這個大隊成了毛澤東在農業上樹立的模範，說是因為它靠農民的「社會主義熱情」來生產。陳永貴副總理訪問龍泉山時，一時興起說：「嗯，原來你們這裡也有山，想想看你們能造出多少梯田來！」在他眼裡，成都肥沃的果園和他老家貧瘠的山崗一個樣。可悲的是，他的話具有法律效力，成群的大學生趕來炸毀為成都提供蘋果、李子、桃子、花卉的果園和花圃，接著從老遠肩挑手推運來石頭以建設水稻梯田。

凡是毛澤東號召的活動，我們都必須表現出莫大的熱情。許多同學的幹活方式好像是在大喊：「快看我幹！」我被認為「不積極」，一方面是我藏不住對這種活動的厭惡感，另一方面是因為無論我怎麼使勁也不出汗。那些愛汗流浹背的同學總是在每晚的總結會上大受表揚。

大學生只顧表現賣力，管它效果如何，大家胡亂塞進地下的炸藥經常不能爆炸。也幸虧沒有爆炸，因為根本沒有安全措施。我們造的圍梯田的石埂很快就倒塌了，兩個星期後，我們離開時，山已不成樣子，到處是炸藥眼，一灘灘固化的、不成形的水泥和一堆堆亂石沒有人過問。整個活動不過是一場表演、一齣鬧劇，一種毫無意義的手段來達到一個毫無意義的目的。

我討厭這些活動，厭惡當局利用我們的勞動、我們的整個存在來玩弄政治把戲。一九七四年末，當我和全校一起被送到一個軍營去「學軍」時，我已厭煩之至。軍營離成都有兩個小時的卡車路，其實這裡是個美麗的地方，四周有稻田、桃樹和修篁環繞。但是我們在這裡待的十七天對我來說漫長得就像一年。每天早上的長跑使我喘不過氣來，身上也因不斷臥倒，在假想的坦克火力下匍匐前進而傷痕累累，我們還得花好幾個小時用槍瞄準目標和扔木頭手榴彈。這些軍事活動都是政治任務，儘管我完全沒有這方面的能力，也非表現得滿臉熱血才可，還得在其中取得好成績。光是英文好，而軍事不好，那簡直是大逆不道，「白專」。具有諷刺意味的是，在軍隊本身，軍事技術又算業務不算政治，強調軍事就是「以軍事壓政治」，要倒楣。

我是少數幾個沒能把木頭手榴彈扔在危險範圍外的學生之一，我們因此沒資格參加投擲真傢伙的隆重場合。當我們幾個人可憐巴巴地坐在一個山頂上聽遠處的爆炸聲時，一個姑娘痛哭失聲。我也憂心忡忡，原因是這又證明了我「白」。

第二關是射擊。當我們朝射擊場行進時，我對自己說：這次可不能不及格，絕對必須通過。輪到我時，我趴倒在地上，透過一個準星瞄準目標，但是我看到的卻是一片漆黑：沒有目標、沒有地面，什麼也沒有。我抖得厲害，覺得全身軟綿綿的，一股勁兒向下癱。射擊命令聽上去是那麼輕微，好像是從遙遠的雲端裡飄來的。我扣動了扳機，但什麼也沒有聽見，什麼也沒有看見；報結果時，軍官教練迷惑了：我十顆子彈居然一顆也沒有打上靶板，更不用說擊中目標了。

我簡直不能相信這個結果，我的視力十全十美。我告訴軍官教練槍筒可能彎了，他覺得我有道理：因為這結果是差得太離譜了，不可能全是我的錯。我拿了另一支槍，得到第二次機會，自然引起那些也希望打兩次但沒有獲准的人不滿。我的第二次射擊稍有改善，十發子彈有兩發擊中了外圈。儘管如此，我的名次仍是全校倒數第一。看著貼在牆上如宣傳海報一樣的結果表時，我明白這下我被漂得更「白」了，我聽見一個學生幹部幸災樂禍地說：「哼！打兩回！多打一次對她有什麼用！要是她沒有階級感情，沒有階級仇恨，就是打一百次也救不了她。」

我每天心情壓抑，退縮進自己的天地，幾乎沒有注意到訓練我們的軍隊裡的士兵，只有一件偶然的事吸引了我對他們的注意。一天晚上，當一些女孩收回曬在繩子上的衣服時，她們發現內褲上有乾了的精液。

*

我在大學裡那些文革前因學術優秀在學校任職的教授、講師家裡找到安慰。好幾位教授在共產黨掌權前曾到過英國和美國，跟他們在一塊我感到輕鬆自在、有共同語言。儘管如此，他們仍很小心謹慎，由於多年的壓制，大多數知識分子都是這樣。我們避開危險的話題，那些到過西方的人很少談論他們在那兒的日子，雖然我很好奇，想問得要命，但是我管住自己，不希望給他們出難題。

出於同樣的原因，我從來不和我父母討論我的想法。我能指望他們說什麼呢——說危險的真實思想還是安全的謊言呢？還有一層，我不想讓他們因我的異端思想而擔憂。我想讓他們蒙在鼓裡，這樣，如果我出了什麼事，他們也可以誠實地說他們不知道。

能與之交談思想的人是我同一代的朋友。我們常竟夕談心。那時候除了說話以外也沒有別的事可做，特別是和男的朋友。和一個男人「出去」——在公開場合被人看見在一起——就等於要訂婚了。出去又能去哪兒呢？電影院只放那幾部毛夫人批准的片子。偶爾演一部稀罕的外國片子，多是阿爾巴尼亞的，大多數的門票又都落入那些有關係的人的口袋裡。瘋狂的人群擠在售票處，你扯我拉，像打仗似地要買那僅剩的幾張。賣黃牛票的從中得高利。

因此我們只得坐在家裡聊天。我們坐得規規矩矩，就像維多利亞時代的英國人。在那些年月裡，和男人交朋友是不尋常的事，一位女友一次對我說：「我從來不知道哪個女孩有妳這麼多男性朋友。女孩子通常只有女朋友。」她說得對。我認識的許多女孩都和第一個接近她們的男人結了婚。我自己的男朋友通常對我的表白是傷感的詩和克制的信，當然其中有一封是血書，來自我們大學足球隊的守門員。

我和朋友經常談到西方。在那時，我已得出結論，西方一定是個美妙的地方。可笑的是，第一個把這種思想灌輸到我腦子裡的正是毛澤東與他的政權。許多年來，我天性傾心的東西統統被斥責為西方的罪惡：漂亮的衣服、花、書、娛樂、有禮貌、溫文爾雅、自然無拘、憐憫、善良、自由、對殘酷和暴力的厭惡、愛而非「階級仇恨」、對人的生命的尊重、希望獨處、專業好……。有時我問自己：誰能不嚮往西方呢？

我非常好奇地想知道：不同於我的生活的西方生活是什麼樣子，我和朋友交換傳聞和從官方出版物中挖出的隻言片語。西方技術發達和高生活水準使我留下深刻的印象，但最使我感嘆的是他們沒有整人的政治運動，沒有無時不在的猜疑，人好像都有尊嚴，更有難以置信的自由。對我來說，西方自由的最終證明是那兒居然有那麼多人抨擊西方、讚揚中國。幾乎每隔一天，專門登載外國新聞的《參考消息》頭版就有一些對毛澤東和文革的頌揚。最初我對這些報導很生氣，但是很快地，從中我看到那些國家是多麼寬容：那裡的人們可以有不同意見，甚至是極端「錯誤」的意見！我心想這正是我想生活的社會！我開始認識到正是這種對反對派、抗議者的容忍，才使西方不斷進步。

我還是情不自禁被一些言論所激怒。一個西方人到中國來看一些大學教授的老朋友，回去後撰文說這些人高高興興地告訴他，他們是多麼喜歡被批判、下鄉勞動，是多麼樂意被改造。作者的結論是：毛澤東確實使中國人變成了「新人」，這些「新人」把西方人認為的悲痛看成快樂。我氣得說不出話來。難道他真的不知道沒有抱怨的時候，壓制正是登峰造極嗎？是什麼樣的高壓才使人們挨了打還要叫好？難道他真看不出這些教授已被搞到何等可悲的地步？這裡又該有多少恐懼？當時我沒意識到，西方人少見中國人那樣的違心的表演，不知道他們在被迫做戲。

我也不知道西方人不容易得到中國的資訊，得到的大部分又被誤解了，人們不了解毛澤東這樣的極權，相信了它的宣傳和高調。結果，我認定那些頌揚文革的西方人是不誠實的。朋友和我開玩笑說他們是被我們政府的「盛情款待」收買了。尼克森訪華後，當外國人獲准進入中國某些指定地區時，無論他們走到哪裡，那裡就馬上出現一塊中國人不得接近的禁地。最好的交通設施、商店、餐館、賓館和風景點都為外國人保留，掛上「僅供外賓」的牌子。中國人最喜愛的茅台酒，普通中國人完全買不到，外國人卻可以隨意喝。最好的食物都留給外國人享用。報紙上自豪地報導季辛吉說他訪問中國後，腰圍變粗了，因為享用了許多次十二道菜的宴會。而正是這段時間，在四川「天府之國」，我們的肉食供應是每月半磅，成都街上到處是從北方逃荒來的無家可歸的農民，靠討飯過日子。老百姓普遍對把外國人當王公貴族款待十分怨恨。朋友和我私下常說：「為什麼要罵國民黨掛『華人與狗不許入內』的牌子？——我們不是在做同樣的事嗎？」

在那些年月裡，我全身心地渴望外界資訊，千方百計、削尖了頭腦地找尋。懂英文給我很大便利。儘管大學圖書館在文革中被查抄，損失的多是中文書。英文藏書雖然被翻了個底朝天，但大部分保留了下來。

圖書管理員很高興有人來借閱這些書，特別是一個學生來借。他們非常熱心地幫我找。因為目錄系統亂七八糟，他們得從一堆堆的書中翻找出我想要的。正是透過這些善良的年輕男女的大力幫助，我才看了一些英文古典著作。奧爾科特（Louisa May Alcott）的《小婦人》（*Little Women*）是我讀的第一本英文小說。我發現閱讀像她及珍·奧斯汀和布朗特姊妹等女作家的作品比狄更斯等男作家的作品要容易得多，描述的人物也更能引起我的共鳴。我讀了一本歐美文學簡史，對希臘的民主傳統、文藝復興的人文主義、啟蒙運動的對任何事都問為什麼印象極深。當我在《格列佛遊記》（*Gulliver's Travels*）中讀到皇帝發布一道文告，命令他所有的臣民必須從小的一端打雞蛋、違者處以重罰時，我想斯維夫特（Jonathan Swift）到過中國吧？我覺得眼界大展，茅塞頓開的驚喜是難以描繪的。

一人待在圖書館對我來說是進了天堂。黃昏時分，走近它時，我的心總是激動地跳躍，期待著獨自和書本待在一起，任外部世界消失。當我急急忙忙跑上樓梯進入這幢中國古式建築時，長久埋藏在不通氣的房間裡的舊書味使我興奮得發抖，我會恨樓梯太長。

藉助於一些教授借給我的字典，我開始讀朗費羅（Henry Wadsworth Longfellow）、惠特曼（Walt Whitman）以及美國歷史，《獨立宣言》我從頭到尾背了下來。當我讀到「我們認為這些真理是不言而喻的，即所有人都生來平等」，人的「不可剝奪的權利」包括「自由與追求幸福的權利」時，我的心為淚水所鼓脹。這些觀念在中國是聞所未聞，為我打開了一個美妙無比的新天地。我隨時總帶著的筆記本上寫滿了這樣的段落，都是我含著眼淚一字字抄下來的。

一九七四年秋季的一天，一位朋友很神祕地遞給我一份《新聞週刊》（*Newsweek*），裡面有張毛澤東的照片，還有一張江青的。這個朋友不懂英語，她很想知道這篇文章說什麼。這是我接觸到的第一本外國雜誌。文章中有一句話像一道閃電照亮了我的腦子，這句話是：「江青是毛澤東的眼睛、耳朵和喉舌。」一直到此時，我從不讓自己思索江青的所作所為和她的丈夫有什麼關係。但是，現在毛澤東的名字清清楚楚地點出來了。我的腦海中，對他模模糊糊的懷疑一下子像調準焦距似的清晰。是毛澤東製造了這一切毀滅和災難啊！沒有他，江青和她的那些二流貨色連一天都維持不了。這是我第一次在腦子裡明明確確地肯定：毛澤東是個罪人。我是既興奮又覺得毛骨悚然！

27 如果這是天堂，地獄又是什麼樣子呢？

父親之死（一九七四～一九七六）

在這段時期，我父親和大多數以前的同事不同，沒有平反，也沒有復職。一九七二年秋，我們從北京回來後，父親一直住在支機石街的家裡，沒有事做。沒有平反是因為他指名道姓地批評了毛澤東。負責審查他的專案組同情他，想把一些他說過的反毛澤東的話算成是他在發精神病，但是遭到四川省革命委員會的強烈反對，他們想給他定大罪。許多我父親以前的同事同情他，也欽佩他的勇氣，但是他們也得為自己著想。另外，我父親不屬於任何共產黨內的宗派，沒有強有力的保護人可以說一句話為他洗清罪名，相反地，他有一些居要職的對頭。

一九六八年的一天，我母親從關押地短暫釋放出來，在路邊一家小吃店裡。忽然，她看見一個我父親過去的朋友和他的妻子也在那裡吃飯。五〇年代初在宜賓工作時，我母親和「挺夫人」是他們兩口子的媒人，文革中這兩口子投靠了「二挺」。這時，他們朝我母親點點頭，顯然不想和她多說話的樣子。我母親卻不管三七二十一，逕直走到他們的桌邊坐下，請求他們向「二挺」求情放過我父親。聽完我母親講述後，那男的搖了搖頭說：「事情沒這麼簡單……」隨即他把手指伸進茶裡，沾上水在桌上寫了個「左」字，然後意味深長地看了我母親一眼，和妻子一道站起來，一句話也沒再說就走了。左先生是我父親以前的同事，他是少數幾個在文革中完全沒有挨整的高幹之一，姚女士的造反派捧他，「二挺」是他的朋友。「二挺」、林彪倒台後，他居然安然無恙，繼續掌權。

父親始終不認罪。當專案組要把他反毛的話說成是精神病造成的時候，他無可奈何、痛苦萬分地認了。每日，他生活在強烈的精神壓力下，不知他們會給自己定什麼罪，更不知會如何「禍及妻兒」。他還憂國憂民，老百姓跟共產黨現在都不講什麼「原則」，腐敗開始蔓延。官員首先照顧自己的家庭和朋友，老師因為害怕挨打，給學生一律打高分，公共汽車售票員既不賣票也不查票，講究公德的人受到嘲笑。毛澤東的文化大革命毀掉了共產黨紀律和社會道德。

父親焦慮重重，憂心如焚。為了不再「亂說話」，累及家人，他只好依賴鎮靜劑來控制自己。當政治氣氛鬆弛時，他吃得少，運動風聲緊時他就多吃。精神病醫生每次開藥時都擔心地搖頭，說這種吃法非常危險，但是不吃又不行。一九七四年五月，他覺得自己快舊疾復發了，就要求進醫院。多虧他那些衛生部門官復原職的同事，他這次入院很順利。

我請假離校到醫院去陪他。那位上次為他治病的精神病專家蘇醫生這次又負責給他治療。在「二挺」統治時期，蘇醫生因誠實地診斷了我父親的病而吃了很多苦。造反派命令他說我父親是裝瘋，他拒絕了，因而在大小批鬥會上挨鬥、被毒打，也不讓他當醫生了。一九六八年的一天，我看見他時，他正在清掃垃圾箱，洗刷醫院的痰盂。那時他才三十多歲，頭髮就已經花白了。「二挺」倒台後，他平了反。這次他和其他醫生、護士對父親和我都非常友好。他們告訴我他們會細心照料我父親，要我不必陪伴。但我堅持，我想他最需要的是愛。我還擔憂他一旦摔倒，周圍沒人，後果就不堪設想了。他的血壓高得可怕，又發了好幾次輕度心肌梗塞，這使得他走起路來高一腳低一腳，就像隨時都會摔倒。醫生說，跌倒可能致命。於是我就搬進了男病房，和他同住在一九六七年夏天住過的房間。醫院裡每間病房可容納兩個病人，我父親獨占一間，我就睡在另外那張床上。

因為怕父親跌倒，我時刻都和他在一起。他上廁所時，我在外面等候。如果他待在廁所裡時間太長，我就會胡思亂想，以為他心臟病發作，在門外不顧害臊地大聲喊他，要他回答。每天我都陪他在後花園散步，這裡滿是精神病患者，穿著灰條紋的衣褲走來走去，瞪著呆滯的眼睛。他們的眼神使我既害怕又覺悲哀。

花園裡五彩繽紛，白蝴蝶在草坪上淡黃的蒲公英花尖拍翅，環繞的花壇邊長著柴荊和婆娑起舞的竹子，大紅石榴花從一叢夾竹桃後探出頭來。我一邊散步，一邊作詩。花園的一頭是一間大娛樂室。病人在裡面打牌、下棋，翻翻屈指可數的報紙和書籍。一位護士告訴我，文革初期這裡是病人學《毛澤東選集》的地方。毛澤東的姪兒毛遠新發現毛澤東的小紅書能代替藥物治好精神病。但這種學習並沒持久，這位護士說：「病人一開口，我們就嚇得要死，天曉得他會說些什麼？」

病人都不狂暴，治療削弱了他們生理、精神上的活力。即使如此，和他們待在一起也是件怕人的事，特別是在夜晚，當父親的藥物發生作用使他熟睡後，整座樓都悄然無聲時。和所有病房一樣，我們的病房也不能從裡邊上鎖。有好幾次我從夢中驚醒，看見一個陌生的病人站在我的床邊，撩起蚊帳，以精神病患者特有的直勾勾的眼神看著我。我冒出冷汗，拉上被子塞住嘴不讓自己喊出聲來，怕吵醒了父親——睡眠對他的康復太重要了。最後，病人像幽靈般拖著腳走開。

一個月後，父親回家了。但是他沒有復元，他的大腦神經受高壓的時間太長，政治氣氛仍然緊張使他完全談不上放鬆，他只得照舊不斷地服用鎮靜劑，精神病專家也毫無辦法。他的腦子和身體就這麼折磨壞了。

到後來，專案組終於起草了一份結論，上面說他「犯了嚴重的政治錯誤」——和「階級敵人」只有一步之遙。按共產黨的規矩，草稿給我父親看，接受就在上面簽字。他看完後，滿臉眼淚，但簽了字。

可是省革委會的當權者還是不滿意，他們要寫得更嚴重些，給他處罰。拖到一九七五年三月，一天，我姊夫「眼鏡」的工廠準備提拔他，派人到父親部裡進行必須的「政審」。一位過去姚女士造反派的成員接待了來訪者，告訴他們我父親「反對毛主席」，問題很嚴重，結果「眼鏡」的提拔告吹了。「眼鏡」並沒有對我父母提到過這樁事，擔心這會使他們不安，但是省委宣傳部的一位好心人到家來悄悄告訴了我母親。父親無意中聽到，他心痛欲裂，萬般無奈地向「眼鏡」道歉，怪自己誤了女婿的前程。他流著絕望的眼淚對母親說：「我究竟身犯何罪，讓女婿也受牽連？我到底要怎麼辦，才能救你們呢？」

以後四天，父親不管吃多少鎮靜劑也無法入睡。四月九日下午，他到院子裡對我母親說他想去睡一會兒，就獨自上樓了。母親在我家樓下那間小廚房裡做好了晚飯，沒叫他吃，想讓他多睡一會兒。等了半天，她心裡不安，上了樓，來到臥室，發現喚不醒他了。她馬上意識到父親心臟病發作，我家沒有電話，母親連奔帶跑，到了一條街外的省委門診部，輾轉找到主任冉先生。

冉是個很能幹的人。文革之前，他負責省委上層官員的保健工作，經常出入我家，殷勤備至地對全家的健康問長問短。文革開始我家倒了楣後，他也變了張臉，不屑答理我們了。在那些年月裡，像冉這樣的人，我見得多了，但總想不透他們何以要表現得如此卑劣。

母親找到冉先生時，他一副不耐煩的樣子，說做完手上的事就來。母親說心臟病不能等，但他只是瞟瞟她，意思是催我也沒用。一小時後，他才帶著一個護士大駕光臨，兩人都空著手，沒帶任何急救物品。護士見事情不妙，轉身回去拿，冉先生把我父親翻來翻去翻了幾個身。半小時又過去了，急救物品才到，可是我父親已經停止呼吸了。

那天晚上我在學校，照例地停了電，我在宿舍裡伏在燭光下看書。忽然來了一些省委宣傳部的人，沒有多加解釋，就驅車帶我回家。

我看見父親側躺在床上，面部表情異常平靜，好像是在沉睡。他看上去不再衰老，甚至比他實際年齡五十四歲還要年輕。我覺得肝腸寸斷，無法控制地痛哭起來。

以後幾天，我都在默默地流淚。我反覆想著父親的一生，想他白費了的忠誠、粉碎了的夢。他不該死，然而他的死似乎又不可避免。毛澤東的中國容不下他，因為他想做一個誠實正直的人。他終生為之奮鬥的理想欺騙了他，這欺騙使他無法繼續生存。

我母親要求追究冉先生的責任。如果不是他瀆職，我父親可能不會死。她的要求被看作是「寡婦的感情用事」而不加理會。她也決定不在此事上糾纏，她得集中精力打更重要的一仗：為我父親爭取到一個好一點的悼詞。

追悼會上的悼詞非常重要，人人都會把它理解為共產黨對我父親的評價。這份文件還會放進他的檔案，在他死後繼續決定孩子們的前程。悼詞有固定的規格，對已平反的幹部有標準的評價，任何跟標準評價不同的語句都會被理解為黨對死者有保留，或者是在譴責他。悼詞起草出來了，拿給我母親過目，上面滿是暗示性的指責。我母親清楚有了這樣的悼詞，我們家最好的結果也是永無出頭之日，壞起來我們將一代一代地永遠受歧視和打擊。於是她拒絕了一份份悼詞草稿。

雖然她勢單力薄，但她也很清楚有很多人同情父親。死亡對中國家庭來說，可能是唯一的機會，可爭取到非此得不到的東西。於是父親去世後臥床不起的母親在病床上毫不放鬆地「戰鬥」，她威脅說如果得不到一份像樣的悼詞，就要在追悼會上當眾控訴當局。她把我父親的朋友、同事請到病床邊，告訴他們孩子們的命運都託付給他們了，這些人答應為我父親說話。最後，當局軟了下來，悼詞改成了大致無害的評語。

追悼大會定於四月二十一日召開。按規矩，由我父親以前的同事組成「治喪小組」，小組裡包括像左先生這樣曾幫著迫害他的人。一切細節都有規定。參加大會約有五百人，大都是省級機關幾十個部、局的幹部，甚至有可憎的姚女士。每個部、局都要送一個紙花圈，尺寸按規格。我們家也情願追悼會官辦，因為對像我父親這樣的幹部來說，私人葬禮聞所未聞，不官辦會被看作是共產黨唾棄死者。大多數與會的人我都不認識，不過有我的朋友，像小胖子、南南和廠裡的電工。川大的同學也來了，學生幹部明先生自然也不例外。姥姥去世後，我拒絕見的老朋友平也來了，我們的友誼馬上恢復，好像沒有六年的間隔。

追悼會有一項是「死者家屬代表講話」，母親要我講。我回顧了父親的人格、道德原則，對共產黨的忠誠，以及對人民的奉獻。我希望他去世的悲劇能引起與會者的深思。

結束時，所有人都排成隊從我們面前經過，和我們握手。我看見許多從前的造反派臉上掛著眼淚，甚至姚女士也是一副悲哀相，這種人在各種場合好像總有相應的面具。有些造反派喃喃地對我說：「妳爸爸受了很多罪……」可能他們真的是內疚。但內疚又有什麼用呢？父親已經死了——他們都捅過一刀。我想，下次運動他們會不會照樣對別人下毒手呢？

一個我不認識的女青年一頭趴在我肩頭上痛哭，我感覺到有張紙條塞到手心裡。我後來看了這張條子，上面寫著：「我為妳父親的高尚品德深深感動，我們一定要向他學習，做偉大的無產階級革命事業的合格接班人。」我的發言真的使她得出這個結論嗎？我沉思默想，看來道德原則和高尚情操竟都成了共產黨的專有品。

＊

父親去世前幾個星期的一天，我陪他到成都火車站去接他的一位朋友。我們坐在半敞的候車棚裡等待，十年前就是在這個候車棚裡，我送母親去北京為他申訴。如今候車棚依舊，只是更加破爛、更加擁擠。更多的人擠在站前的廣場上，有些躺在水泥地上睡覺，有些人呆坐著，不少婦女在奶孩子，還有人在乞討。這些都是從北方逃荒來的農民，被天災人禍所驅趕南下。來時他們大多擠在火車頂上，坐不穩摔下來跌死的、火車穿越隧道時被撞死的不計其數。

去火車站的路上，我告訴父親我想在暑假到長江三峽遊玩。我對他說：「我最想做的事就是玩。」父親搖頭不同意說：「年輕人應該多學習、多工作。」

坐在候車棚裡，我又說起旅遊。一個清潔工正在掃地。她掃的過道上坐著一個北方農婦，旁邊是個破爛包袱和兩個衣衫襤褸的幼兒，還有個嬰兒正在她懷裡吃奶。她敞著胸，沒有半點不好意思，胸脯又黑又髒。清潔工逕直掃過去，對坐在地上的人視而不見，把垃圾都掃到他們身上。農婦完全無動於衷。

父親轉身對著我說：「周圍到處有人這樣生活，妳難道還有心思玩嗎？」我沒話說了，心想：「我一個人能幹什麼呢？我不玩、不愉快又能起得了什麼作用呢？」我沒說出來，這聽起來是自私得不可思議，我是在「以天下為己任」的傳統道德環境下長大的。

在父親去世後的萬事皆空的心緒裡，我開始懷疑所有這些格言、訓導。我不想要偉大的使命，不想要「事業」，只想要生活——平靜的生活，可能是瑣碎的生活，卻是自己的生活。我告訴母親暑假期間，我想沿長江旅遊。

她極力贊成我去，我姊姊也支持我，她當時已回到成都和「眼鏡」一起住在我們家裡。「眼鏡」的工廠本應該供給他住房，但是在文革中沒有建過新住宅。有許多像「眼鏡」這樣的職工，進廠時是單身漢，八個人住一間單身宿舍。十年之後，大多數人結了婚，有了孩子，沒辦法，只好擠在父母或岳父母家，三代同堂很普遍。

我姊姊沒有工作，因為她是在回城前結婚的，按規定她不能就業。但另有規定是：國家職工死了，他們的一個兒女可以安排工作。如此因我父親去世，我姊姊在成都中醫學院謀得了一份差事。

七月份我和京明同下長江，他當時在長江邊上大城市武漢讀書。我們的第一站是廬山，山上到處鬱鬱蔥蔥，氣候異常涼爽。好些重要的共產黨會議就是在這裡召開的，包括一九五九年彭德懷元帥被罷了官的廬山會議，那次會議舊址成了「革命傳統教育聖地」。我建議去看看，京明白了我一眼說：「天天都有『革命教育』課，妳還沒有上夠？到這裡來也不想歇一歇？」

我們在山上照了許多相片，一卷三十六張的底片只剩最後一張了。在下山途中，我們經過一座兩層樓別墅，若隱若現地從一片梧桐、木蘭、松針中露出來，看上去就像亂石砌成，與身後山岩渾然一體。我覺得這裡十分美，就照下了最後一張相。突然有一個人好像是從地下冒出來的，他低聲但嚴厲地命令我把相機交給他。他身著便衣，但我注意到他有支手槍。他打開相機把我的整卷底片曝了光，然後才把相機還給我，隨後就消失了，就像又鑽回地下去了。一些站在我身邊的遊客悄悄地告訴我們說：這裡是毛澤東的消暑別墅。我頓時對毛澤東起了一陣強烈的反感，倒並不是對他的特權，而是他的偽善。他自己享受奢侈，卻對他的人民說舒適也是壞事。到了那個好像有隱身術的警衛聽不到的地方，我開始惋惜三十六張相片白照了。京明咧嘴笑著說：「妳總算領教了看聖地的厲害了。」

我們乘公共汽車離開廬山。像中國的每一輛公共汽車一樣，這輛也爆滿。我們只得像鷺鷥一樣伸長脖子以維持呼吸。文革以來幾乎沒有新公共汽車出廠，而在此期間，城市人口增長了好幾千萬。這車才開了幾分鐘，一個趔趄停了下來。前門吱吱擠開了，一個身著便衣、看上去頗帶權威的人一隻腳踮著站上來。他大聲喊道：「蹲下來！都蹲下來！前邊有美國客人！這麼多亂糟糟的頭看起來太有失國體了！」我們只得想法子彎腰低頭，但人太多，辦不到。那人還在喊：「每個人都有責任維護偉大祖國的光輝形象，我們必須表現有秩序，有尊嚴！快點蹲下！把頭都低下去！」

冷不防地我聽見京明大聲說：「毛主席不是教導我們決不要向美帝國主義低頭嗎？」我吃了一驚，這樣的幽默很危險。不過那人只是朝我們這個方向瞪了一眼，什麼話也沒說。他又大略掃視了一遍整個車廂，就匆匆下車了。他顯然不想讓「美國客人」看見這一幕。任何中國人不一致的現象都不能讓外國人看見。

我們沿長江而下，處處是文革浩劫的痕跡：廟宇被毀、雕像被砸、古老的城鎮滿目瘡痍，中國古老文明的印記幾乎喪失殆盡。損失還不只限於此，中國人不僅僅毀壞了自己大多數美好的東西，還失卻了對美好東西的鑑賞和珍惜，並且造不出新的來。除了傷痕累累，但仍然令人嘆為觀止的風景外，可愛的中國變成了一個醜陋的地方。

暑假快結束時，我乘船從武漢沿長江溯流而上過三峽回四川，旅程是三天時間。一天早上，我正靠著船舷跟一個乘客聊天，江風吹來，吹散了我的頭髮，把髮梳吹落到江裡。那乘客目瞪口呆，指著我們剛經過的一條支流入江口對我說起一段故事。

公元前三十三年，漢元帝想和強大的北方鄰邦匈奴講和，決定把一名宮女嫁給匈奴的可汗。他從宮中三千名嬪妃的畫像中挑選，這些人中好些他連見也沒見過。因為是「下嫁番邦」，他選擇了畫像上最醜的王昭君。啟程那天，皇帝才發現她非常美。她被畫得難看是因為她拒絕向畫師行賄。皇帝下令砍了畫師的頭，可惜王昭君還是非走不可。她坐在江畔邊梳頭邊流淚，傷心自己要遠離祖國到野蠻番邦去生活。結果一陣風把她的梳子捲到江裡，就像是想把她的一件東西留在祖國，後來她自殺了。傳說她的梳子落水之處，江水變得像水晶一樣清澈，得名「清江」。我的旅伴指點我們剛才從江口上經過的那條支流說，那就是「清江」。他咧著嘴笑著說：「哎呀！壞運氣！看來妳最終要在外國生活，嫁給一個野蠻人了。」我笑了笑，從話裡看到中國人一向把其他民族視作野蠻人的傳統。我想，那位古代美人王昭君如果嫁給了番王，會不會反而幸福呢？她至少天天與草原、駿馬、大自然作伴。而和中國皇帝在一起，她的天地只是豪華的牢房，連棵樹也沒有，因為樹可能使姬妾爬牆逃走。我想我們是多麼像中國傳說中的井底之蛙，說天只有井口那麼大。我覺得有股強烈、緊迫的欲望想去看外面世界。

那時，我雖然已經二十三歲了，學了近兩年的英語，但從來沒有和一個外國人說過話，我只在一九七二年在北京看見過外國人。有個外國人曾來過我們學校，他是少數幾個「中國的朋友」之一。那是個炎熱的夏天，我正在睡午覺，一個同學興沖沖地跑來，把我們都叫醒，大聲說：「外國人來了！外國人來了！快去看外國人！」一些人跟去了，但我決定繼續睡午覺。我覺得傻乎乎地圍著外國人看實在太可笑。另外，我們又禁止和他談話，即使他是「中國的朋友」也不行，看一陣有什麼用呢？

我從來沒有聽過任何外國人講話，只聽過一卷靈格風（Linguaphone）語言學習錄音帶。當我開始學英語時，我借來錄音帶和錄音機，在支機石街家裡聽。鄰居聚集在樓下，睜大眼睛搖著頭說：「這聲音真好玩！」他們要我一遍又一遍地放給大家聽。

和外國人交談是每個學外文的學生的夢想，我的機會終於來了。遊長江返校後，我聽說我們這一年級的學生在十月份要被送到南部港口城市湛江去和外國海員練習英語。我興奮極了！

湛江離成都大約有七百五十哩，乘火車要兩天兩夜。它是中國最南端的港口，離越南邊界很近。到了湛江，就像是到了外國，有本世紀初的殖民風格建築物，模仿羅馬風格的拱廊，好似教堂窗戶的彩色圓窗，以及支著五顏六色陽傘的大陽台。當地人說廣東話，儼然是一種外語。空氣中有股不熟悉的大海氣息，異國情調的熱帶植物香味和一個新世界的感覺。

我在這個世界裡的激動心情總是被現實所壓抑。我們由一名政治輔導員、三名講師帶隊。他們宣布紀律：我們不得到海邊去，雖然住處離海邊只有一哩。港口是「閒人勿進」，怕有人破壞或從那兒「叛逃」。他們還講了個故事，說有個廣州學生不知怎麼地鑽進了一艘貨船，藏在貨倉裡，他不知道貨倉要封幾個星期，當到岸打開貨倉時，他已經人死屍爛了。我們除了住處的那幾條街外，哪兒也不准去。

這樣的規定是我們日常生活的一部分，但是每次宣布都免不了使我憤怒一陣。一天，我被一股強烈的衝動所支配，一心非出去看看不可。我於是裝病，得到允許後到城裡醫院就診。我在街上徘徊，一心想去看大海，但沒有成功。當地人不願幫忙，他們不喜歡不會說廣東話的人，故意聽不懂我說的話。我們在這個城市待了三個星期，只一次准許我們到一個島上看海洋。

到這裡來的目的是找海員練英語。我們分成幾個小組，輪班在兩個外國海員出沒的地方等候他們：用硬通貨購買商品的友誼商店和海員俱樂部，裡面有酒吧、餐廳、撞球室和乒乓球室。

和海員說話的內容有嚴格規定。除了在友誼商店櫃台邊的幾句問答外，我們不得單獨和他們交談。如果他們詢問我們的姓名、地址，無論如何，我們都不得給真的。我們都準備了假名字和根本不存在的住址。每次交談後，我們得做詳細的報告，寫上我們都說了些什麼。這是與外國人接觸的標準規矩。我們一次又一次被告誡要服從這些「涉外紀律」，否則，不光自己倒楣，還要影響其他人：別的學生也不准再來了。

練習英語的機會其實是零零碎碎的。輪船不是天天有，也不是所有的海員都要上岸，絕大多數海員的母語並非英語，他們是希臘人、日本人、南斯拉夫人、非洲人，菲律賓人最多，他們也只會寥寥幾句英語。偶爾也有幸運的時候，如曾來過一位蘇格蘭船長和他的妻子，以及一些會說一口漂亮英語的北歐人。

當我們在俱樂部裡等待寶貝的海員時，我愛坐在後院的陽台上看書，凝視那一叢椰子樹和棕櫚樹在深藍色天空上的剪影。一有海員閒蕩著走進來，我們便跳起身來迎上去，就像是趕過去搶他們似的，一面盡可能保持尊嚴，一面如饑似渴地要跟他們說話。當我們拒絕他們請喝飲料的邀請時，我常常看見他們的眼神裡透著一份不解。我們不能接受他們請喝的飲料，因為這是命令。更有甚者，我們完全不准喝飲料。櫃台櫥窗裡的五顏六色的瓶瓶罐罐只供外國人消費，我們只是乾坐著，四、五個臉色嚴肅得令人望而生畏的年輕男女。我完全沒想到這對外國海員來說該多麼奇怪——這光景和他們對港口生活的期望差了十萬八千里。

當第一批黑人水手露面時，我們的老師委婉地告誡女學生要小心。他們說：「這些人開化程度低，還沒有學會怎麼控制自己的本能。所以他們隨時隨地都要表現自己的感情：如撫摸、摟抱，甚至親吻。」老師面對著一屋子露出震驚和厭惡的面孔，告訴我們這樣一個故事：上次來的一個女學生在一次對話中突然尖叫起來，原來有個甘比亞海員想摟抱她，她以為自己要被人強姦了（在一群人、一群中國人中）。她恐懼的心理是如此強烈，以後再怎麼勸她也不敢跟外國人說話了。

男同學，特別是男學生幹部，被賦予要保護女生的任務。黑人水手每和一個女生說話，他們就互使眼色，趕忙過來「救」我們：接過話題，或簡直就插身站在我們與黑人水手之間。那些黑人可能並沒有察覺到這些預防措施，特別是男生們總會立即大談「中國和亞、非、拉人民的友誼」、「中國是發展中國家」，他們會背誦從書本上搬來的話：「中國將永遠和被壓迫、受剝削的第三世界人民站在一起，支持他們反對美帝國主義和蘇聯現代修正主義的鬥爭！」黑人看上去有點如墜五里霧中，有時也很感動，於是擁抱中國男人，男生們也回贈以同志似的摟抱。

當時毛澤東的「光輝理論」大談中國是個發展中國家，第三世界的一員。但是毛澤東說起來好像不是在簡單地陳述事實，而是在表示謙虛，以一種優越的姿態把自己降低到第三世界去，好像我們列入第三世界是為了領導它，保護它，別人都明白我們其實是遠居第三世界之上的世界大國。

這種自命不凡使我一想起就生氣。我們優越在哪裡？我們人多？我們地大？在湛江，我看見那些第三世界的水手戴著華麗的手錶，拿著新穎的相機，喝著奇特的飲料——這些東西沒有一樣我們見過。他們的生活顯然與絕大多數中國人是天壤之別，更不用說他們有中國人無法比擬的自由。

我對外國人非常好奇，渴望知道他們究竟是什麼樣的人，他們和中國人有哪些地方相似，哪些地方不同？但是我得隱藏我的好奇心，因為除了有政治上的危險外，還算丟臉。在毛澤東領導下，就像過去的封建王國一樣，中國人把在外國人面前顯得「尊嚴」放在極為重要的位置上。所謂「尊嚴」其實是做出來的傲慢，莫測高深。一種普遍的作法是表現得對外部世界沒有興趣，我的許多同學根本就不向外國人提問題。

可能部分原因是我無法抑制好奇心，部分是我的英語較好，海員們似乎都樂意跟我說話。我小心謹慎，盡可能少說，讓別的同學有練習的機會，但是有些海員卻拒絕和別的學生交談。我和海員俱樂部主任的關係也很好。他姓龍，個頭大極了。我的引人注目引起了明先生和別的頭頭的不滿。在政治會議上，有人指責我違反了「涉外紀律」，說我看上去「太感興趣」、「笑得太多」、「嘴張得太大」，還用手勢——我們女學生得把手放在桌子下面，坐得絲紋不動。

中國社會很多人仍然要女人保持「端莊矜持」的舉止，面對男人的注目要垂目做害羞狀，笑不露齒，當然更不能用手勢。違反這些行為規範就是「輕浮」。在毛澤東統治下，對外國人「輕浮」簡直是不可饒恕。

這些針對我的批評使我怒不可遏。正是我的共產黨父母給了我自由開明的教養，他們把對女人的清規戒律看作是共產黨革命要革除的東西。但是現在對女人的傳統束縛和政治上的壓制卻結合起來了，二者都用來發洩指責者無聊小器的不滿和嫉妒。

一天，來了一艘巴基斯坦船。巴基斯坦駐華武官從北京來迎接，龍先生命令我們全體學生把俱樂部來個徹底清掃。他舉行宴會招待客人，讓我當他的翻譯，這使一些不能赴宴的同學非常嫉妒。幾天後，巴基斯坦人在他們的船上回請我們，我也受到邀請。那位武官曾到過四川，他們還特地為我做了一道川菜。龍先生很高興他們請了我，當然我也很興奮。

但是，老師們不准我去。儘管巴基斯坦船長本人專程來請，龍先生又威脅以後不再接待川大學生了，他們仍然說誰都不准登上外國輪船：「誰負得起這個責任，跟船跑了怎麼辦？」他們要我去撒個謊，說我那天晚上另有安排。我無奈地去了，傷心地想：我這是拒絕了唯一一趟出海的旅程、唯一一頓外國大餐、唯一一段能盡興說英語的時間和唯一一次置身一個新奇世界的機會。

就算是不去，我也招來非議。明先生尖酸地問：「為什麼外國人這麼喜歡她呢？」——好像這裡頭有鬼。湛江之行結束時，有關我的報告裡說我：「表現有問題。」

在那個可愛的港口城市裡、在陽光下、海風中、椰子樹旁，每個愉快的時刻都變成了抑鬱。我同學中有位好朋友，他盡量想使我高興，要我想開點：比起那些文革初期因嫉妒而挨整的人所受的罪，我所遭遇的不過是小小的不愉快而已。但一想到我的生活最好也就是這個樣子，我更加沮喪。

三個星期後，我懷著既遺憾又如釋重負的心情告別了湛江。在回成都的路上，我和一些朋友去了傳奇式的桂林，那裡山水如畫，有「甲天下」的美稱。外國遊客准許來這裡，一天，我們看見一對外國夫婦，男的手裡抱著一個嬰兒。我們互相微笑，用英文說了句：「您好！」「再見！」當他們消失後，一個便衣警察把我們攔住盤問。

十二月，我回到成都，發現這裡人們情緒激動，都在反毛夫人江青及上海的三個人：張春橋、姚文元、王洪文。這四個人結成一幫，是此時文革的支柱，被毛澤東稱為「四人幫」。毛指使「四人幫」搞了一個又一個禍國殃民的運動，全國人的忍耐到了極限。各種傳言四起，全是罵「四人幫」的，人們只有用這些傳言才能表達他們的激憤。

恨毛夫人江青的傳聞最多。從宣傳媒體裡，大家老看見她和一個京劇演員、一個乒乓球選手、一個芭蕾舞演員過往甚密，她又把這些人提拔為他們各自領域的頭目。因為這幾個人都是面目姣好、體格魁偉的青年男子，老百姓就私下議論說他們是江青的「面首」。江青曾公開輕飄飄地說：「女人，……可以有『面首』，什麼叫『面首』，……『面首』就是除了丈夫外，可以有男妾，男的小老婆。」自然人人都清楚，這些話不適用於除她以外的女人。事實上，正是在毛的統治下，中國人在文革中遭受了極端的性壓抑。十年來，任何與愛情有關的情節都從老百姓的視、聽中刪除了。越南軍隊歌舞團來中國演出時，有幸觀看他們表演的人聽解說詞說，歌中所唱的愛情是「同志似的友愛」。寥寥幾部主要從阿爾巴尼亞、羅馬尼亞進口的歐洲電影裡，所有男女靠近一點兒的場面都被剪掉了，更不用說摟抱親吻。

在擁擠的公共汽車、火車和商店裡，我經常聽見有女人罵男人，打男人耳光，男人呢，以髒話回敬。我也曾多次遇到男子動手動腳，碰上這樣的事時，我總是躲開這些因激動而打顫的手和膝蓋。我替這些男人難過，他們生活的世界使他們性欲沒有發洩之處，除非他們幸運有門美滿的婚姻，但這種機會很少。我就讀的四川大學的黨委副書記，一位上了年紀的人，一天在一家商店裡被抓住了，因為褲子上滲出了精液。當時人群把他擠得貼在一位婦女身上，他被扭送到公安局，後來被開除出黨。在那年代女人也同樣倒楣，每一個單位裡總有一、兩個人因婚外韻事被罵成「破鞋」而挨鬥。

不過清規戒律對高層領袖並不適用，八十餘歲的毛澤東本人為年輕貌美的女人包圍著。雖然有關他的傳聞只是私下小心翼翼地低聲耳語，有關他夫人和「四人幫」的故事則是公開地大談特談。到了一九七五年底，人們憤怒的議論就像一鍋沸騰的開水。有一陣子，大家都得受「社會主義祖國是天堂」的教育，有許多人就公開暗示我八年前曾問過自己的問題：「如果這是天堂，地獄又是什麼樣子呢？」

一九七六年一月八日，周恩來總理去世了。對於我和千千萬萬中國人來說，周恩來代表了一種較講道理、開明、致力於國家建設的政府。在文革那些黑暗的年代裡，周恩來是我們的一線希望。我和朋友都十分悲痛他去世。對他的悼念和對文革、毛澤東那夥人的厭惡是交織在一起的。

但是周恩來在文革中與毛澤東合作，是他宣讀說劉少奇是「叛徒、內奸、工賊」。他幾乎每天都在接見紅衛兵和造反派，對他們發號施令。他是毛澤東的忠實僕人，但是我想，他也可能是在盡量防止更大、更可怕的災難，比如公開對毛澤東挑戰後肯定會產生的大規模內戰。他維持了中國正常運轉，這使毛澤東能在中國製造浩劫，但也使國家避免了完全崩潰。只要他能辦得到，他保護人，而不是整人，包括寫條子救我父親。他還保護了中國最重要的文化遺址。我猜，他是處於一種進退兩難的境地。當然也有這種可能：生存是他的第一考慮。他一定很清楚，一旦站起來反對毛澤東，他自己馬上就會完蛋。

校園變成了白花圈和悼念大字報、對聯的奇特海洋。每個人都臂戴黑紗，胸前別白花，看上去很哀傷。追悼會半自發、半組織。因為人人都知道在周恩來去世時，「四人幫」還在猛烈攻擊他，而且下令不准開追悼會，所以對他的哀悼，無論對老百姓還是對當官的來說，都表達了他們對「四人幫」的反抗。但也有許多人悼念周恩來是出於別的原因，我們班上的明先生和有的學生幹部就盛讚周恩來所謂的對「粉碎一九五六年匈牙利反革命暴動」的貢獻，感謝他樹立了毛澤東在全世界的領袖地位，歌頌他對毛澤東的絕對忠誠。

一旦出了校園，離經叛道的火花就多了。在成都大街上，大字報、大標語上盡是小字評語，有許多人圍著伸長了脖子看。一張大字報寫道：

天地昏暗，
巨星殞落……

空白處還批了一行字：「『天地昏暗』，紅太陽到哪裡去了？」紅太陽的意思是毛澤東。另一幅大標語說：「油炸迫害周總理的劊子手！」邊上的話是：「你每個月的菜油定量才二兩，拿什麼來炸這些劊子手？」十年來，第一次看見了這種公開諷刺和幽默，我的心為之一振。

毛澤東指定了平庸之輩華國鋒來繼承周恩來，並發動了一場名叫「批鄧反擊右傾翻案風」的運動。「四人幫」把鄧小平的言論彙編成冊散發下來，叫大家批判。在一九七五年的一次講話裡，鄧小平承認延安地區農民的生活水準比四十年前紅軍長征到達時還要苦。另一次，他說共產黨幹部應該對專家說：「你領導，我來當助手。」還有一次，他規畫了下一步工作，重心是提高人民生活水準，允許更多的自由，結束政治迫害。人們拿這些話與「四人幫」的行為對比，鄧就成了他們心目中的英雄，對「四人幫」的憤恨上升到了極點。聽到傳達鄧的話後，我覺得很不可思議：這些人怎麼把中國人都當成傻瓜，他們真以為這些話會使我們恨鄧小平，而不讚美他嗎？他們真以為我們會愛戴他們？

在大學裡，大會不斷召開要批判鄧小平，但是大多數人都消極抵抗。台上在發言，台下做什麼都有：遊蕩、大聲交談、織毛衣、看書、睡覺。發言人拿著事先準備好的稿子，以一種平淡、無感情、幾乎誰也聽不清楚的聲音照本宣科。

因為鄧小平是四川人，四川省有很多他的傳聞，時不時地說他被放逐到成都來了。我經常看見一群群人圍在街口，原來他們聽說鄧小平要從這裡經過，在等著看他。有時圍的人數多達萬餘。

同時，愈來愈多的民眾公開表達對「四人幫」的憤恨。「四人幫」也叫「上海幫」，所以上海的腳踏車和其他商品突然都賣不出去了。當上海足球隊來成都比賽時，全體觀眾對他們起鬨，人群還擠在體育場出口，在他們進出時高聲辱罵他們，要他們滾回上海去。

抗議活動在一九七六年的清明節達到頂峰。在北京，數以萬計的市民聚集在天安門廣場好幾天，以特製的花圈、充滿感情的詩詞、講話來悼念周恩來，用彼此心照不宣的話來發洩他們對「四人幫」，甚至對毛澤東的憤恨。四月五日夜晚，抗議活動被鎮壓了，警察衝散了人群，捉走了好幾百人。毛澤東和「四人幫」稱這次清明節示威是「中國的匈牙利反革命暴亂」。已為階下囚的鄧小平被指責為幕後指揮，說他是「中國的納吉（Imre Nagy，一九五六年匈牙利總理）」。毛澤東正式罷免了鄧小平，並強化了批鄧運動。

天安門事件居然能發生這個事實改變了中國的氣氛。這是自一九四九年以來第一次大規模對當權者的公開挑戰。

一九七六年六月，我們班被打發到一家工廠去「學工」一個月，之後，我和朋友一起去爬成都西面風景秀麗的峨嵋山。七月二十八日下山途中，我們聽見一個旅遊者背著的收音機正在大聲嚷嚷。我平時對一些人嗜好帶這種宣傳機器煩得要命，何況在此風景區，好像我們的耳朵還沒有受夠到處豎立的擴音器的騷擾。但是，這個廣播吸引了我的注意：北京附近的煤礦城市唐山發生了強烈地震。我猜這一定是空前大災難，因為新聞媒體一般都不報導壞消息。果然，官方後來公布的數據是二十四萬二千人死亡，十六萬四千人受重傷。

雖然「四人幫」利用宣傳工具誇耀他們如何關心災區民眾，他們卻一再要全國人不要被地震分了心，忘記了「批判鄧小平」這個首要任務。毛夫人公然說：「唐山不過就死了幾十萬人嘛！有什麼了不起，批判鄧小平才是關係八億人民的大事。」這話就算是出自暴戾的江青之口也好像太暴戾過分了。

在成都也有許多地震警報。從峨嵋山回來後，我就和母親、小方去了聽說較安全些的重慶。我姊姊留在成都，睡在一張橡木大桌子下面，上面覆蓋著被子和毛毯。幹部們組織老百姓到處搭起臨時窩棚，動員人手一天二十四小時觀察動物的表現，據說牠們有預知地震的天賦。但是「四人幫」的追隨者卻張貼大標語說：「警惕鄧小平的罪惡用心用地震壓革命！」還召開了一次群眾大會「莊嚴聲討走資派利用地震破壞批鄧」，參加大會的人多是走走過場。

九月初，對地震的恐懼漸消後，我回到成都。一九七六年九月九日下午，我在上英語課。大約兩點四十分，我們接獲通知說三點鐘有重要廣播，要大家全部到系上院子裡去聽。我走出教室，心裡一個勁兒地氣憤。那是一個典型的成都靄靄秋日，我聽見沿牆的一排修篁在颯颯作響。快到三點鐘時，擴音器接通，發出一陣尖銳的噪音，我們系裡的黨總支書記站到集合起來的人群面前。她悲痛地看著我們，用低沉、哽咽的聲音吐出一句話來：「我們偉大的領袖毛主席，他老人家……」

我頓時明白了：毛澤東死了。

28 長上翅膀飛（一九七六～一九七八）

這消息使我狂喜，一剎那間，我反而失去感覺。長期灌輸的自我約束馬上起作用，我注意到四周是一片哭聲，我也得做出適當的表情來。我缺乏正確表情的面孔該往哪兒藏呢？似乎只有前面那位同學的肩膀。她是個學生幹部，此刻顯得心碎。我一下子把頭埋在她的肩膀上，背也一抽一抽地，還發出恰當的呻吟聲來，結果假戲被當了真。那女學生幹部一邊大聲抽泣，一邊扭動身體好像要轉過來抱住我哭似的。我把整個身體重重地壓在她背上使她動彈不得，一邊也希望她以為我是悲痛欲絕了。

在毛澤東死後的日子裡我想了很多。我知道他被看成是個哲學家，我努力思考他的「哲學」實際上是些什麼。想來想去，我想他的哲學的中心思想是對永恆鬥爭的需要——或欲望。他的思想核心似乎是「與人奮鬥，其樂無窮」，需要不斷大量製造「階級敵人」。我不知道是否有任何別的哲學會像他的這樣引起這麼多苦難和死亡。我想到中國人所經歷的恐怖和悲慘，都是為什麼呢？

毛澤東的理論可能不過就是他個性的延續。他的個性中騷動著喜歡挑起別人打鬥的一面，而且他也精於此術。他理解人類醜惡的本性，如像嫉妒和由狹隘引起的憤恨，並知道怎麼為自己的目的而利用這些本性。他靠民眾相互忌恨來維持統治。這樣一來，在他統治下，一般中國人被用來執行在別的專制下由職業人員完成的任務，毛的中國就沒有格別烏（ＫＧＢ，即蘇聯國家安全委員會）相等的組織，因為無此必要。毛澤東把民眾變成了專制的最有力武器。由於他煽動、滋養了人性最惡劣的本質，他製造了一個道德荒野、一片仇恨的土地，但是一般人對此應負多少責任呢？我難以肯定。

我想毛澤東主義的另一個特色，是把愚昧捧到至高無上的統治地位。他摧毀了中國大量文化遺產，留下了一塊文化荒涼的土地。中華民族燦爛的文化遺蹟竟很少留存，也很少受人珍視。

中國人似乎在衷心地哀悼毛澤東，但是我懷疑有多少眼淚是真的。人們不得不時刻做樣子，他們有時自己也無法分辨出什麼是虛情假意，什麼是真心實意。為毛澤東流眼淚可能只是他們演戲生涯中的又一齣表演。然而毫無疑問地，人民的情緒是反對繼續毛澤東的政策。在他死後不到一個月時間，十月六日，毛夫人和其他「四人幫」成員就被捕了。誰也不支持他們——軍隊不支持、警察不支持，甚至他們自己的警衛也不保護他們。他們能捱到現在靠的只是毛澤東，「四人幫」能掌權實際上只是因為它是「五人幫」。

聽到那四個人被逮捕得那麼輕而易舉，我感到一陣悲哀。就這麼幾個二流的跳梁小丑居然壓迫了九億中國人整整十年！當然我主要的感覺是欣喜若狂。文革最後的暴君終於垮台了！許多中國人都和我有同感，當我上街買酒準備和家人、朋友舉杯慶賀時，竟發現店裡的酒都已賣光了——到處都有人在慶祝！官方也舉行慶祝集會，和文革中的群眾大會形式一模一樣，這使我很生氣。我特別氣憤的是在我的系裡，政治輔導員和學生幹部又在組織大會，儼然一向是反「四人幫」的英雄。

新的頭號人物是毛澤東選擇的繼承人華國鋒，我相信他唯一的資格是他的平庸。他上任首先做的事，是宣布在天安門廣場建毛澤東的陵墓。我對此怒之以極：數十萬人在唐山大地震後還沒有房子住，還睡在街邊臨時搭起的窩棚裡。

*

我母親以她的經驗立刻意識到一個新紀元開始了。毛澤東死的當天，她回她原來的部裡報到工作。她在家裡待了五年，現在想再好好幹一番了。她的新職務是東城區委宣傳部的第七副部長，而在文革前她一直是部長，她對此毫不介意。

在我急躁的心情裡，生活似乎像過去一樣，沒有變化。一九七七年一月，我的大學課程結束了，既沒有考試也沒有授學位。雖然毛澤東和「四人幫」倒了台，但毛澤東所定的畢業生從哪裡來必須回哪裡去的規矩仍然有效。對我來說，這意味著要回那家手工機具廠。受高等教育後應該有不同工作的想法，據毛澤東看來是「培養精神貴族」。我不想回原來的工廠，回去了我就再也沒有機會用英語了。廠裡沒有英文資料要翻譯，也沒有人說英語。再一次，母親成了我唯一的希望。她說只有一個辦法，就是工廠拒絕收我。我在廠裡的朋友說服了廠方，寫了一份報告給二輕局，說雖然我是個好工人，但是他們了解到他們該犧牲局部利益以完成更偉大的事業：讓我的英語造福祖國。

在這封辭藻華麗的信發出之後，母親要我去見二輕局局長慧先生。他和我母親是老同事，當我還是幼兒時，他非常喜歡我，我母親知道他會被我的話打動。我見他後的第二天，二輕局召開全體委員會議討論我這件事。委員會共有二十多人，事無鉅細都得大家坐在一起決定。慧先生說服了大家：應該給我機會使用英語，於是他們給四川大學發了封公函。

雖然外語系總是讓我日子難過，但是他們需要教師，於是一九七七年一月我成了四川大學外語系的助教。我又想要這份工作又恨在那裡，我得住校，在政治輔導員的眼皮下和野心勃勃、好嫉妒的同事之中過日子。最糟糕的是，我很快得知我頭一年時間什麼事也別想做，到職一個星期後，我就被送編入工作組到成都郊區的鄉下，作為一種「再教育」。

在鄉間，我下田勞動，開無休止的單調沉悶的會議。厭煩、不滿以及二十四歲還沒有未婚夫的壓力，使我先後對兩個男人有點昏昏然。其中一個我從來沒有見過，只迷上他寫來的文筆優雅的信，第一眼看見他，愛意馬上就飛到九霄雲外去了。另一位姓侯，原是個造反派頭頭，他是時代的產物：機智又不擇手段，我被他的魅力迷惑。

一九七七年夏，清查「四人幫」追隨者的運動開始了，侯被關押起來。清查對象是「造反派頭頭」和參加過含混地定義為「打、砸、搶」的人：指行凶打人、殺人及破壞、搶劫國家財產。幾個月後這個運動不了了之，主要原因是沒有觸及毛澤東，也沒有清算文化大革命，幹壞事的人都簡單地聲稱他們這樣做是因為忠於毛。另外，也沒有確切的標準來衡量犯罪，只有一些明顯的殺人犯和大搶劫犯被抓了起來。參與抄家、破壞文物、燒書、派系武鬥的人太多。文革最恐怖的地方——籠罩全國使千千萬萬的人精神失常、自殺、死亡的高壓空氣——都是人民集體做出來的。幾乎每個人，包括年幼的孩子，都參加過野蠻的批鬥會。許多人動手打過人。更有甚者，被整的人也整人，整人的也被整。沒有獨立的司法機構來執行調查審判。新當權的共產黨幹部決定誰應受懲罰。個人感情經常成為關鍵因素，一些造反派罪有應得，一些錯輕懲重，還有些人輕飄飄就過了關。整我父親的那些人，左先生完全沒事，姚女士只是換了個不那麼如意的工作。

「二挺」從一九七〇年起被關押，現在他們受的懲罰是坐在非暴力的會議上，聽他們的受害者控訴他們。我母親在這樣一個大會上講過這對夫婦是如何迫害我父親的。對「二挺」的判決是在一九八二年，劉結挺被判處二十年監禁，張西挺判處十七年。

侯被關押時，我有許多晚上睡不好覺。他很快就被釋放了，但那些短短的清算「四人幫」的日子所勾起的悲憤回憶淹沒了我對他的感情。雖然我不可能知道他本人究竟負有多少責任，但我很清楚身為一名大規模紅衛兵組織的頭目，在那個野蠻的年代裡，他是不可能清白無辜的。我仍無法使自己恨他這個人，但是我不再為他難過了。我希望所有犯下罪行的人都受到懲罰。

這一天什麼時候才會到來呢？真的能到來嗎？正義真的能伸張嗎？伸張正義會不會激起更多的怨恨呢？中國不能再多恨了，我們現在的已經夠多了。在我的四周，曾一度竭力打殺對手的各派現在得在同一屋簷下生活；走資派和過去批鬥、折磨他們的造反派天天得見面，一起工作。到處充滿勾心鬥角，緊張空氣是家常便飯。我們什麼時候才能擺脫毛澤東製造的噩夢呢？

一九七七年七月，鄧小平東山再起，取代了華國鋒。鄧的每一次講話都是一陣春風。政治運動停止了，「政治學習」被稱作「苛捐雜稅」。共產黨的政策要由實踐來檢驗，而不是教條。最重要的是，對毛澤東的每句話都照辦現在是錯誤的了。鄧小平在改變中國，我緊張地盯著這一點一點擴散的光明，就好像注視著黑暗中的一星搖曳的燭火，唯恐一股寒流襲來把它撲滅。

按照鄧小平的新規定，我在公社的「徒刑」於一九七七年十二月完結，比原訂的一年減少了一個月時間。短短一個月之差使我的心飛上了天。我回到成都，學校正準備姍姍來遲的一九七七年入學考試，這是自一九六六年以來首次正規考試。鄧小平宣布：大學入學必須通過考試，而不能走後門。因為從毛澤東的政策上變過來需要時間使老百姓有思想準備，秋季招生延期了。

系裡派我到川北群山去面試考生，我欣然前往。正是在從一個縣城到另一個縣城招考的旅程中，獨自乘車行在蜿蜒、塵土蔽天的山間公路上時，我突然第一次想到，如果能到西方留學該有多好！

幾年前，我的一個朋友告訴我一個故事。他是一九六四年從香港返回「祖國」的，回來就不准他離境了。直到一九七三年，尼克森訪華後，他才獲准去香港探望他的家庭。到香港的當天晚上，他聽到他姪女打電話給東京的朋友安排到那裡去度週末。這段小事使我思緒萬千，從此一想起就心神不定。這種探訪世界的自由，一種我不敢夢想的自由，不斷地折磨我。因為出國簡直是聞所未聞，這願望就一直被牢牢地囚禁在我的下意識裡。在別的大學是有人拿獎學金到西方學習，但是去者完全由當權者指定，起碼要是黨員。我既不是黨員，又不被系裡信任。即使機會自天而降到系裡也落不到我身上。但是現在，第一次我腦子裡什麼東西動了一動，高考既然已經恢復，中國又正在擺脫毛澤東的桎梏，那麼我是不是有希望去西方留學了呢？這夢想剛一萌芽，我就馬上強迫自己掐掉它——我多麼害怕那不可避免的失望！

＊

歸來時，我聽說系裡真有一個名額，讓一名青年或中年教師到西方去留學。系裡已確定了一個人。這個驚人的消息是羅教授告訴我的，她七十剛出頭，走路不太穩，拄著根枴杖。除此以外，她十分精幹，做起事來急急忙忙，說英語也非常快，好像是要把所有她知道的都一下子說出來。她在美國生活了大約三十年，她的父親是一位國民黨高級法院的法官，希望女兒受西方教育。在美國她取名露西，愛上了一位名叫路克的美國學生。他們計畫結婚，但是路克的母親說：「露西，我很喜歡妳，只是我不敢想像你們的孩子將來面孔是什麼樣子？我很為難……」

露西和路克斷絕了關係，她的自尊心很強，不願在對方家庭不歡迎她的情況下嫁給他。五〇年代初，共產黨掌權後，她回到中國，心想中國人的尊嚴終於要恢復了。但是她忘不了路克，年紀很大才和一位教英語的教授結了婚，她並不愛這個人，夫婦倆總是吵個不停。在文革期間，他倆被趕出了自己的家，擠在一間十呎長、八呎寬的小屋子裡度日，屋子裡塞滿了褪色發黃的舊期刊和滿是灰塵的書。這對白髮蒼蒼的老夫妻一個坐在雙人床邊，一個坐在唯一的一張椅子上，那種無法忍受對方的光景，看到就教我傷心。

羅教授很喜歡我，說從我身上看到了她自己的青年時代。五十年前，她也像我一樣，急於從生活裡尋求幸福。她最終沒有得到，她告訴我她希望我能如願以償。當她聽說有出國留學名額，還可能是到美國時，她又興奮又焦急，怕我在出差，沒法子提出要求。這個名額系裡給了易小姐，她比我早一年畢業，當了幹部。當我在鄉下時，她和系裡文革期間畢業的青年教師都參加一個培訓班以提高英語水準。羅教授是他們的教師之一，她的教材摘自原版英文刊物，是她從在北京、上海等比較開放的城市朋友那裡要來的。當時四川仍然完全對外國人關閉。每次我從鄉下回成都，都去聽她的課。

一天，她的教材是一篇關於美國工業使用原子能的文章。羅教授解釋了這篇文章後，易小姐從書上抬起頭來，挺直了腰，以義憤填膺的口吻說：「這篇文章只能以批判眼光來看！美帝國主義怎麼可能和平利用原子能呢？」我的不耐煩一下子冒了上來，衝口說：「妳怎麼知道他們不可能呢？」聽到易小姐鸚鵡學舌似地照搬官方宣傳，易小姐和班上大多數人都以一種難以置信的眼光轉過臉來看我，對他們來說，我這樣的反問簡直不可思議，甚至夠格「反動」了。我心一懸，但就在這時，我看到羅教授眼裡閃爍的一星火花，一絲只有我才能看出來的賞識笑容。我感到被理解、受到了鼓勵。

除了羅教授外，別的老教授、老講師也都希望是我，而不是易小姐去留學。但是，雖然在新的政治氣候裡他們開始受到尊重，他們說話還是不頂用。除了我母親，誰也幫不了我。我聽從她的建議，去見主管大學的父親以前的同事。我告訴他們我有一點意見：鄧小平同志說大學入學必須看考試成績，而不能走後門，為什麼留學生選拔不這樣做呢？我懇求他們給我一次公平競爭的機會，讓我們大家考試。

正當我和母親努力爭取時，一道命令突然自北京下來──從一九四九年以來第一次，留學生的選拔取決於全國統一考試的成績，首次全國統考將很快在北京、上海、西安同時舉行。

我們系上奉命送三名候選人赴兵馬俑的出土地古都西安應考。系裡撤銷了易小姐的資格，改派兩名中年教師、一名青年教師做候選人。兩名中年教師是指定的，都是非常出色的四十出頭講師，文革前一直在教英語。部分是因為北京要求注重學術水準，部分是因為我母親的爭取，系裡決定第三名年輕候選人須通過筆試、口試，從二十幾個文革期間畢業的學生中選拔，考試時間定在三月十八日。

這兩門考試我都得了最高分，雖然我口試贏得有點不尋常。我們是每次一個人進到一間教室，面對兩名主考官：羅教授和另一位老教授。他們坐在一張大桌子後面，桌上散放著一些紙團，進去的人隨意拿一個打開，用英語回答上面的問題。我打開了一個，只見上面寫著：「最近召開的中國共產黨十一屆三中全會的新聞公報的重點是什麼？」我當然一點也不知道，只站在那裡拚命飛快地搜索枯腸想找出什麼話來說。羅教授看了看我的臉，伸出手來接過那張條子。她瞥了一眼，遞給另外那位教授看。然後她默默地把紙條放進口袋，用眼神示意我另外揀一個。這次的問題是：「說一說社會主義祖國的大好形勢。」

多年來的強制性謳歌社會主義祖國大好形勢，早已使我厭煩得要死，可這一次我有滿肚子話要說，我甚至還剛寫了一首詩歡呼一九七八年的春天。鄧小平的左右手胡耀邦當時擔任了共產黨中央組織部長，開始替各種各樣的「階級敵人」平反。中國顯然正從毛澤東的陰影裡掙脫出來。工業正在全面復甦，商店的貨架上多了商品，學校、醫院和服務行業都恢復正常工作。長期受禁的書籍也紛紛出版了，人們等在書店外面排隊購買，有時要排上兩天。街道上的人們滿面笑容，家庭裡也有了笑聲。

在這樣的春意裡，我開始拚命地準備西安的考試，只剩下不到三週了。幾位教師慷慨地幫助我，羅教授整理出一個書目，還給了我十幾本英語書。遞給我時她又想到我不可能有時間讀完它們，於是飛快地在她堆得滿滿的寫字枱上清出一個空間，放上她的手提打字機，花了兩個星期打出這些讀物的大要。她俏皮地眨眨眼說，五十年前路克就是這樣幫愛參加酒會、跳舞的她應付考試的。

兩位講師和我由系裡的黨總支副書記帶領乘火車去西安，成都離西安有一天一夜路程，大半時間我都伏在硬臥鋪位上忙著複習羅教授的筆記。沒有人知道究竟有多少名額、去哪個國家。當時在中國絕大多數的資訊都是國家機密。到達西安後，我們聽說共有二十二人參加這裡的考試，多半是來自西部四個省分的中年講師。密封的試卷臨考試前一天才從北京空運來。筆試占一個上午時間，有三道題，一道是翻譯《根》（*Roots*）的一大段。考試大廳的窗戶外面，四月的古城正是「長安無處不飛花」的時節，滿天飄舞著楊柳白絮。快到中午時，我們的試卷被收了上去、封好，直接送往北京，和北京、上海的試卷一起評分。下午是口試。

到了五月底，我得到消息，說這兩門考試我都成績優異。我母親一聽到這個消息就加緊活動：為我父親恢復名譽。雖然父親去世了，但是他的檔案仍關係著他孩子的前途。檔案裡現有的結論說他犯有「嚴重的政治錯誤」。我母親很清楚，即使中國正在變得自由、開明，這樣的結論仍然會阻礙我出國。她不斷去遊說現已重新做官的我父親以前的同事。她拿出周恩來的字條，上面說我父親有權向毛澤東上書。這張字條曾被我姥姥煞費苦心地藏在她的一只小腳棉鞋裡，現在，在周恩來寫這張字條的十一年之後，我母親決定把它交給省委的新負責人。當時趙紫陽是省委第一書記，胡耀邦在中央管平反工作。

這是個幸運的時刻，毛澤東的魔力正一點一點地失靈。六月十二日，省委組織部一個處長出現在支機石街我家，帶來黨對我父親的新結論。他遞給我母親一張薄薄的紙，上面寫著：我父親是好幹部、好黨員，這表示他正式平反。在這之後，我的獎學金才由教育部批准了。

在系裡正式通知我之前，興高采烈的朋友就告訴了我，我要到英國留學的消息。甚至不認識我的人都為我高興。我收到許多賀信和電報，去了一個又一個慶祝聚會，流了一場又一場興奮的眼淚。到西方去留學在當時可是一件了不得的大事，中國封閉了幾十年，每個人都因缺乏新鮮空氣而感到窒息。我是我們大學的第一個，而且就我所知，也是整個四川（那時有九千萬人口）自一九四九年以來第一個到西方去留學的。而且，我是憑學習成績爭取到的——我連個共產黨員都不是。中國開始變了，我能出國表示了人們有希望、有機會了。

我沒有歡喜得忘乎所以，我的成功對我周圍的人來說是如此可望而不可即，以至於我對他們感到某種歉意。表現得興高采烈好像對不起朋友，甚至會刺傷他們；而把欣喜藏在心裡不外露似乎又不誠實。所以不知不覺地我的情緒變得憂鬱。

我也真感到悲哀：偌大的中國，機會卻微乎其微，人們的才華得不到發揮。我明白我很幸運，儘管我的家庭遭受了種種巨大不幸，但畢竟有優越的條件。現在看來中國正在變得更開放和公正，我焦急地希望變化得更快，讓全國的人都一樣幸運。

思緒萬千，我走完了那時出國前必須走的過程。首先，我去北京參加一個專門為出國人員辦的一個月短訓班，接受愛黨愛國思想灌輸。然後是一個月時間周遊中國，目的是使我們愛上祖國的大好河山，而不會打主意「叛逃」。官方為我們辦好了一切出國手續，我們還得到一筆置裝費：在外國人面前我們得衣冠楚楚。

錦江蜿蜒著從校園旁邊流過，在成都的最後幾天夜裡，我總沿著它的堤岸散步。在夏季傍晚的薄霧裡，河面閃著月光，我回想著二十六年來走過的路。我享受過特權，也遭受過磨難；有過勇氣，也有過恐懼；見過善良、忠誠，也見過人性最醜陋的一面。在痛苦、毀滅和死亡之中，我更認清了愛及人類不可摧毀的求生存、追求幸福的能力。

萬千滋味在我心中翻騰。多年以來第一次，我特別想念父親、姥姥和俊英孃孃。之前我一直避免想起他們，因為他們的死是我心裡最痛苦的一角。現在我想像著他們該會為我多麼高興，多麼驕傲。

我飛到北京，和十三名其他大學教師（包括一名政治輔導員）會合，一起飛離中國。我們的飛機於一九七八年九月十二日傍晚八點鐘起飛。我差一點誤了飛機，因為幾個朋友來北京機場向我告別，我覺得不應該老去看錶。當我最後靠在飛機座位上時，我才意識到沒有好好摟摟母親。她是在成都機場為我送行的，幾乎不動什麼聲色，沒有流眼淚，我去到地球另一端似乎也不過是我們曲折多事的生活中的又一段插曲。

中國愈離愈遠了。我從窗戶看出去，只見銀色的機翼外是一個無邊的宇宙。我再看了一眼過去，就開始憧憬未來。我一心想擁抱世界。

跋

倫敦成了我的家。十年的時間裡，我不願想起往事。一九八八年，母親到英國來看我。她生平第一次講給我聽她和姥姥一生的遭遇。她回成都後，回憶如洪水乍湧而出，多年未流的眼淚淹沒了我的心。我決定寫《鴻》。往事已不再痛苦得不堪回首，我已找到了愛和充實，內心充滿寧靜。

我走後，中國發生了翻天覆地的變化。一九七八年底，共產黨摒棄了毛澤東的「階級鬥爭」，為挨整的人們（包括我書中的「階級敵人」）平了反。這些人中有我母親在東北的朋友，他們在一九五五年被打為「反革命」。他們和家庭不再受歧視，他們不再做繁重的體力勞動，分配了較好的工作。許多人被邀請參加了共產黨，當了官。我的舅姥爺玉林和他的妻兒都於一九八〇年從農村回到了錦州。他當上了一家中藥廠的會計科長，妻子做了幼稚園園長。

被整的人恢復了名譽，重新做了結論，放入他們的檔案。整人的舊結論被取出燒毀。火焰在中國大陸每一個單位燃起，吞噬了一張張薄薄不起眼、但卻毀掉過無數生命的紙。

我母親的檔案很厚，滿是對她在青年時代和國民黨關係的猜疑。現在所有這些坑人的話都化為灰燼。取而代之的是兩頁結論，作於一九七八年十二月二十日。結論明確地說對她的懷疑都是錯的，她的家庭成分也從可怕的「軍閥」換成了無害的「醫生」。

一九八二年，我決定留居英國，這在當時是個不尋常的選擇。我母親認為這可能會給她帶來工作上的不便，就申請提前退休。一九八三年，她的要求獲准了，有女兒住在海外並沒有給她帶來麻煩，要是在毛澤東統治下，這可是不得了的罪。

中國的門愈開愈大。我的三個弟弟如今都在西方。京明在英國搞他的科學研究。小黑從空軍退伍後當記者，現在在倫敦。他兩人都結了婚，各有一子。小方在法國斯特拉斯堡大學（Strasbourg University）拿到國際貿易碩士學位後，如今在一家法國公司從商。我的姊姊小鴻是我們幾個兄弟姊妹中唯一留在中國的。她在成都中醫學院做行政工作。八〇年代允許私營企業時，她按政策許可離開醫院兩年去協助興辦一家服裝設計公司，這是她一心嚮往的職業。兩年到期後，她得選擇要私營企業的興奮和冒險呢，還是要國家機構的按部就班和鐵飯碗。她選擇了後者。她丈夫「眼鏡」在銀行做管理工作。

與外部世界的聯繫已成為日常生活的一部分。從成都到倫敦，一封信只要一星期，我母親可以從街上郵局發傳真給我。無論我在世界何地，都可以打直撥電話回家給母親。電視上天天有經過篩選的外電新聞，跟官方宣傳摩肩接踵。主要世界大事，包括東歐和蘇聯的革命與動亂，都報導了。

一九八三年至一九八九年，我每年回去探望母親。每次我都不勝驚喜地發現：毛澤東統治下生活的主要特徵——恐懼，已在戲劇性地消失。一九八九年春，我從中國南部遊歷到北部，為寫《鴻》而蒐集資料。在成都和天安門廣場，我都目睹了示威隊伍。使我深深震動的是，恐懼似乎被忘得一乾二淨，百萬人中居然沒幾個感到危險迫在眉睫，大多數人在軍隊開槍時好像都大吃一驚。我在倫敦電視上看到開槍殺人時，簡直不敢相信我的眼睛。這真是我跟千千萬萬人尊為解放者的人所下的命令嗎？恐懼回來了，但沒有毛澤東時代那種無處不在、摧毀一切的強大力量。今天的政治會議上，人們公開指名議論黨領導人。自由化的過程不可逆轉，可是毛的臉還俯視著天安門廣場。

八〇年代的經濟改革使中國人的生活水準有了前所未有的提高。因為一部分功勞歸於外國貿易與投資，全國各地官員和平民都爭先恐後地歡迎海外商人。一九八八年，我母親回錦州，住在玉林家。那是套狹小、簡陋的公寓房子，旁邊有個垃圾堆。街對面聳立著錦州最高級的賓館，那裡每天都大張宴席款待海外投資者。一天，我母親看到一個人走出宴會廳，被恭維的人群簇擁著，他正給人們看他在台灣的豪華住宅和汽車的照片，這人是我母親念中學時的政治主任。四十年前，就是他把我母親送進國民黨監獄的。

一九九一年五月

年表

年代	人物事件	歷史事件
一八七〇年	夏瑞堂醫生出世	滿清帝國（一六四四～一九一一年）
一八七六年	薛之珩（外祖父）出世	
一九〇九年	姥姥出世	
一九一一年		滿清帝國被推翻；實行共和制
一九二一年	父親出世	
一九二二～一九二四年	薛之珩出任北京政府警察總監	
一九二四年	姥姥嫁給薛之珩做姨太太 薛總監下台	
一九二七年		蔣介石領導的國民黨統一大部分的中國
一九三一年	母親出世	日本侵略東北

一九三二年	姥姥和母親到盧龍	日本占領錦州和義縣 以溥儀為首的滿洲國成立
一九三三年	薛之珩去世	
一九三四～ 一九三五年		中共長征
一九三五年	姥姥和夏瑞堂結婚	
一九三六年	夏瑞堂、姥姥和母親到錦州	
一九三七年		日本侵入中國腹地 國共合作
一九三八年	父親加入共產黨	
一九四〇年	父親徒步去延安	
一九四五年	父親到朝陽	日本投降 錦州先後為蘇聯人、中國共產黨和國民黨占領
一九四六～ 一九四八年	父親在朝陽一帶打游擊 母親成為學生領袖，參加共產黨地下工作	國共內戰（結束於一九四九～一九五〇年）
一九四八年	母親被捕 父母相遇	錦州大戰

一九四九年	父母結婚，離開錦州，南下至南京 母親流產 父親到宜賓	中華人民共和國宣告成立 共產黨攻占四川 蔣介石去台灣
一九五〇年	母親到宜賓；徵糧剿匪 小鴻出世	土地改革 中國介入韓戰（至一九五三年七月）
一九五一年	母親成為張西挺領導下的宜賓共青團負責人，共產黨正式黨員 姥姥和夏瑞堂到宜賓	鎮反運動（汲上校被處死） 三反運動
一九五二年	我出世 夏瑞堂去世 父親成為宜賓地區專員	五反運動
一九五三年	京明出世 舉家移往成都 母親成為東城區委宣傳部部長	
一九五四年	父親成為四川省委宣傳部副部長 小黑出世	
一九五五年	母親「隔離審查」 孩子們進托兒所	肅反運動（錦州的朋友戴上反革命帽子） 公私合營運動
一九五六年	母親被釋放	百花齊放時期

一九五七年		反右運動
一九五八年	我上小學	大躍進、大煉鋼鐵和人民公社化
一九五九年		大饑荒（至一九六一年） 彭德懷向毛澤東挑戰，被整 反右傾機會主義運動
一九六二年	小方出世	
一九六三年		學習雷鋒運動；對毛澤東的個人崇拜不斷升級
一九六六年	父親成為替罪羊，被拘留 母親到北京申訴 父親被釋放 我加入紅衛兵；進京朝聖 我脫離紅衛兵	文化大革命開始
一九六七年	父母親被折磨 父親寫信給毛澤東；被捕；精神失常 母親去北京，見到周恩來	老帥們阻止文化大革命的努力失敗 劉結挺、張西挺成為四川主要領導人
	父母在成都不斷被監禁（至一九六九年）	
一九六八年	全家搬出省委大院	四川省革命委員會成立

一九六九年	父親去米易幹校 我下鄉去寧南 姥姥去世 我在德陽當農民 母親去西昌幹校	中共「九大」確立文革大清洗後的新政權
一九七〇年	俊英孃孃去世 我當赤腳醫生	「二挺」下台
一九七一年	母親病重；回成都進醫院 母親平反 我回成都，先後做翻砂工、電工	林彪死亡
一九七二年	父親獲釋	尼克森訪華
一九七三年	我就讀四川大學	鄧小平復出
一九七五年	父親去世 我第一次與外國人說話	
一九七六年		周恩來去世；鄧小平再度被清洗 天安門廣場示威 毛澤東去世；「四人幫」被捕
一九七七年	我成為講師；被派下鄉	鄧小平恢復權力
一九七八年	我贏得去英國留學的獎學金	

國家圖書館出版品預行編目資料

鴻：三代中國女人的故事／張戎著；張樸譯.
-- 初版. -- 臺北市：麥田出版：家庭傳媒
城邦分公司發行, 2014.09
面；　公分
譯自：Wild swans: three daughters of China
ISBN 978-986-344-138-0（平裝）

1.張戎　2.傳記

782.886　　103012631

鴻：三代中國女人的故事
Wild Swans: Three Daughters of China

作　　者　張戎（Jung Chang）
譯　　者　張樸
特約編輯　曾淑芳
封面設計　莊謹銘
責任編輯　巫維珍

編輯總監　劉麗真
發 行 人　凃玉雲
出　　版　麥田出版
地址：10483台北市中山區民生東路二段141號5樓
電話：(02)2500-7696　傳真：(02)2500-1967
發　　行　英屬蓋曼群島商家庭傳媒股份有限公司城邦分公司
地址：10483台北市中山區民生東路二段141號11樓
網址：http://www.cite.com.tw
客服專線：(02)2500-7718｜2500-7719
24小時傳真專線：(02)2500-1990｜2500-1991
服務時間：週一至週五09:30-12:00｜13:30-17:00
劃撥帳號：19863813　戶名：書虫股份有限公司
讀者服務信箱：service@readingclub.com.tw
香港發行所　城邦（香港）出版集團有限公司
地址：香港灣仔駱克道193號東超商業中心1樓
電話：+852-2508-6231　傳真：+852-2578-9337
城邦（馬新）出版集團【Cite(M) Sdn. Bhd. (458372U)】
地址：41-3, Jalan Radin Anum, Bandar Baru Sri Petaling,
57000 Kuala Lumpur, Malaysia.
電話：+603-9056-3833　傳真：+603-9057-6622
讀者服務信箱：services@cite.com.my
麥田部落格　http://ryefield.pixnet.net
印　　刷　前進彩藝有限公司
初　　版　2014年9月
初版30刷　2023年12月
售　　價　400元
ISBN 978-986-344-138-0